VAWW-NET Japan（バウネット・ジャパン）編

日本軍性奴隷制を裁く
2000年女性国際戦犯法廷の記録
vol.5

女性国際戦犯法廷の全記録［Ⅰ］

責任編集
松井やより・西野瑠美子
金富子・林 博史
川口和子・東澤 靖

緑風出版

まえがき

（1）本書は第Ⅰ部と第Ⅱ部とからなる。第Ⅰ部には、二〇〇〇年に東京で開かれた、日本軍性奴隷制を裁く女性国際戦犯法廷（一二月八～一〇日、一二日）の四日間にわたる法廷の模様を収録した。また、第Ⅱ部には、この法廷のいくつかの重要な論点を検討する五つの論文を掲載した。なお、第Ⅰ部に先立って、女性国際戦犯法廷の開廷の目的や背景、法廷構成メンバー、「慰安婦」被害証言者と略歴、「法廷」で適用される法と手続を定めた憲章、および日程を収録している。

（2）この法廷では、九つの国と地域（大韓民国、朝鮮民主主義人民共和国、中華人民共和国、フィリピン、台湾、マレーシア、オランダ、インドネシア、東ティモール）の被害者が証言を行なった。その他に首席検事と日本を含む一〇カ国の各国検事団による陳述、および専門家証言や元兵士の証言などが行なわれた。なお、大韓民国と朝鮮民主主義人民共和国は南北コリア検事団として共同で発表した。

（3）この法廷の公用語は英語であるが、収録されたドキュメントは、主として各国語または英語の録音テープからの翻訳によって行ない、必要に応じ同時通訳テープから補った。可能な限り法廷の忠実な再現を心がけたが、録音テープによる再現が困難な箇所は、責任編集者の責任において編集した。また、紙幅の都合上、一部割愛せざるをえなかった。

（4）次の第6巻には、書面で提出された共通起訴状および各国起訴状と、二〇〇一年一二月四日にオランダのハーグで出された判決文（全訳）が収録される。本書第5巻と第6巻をあわせて、女性国際戦犯法廷の全記録となる。

第5巻責任編集

二〇〇二年五月

【凡例】

1、二〇〇〇年一二月八日から一〇日および一二日の四日間開かれた女性国際戦犯法廷に関する記述で使われる次の用語を、本書では原則として以下のように統一した。
・「日本軍性奴隷制を裁く二〇〇〇年女性国際戦犯法廷」——女性国際戦犯法廷、または「法廷」
・二〇〇〇年一二月一二日に下された「Summary of Findings」——「認定の概要」
・二〇〇一年一二月四日に、オランダのハーグで下された判決——判決または最終判決
・「法廷」の検察官——検事（検事団、首席検事）
・「法廷」の裁判官——判事（判事団、首席判事）
・アミカス・キュリー（amicus curiae、裁判所の求めに従い裁判所に対し事件についての専門的情報または意見を提出する第三者）——アミカス・キュリー（法廷助言者）

2、国名等の表記について——国名等は原則として略記した。大韓民国は韓国、朝鮮民主主義人民共和国については朝鮮と表記した。ただし、この法廷で、南北は共同で起訴状を作成、提出しており、その際の表記は、南北コリアとした。

3、「法廷」ドキュメント収録にあたっては、次のように補足を加えた。
・言い間違いを含む事実関係の相違点および、発言を理解するうえで読者に必要と思われる点は、〔　〕内の注で補った。また、章末にまとめて注を記したものもある。
・証言のなかで聞き取りのできなかった箇所は、［……］で示した。
・そのほか、「法廷」の模様を［　］内に簡単に示した。

日本軍性奴隷制を裁く——二〇〇〇年女性国際戦犯法廷の記録　第5巻

女性国際戦犯法廷の全記録　I

目　次

第5巻　女性国際戦犯法廷の全記録Ⅰ●目次

第Ⅱ部　女性国際戦犯法廷の意義と展開

第5章　裁かれた戦時性暴力とフェミニズムの課題

カバー・本文写真＝ＶＡＷＷ‐ＮＥＴジャパン提供

女性国際戦犯法廷の背景と目的

＊二〇〇〇年一二月八日

日本軍性奴隷制を裁く女性国際戦犯法廷はアジアの女性や人権団体が、国際的ＮＧＯの協力を得て開く「民衆法廷」です。日本が犯した性奴隷制やその他の性暴力について裁きます。何万人というアジア太平洋地域の若い女性たちが、第二次大戦前と大戦中に、日本の皇軍によって強かんされ、連行されて「慰安婦」にさせられたのでした。

第二次大戦後、日本の天皇の軍隊によって犯された性暴力は連合国が開いた東京裁判でほとんど裁かれませんでした。オランダが開いたバタビア（インドネシア）軍事裁判で三五人のオランダ女性が被害を受けたことで、日本の軍人が死刑および二～一五年の刑を宣告されたことが、「慰安婦」について裁いた唯一の裁判でした。

現在、日本政府は第二次大戦前と大戦中に犯した女性に対する戦争犯罪、人道への罪に対して法的責任を否定し続けています。韓国、中国、台湾、フィリピンなどの被害者が東京地裁など日本の裁判所に八つの損害賠償請求訴訟を起こしていますが、すでに出された四つの判決ではすべて敗訴しました。東京高裁に控訴しましたが、最近出た判決はやはり被害者の請求を認めませんでした。

この世紀が終わろうとしているこのときにこそ、高齢化している被害女性たちに正義を得たという気持ちをもってもらうことが必要です。「女性国際戦犯法廷」を開くことについては「戦争と女性への暴力」ネットワーク（ＶＡＷＷ‐ＮＥＴ《バウネット》）のメンバーが一九九八年四月国連人権委員会に参加するためにジュネーブに集まったときに初めて議論したのでした。その直後、ソウルで開かれた第五回「慰安婦」問題アジア女性連帯会議で、「戦争と女性への暴力」日本ネットワーク（VAWW-NET Japan《バウネット・ジャパン》）が正式に提案し、韓国を初め被害国からの支持を得ました。その結果、VAWW-NET Japan《バウネット・ジャパン》、韓国挺身隊問題対策協議会、女性の人権アジアセンター（ASCENT）とその他の日本軍性奴隷制被害国、および女性への暴力や武力紛争の問題に取り組んでいる女性たちによる国際諮問委員会で国際実行委員会を一九九九年に発足させ、この法廷を開く主催者になりました。

国際実行委員会は、過去から現在までの戦争や武力紛争による被害女性たちへの救済は、国際法の原則、人道法、人間の良心、人間性、ジェンダー正義に照らして可能だと確信しています。そして、この「法廷」が戦時性暴力の不処罰に終止符を打つという普遍的な女性の人権に寄与することを確信しています。

この「法廷」は判決を強制する権限はありませんが、民衆の、そして女性のイニシアティブで、国際社会と市民社会が判決を受け入れて実施し、各国政府が法改正をする道を開く道義的権威を持っているのです。

法廷の目的

1　各国から「慰安婦」に対する犯罪の重大な性格を浮き彫りにする証拠を受理し、日本政府とその軍隊の責任を明らかにすること

2　犯罪のジェンダー的な性格を明確に分析し、戦争犯罪、人道に対する罪、ジェノサイドの罪についてジェンダー的なアプローチを確立すること

3　アジアの「慰安婦」に対する犯罪の性格を明らかにするのに国際社会を巻き込み、日本政府のとるべき措置を特定すること
4　戦争と武力紛争下の女性に対する暴力の問題に取り組む国際的な運動を創ること
5　女性に対する戦時性暴力の不処罰を終わらせ、このような犯罪が将来再発するのを防ぐこと

女性国際戦犯法廷構成メンバー

＊肩書き等は、二〇〇〇年一二月八日現在のもの

判事

ガブリエル・カーク・マクドナルド……旧ユーゴ国際刑事法廷前所長（アメリカ合衆国）、首席

クリスチーヌ・チンキン……ロンドン大学国際法教授（イギリス）

カルメン・マリア・アルヒバイ……判事、国際女性法律家連盟会長（アルゼンチン）

ウィリー・ムトゥンガ……ケニア人権委員会委員長、ケニア大学教授（ケニア）

P・N・バグワティ……国連人権規約委員会副議長、前インド最高裁長官（インド、欠席）

首席検事

パトリシア・ビサー・セラーズ……旧ユーゴ・ルワンダ国際刑事法廷ジェンダー犯罪法律顧問（アメリカ合衆国）

ウスティニア・ドルゴポル……フリンダース大学国際法助教授（オーストラリア）

各国検事（日程順）

南北コリア

金明基……韓国、明知大学校国際法教授

朴元淳……韓国、弁護士、「参与連帯」事務局長

趙時顯……韓国、誠信女子大学校社会科学大学法学科助教授

金昌禄……韓国、釜山大学校法科大学助教授

張完翼……韓国、弁護士、安山総合法律事務所

姜貞淑……韓国、韓国挺身隊研究所研究員

河棕文……韓国、韓神大学校国際学部副教授

梁鉉娥……韓国、ソウル大学校講師

鄭南用……朝鮮、法学博士、共和国国際法学会常務委員

洪善玉……朝鮮、「従軍慰安婦」・太平洋戦争被害者補償対策委員会委員長

黄虎男……朝鮮、同前委員会書記長

金恩英……朝鮮、同前委員会常任委員

中国

周洪鈞……華東政法学院経済法研究所副所長
蘇智良……上海師範大学歴史学科教授
龔柏華……復旦大学法学部教授
管建強……上海華東政法学院教授
朱成山……侵華日軍南京大屠殺遇難同胞紀念館館長
康　健……弁護士
陳麗菲……上海華東師範大学出版社副編審
陳祖梁……雲南省保山市地方志事務室主任

フィリピン

マーリン・マガリオーナ……フィリピン国立大学法学部長、国際法研究所所長
セドフリー・カンデラリア……弁護士、アテネオ・デ・マニラ大学法学部副学部長
エレノア・C・コンダ……弁護士、女性の人権アジアセンター（ASCENT）法律顧問
オーロラ・ハヴァテ・デ・ディオス……ミリアム大学学部長
リカルド・ホセ……フィリピン国立大学歴史学教授
ピュリフィカシオン・キスンビング……フィリピン司法アカデミー・調査出版部長、フィリピン最高裁判所

エヴァリン・ウルスア……弁護士、女性法律援助局

台湾

荘國明……弁護士、国際法
廖英智……弁護士、国際法
盧佳香……弁護士、台北市婦女救援社会福利事業基金会
黄昭元……台湾大学法学部教授
雷文玫……中原大学教授
姜皇池……台湾大学法学部副教授
尤美女……弁護士

マレーシア

ジュリエット・シノ……国連東ティモール暫定行政機構所属

オランダ

ロバート・グラント・ニーマン……フリンダース大学法学部教授、旧ユーゴ国際刑事法廷元検事

インドネシア

ヌルシャバニ・カチャスンカナ……弁護士、正義と民主主義のためのインドネシア女性連合事務局長
アンタリニ・アルナ……弁護士、正義と民主主義のため

のインドネシア女性連合
アスニフリヤンティ・ダマニック……インドネシア正義女性法律扶助協会（LBH　APIK）
パウルス・P・マフレッテ……弁護士、LBHジャカルタ（ジャカルタ法律扶助協会）

東ティモール

カルメリタ・カエタノ・モニス……東ティモール法律家協会
マリア・ナテルシア・グズマオ……同前

日本

川口和子……弁護士、VAWW-NET Japan
東澤靖……弁護士、VAWW-NET Japan
横田雄一……弁護士、VAWW-NET Japan
大森典子……弁護士、VAWW-NET Japan
阿部浩己……神奈川大学教授
申恵丰《シンヘボン》……青山学院大学助教授

法律顧問

ロンダ・カプロン……米国・ニューヨーク市立大学大学院教授
テオ・ファン・ボーフェン……オランダ・マーストリヒト大学法学部教授
ケリー・ドーン・アスキン……米国・ワシントン大学法学部教授
ベティ・ムルンギ……弁護士、ルワンダ国際刑事法廷法律顧問

専門家証人

林博史……関東学院大学経済学部教授（日本軍の構造）
山田朗……明治大学文学部教授（天皇の責任）
吉見義明……中央大学商学部教授（「慰安婦」制度）
レパ・ムラジェノヴィッチ……ベオグラード・暴力反対女性自立センター（トラウマ・PTSD）
フリッツ・カールスホーベン……オランダ・ライデン大学名誉教授（国家責任）
藤目ゆき……大阪外国語大学助教授（日本人「慰安婦」）

アミカス・キュリー（法廷助言者）

今村嗣夫……弁護士
鈴木五十三……弁護士
藍谷邦雄……弁護士

書記局

ロウェナ・グアンソン……弁護士
三木恵美子……弁護士

国際実行委員会

共同代表

尹貞玉……韓国挺身隊問題対策協議会
松井やより……「戦争と女性への暴力」日本ネットワーク（VAWW-NET Japan）
インダイ・サホール……女性の人権アジアセンター（ASCENT）

国際実行委員会構成団体

韓国……韓国挺身隊問題対策協議会
朝鮮……「従軍慰安婦」・太平洋戦争補償対策委員会（COCOPA）
中国……上海慰安婦研究センター
台湾……台北市婦女救援社会福利事業基金会
フィリピン……女性の人権アジアセンター（ASCENT）
インドネシア……正義と民主主義のためのインドネシア女性連合
日本……「戦争と女性への暴力」日本ネットワーク（VAWW-NET Japan）

国際諮問委員会

エドナ・アキノ……アムネスティ・インターナショナル（フィリピン）
アリアン・ブルネ……人権民主開発国際センター（カナダ）
シャーロット・バンチ……女性グローバルリーダーシップ・センター（米国）
フローレンス・ブテグワ……アソシエーツ・フォー・チェンジ（ウガンダ）
ユーヘニア・ピザ・ロペス……インターナショナル・アラート（アルゼンチン／イギリス）
アルダ・ファシオ……ILANUD（コスタリカ）
マリメ・エリー・ルカス……イスラム法下の女性（アルジェリア／フランス）
レパ・ムラジェノヴィッチ……暴力に反対する女性自立センター（ユーゴ連邦）
ヴァヒダ・ナイナー……ジェンダー正義を求める女性コーカス（インド）

被害証言者と略歴（ビデオ証言者含、敬称略、日程順）

＊協力：各国支援団体・研究団体

●南北コリア●

朴 永心（Pak Yong-sim） 朝鮮・南浦市在住

一九二一年平安南道江西郡（現・南浦市江西区域）生。一九三八年三月、「工場で働けば稼げる」と騙されて南京大虐殺・大強かん直後の南京の慰安所「キンスイ楼」へ。一九四二年頃ビルマへ。ラシオの慰安所「イッカク楼」では、「慰安婦」名は「若春」。日本軍玉砕の地拉孟へ。「法廷」の証人さがしの過程で、朴さんが拉孟で捕虜となって写真にされた四人の「慰安婦」の一人と判明した。

金 英淑（Kim Yong-suk） 朝鮮・平安南道在住

一九二七年平安北道泰川郡生。一〇歳時に父死亡、一九三九年に、日本巡査にだまされ、中国の瀋陽で「慰安婦」に。「慰安婦」名は「オタカ」。二五名の朝鮮人女性がいた。一九四五年三月に脱出。

金 君子（Kim Gun-ja） 韓国在住

一九二六年江原道生まれ。一九四二年三月、一七歳時に中国東北（＝旧「満州」）の琿春にあるキンカク慰安所へ。「慰安婦」名「金本君子」。その後、軍のトラックでコカシの慰安所へ移動。村落はなく部隊のみあった。解放（日本敗戦）後、徒歩で帰国。

金 福童（Kim Bok-dong） 韓国在住

一九二六年慶尚北道生まれ。一九四一年一五歳の時に広東で「慰安婦」に。その後香港、シンガポール、スマトラ、インドネシア、マレーシア、ジャワへ移動。「慰安婦」名は「カネムラ・フユコ」「ヨシコ」。解放（日本敗戦）時はシンガポール。最後の帰国船で帰国。

河 床淑（Ha Sang-suk） 中国・湖北省武漢在住

一九二八年忠清南道生まれ。一九四四年一七歳のときに騙されて、日本の中国派遣軍最大の慰安所があった中国・漢口積慶里慰安所「三成楼」へ。解放（日本敗戦）後も武漢に残留せざるをえず、望郷の念をもちながらも一度も帰郷できずにいる。

宋 神道（Song Shin-do） 日本在住

一九二二年忠清南道生まれ。一九三八年一六歳のとき騙されて日本軍の武漢攻略直後の武昌の慰安所「世界館」へ。漢口の慰安所や岳州、長安などを「部隊つき」として転々。解放（日本敗戦）後、日本人軍曹に誘われ日本へ（その軍曹に見捨てられる）。一九九三年日本政府への謝罪・補償請求をもとめ提訴。

姜 順愛（Kang Sun-e）　韓国在住

一九二八年日本滋賀県生まれ。九歳のとき朝鮮・馬山へ。一九四一年に連絡船にのって下関・広島へ。部隊内の慰安所では「舞子」と呼ばれる。パラオやサイパンの慰安所にも連れて行かれた。四五年一一月に米軍と遭遇し、四六年二月帰国。

姜 日出（Kang Il-chol）　韓国在住

金 福善（Kim Bok-seon）　韓国ソウル在住

一九二六年全羅南道生まれ。一九四四年頃、一八歳の時にビルマのラングーンに連れて行かれる。その後、北方に連れて行かれ、「光子」という名前で慰安所生活を送る。部隊が移動する際に逃亡。イギリス軍の収容所を経てバンコクに渡り帰国。現在教会に通いながら暮らしている。

金 粉先（Kim Bun-son）　韓国・大邱在住

一九二二年慶尚北道生まれ。一九三七年一五歳の春に工場の仕事と騙され、大邱へ。中国東北（＝旧「満州」）奉天に、台湾で部隊に近い慰安所に連行された。「慰安婦」名は「ハナコ」。続いてフィリピン・マニラに移動。

金 ブンイ（Kim Bun-i）　韓国大邱在住

一九二六年慶尚北道生まれ。一九四二年一六歳の時釜山から「アサマ丸」で台湾に連れて行かれた。慰安所での名前は「ハナキク」。普段は「キクちゃん」と呼ばれていた。一九四六年春、帰国。

金 相喜（Kim Sang-heui）　韓国ソウル在住

一九二二年慶尚南道生まれ。一六歳だった一九三六年に連行される。中国の蘇州、南京、シンガポールに移動した。一九四六年の春に帰国。

金 殷禮（Kim Eun-rye）　韓国ソウル在住

一九二六年平壌生まれ。一九四二年五月一六歳のとき、民家がなく部隊だけがある中国の慰安所に連行。六カ月ちかくいたが、部隊の移動にしたがって連れて行かれた。

金 ファソン（Kim Wha-seon）　韓国忠清南道在住

一九二六年平壌生まれ。一六歳だった一九四一年シンガポールに連行される。解放後中国山東などで生活していたが、一九四七年釜山に帰国。平壌に帰ろうとするが失敗。

文 必璂（Moon Pil-gi）　韓国ソウル在住

一九二五年慶尚南道生まれ。一七歳頃の秋に釜山に連れて行かれ、その後再び満州の軍慰安所に連行される。慰安所では「ミヨコ」と名づけられ「ミッちゃん」と呼ばれた。

朴 玉蓮（Park Ok-myon）　韓国「ナヌムの家」居住

一九一九年全羅北道生まれ。一九三六年後妻に入り男子を産んだ。疑り深い夫に一九四一年ソウルの紹介所に売られ、釜山、下関を経てラバウルの慰安所に連行される。「シズコ」と呼ばれていた。敗戦の混乱で船の難破も経験し、パラオを経て一九四四年初めに下関へ、そして釜山に帰国。

申 鉉順（Sin Hyon-sun）　韓国大邱に在住
一九二四年ソウル市生まれ。一八歳頃、郵便局勤務中に看護員募集に応じて。下関を経て船（ヘイヨ丸＝平和丸か）でソロモン諸島を回ってニューギニアの慰安所へ。「慰安婦」名は、「平山節子」。その後、ビルマ・ラングーンの慰安所へ移動。

沈 燵連（Sim Dal-yon）　韓国大邱に在住
一九二七年慶尚北道生まれ。一三歳のときオンニ（姉さん）とともに捕まり連行された。被害者は帰国後、後遺症で若干の錯乱症があった。最初は台湾に次には「満州」に行ったようだが、はっきりしない。

安 法順（An Bob-sun）　韓国ソウル在住
一九二五年京畿道生まれ。一七歳だった一九四一年にシンガポールに連れて行かれる。解放後、捕虜収容所を経て帰国。

梁 点順（Yang Jom-sun）　韓国南原在住
一九二六年全羅北道生まれ。一五歳のとき一九四一年、工場で働くといって行ったところ、南洋群島のパラオだった。米軍捕虜となり、解放（日本敗戦）後、帰国。

尹 順萬（Yun Sun-man）　韓国ソウル在住。
一九二九年忠清北道生まれ。一三歳だった一九四一年おばと共に大阪へ連行される。一四歳の時紡織会社で労務についていたが、一五歳の時広島近郊で性奴隷生活を送る。解放（日本敗戦）後帰国。

李 良根（Lee Yan-gun）　韓国イクサン在住
一九二二年忠清北道生まれ。二〇歳頃、工場に置いてやるといわれ行ったら、シンガポールだった。「アネコ」（姉御？）と言われた。

李 容女（Lee Yong-nye）　韓国「ナヌムの家」居住
一九二六年京畿道生まれ。一九四二年一六歳の時、釜山、台湾、シンガポールを経てビルマのラングーンに連れて行かれ、「慰安婦」生活をする。慰安所では「原田容女」と呼ばれた。強い望郷の念のため精神に異常をきたしたこともある。収容所で過ごした後帰国。

李 容洙（Lee Yong-su）　韓国大邱在住
一九二八年京畿道生まれ。一九四四年一六歳の時、日本人男性（慰安所主人）にだまされて大連、上海を経て台湾の軍慰安所に連行される。主に特攻隊の相手をさせられ、解放後収容所を経て帰国。

鄭 書云（Chong Seo-un）　韓国チネ在住

一九二四年慶尚北道生まれ。一四歳だった一九三八年紡績工場での仕事だとだまされついて行きインドネシアのジャカルタに動員される。麻薬注射を打たれていた。慰安所では「キクコ」と呼ばれていた。解放後、収容所を経て四六年に帰国。

陳 化順（Chin Wha-sun） 韓国全羅北道在住

一九二七年全羅南道生まれ。一六歳だった一九四三年工場に通っている時、日本に行くという人について行った。中国コスイ（抗州か）で性奴隷生活を送る。その間「ハルコ」と呼ばれていた。解放後帰国。

崔 甲順（Choi Kap-sun） 韓国ソウル在住

一九一九年全羅南道生まれ。一五歳だった一九三三年自宅から連行され、中国東安省へ。解放と同時に帰国。現在、養子と暮らす。

韓 道順（Han Do-sun） 韓国「ナヌムの家」居住

一九一八年全羅南道生まれ。一八歳であった一九三六年に中国東北（＝旧「満州」）に動員される。解放後帰国。

黄 錦周（Whan Gum-ju） 韓国ソウル在住

一九二二年忠清南道生まれ。二〇歳だった一九四一年の旧暦二月、日本人の班長夫人に誘われ、軍需工場に行くものと思い中国・吉林の軍隊慰安所に行った。

郭 君女（Kwak Kum-nye） 朝鮮在住、ハーグ法廷に参加

●中　国●

楊 明貞（Yang Mingzhen） 中国・江蘇省南京在住

一九三一年生まれ。一九三七年一二月一三日日本軍は南京を占領した当時、七歳の被害者は両親と南京城内通済門（南京城南部）に住んでいた。一三日、日本兵が家の敷地内に乱入、隣人が殺され父も撃たれた。翌一四日強かんされそうになったが父親が抵抗、父は首を切られ瀕死の重傷を負った。一五日、その父親の前で母親とともに強かんされ、残酷な蹂りんを受けた。数日後、重体だった父親と日本兵に抵抗して受けた暴行により失明し、精神的にもおかしくなった母親は前後して亡くなった。幼くして強かんされたときの傷がひどく、いまだに排尿の調節ができない体になった。

袁 竹林（Yuan Zhulin） 中国・湖北省武漢在住

一九二二年生まれ。結婚していた一六歳のとき、旅館の掃除係だと騙されて、「慰安所」で毎日日本兵の相手をさせられる。逃げたが経営者の日本人に捕えられ、頭を叩きつけられたときの後遺症に苦しむ。慰安所の体験がもとで子どもが産めない体になった。

万 愛花（Wan Aihua） 中国・山西省在住

一九三〇年生まれ。一九四三年、（山西省）盂県羊泉村

で日本軍による抗日ゲリラ掃討作戦があり、共産党の幹部だったため日本軍の拠点（進圭村）に拉致・監禁、暴行を受け輪かんされた。脱出したが、その後も二度にわたって拉致・監禁が繰り返された。特に三度目のときの性暴力と拷問は残虐さを極めた。奇跡的に一命をとりとめたが骨盤が破壊され身体が変形し、一六五cmの大柄が一四七cmに縮む。中国・山西省性暴力被害者損害賠償等請求事件原告。

李 秀梅（Li Xiumei） 中国・山西省在住

一九二七年生まれ。一五歳のとき、進圭村日本軍駐屯地で夜昼なく強かんされる。このときの被害がもとで左目を失明、足も不自由になり、頭にも傷が残る。母親は娘を連れ戻すため、大金を日本軍に払った。中国人「慰安婦」訴訟原告。

郭 喜翠（Guo Xicui） 中国・山西省在住

一九二七年生まれ。一九四二年姉の嫁ぎ先で子守をしていたとき、八路軍の仕事をしていた義兄の家族と共に進圭村に連行され、強かんされる。二〇日くらい後に家に帰されたが、その後も二度の連行・強かんの被害にあう。中国人「慰安婦」訴訟原告。

劉 面煥（Liu Mianhuan） 中国・山西省在住

陳 亜扁（Chen Yabian） 中国・海南島陵水県在住

一九二三年生まれ。一四歳のとき、日本兵が家に来て銃で脅され、基地に連行されて一カ月間兵団長の妻と一緒に住まわされた後、トラックで三亜藤橋に連れて行かれ、レンガの家で日本兵から強かんされる日々が続いた。

黄 有良（Huang Youliang） 中国・海南島陵水県在住

一九二七年生まれ。一九四一年、田んぼに出かける途中、一〇人以上の日本兵に追いかけられ服を脱がされたが、上官の命令で立ち去ることができた。その上官に尾行され家で強かんされ、三日後には兵営に連行されて強かんされた。一九四二年に藤橋の「慰安所」に送られ、一九四四年まで「慰安婦」にさせられた。

●フィリピン●

トマサ・サリノグ（Tomasa Salinog） パナイ島アンティケ州在住

一九二八年生まれ。一九四四年のある晩、侵入してきた日本兵「ヒロオカ」に父親は首をはねられ、「慰安所」に監禁・強かんされる。一度逃げるが、再び「オクムラ」に捕まり監禁・強かんされる日々が続く。戦後もずっと独り暮らし。一九九三年提訴の「補償請求裁判」の原告。

ファナリア・ガラン・ガルシア（Januaria Galang Garcia） パンパンガ州カンダバ市マパニケ村在住

一九三二年生まれ。一九四四年一一月二三日、撃兵団が行なった抗日ゲリラ「討伐」により男たちは虐殺、村は焼き尽くされ、女たちは「バハイ・ナ・プラ（赤い家）」に略奪品を運ばされた後に集団で強かんされる事件が起きた。一二才のとき、九九年に亡くなった母親と共に被害にあう。

マキシマ・レガラ・デラ・クルス（Maxima Regala de la Cruz） パンパンガ州カンダバ市マパニケ村在住

一九二九年生まれ。一九四四年八月、サン・イルデフォンソ市の市場近くで母親と共に、日本兵に拉致・監禁され、三カ月間性奴隷生活を強いられる。逃げ帰って一カ月後に再び母親と共にマパニケ事件の集団強かん被害にあう。父親は日本軍の砲撃により死亡。

ビルヒニア・マナラスタス・バンギット（Virginia Manalastas Bangit） パンパンガ州カンダバ市マパニケ村在住

一九二四年生まれ。マパニケ事件の集団強かん被害者。夫は「フクバラ・ハップ」のメンバー。

レオノラ・ヘルナンデス・スマワン（Leonor Hernandez Sumawang） パンパンガ州カンダバ市マパニケ村在住

一九三一年生まれ。マパニケ事件当時、日本兵が家々から人を狩り出して村の学校に集めている途中、空き家で三人の日本兵から交替で強かんされる。刀で下着を切り取られたときの傷が太股に残る。

フロレンシア・マカパガル・デラ・ペナ（Florencia Macapagal de la Pena） パンパンガ州カンダバ市マパニケ村在住

一九二八年生まれ。マパニケ事件の集団強かん被害者。自分を強かんした日本兵の一人が「イワラ」部隊長だったと記憶している。

フェルミナ・ブラオン・デラ・ペナ（Fermina Bulaon de la Pena） パンパンガ州カンダバ市マパニケ村在住

一九二八年生まれ。マパニケ事件の集団強かん被害者。兄弟は虐殺被害者。

ベレン・アロンゾ・サグム（Belen Alonzo Sagum） パンパンガ州カンダバ市マパニケ村在住

一九三〇年生まれ。マパニケ事件の集団強かん被害者。結婚後、被害を知った夫は大酒を飲むようになり病死。

テオドラ・マリン・ヘルナンデス（Teodora Marin Hernandez） パンパンガ州カンダバ市マパニケ村在住

一九二六年生まれ。マパニケ事件の集団強かん被害者。

カリダッド・ランサンガン・トゥルラ（Caridad Lansangan Turla） フィリピン・パンパンガ州カンダバ市マパニケ村在住

一九三〇年生まれ。マパニケ事件の集団強かん被害者。

カルメンシータ・ラメール（Carmencita C. Ramel）
一九二六年ルソン島生まれ。一九四四年夏、疎開したブラマン州サンミゲル町で、突然草むらから現れた日本兵一〇人により、三名の女性たちとともに拉致、監禁され、順番に強かんされた。一週間後、日本兵はいなくなる。カボチャばかり食べさせられたので、いまでも食べられない。

ヒラリア・ブスタマンテ（Hilaria Bustamante）
一九二六年マニラ市生まれ。一九四三年頃、バタアン州ヘルモサ町の国道を歩行中に日本軍兵士によりトラックで日本軍駐屯地に連れこまれ、兵士三人により強かん、以後一年以上、昼は掃除・洗濯・食事づくり、夜は強かんの日々。一九四四年一二月頃米軍航空機旋回がはじまるなか、解放された。

オルテンシア・マルティネス（Ortencia G. Martinez）
一九二七年マスバテ島生まれ。一九四四年米軍反撃のころ、自宅にやってきた日本軍により父とともに日本軍駐屯地へ連行、ゲリラか否かを尋問される。一〇人の女性らと一カ月間監禁強かんされ、食事づくりや洗濯もさせられる。米軍爆撃により日本軍が逃亡、それを機に脱出。

ピエダット・ノブレザ（Piedad N. Nobleza）
一九二〇年パナイ島生まれ。一九四三年三月頃、夫が軍務に従事し不在で、草刈りをしているところ、日本兵二名により拉致され、駐屯地（マダラグの教会）まで連行、連日強かんされる。約二週間後、日本兵が突然姿を消し、解放される。

ピラール・フリアス（Pillar F. Frias）
一九二六年ルソン島生まれ。一九四二年一六歳のとき、ゲリラ「討伐」のためアニブ村にきた日本兵が、両親不在中の自宅にきて尋問、強かん。その後、家を焼かれ学校で生活。今度はそこから山中に連行され、昼は洗濯、夜は強かんの日々が二カ月続く。米軍空襲により日本軍が投降したので脱出。

エステル・デラ・クルス・バリンギット（Ester de la Cruz Balingit）

ファニタ・マニエゴ・ブリオネス（Juanita Maniego Briones）

ロサリナ・ブコ（Rosalina Buco）

ロサリオ・クララ・ブコ（Rosario Culala Buco）

●台　湾●

高　寶珠（Teng Kao Bao-chu）
一九二一年台湾省台北県生まれ。三歳で父を、一五歳で母を亡くす。一九三八年一七歳のとき役所から「広東で日本軍のために働くように」という招集通知により、一八人の女性とともに船で広東へ。トラックでついた金山寺の慰安所で「慰安婦」に。その後、香港から陸軍の船でシンガポールを経てビルマへ。トラックでビルマ山中の慰安所へ。ラングーンの慰安所へ移動。敗戦後は憲兵隊の指示でベトナムへ移動し、一九四七年に帰国。

連　許金（Lien Hsu-chin）

一九二二年台湾省台北県生まれ。一九四三年に台湾人の男性に騙され、マレーシアに。初めは看護婦として働いていたが、強制的に「慰安婦」にされ、日本敗戦までの間Sam mu lin-la, San-ga-san-ga, Lo-a ku luと月毎にこれらの三つの違う「慰安所」の間を移動させられる。

葉陳　宇治（Yeh-Chen Yu-chih）

一九二一年台湾省台北県生まれ。一七歳の時食堂で働くためにマニラへ向かう船に乗った後に「慰安婦」にされるのだと知る。それから四年後に軍隊とともに移動させられ日本軍降伏時はシンガポールにいた。

黄呉　秀妹（Huang Wu Hsu-mei）

一九一七年桃園県生まれ。一九三八年から一九三九年まで茶店で勤務、その経営者と広東へ。広東の村につくまで「慰安婦」にされることは知らされていなかった。

彭蘇　寅嬌（Pung Su Yin-chiao）

一九二四年新竹県生まれ。一九四三年ホテル経営者とある仕立て屋の二人の男に、レストランで給仕の職があると言われ、海南島へ。そこに到着するまで「慰安婦」にされるとは知らなかった。病気になりはじめて台湾に送還された。

蔡　桂英（Tsai Kueo-ying）

一九二五年新竹県生まれ。一九四三年ホテル経営者とある仕立て屋の二人の男に、食堂で給仕の職があると言われ海南島へ。そこに到着するまで「慰安婦」にされるとは知らなかった。病気になり台湾に送還。

盧　満妹（Lu Man-mei）

一九二六年台湾新竹県生まれ。一九四三年一七歳のころ、日本人経営の食堂で給仕の仕事があるという言葉に騙されて、海南島へ。檎林の慰安所（日本式の宿舎）で「慰安婦」に。一九四四年、妊娠八カ月で帰国を許され帰宅。出産するが生後まもなく死亡。

劉鍾　栄妹（Liu Chun Rung-mei）

一九二八年苗栗（Miaoli）県生まれ。一九四四に警察の上官から、新竹県で軍のために針子や炊事の仕事をするよう依頼される。しかし一カ月後に強制的に軍の宿舎で「慰安婦」にされ、一晩に三〜六人の相手をさせられる。一九四五年までの間その苦難を強いられることとなった。

劉黄　阿桃（Liu Huang A-tau）

一九二三年台湾桃園県生まれ。一九四三年二〇歳のとき、旅館の張り紙「南洋で看護婦」の仕事に応募し、日本人男女に連れられ、他の女性とともに、バリクパパンへ山中の航空隊基地の側の慰安所へ。敗戦後放置され、日本人と間違えられ連行・監禁。誤解が解けて監禁をとかれ、スラバヤから船で帰国。

鄭 陳桃（Teng Chen Tao）

一九二二年台北市生まれ。三歳で母、七歳で父死亡。継母・叔父に育てられるが、一六歳で売買され酒場で働く。一九四二年一九歳のとき、売られ「看護婦の助手」だと騙されてアンダマンの慰安所へ。「慰安婦」名は「モモコ」。一九四三年秋、ジョホールへ移され、慰安所「見晴荘」へ。敗戦後、日本人看護長が手配した赤十字の病院船で帰国。

イアン・アパイ（Ian Apai 中国名：林沈中〈Lin Shen-chung〉）

一九二九年花蓮県生まれ。警察の上官が、彼女の地元に駐屯している日本軍のための針子の仕事を依頼。しかし三カ月後には「慰安婦」にされ、一九四五年三月ころから一九四六年三月まで毎日洞窟の中で強制的に兵士の相手をさせられた。

イワル・タナハ（Iwar Tanah 中国名：蔡 芳美〈Tsai Fang-mei〉）

一九三一年南投県生まれ。一九四四年、日本の警察のもとで働いていたタロコ族の男性に、彼女も一員であるタロコ族が居住していた場所近くの日本軍部隊の仕事に連れて行かれる。三カ月間、炊事・洗濯をしたが、その後、強制的に「慰安婦」にされ、翌一年間のあいだ毎日洞窟の中で兵士の相手をさせられた。

●マレーシア●

ロザリン・ソウ（Rosalind Saw）　ペナン在住

一九一六年マレーシアのペナン生。一九四一年一二月日本軍のマレー侵攻後、当時住んでいたペナン郊外の村で日本軍に連行。ペナン中心部の陸軍慰安所「トンロック・ホテル」に四五年初めまで監禁される。「慰安婦」名は「ハナコ」。一九四五年二月、日本兵の子どもを出産。一九九四年に名乗り出る。今回はビデオ証言のみ。

●オランダ●

ヤン・ラフ＝オハーン（Jan Ruff-O' Herne）　オーストラリア在住

一九二三年オランダ領東インド、現在のインドネシア生まれ。一九四二年の日本軍のジャワ侵攻によりアンバラワ収容所に抑留され、四四年に二カ月間スマランで「慰安婦」生活を強いられる。一九九二年に東京で開かれた国際公聴会で、オランダ人として初めて証言した。

エリー・コリー・ヴァン・デル・プローグ（Elly Corry

Van Der Ploeg)
一九二三年オランダ王国ハーグ生まれ。家族とともに東ジャワに住んでいた一九四二年三月頃、日本軍の占領・収容がはじまった。スマランのハルマヘイラ収容所に移された時に「選別」され、スマランのクラブで「慰安婦」にされ、性病に感染。父殺害される。バタビアのクマラット収容所から解放後、再びインドネシア軍により収容された後、一九四六年九月に解放されオランダに帰国した。

●インドネシア●

マルディエム（Mardiyem）　ジョグジャカルタ在住
一九二九年二月七日生まれ、ジョグジャカルタ出身。一九四二年中頃、一三歳のとき、ボルネオのバンジャルマシン市長であった歯科医・正源寺寛吾に騙され、他の二四人の女性たちと共にバンジャルマシンの慰安所に入れられる。慰安所で妊娠し、五カ月目に中絶を強いられた。監禁は日本軍の敗戦まで続いた。被害者連絡会の中核的存在。

スハルティ（Suharti）　ジョグジャカルタ在住
一九二九年一二月三一日生まれ、ジャワ出身。一九四四年のある日、日本軍の労務供出政策によって、他の女性たちと共にボルネオのバリクパパンへ連行、グヌンマラン慰安所へ監禁される。連合軍の爆撃で破壊されたバリクパパンを後に、五〇日間かけて密林を徒歩で横断しバンジャルマシンへ到着、マルディエムさんと共に日本軍の敗戦まで、トラワン慰安所で使役させられた。

スハナ（Suhanah）　バンドン在住
一九二六年七月一七日生まれ、バンドン・チマヒで露天商の家に生れたスハナさんは、一九四二年八月、一六歳のとき、家から強制連行されて同市シンパン通りの慰安所に監禁。母親はショックで病死、父親は娘を奪った日本軍に反抗したため憲兵に殺される。乱暴な性行為の強制により感染症で子宮を切除。日本の敗戦によって解放。病苦と闘いながら養子の息子家族と暮らしている。

エマ（Ema Kastimah）　バンドン在住
一九二九年六月二六日生まれ、外出をした帰りに、日本兵に家まで追跡され、「いい仕事があるがやってみないか」と言われた。断る両親と口論になったが、日本兵が危害を加えると脅し、エマさんは仕方なく日本兵に連れられていった。スハナさんと同じシンパン通りの慰安所に入れられ、午後は兵士、夜は将校に強かんされた。

●東ティモール●

エスメラルダ・ボエ（Esmeralda Boe）　東ティモールのボボナロ県在住

年齢七〇才前後、まだ初潮もなく胸がやっと大きくなりはじめたころ、日本兵に誘拐され、以後三年に渡って三人の日本人司令官の相手をさせられた。さらに畑での強制労働もさせられ、日本の歌をおぼえ娯楽のため歌わされた。

マルタ・アブ・ベレ（Marta Abu Bere）　東ティモールのボボナロ県在住

年齢七〇才前後、東ティモールのボボナロ県ライフォウン出身で現在もそこに在住。ある時、自宅から連れ出され、強制労働をさせられた後、慰安所に入れられ一夜に一〇人の相手をさせられた。以後三カ月間、昼も夜も日本兵の相手をさせられた。最後は病弱になったため帰宅を許された。

日本軍性奴隷制を裁く２０００年女性国際戦犯法廷
憲章全文（採択：二〇〇〇年七月三一日マニラ会議、修正：同年一〇月二六〜二七日ハーグ会議）

原文英語、ＶＡＷＷ‐ＮＥＴ Ｊａｐａｎ訳

前文

第二次世界大戦前・中に日本軍が、植民地支配し、軍事占領したアジア諸国で行った性奴隷制は、今世紀の戦時性暴力の最もすさまじい形態の一つだが、その被害女性たちが正義を得られないまま二〇世紀が過ぎ去ろうとしているのを目の当たりにし、

女性に対する暴力、特に武力紛争下の暴力が、今日世界各地でいまだに絶えないことを目の当たりにし、

女性に対する暴力は、一九九三年世界人権会議で採択されたウィーン宣言と一九九五年第四回世界女性会議で採択された北京行動綱領によって一層の国際的関心を引いており、その綱領は、強かん、性奴隷制などの武力紛争下の女性に対する暴力は戦争犯罪であり、真相究明、被害者に対する補償、加害者の処罰が必要であると明記していることに注目し、

一九九〇年代初めに、国連が設立した旧ユーゴおよびルワンダ国際戦犯法廷が女性に対する暴力に責任のある者を訴追していること、また国際刑事裁判所は設置規程が発効した後に行われた戦時および武力紛争下の女性に対する暴力を裁くことになっていることに留意し、

日本軍性奴隷制が女性に対する暴力の中でもとりわけ重大で深刻なものであり、当時の国際法の原則に違反し、人間の良心に深く衝撃を与えるものであった点に鑑み、第二次世界大戦終結後にアジア全域で連合国が開いた軍事法廷は日本軍性奴隷制やその他の女性に対する性暴力を戦争犯罪としてほとんど訴追せず、その後の数十年間も、現行の国内および国際的司法制度は加害者を裁かなかったことに注目し、

日本軍性奴隷制の被害女性たちが、こうした侵害行為のために、また個人に対する損害賠償その他の形の補償や加害者訴追など正義が行われないことのために、今も身体的、精神的に苦しみ続けていることを認識し、

この奴隷制の生存者たちが長く苦しい沈黙のあと、一九九〇年代になって、裁きが行われることと、長い間奪われ

ていた基本的人権を回復することを要求してきたことを意識し、犯罪が行われてから半世紀たっても、生存者たちは加害者から罪を認める言葉も受けられず、犯罪の責任者たちは真の謝罪も行わず補償を提供することもなく、その一方で、被害女性たちは何の補償救済措置もないままに次々に亡くなっていくことを憂慮し、

性奴隷制を含む戦時性暴力の被害女性や生存者に正義を回復することは、地球市民社会を構成する一人一人の道義的責任であり、国際的な女性運動にとって共通の課題であることを心に留め、

すべての被害女性に正義、人権、尊厳を回復し、戦時および武力紛争下の女性に対する暴力の不処罰の循環を断ち切ること、それによってこうした犯罪の再発を防ぐことに寄与しようと決意し、

全記録を、二〇世紀の歴史の消し去ることのできない記録として世界に公表することにより、「法廷」の努力が、戦争と女性への暴力のない二一世紀と新しい千年紀を創ることに寄与することを確信し、

日本軍性奴隷制を裁くための「2000年女性国際戦犯法廷」を開くこと、および、その主要な使命として、日本の植民地支配と侵略戦争の一環としてアジア太平洋全域にわたって日本軍が犯した性暴力、とくに、「慰安所」で「慰安婦」たちを性奴隷にしたことについて、真実を明らかにし、関与した諸国家や個人の法的責任を明確にすることを切望し、

「法廷」が、女性に対して行われた犯罪の責任に関して、当時の国際法の欠かすことのできない部分であり極東軍事法廷で適用されるべきであった、法の諸原則、人間の良心、人間性とジェンダー正義に照らして、また女性生存者自身を含む多くの人々の勇気ある闘いの結果、国際社会が国際人権と認識するようになった、女性の人権の原則などに関わるその後の国際法の発展を、女性に対する犯罪に対し国際法を適切に適用し、過去の違法行為に対する国家責任について進展中の原則を体現する、その限りにおいて考慮に入れつつ、判決を下す能力があることを確信し、

民衆と女性の提唱で開かれるこの「法廷」に、判決を強制する実際の権限はないとしても、国際社会や各国政府が判決を広く受け入れ、実施することを要求する道義的権威を持つことを心に留め、

諸国家や国際組織がこうした犯罪に責任のある人々を裁くため、また謝罪、損害賠償、リハビリテーションを含む賠償を行うために必要な措置をとるよう再度要求しつつ、

加害国（日本）の諸組織、被害地域の諸組織（南北コリア、中国、台湾、フィリピン、インドネシア、マレーシアなど）および国際諮問委員会（著名な専門家や人権活動家からなる）で構成される国際実行委員会は、ここに、日本

軍の性奴隷制を裁く「2000年女性国際戦犯法廷」の憲章を定めます。

第1条　女性国際戦犯法廷の設置

ここに「女性国際戦犯法廷」（以下「法廷」）が設立されます。「法廷」はこの憲章の規定に従って、個人と国家を裁く権限を持ちます。「法廷」は、国際実行委員会によって決定される日時、場所で、公開の審理を行います。

第2条　「法廷」の管轄権

1　「法廷」は、女性に対して行われた犯罪を、戦争犯罪、人道に対する罪、その他の国際法に基づく罪として裁きます。「法廷」の管轄権は、第二次世界大戦前・中に日本により植民地とされ、支配され、あるいは軍事占領されたあらゆる国と地域、ならびに同様の被害を日本から受けた他のあらゆる国に及びます。

「法廷」が裁く犯罪は、強かん、性奴隷制その他のあらゆる形態の性暴力、奴隷化、拷問、強制移送、迫害、殺人、殲滅を含みますが、それらに限定されません。

2　「法廷」は、上記の犯罪に関して国際法に違反する国家の作為または不作為、また第4条に定める作為または不作為についても裁きます。

3　「法廷」はまた、第4条に定めるとおり国際法に基づく国家責任に関わる請求についても裁きます。

4　「法廷」の管轄権は、今日（こんにち）の時点にまで及ぶものとします。

第3条　個人の刑事責任

1　この憲章の第2条に定めた犯罪を計画し、扇動し、命令した者、また他の如何なる形でも計画、準備や実行を幇助・扇動した者は、その犯罪について個人として責任を問われます。第2条に定めた犯罪の証拠を隠した者は個人として責任を問われます。

2　この憲章第2条の犯罪を部下が犯したという事実は、その上司または上官が、部下がそのような行為を行おうとしていることを知っていたか、知るべき事情があったのにその防止や抑止のために必要で適切な手段を講じなかった場合、または、捜査と訴追のためしかるべき当局に事件を報告しなかった場合は、それらの上司や上官が刑事責任を免れる理由にはなりません。

第4条　国家責任

国家責任は以下から生じます。

(a) 第2条の犯罪の実行または行為が、その国家の軍隊、政府の官吏、および公的立場で行動する者によって行われた場合、

(b)国家による次のような行為または不作為

(i)第2条の犯罪に関して、事実を隠したり、歪めたり、または他のいかなる形態であっても真実を発見し公表する責任を果たすことを怠ったり、その責任を果たさなかった場合、

(ii)これらの犯罪に責任ある者を訴追し処罰しなかった場合、

(iii)被害者に賠償を支払わなかった場合、

(iv)個々の人間の本来の姿、福利や尊厳を守るための措置をとらなかった場合、

(v)ジェンダー、年齢、人種、肌の色、国民的、民族的または社会的出身、信条、健康 状態、性的傾向、政治その他に関する意見、経済状態、生まれ、その他の何らかの地位に基づいて差別的取り扱いを行った場合、

あるいは

(vi)第2条の犯罪の再発防止に必要な措置をとらなかった場合。

第5条　公的資格と上官の命令

1　被告人の公的地位が、天皇であろうと、国家元首、政府の長、軍隊の司令官、責任ある官吏であろうと、その立場によって、その人の刑事責任は免除されず、処罰も軽減されません。

2　犯罪が上官または政府の命令に従って行われたものであっても、その事実だけでは、それを犯した個人は刑事責任を免れません。

第6条　時効の不適用

「法廷」が裁く犯罪は、時効が適用されません。

第7条　「法廷」の構成

「法廷」は次の構成となります。

(a)裁判官

(b)検察官

(c)書記局

第8条　裁判官と検察官の資格と選任

裁判官、検察官は国際実行委員会が、人権の分野で国際的に信頼のある著名人の中から、以下を考慮して任命します。

(a)性の配分

(b)地域配分

(c)女性の人権の提唱、擁護、推進に対する貢献

(d)国際人道法、国際人権法、国際刑事法についての専門的知識と経験

(e)ジェンダー犯罪や性暴力犯罪を扱った経験

第9条　訴訟手続きと証拠に関する規則

「法廷」の裁判官は、審理の手続きと証拠に関する規則、被害者や証人の保護その他の、裁判官が必要と

みなした「法廷」についての適切な事項を決定します。以下のものは証拠と認められます。

(a)書証：公文書、宣誓供述書・調書、署名のある陳述書、日記、手紙やメモなどの文書資料、専門家鑑定書、写真やその他の映像視覚資料、

(b)人証：生存者や証人の文書または口頭の証言、専門家による鑑定証言、

(c)物証：関連するその他の物証。

第10条　書記局

国際実行委員会は、「法廷」に書記局を設置します。書記局は、「法廷」の事務と運営に責任を持ちます。

第11条　検察官：調査と起訴状

1　検察官はこの憲章の第2条に述べる犯罪の捜査と訴追に責任を持ちます。その際ジェンダーや文化の諸問題、また被害者が直面するトラウマなどに配慮します。

2　検察官は個人、生存者、NGOその他の情報源から得られる情報に基づいて調査を行い、真実を確定するために、容疑者、被害者、証人を尋問し、証拠を集め、現地捜査を行う権限を持ちます。

3　検察官は捜査の結果、訴追に十分な根拠があると判断した場合に、「法廷」に起訴状を提出します。

第12条　審理

1　「法廷」は審理を開始するにあたって検察官からの起訴状を読みます。「法廷」は公正で迅速な審理を保障します。

2　審理は公開で行います。

3　「法廷」の使用言語は英語とします。必要に応じて他の言語に翻訳・通訳されます。

第13条　被害者と証人の参加と保護

「法廷」は、取り扱う犯罪の本質を考慮し、またトラウマに配慮して、性暴力の被害者や証人、また他のいかなる人についても、証言をすることで危険にさらされる人々について、その安全、身体的心理的な福利、尊厳やプライバシーを保護するよう、必要な手段を取ります。保護措置としては、必要に応じて視聴覚機材による審理やその他の被害者の身元を匿す措置を含みますが、それだけに限定されません。

第14条　判決

1　判決は、公開の場で言い渡され、「法廷」の裁判官の多数決によって下されます。また裁判官は、判決について別途に、同意意見または反対意見を付けることができます。

2　判決は、「法廷」に提出された証拠に基づいて、被告人がその犯罪について有罪と認められたか有罪とは認められなかったか、あるいはそのような判断を下す

ためには証拠が不充分であるかどうかを明確に述べ、その判決の理由を述べます。

3　判決では責任があるとされた個人または国家に対して被害者への救済措置を要請することができます。救済措置には、謝罪、原状回復、損害賠償、リハビリテーションなどが含まれます。

4　判決は生存者、被告人本人または代理人、日本政府、関係各国政府、国連人権高等弁務官などをはじめとする国際機関に送付し、さらに歴史的記録として広く世界に公表します。

第15条　協力

1　「法廷」は、一人一人の個人、NGO、政府、政府間機関、国連機関やその他の国際団体に対し、この憲章第2条に述べる犯罪に責任のある人々や国家の捜査と訴追に全面的に協力するよう、要請することができます。

2　「法廷」は、一人一人の個人、NGO、政府、政府間機関、国連機関やその他の国際団体に対し、「法廷」の判決について協力を求められた場合にはそれを尊重するよう、要請することができます。協力要請には以下に関することを含むものとしますが、それだけに限定されません。

(a)人物とその所在の特定、その事件の場所の特定

(b)証言を得ること、証拠の提出、

(c)被告人、被害者、証人、専門家としての「法廷」への任意の出廷

(d)場所や現場の検証

(e)関連のある情報、記録、公式または非公式の文書の提供と、戦時下の公文書の全面開示

(f)被害者や証人の保護と証拠の保存、

(g)固有の国際的責務にかなうよう、これらの犯罪に責任を持つ者について捜査と訴追に協力し、または自ら実施すること

(h)固有の国際的責務にかなうよう、謝罪、損害賠償とリハビリテーションを含む補償の規定をもうけること

(i)「法廷」の目的を促進することを望んでなされるその他の助力。

Column 1

舞台が「法廷」になるまで

「法廷」舞台設営担当／渾大防一枝

二〇〇〇年一一月末の一本の電話からそれは始まった。一〇日後に迫る「女性国際戦犯法廷」の舞台を設える手伝いをしてほしいという、VAWW-NETジャパン事務局からの要請だった。なんで今頃と唖然・呆然とする。

もともとフィリピンの演出家が引受けていたのだが、そのプランが日本の舞台では無理なので、急きょおはちが回ってきたというわけだ。いきなり具体的に「法廷」づくりをといわれて途方に暮れたが、年来このテーマに深く関心をもっていたゆえ、ええままよと引受けた。スタッフも当初の予定から変わって、これまた突然、鄭聖默さんに声がかかった。鄭さんの登場が、「法廷」の舞台づくりを成功させた原動力だったと思う。九段会館という場で「法廷」が開かれることに象徴的な意味合いを感じたが、狭く古く使い勝手が悪いことこのうえない。下見をするや、鄭さんは照明、音響、映像などの人手、機材の手配を始めた。期日が差し迫っているなかで、優秀な人材を良く集めたものだが、これぞ真のプロの仕事と感じ入った。困難でも要望されれば必ず応える。

さて、舞台＝「法廷」のプランづくりは、一筋縄ではいかなかった。自分の演出なら自分で決められるが、ここではどこに決定権があるのかがまずはっきりとしていない。プランがなければ作業に入れない。国際実行委員会（IOC）だ、検事団だとそのたびに振り回され、いささかカフカ的な世界に彷徨った感じだった。おぼろげに輪郭が見えてきたようなので、鄭さんと変更可能を前提に準備した。仕込みの日、大方の関係者が納得し、これから前夜祭の準備にかかろうという瞬間に判事たちが現われ、「『法廷』の権限は首席判事にあります。私のいう通りにしてください」と変更を求められた。てんやわんやの中で、誰も首席判事に確認していなかったのだ。

総合プロデューサーがいないので無理からぬこととはいえ、各部署がそれぞれ要望を舞台監督に持ち込む。鄭さんはそれぞれを忍耐強くさばき、可能な限り実現させた。まったくタフである。その人柄の魅力で、ボランティアの学生たちもあっというまに掌握し大事な戦力にした。この若者たちが長時間、この「法廷」のためにひたむきに働いている姿は感動的だった。

かくて開廷。過程をおもえば奇跡的ですらあった。

女性国際戦犯法廷　日程

○二〇〇〇年一二月七日（木）18：30―20：30　前夜祭
於・東京都千代田区九段会館

●法廷一日目　一二月八日（金）
於・東京都千代田区九段会館

10：18　首席検事、各国検事団の自己紹介
10：27　開廷の言葉（国際実行委員会／松井やより、尹貞玉、インダイ・サホール共同代表）
10：50　開廷宣言　ガブリエル・マクドナルド首席判事
10：55　首席検事冒頭陳述　パトリシア・セラーズ、ウスティニア・ドルゴポル両首席検事
11：42　アミカス・キュリー（法廷助言者）「裁判手続についての意見」（今村嗣夫）
〔各国発表は各国起訴状発表、被害者証言、証拠の提示、判事の質問からなる〕
12：20―17：05　各国発表／南北コリア
17：20―18：00　専門家証言「日本軍の構造について」（林博史）

●法廷二日目　一二月九日（土）
於・東京都千代田区九段会館

10：10―11：30　専門家証言「天皇の責任について」（山田朗）
11：35―13：20　各国発表／中国
14：40―16：05　各国発表／フィリピン
16：20―17：30　専門家証言「『慰安婦』制度について」（吉見義明）
17：37―18：50　各国発表／台湾

●法廷三日目　一二月一〇日（日）
於・東京都千代田区九段会館

10：15―10：40　各国発表／マレーシア
10：42―11：20　各国発表／オランダ
11：35―13：00　各国発表／インドネシア
14：30―14：50　専門家証言「トラウマとＰＴＳＤについ

て」（レパ・ムラジェノヴィッチ）

14：57—15：12　日本の国家責任について

15：17—15：40　専門家証言「国際法における国家責任」（フリッツ・カールスホーベン）

15：45—16：20　各国発表／東ティモール

16：25—16：55　各国発表／日本

専門家証言「日本人『慰安婦』について」（藤目ゆき）

17：00—17：30　元日本軍兵士の証言（二名）

17：42—18：00　アミカス・キュリー「個人請求権に関する国家責任についての被告の立場」（鈴木五十三）

アミカス・キュリー「日本における戦争賠償請求訴訟の現状と今後の解決の方法としての立法化の方向性について」（藍谷邦雄）

18：05—18：55　首席検事最終論告　ドルゴポル、セラーズ両首席検事

○一二月一一日（月）

「現代の紛争下の女性に対する犯罪」国際公聴会

於・東京都千代田区九段会館

9：30—18：00　世界の紛争地の一二人の証言と専門家の

●法廷四日目　一二月一二日（火）

於・東京都渋谷区日本青年館

10：20—12：30　判決「認定の概要」

12：30　閉廷の挨拶（国際実行委員会）

●判決日　二〇〇一年一二月四日

於・ハーグ Lucent Dans Theater（オランダ）

Column 2

心のこもった前夜祭

加藤喜代美

一二月七日の「女性国際戦犯法廷」前夜祭は、終始あたたかい雰囲気に包まれていた。会場の入口には韓紙で蓮の花を造形したものや行灯に灯がともされ、壁にはハルモニたちの水曜デモのようすや、描いた絵がパネルになって飾られ、心のこもった手づくりの法廷であることが感じられた。

はじめに、姜徳景《カンドツキヨン》ハルモニの追悼ビデオが流れる。死の直前まで日本に行くと言い、「責任者を処罰せよ」という絵を遺言のように残して逝ったハルモニ。この姜徳景さんの強い意志にたくさんの女たちが魂を揺さぶられ、今回の法廷実現の大きなきっかけになった。

国際実行委員会の共同代表である尹貞玉さん、松井やよりさん、インダイ・サホールさんから挨拶があり、「慰安婦」に対する戦時性暴力の不処罰の歴史を終らせ、性暴力犯罪の再発を防ぐためにこの法廷が開かれることなどが述べられた。実に堂々としていて美しく、女性によって新しい歴史が切り開かれる場に、自分も立ち合っているという実感と喜びでいっぱいになった。思えば、九八年四月、ソウルで開かれた第五回日本軍「慰安婦」問題アジア連帯会議の席で、初めて松井やよりさんから今回の法廷の提案があり、その場に私も、岡山の仲間たちと一緒に参加していた。その法廷がついに実現するのだと思うと感無量だった。

挨拶のあと、亡くなられた被害者の追悼式があった。九一年、最初に元「慰安婦」だったと名乗り出た金学順《キムハクスン》さんや姜徳景さんたちの遺影が舞台に飾られ、ハープの優しいメロディの流れるなか、被害女性たちの献花が続く。それからおごそかな追悼の舞が舞われる。被害女性の魂が少しでも安らぐようにと、彼女たちに心を寄り添わせたセレモニーが続く。最後は会場いっぱいの参加者全員が立ち上がり「ウィ・シャル・オーバーカム」を力強く歌った。

世界中から集まった女性たちが、翌日から始まる「女性国際戦犯法廷」を何とか成功させたいと、本当に心を一つにしているのが実感された素晴らしい前夜祭だった。

第Ⅰ部

ドキュメント
女性国際戦犯法廷

第1章　法廷一日目（二〇〇〇年一二月八日）於・東京九段会館

【10：18】

［首席検事、各国検事団の自己紹介］

【10：27】

開廷の言葉（国際実行委員会共同代表）

VAWW‐NETジャパン代表　松井やより

国際実行委員会とVAWW‐NETジャパンを代表いたしまして、五つの大陸、三〇以上の国からいらしたこの「法廷」の参加者の皆様と喜びを分かち合いたいと思います。特に、南北コリア、中国、台湾、フィリピン、インドネシア、東ティモール、オランダから、日本軍性奴隷制やその他の戦時性暴力の被害者として力強い証言をするためにわざわざ来てくださった女性たちの勇気を称え、また感謝いたします。

九〇年代の初頭に五〇年間の沈黙を破り、日本政府に公式謝罪と国家賠償を求めて新しい歴史のページを作ったのはこれらの勇敢な女性たちでした。しかし、彼女たちの声は日本政府に無視されており、日本の侵略戦争を正当化する右翼勢力が台頭してきて、今や日本皇軍の犠牲になった「慰安婦」を攻撃し、侮辱しています。［略］

このような逆行する流れの中で、被害女性は、近年一人また一人と、日本政府から謝罪も賠償も受けずに亡くなっていきます。年老いた女性たちはあまりにも苦痛に満ちた人生を振り返りながら、「正義はどこにあるのか」と問いかけます。被害者が苦しむ一方で、加害者はなんの悔悟も感じずに人生を送っています。加害者の責任は問われるべきです。そうでなければ、どこにも「正義」はありません。

一九九八年四月にソウルで行なわれた「慰安婦」問題アジア女性連帯会議で、私たち加害国の日本女性が女性国際戦犯法廷を開くことを提案し、六つの被害国の支援団体がこの提案に賛成しました。また、世界の女性の人権活動家も加わり、この三者が国際実行委員会を結成して、過去二年半、国境を越えた協力と連帯の精神のもと、「法廷」の準備を進めてきました。

私たちの「法廷」は模擬裁判でもなく、また復讐を求めているのでもありません。これは法の手続きをとった民衆法廷です。憲章は全参加国の法律家や国際法の専門家の力を借りて起草し、三月の上海会議で採択しました。憲章により、「法廷」は個人の責任と戦後責任も含む国家の責任に対して、管轄権を持ちます。

各参加国は検事団を作り、各国起訴状を作成しました。各国検事団と共に、マニラと台北での会議を経て、二人の首席検事が共通起訴状を書きました。そして、判事は五つの大陸から選ばれ、去る一〇月に判事団会議をハーグで行ないました。このような法的手続きは法律顧問たちに支えられています。全国際実行委員は、これだけの力と熱意を注いでくださったこれらすべての法廷メンバーに感謝の意を表します。

さて、私たちはこの「法廷」に何を期待するのでしょうか。主な目的は二つあります。一つは、日本軍性奴隷制の犯罪的な性質と、この罪に責任のある者を明らかにし、日本政府に法的責任があることを認めるよう圧力をかけることです。実際、日本政府は今日まで一人の戦犯も起訴していません。それどころか、戦犯を含む元軍人を称え、英雄や軍神として祀っています。そして、アジアの戦争被害者に支払った全賠償金の四〇倍もの金額を軍人恩給として支払ってすらいます。ですから「慰安婦」制度が犯罪であることを明らかにするのは、被害を受けた女性の正義を取り戻すために極めて大切なことなのです。

この「法廷」のもう一つの目的は、普遍的な女性の人権問題である、女性に対する戦時性暴力の不処罰を断ち、世界のどこにおいてももう二度とそれが起こらないようにすることです。ですから、この「法廷」の一環として、「現代の紛争下の女性に対する犯罪」国際公聴会が行なわれ、一五カ国から被害女性が証言します。

確かに私たちの「法廷」には判決を執行する力はありません。しかし、憲章の前文に書かれているように、これには国際社会と日本政府が尊重すべき道徳的な権力があります。

戦争や暴力に満ちた二〇世紀も終わりに近いこの頃、経済のグローバル化は世界の多数の地域や私たちの日常生活で、女性に対する暴力を増強させています。私たちは、女性や民衆の連帯のグローバル化が経済のグローバル化に打ち勝つと信じています。

今世紀最後の月に行なわれるこの女性国際戦犯法廷を二一世紀への第一歩とし、女性への戦争犯罪を根絶する努力を続けていきましょう。

韓国挺身隊問題対策協議会・共同代表　尹《ユン》　貞玉《ジヨンオク》

なぜ私たちはこの法廷を開くのでしょうか。

私たちは、そっとしておいたほうがよい傷口をこじあけようとしているだけなのでしょうか。私たちは、文明社会に波風を立たせるような過去を掘り返そうとしているのでしょうか。私たちは復讐しようとしているのでしょうか。

そうではありません。天に正義をゆだねましょう。今日、正義は私たちのものです。そして、私たちは、歴史の名において、正義を求めます。なぜなら、私たちは、今世紀から次の世紀へと伝えるものが歴史であると信じるからです。

私たちが、それを認識しなければ、いかなる素晴らしいことであっても、悲惨なことであっても、次の世代には伝わっていかないのです。

この「法廷」はその間違いは繰り返しません。この「法廷」は真実をふみにじるようなことはしません。

この「法廷」は、戦後の極東国際軍事裁判と違い、戦争の恥に向き合います。その裁判では確かに強かんの証言を聞いています。一九日間に渡って、日本の戦争犯罪の残虐さと非道さを示す証言が行なわれたのです。

そこでは、日本軍に占領された全てのアジアの国々で、一般の人々が、あらゆるやり方で人間の尊厳を奪われたことが報告されました。あの戦争では、特にアジアの女性が傷つけられました。それは、いかなる時代であれ、文明国を揺るがすようなものでした。しかし日本軍性奴隷制については裁かれませんでした。

そして正義はもたらされませんでした。

さらに、この「法廷」は今問いかけます。なぜ各国の証言は一国、またその次の国と、同じような真実の詳細でつながるのでしょうか。

なぜこの証言をつなげると、慰安所の整った制度や、公認を受けていたことや、そして個人の下級日本兵が勝手に訪れたのではないことなど、一つの統一した型が現れるのでしょうか。

私たちの文明社会を乱すようなものがもうあってはいけません。私たちは一九四五年の時点でまさに使われていた法律をもとにした裁判を行なうのです。それは、当時日本の法制度が認めていた法律と、同じく当時の市民社会を拘束していた国際人道法です。これらの法は奴隷制と強かんを罪と認めていました。そしてこの当時でさえ、法は処罰を求めていたのです。

私たちは国際的な名誉を得ている判事のもとで裁判を行ないます。私たちは高潔さと誠実さをもった法律家を通して、このことを提訴します。しかし何よりも、私たちはこの会場に、この犯罪の被害者の皆さんをお迎えしています。私たちが記していく責任がある歴史の、生きた証人である女性たちです。

今日私たちが、権力の中心であり、政策の究極の出所であり、戦時における性奴隷収容所の罪が最終的に行きつく場所である皇居の見える会場にいることは偶然の一致ではありません。

私たちは沈黙を破るために来たのです。今日、私たち女性は未だに全部が語られていない歴史に私たちの声を書き加えるために立ちあがったのです。

今日、私たちの世代は、次世代が真実を最もよく学べるような歴史を書くのです。

女性の人権アジアセンター代表　インダイ・サホール

判事は、いつも私たちから離れたところにいました。それは判事が望むからではなく、それが判事の役割が要求することだからです。判事の手には、簡単には得られない絶対の公平、正義、理想の要求があります。結局、社会において信念の秩序を見分けることを任されているのは判事です。争いを解決しなければいけないのは判事です。したがって社会を動かし、そこにある対立と柔軟性のなさを取り除くのも判事です。しかし、たとえ判事にこの力があっても、彼らが自分の好きなように判決を下す資格はありません。判事の個人的な好み、偏見、また公的な圧力、社会の無関心が判事を利用することはできません。それは、判事には道理、議論と規則、同情と法律によるという決意があるからです。さらに、判事は与えられた枠の中で力を行使しなければいけません。その枠組みは社会が理由なしには回避することのできない原則に従って決めたものです。社会が前進するのは、その自らの規則を決定する権限があるからです。市民が自らに定めた司法と道徳の限界を尽くすことができるからです。この状況において、判事はまた距離をおきます。判事の手には社会がどこに向かって行くかが握られているので、再び重要な役割を果たします。裁判所には社会がどう自身を純化するかがかかっています。

私たちの目標は、審議されてこなかった人生〔の苦悩〕を終わらせることであり、判事はこの目標を達成することにご助力願いたいのです。

この会場に集まったサバイバー女性の皆さんを目の前にして、私たちには抑え切れない感情をいだきます。それは精神と身体の両方から、自発的に、思考なしに、ためらいなく、わき上がりまた続く感情です。それは最大の謙虚の感情です。私たちは、自分たちの顔を見つめる、苦しみと不屈の精神に対して、心の底から謙虚になります。私たちは試されています。私たちはサバイバーのように、勇敢で立派になれるでしょうか。

ご静聴ありがとうございました。

〔石塚直子・訳〕

【10：50】

開廷宣言

ガブリエル・カーク・マクドナルド首席判事

おはようございます。

私たちは今日、第二次世界大戦の前とその間に日本軍によって設立された「慰安所」に囚われた女性と少女に関する証拠を受けとるため、ここに集まりました。「慰安婦」という婉曲的な名前で知られている彼女たちは、軍隊に性的な満足を与えることを強要されました。

まず、判事を紹介いたします。クリスチーヌ・チンキン判事、カルメン・マリア・アルヒバイ判事、ウィリー・ムトゥンガ判事、P・N・バグワティ判事です。バグワティ判事は病気のため、今日ここに来ることができませんでしたが、判決の起草には参加します。

以上の判事がここに来たのは、市民社会に対する法のおきてを深く尊重しているからです。また、特に武力紛争下における女性に対する性暴力の行使や政策が絶えないことに心を痛めてもいるからです。まさに、このような残酷な行為は世界中いたるところで、戦争や紛争の武器になっているのです。

法のおきての基礎となるのは、法的責任です。つまりすでに禁止事項として確定している行為を犯した個人や国家の責任を問うことです。このような行為を無視することは、その繰り返しを招くことになります。人道的保護を約束する条約を立法化したことで生まれた期待を無視すれば、不処罰の風潮を作り出すことになります。

起訴状は南北コリア、中国、フィリピン、台湾、インドネシア、オランダ、東ティモール、マレーシア、日本から判事に提出されています。共通起訴状は首席検事のパトリシア・ビサー・セラーズ検事、ウスティニア・ドルゴポル検事から提出されています。

起訴状は、暴力や欺瞞によって「慰安婦」として働くように強要され、強かん、虐待、時には死に追いやられた女性や少女に、強かんと性奴隷の罪を犯したとして、そのような個人を人道に対する罪で訴えています。被害者は、レイプセンターと特徴づけられているところから抜け出すことができず、まさに性奴隷であったことが主張されています。

日本〔政府〕はこの裁判の通告を一一月九日に受け、参加するよう召喚されていますが、返答はなく、今日ここに出廷してもいません。

認められた証拠を考慮し、判事は今まで歴史から閉めだされてきた「慰安婦」の経験を証明する歴史的記録を明らかにします。一九四六年五月三日から四八年一一月一二日まで極東国際軍事裁判〔以下、東京裁判〕が行なわれましたが、「慰安婦」は無視されました。

私たちは加害者と被害者の証言を聞きます。また歴史や法の専門家の意見も聞き、考慮します。そしてこの人間の悲劇の証拠文書も受理します。日本政府はここに参加しない道を選びましたが、公的な記録として、日本政府の立場は提出されます。起訴状、提出された証拠、また当事者たちの議論を考慮し、判事は二〇〇〇年一二月一二日に判決の概要を出します。判決は二〇〇一年三月八日に下されます〔その後延期され、二〇〇一年一二月四日、ハーグで下された〕。

判事はこれが国家や国際機関の法によって設置された裁判でないことを理解しています。これは民衆の主導によるものなのです。私たちは東京裁判で「慰安婦」を裁かなかった欠如を埋めることにとりかかったのです。

報告によると、およそ二〇万人の女性と少女がおそろしい性奴隷の苦しみを味わったことが明らかになっています。裁判、特に国際裁判がこれを無視できたということは恥知らずなことです。私たちが日本やすべての国際社会の意識を高めるこの倫理的な法廷に名誉をもって参加するのはこの理由からです。これは私たちがすべき、最低限のことなのです。

〔石塚直子・訳〕

【10：55】首席検事冒頭陳述

パトリシア・セラーズ首席検事冒頭陳述

この冒頭陳述は二つの部分に分かれています。私は、申し立てられた犯罪、被告人の刑事責任について、そしてもう一人の首席検事が、国家責任に関する訴えについて述べます〔第6巻収録の「共通起訴状」参照〕。

私たちは簡潔に二つのことを求めています。法を、犯罪がなされたときに存在していた形で、適用すること。私たちは奴隷制や強かんについての最近の国際法の発展の恩恵をこうむろうと思ってはいません。ここで正式にお願いするのは、東京裁判の審理を再開することです。なぜなら、東京裁判で審理すべきであったし、受け入れられるべきであった決定的な証拠を、私たちは持っていると確信しているからです。

証拠はその時点でも入手可能なものでした。しかし求められなかったのです。ここにいる証言者は、その当時でも証言することは可能でした。しかし名乗り出るよう求められなかったのです。これらの証拠が、判事の皆さんが認定に基づいて東京裁判の判決を出すために不可欠なものであるからこそ、審理を再開し、証言を聞いてほしいのです。

ここで思い出していただきたい〔セラーズ検事は、東京裁判の法廷にいるように話している〕。皆さんが下された東京裁判の判決の冒頭では、中国での戦争開始から一九四五年八月の日本の敗戦まで、最も非人間的で非道な拷問、殺人、強かん、その他の残虐な行為は、日本陸軍と海軍によってほしいままになされてきたと述べられています。それに続けて、裁判官はこう述べました。「結論はただ一つしかあり得ない。すなわち、残虐行為は、日本政府またはその個々の官吏及び軍隊の指導者によって秘密に命令されたか、故意に許されたかということである」と。私たちは、皆さんの認定の文脈内に留まり、更なる証拠を、先の東京裁判判決で皆さんがすでにご覧になったのと同様の戦争犯罪について、さらに具体的に立証するよう提出します。

先の東京裁判の検事は裁量権を行使しましたが、その選択には戦争犯罪は裁き、人道に対する罪は裁かないことを含みます。今日ここにいる検事たちはとても重要な決定をしました。人道に対する罪で訴追するという決断です。簡単にこの決定について説明するならば、「戦争犯罪」では〔日本に〕支配された人々、たとえば朝鮮や台湾の人々を考慮に入れることはできませんでした。私たちは、人道に対する罪で起訴するにあたり、より明確に、被害者のその犯罪による被害の範囲を理解するのに不可欠な証拠を提供できると信じています。この犯罪には忌まわしい名前があります。「奴隷制犯罪」です。

判事は、一九四五年に立ちかえった時、奴隷制の罪は戦争犯罪として起訴可能であったかと言われるかもしれません。しかしあえて言わせていただきたい。奴隷制は、国際社会が初めて共同で「我々はこれを許せないし容認もできない」と言った犯罪の一つです。「奴隷制はやめさせなければならない、完全になくさなければならない」と。

奴隷制が存在してよいとは言いませんでした。奴隷制の存在を容認することはできない、という言い方をしたこともありました。

一八六〇年代、リーバー法が考案されました。なぜなら、米国で奴隷制に関する戦争があったからです。この軍法で彼らは、それぞれの兵士が何をしてはならないかをはっきりさせました。奴隷化すること、もしくは自由人になった人を奴隷状態に戻すことです。そのルールは、国際慣習法とみなされるものに基づいていました。奴隷制と戦争はともに不法とされたのです。

一九〇〇年代には、国際社会は共同で、初めての国際条約の一つによって、国家主権の限界を越えました。この条約では、国家が何をしようと問題ではない、誰も奴隷制を創設してはならないと定められました。これが一九二六年の奴隷条約です。

そして、判事の皆さんがよくご承知の通り、東京裁判の根本原則となった極東国際軍事裁判所条例（以下、東京裁判条例）では、人道に対する罪のもとに「奴隷的虐使」が明記されました。戦争中も戦争前も、奴隷化は許されるものではなかった。すでにそのように規定されていたのです。

ここでもう少しご辛抱いただきたい。というのは、わたしの主張を確実にご理解いただきたいからです。当時の法のままに適用していただきたいということを。一九四五年の時点での奴隷制に関わる法によれば、人に対して所有権を行使すること――精神的又は性的な所有、もしくはだれかを「所有」する、そういった所有そのものが不法だったのです。同様に不法とされていたのは、人を売買すること、売ること、移動させること、どんな手段でもだれかを奴隷制に供給することです。さらに、東京裁判条例における「奴隷的虐使」とは何か。奴隷のレベルに至る強制労働も不法とされていました。

私たちは一九四五年の法律に従うわけですが、その法の規定とはまさに、これから提出される証拠の性質そのままです。

これから証拠によって示されるのは、人が、その性を、スピリチュアルで、肉体的、精神的な存在であるものを、他の個人によって所有された人々のことです。移送させられた個人、強制的に徴集された個人、騙されて送り込まれたり、あからさまに奴隷の立場へと売られたりした人々です。証人の中には労働者状態から強制労働状態へそして奴隷状態になった人もいます。

判事の皆さん、この法廷の憲章に基づき、判事はこれらの行為に責任のある個人について有罪を宣告しなくてはなりません。

性奴隷制は新しいものでも、何かを追加したものでもありません。いろいろな意味で、奴隷制度はギリシャにおいて負けた側の男たちの社会の女を捕まえ、性行為の対象とすることから始まりました。ですからわたしが性奴隷制と言うときは、奴隷化のこと、つまり奴隷化の罪の話をしているのであり、判事の皆さんの裁判管轄権のもとにある犯罪の話なのです。

私たちは「強かん」の罪についても起訴しました。多くの人は強かんが最近戦争犯罪になったと思っていますが、「主たる戦争犯罪」があったとすれば——それも西洋社会だけでなく多くの社会でも同様に発展したものがあったとすれば、強かんこそがその主たる戦争犯罪の一つだったのです。それは今日私たちが考えるような、被害者個人の全体性の問題としてではなかったかもしれません。しかし、強かんの存在はその社会を滅ぼすものです。

〔……〕

強かんが認められることで、兵士たちの倫理は乱れます。主権者は、国民の純粋さを失うのです。わたしが言うのは、リーバー法も、一九〇七年のハーグ陸戦規則の奴隷制に関わる部分も、一九一九年の専門家委員会〔戦争開始責任および刑罰執行委員会〕による強かんと奴隷制の規程も、強かんされた女性の利益にはなっていない、ということではありません。しかし、当時強かんは、現在違法であるのと同じく違法であったと言っているのです。その証拠を見ていただきたいと思います。

強かんの問題は複雑になってくるかもしれません。というのは、私たちはあまり技術的な質問は、強かんに関して証人に聞かない可能性があるからです。ここで法廷の確知〔立証不要、反証ができない事実として裁判所が確認すること〕をお願いしたいのは、強かんという言葉についてだけでなく、強かんが何を意味するかについてもです。

この法廷に参加している皆さんには、女性であれ、男性であれ、強かんとは何かを説明する必要はないと思います。また、証人に〔強かんの〕詳細について聞く必要もありません。判事の皆さんの常識と法的知識によって理解していただきたいのです。

最後に判事にお願いしたいのは、証拠調べです。なぜなら私たちはただ奴隷制が存在したと言っているのではありません。私たちの起訴状は、首席検事のものも各国検事のものも、奴隷制システムの立案者（計画した者）について詳述します。次に奴隷制のための建物すなわち「慰安所」に強制的に住まわされた人々の証言を聞きます。

立案者たちは、判事の皆さんはもうご存知の人間です。初めて聞く名前ではありません。事実、他の理由に基づいて有罪判決を下しておられます。皆さんは東条英機に有罪判決を下されました。元首相であり、陸軍大臣であり、内務大臣であった、鍵となる地位にあった者の一人です。また松井石根にも有罪判決を出しています。ここで指摘したいのは、松井を有罪としたのは、私の意見では正しいことですが、集団レイプの罪でした。証拠が示すのは、松井は南京後の集団レイプについて知っており、その状態を「改善」しようとしたことです。彼は南京のケースで有罪判決を下されましたが、それは、引用しますと「被害者による些細な抵抗に対しての処罰としての多くの強かんがあった」からですが、そこで松井はこのように言いました。「解決策がある。集団レイプを減らそう。そのための建物を造って、兵士がそこに強かんしに行くようにさせよう」。おわかりのように、それが「慰安所」制度の強化の始まりでした。

しかし他の立案者も関与することとなりました。なぜなら彼らはこの解決法に何の問題も感じなかったからです。実際、さらに多くの「慰安所」が作られたのは、占領された国々でした。人々が住んでいたというのに。中国、インドネシア、東ティモール、フィリピン、――「慰安所」は我が軍の兵士の支援になる。そこに住んでいる人々の意思などどうでもよい――。

証拠からわかることは、一連の「慰安所」が日本軍が征服するところにはどこでも作られていったことです、アジア、南アジアへと。全く驚くにはあたらないことだった、歯磨き粉や配給食糧を確保するのと同じだった。戦争で一日忙しかったからその後で娯楽を必要とするのと同じくあたりまえのことだった。さあ、人間の奴隷を呼び入れて軍人が今日も気持良くなれるようにしようと。

これらはどう機能したのでしょう。軍が、将軍が、参謀長に代わって、内務省に要請して、陸軍省の許しを得て、――台湾や朝鮮の女性を駆り集めることによって。なぜなら我々は彼女らを所有している。あれはもう服従させた植民地で、すでに征服した軍事占領下の地で、だから彼女らは利用できる者であると。我々は彼女らを我が軍の兵士の行くところへはどこへでも、我が軍の兵士の「慰安」のために送る。彼女らに命じて挺身するよう、自ら奴隷化されるようにするのであると。

名前の中には時期で混乱させられるものがあるかもしれません。さっき検事は安藤利吉が陸軍の将軍だと言ったのに今度は台湾総督だと言うのか、さっき梅津美治郎は関東軍の司令官だと言ったのに、今度は陸軍次官だと言うのか、と。そこで申し上げなくてはならないのは、ここで取りあげているのはごく少数の人々の話だということです。戦場と政府の両方にいた者たち。戦場にいるときは女性を集める命令を下し、政府にいるときは女性についての命令を、戦地の兵士たちのため許可した者たちです。彼らは驚きもせずに政策を実行し、その政策から利を得ていたのです。

判事の皆さんはおわかりになるでしょう、性奴隷制のために建てられた建物が、実際には壊されていても、名乗り出た女性たちの証言の中に存在し続けてきたことを。そうした建物は何千もの女性にとって、慰安など与えるものではなかったことを。多くの女性たちに「慰安所」が与えたのは死の手段でした——社会的な死、精神的な死、そして疎外を与えたのです。

戦争では多くの残虐行為が行なわれるということは理解しています。事実皆さんの先の事実認定には完全に同意しています。奴隷労働の大がかりなシステム、拷問の大掛かりなシステムが存在し、おっしゃるとおりそれについて日本政府は知るべきであったし、たぶん自ら作ったのであろう、と。

また、裁判官の皆さんの先の事実認定で、日本政府は秘密の命令で、復員兵に強かんのことはあまり言うな、人々に影響が出るかもしれないからと言った可能性があるという点にも賛成です。また先の認定で相当明確に理解を示しておられるとおり、犯罪を隠すために多くの文書や証拠が破棄され、焼かれたという点でも同意しています。

よってこれから私の言うことの多くは、皆さんにとって新しいことではありません。皆さんがお出しになった判決の上に加えていくものです。

しかし、ひとつ新しい要素があります。天皇裕仁の起訴です。裁判官の皆さんには厳密に証拠を調べていただきたいと思います。なぜなら天皇裕仁は前回の東京裁判の審理では、皆さんの裁きを受けていないからです。

性奴隷制や強かんの神話の中に、命令も政策も実行にも全く関与していない人をはめ込もうとしているのではないかと言う人がいるかもしれません。

これについて申しあげたいのは、皆さんがこの点について多少は審議したという点です。実際、前回の審理の裁判長であったオーストラリアのウェッブ氏は、東京裁判判決と違う意見を持っていて、そのひとつは、天皇の権威は立証されていて、戦争開始及び終結にあたって際立った役割を演じたと、彼は確信していました。そしてウェッブ氏は、天皇の権威は戦争のために必要だったと言っていました。そして、誰を訴追するかは検事にゆだねられており、検事は天皇を起訴しなかったため、彼はその問題をそれ以上に取りあげることはできなかったのです。

判事の皆さん、今日あなたたち判事の前に立って私たち検事は、奴隷制という家の中に、この計画の中核的人物を位置づけます。検事団は、裁量権を行使し、天皇裕仁を、起訴することを選びます。

天皇については不作為が人道に対する罪、強かんと性奴隷制の罪のシステムの中に位置づけるものであると私たちは信じます。彼は、仮に立案したり命令したりしていなかったとしても、義務を怠ることによって継続を許したのは確かです。なぜならば、彼がたった一言「やめなさい、私たちは文明国なのだから」というだけで十分だったのです。

そしてそれさえあれば、多くの人生が、破壊され、一歩も外に出ることなく鉄格子の後ろで費やされることはなかったでしょう。人生が、一九三七年から一九四五年の間の時期に生き地獄と化し、今日まで永遠に続く悪夢になってしまったのです。

判事、私たちは大きな一歩を踏み出してほしいと言っているのではありません。日々利用する手段〔法律や常識〕を、ここでもきちんと適用してください。法律家、特に判事にとって、日々の手段を利用して不正を正し、正義を構築するところまで至ることは稀です。しかしこの正義の構築こそが、いま私たちの前にある、名誉ある仕事なのです。

私がもう一つ申しあげたいのは、私は性奴隷制のシステムの中で生きなくてはならなかった女性たちのことを代弁などしようとさえしていない、ということです。私が言うことすべては彼女たちが経験した苦しみ、叫びに比べればまったく小さなものにすぎません。魂を取り戻すことは、彼女たち自身でなければ声になどできないのです。

これから二、三日の審理の間、辛抱強く証言を聞いてほしいと思います。誰が軍や政府にいたか、どこにその「慰安所」があったかなどを示すのに時間をとりすぎている、とそのときは思われるかもしれませんが、それこそが裁判による被害回復に直接通じる道なのです。

各国検事たちも、もう一人の首席検事も、長いこと一所懸命考えて今回の証拠を提出しています。私たちは、すでになくなった方たちの人生のことを考えました。そして、少なくとも、いま司法による救済は受けられる、そういう方たちの人生のことも考えてきたのです。

ありがとうございました。もう一人の首席検事に代わります。

マクドナルド判事：その前に、質問ならびに確認したいことがあります。検事は何回かこの法廷を東京裁判として語りました。この裁判は女性のグループ、人権団体、国際NGOなどによって構成されているので、検事は修辞的に語っていると想像します。私があなたの修辞的なアプローチを受け入れたとして、もし、仮に東京裁判において、今首席検事や各国検事がこの裁判に提出しているこれらの証拠を受け入れる気があったなら、東京裁判において違った結果が出ていた、そう言っているんですね。

セラーズ検事：その通りです。それがまさに申しあげたかったことです。

マクドナルド判事：それでは二点目の人道に対する罪に関してですが、これはそれぞれの起訴状において起訴されていて、あなたは性奴隷制と強かんを起訴しています。つまり東京裁判が行なわれた時点で、これらの犯罪は違法であった、こうした行為が違法であったと。

セラーズ検事：その通りです。

マクドナルド判事：そして、私たち判事はこれらの犯罪がなされた当時の法を適用する、そういうことですね。

セラーズ検事：はい、私たちの確信するところでは、有罪認定の根拠としてはそれで充分です。

マクドナルド判事：さらに東京裁判における認定に関してですが、あなたはこの法廷が裁判上の確知を行なうこと、あるいは少なくともすでに立証されたものとして受け入れることを、東京裁判で認定された一定の事実について行なうようにと言っているのですね。それが基本的に検事の立場ですね。

セラーズ検事：はい、そうです。私たちは事実を同じ関連、同じ事実的背景から見ています。

マクドナルド判事：天皇裕仁に関してですが、彼はもちろん当時は被告ではありませんでした。東京裁判は、どんな理由があったにせよ、天皇を起訴しないことを選んだわけです。今回の法廷では、被告として名前が出ています。そして、東京裁判の判決の事実認定で使えるものは示していくということですが、各国検事団および首席検事は新たな証拠も提出するということですね。

セラーズ検事：判事、そのとおりです。証拠も提出しますし、検事団が天皇を訴追することを選んだ理由に基づいて議論も展開します。

マクドナルド判事：論点を明確にしたかったのです。検事がたいへん雄弁かつ十分に説明してくださったことに感謝しますが、私たち判事が何を求められているかを確認したかったのです。もう一点、証人、口頭による証言、宣誓供述書、文書証拠はここで提出しますか、それとも後で提出するのですか。

セラーズ検事：それは審理を通じて行ないます。文書証拠、鑑定証言、被害者（サバイバー）証言を合わせて提出します。

マクドナルド判事：どうもありがとうございました。

セラーズ検事：ありがとうございました。

〔関典子、渡辺美奈・訳〕

ウスティニア・ドルゴポル首席検事冒頭陳述

判事の皆さん。検事団はここ、日本軍性奴隷制を裁く女性国際戦犯法廷の判事および国際社会の前に立ち、世界が目撃した最も恐ろしい不正義の事例の一つを記録に残そうとしています。五〇年以上もの間、日本軍性奴隷制に送り込まれた女性たちは、その苦悩、その苦痛に黙って耐えてこなければなりませんでした。被害女性たちの人生は、受けた苦しみにより永遠に損なわれることとなり、それは日本国家の公務員〔軍人・役人〕の作為および不作為の結果なのです。

一九三七年以降、日本政府は一〇万人以上の女性をその家庭から、街頭から、捕虜収容所から、連れ去り、軍用の「売春宿」に入れて、そこで繰り返し強かんを受けるようにしました。こうした女性たちは、およそ女性に振りかかりうる最もひどい恐怖にさらされました。受けた心理的・身体的被害は筆舌に尽くしがたいものです。彼女らに対する絶え間ない暴力はその肉体、自律性、包括性、安全、自尊心を損ない、社会での立場も悪くしました。人間であるという意識、女性としての希望が傷つけられました。多くの者は、子供のころに夢見た人生を築けませんでした。被害女性の多くは人間を信じる力を破壊されました。この法廷に参加した被害女性の多くも、自分の社会の中の人たちと心を通わせることの温かみを自分に禁じてきました。過去の秘密を口外されるのではないかと恐れたからです。こうした女性たちは、自分たちに対して他者が犯した罪の代償を払わされてきたのです。

アジア太平洋地域の民衆がこの法廷に与えたのは、日本により軍性奴隷制に送り込まれた女性たちの人権を尊重する力であります。私たち民衆こそが人権実現の推進力であり、自国の政府が人権を擁護し推進することを怠った場合には、私たち自身が主権者としての要素を取り戻さなくてはなりません。そこには平等の権利も含まれています。私たちすべてに他者の権利の保障をめざして努力し、他の人間の尊厳を守るために必要な手段を講じる、という道義上の義務が課せられているのです。この

「法廷」は一つの手立てであり、国際社会はその構成員の行動を通して、人権を最も踏みにじられやすい人々の権利をも守りうるのです。

この「法廷」には、これまでとは異なる国際法のビジョンを推進する可能性があります。「法廷」には、「国際機関や政治や政府の世界が頑固に、個人の尊厳に対する恐ろしくかつ残忍な侵害を受けた人々に正義を拒み続けるなら、国際社会の民衆には、正義を回復するため行動する権利がある」と宣言する力があるのです。

この訴状は日本政府に対するものです。なぜなら日本政府は、自己の国際的義務を守ることを怠りました。こうした義務は条約または国際慣習法により生じます。その違反に対して賠償を行なう義務が生じる。国際法の原則では、約束／義務に違反すれば、賠償を適切な形で行なう義務につながるのです。

事実が示す通り、女性たちをその家庭から、あるいは街頭から連行したのは、公的な立場で行動していた者、または日本政府の公務員の命令で動いていた者でした。性奴隷制施設の設置、維持、警備、その他の統制は日本帝国の軍人によって行なわれました。日本の軍人・官僚の言動は、占領地や植民地の女性に対し強かん、拷問、身体切除、その他の非人道的な処遇をしても処罰されないと一般兵士が考えるような状況を生んだのです。

これから証拠が示すのは、性奴隷制施設の設置は戦争遂行の一環とみなされ、日本政府と日本軍の最も高い地位の者たちが直接・間接に性奴隷制を承認し、黙認し、あるいは許容したことです。さらに、日本国の軍人・官僚は、女性たちの徴集を要請したこと、女性たちの渡航を許可して性奴隷制施設に送ったこと、海軍の船など輸送機関を手配したことについて責任があります。

検事団が被害者の証言でこれから示すのは、これら女性たちが繰り返し強かんされ、拷問され、身体を切除され、奴隷として扱われたことです。被害者の証言が示すのはまた、女性たちが意思に反して日本軍の構成員により拘束されていた事実です。日本が植民地とみなしていた地域では、総督が女性たちの徴集に関与し、民間人の行動を承認するか、役人に女性の徴集を手伝うよう命じる形で行なっていました。日本国はこうした行為に対して責任があります。日本が占領した地域について証拠が示すのは、性奴隷制のシステムがあり、軍の規律があっても意図的に取り締まられなかったことで、兵士は女性を強かんしても処罰されないと確信するようになったことです。またこの状況のため、日本の軍人は暴力か脅迫によって地方役人に圧力をかけ少女や女性を軍に供給させればよいと考えるようになり、日本国の軍人・官僚が捕虜収容所の女性や少女を性奴隷制施設に入れることを可能にしました。

こうした行為は、日本が批准した条約の違反にあたり、国際慣習法による責務の違反を構成するものです。特に、日本が違反した国際人道法上の義務は、奴隷制と奴隷売買を禁止する国際的な諸規範、女性と児童の人身売買禁止条約、強制労働に関する条約、人道に対する罪、男女平等を認める諸規範、人種間の平等を認める諸規範、一九二九年のジュネーブ諸条約、法的義務の履行と賠償を求める諸規範、個人の尊厳を尊重し、国連人権機関の勧告に従うことを求める慣習的諸規範、さらには一九四九年のジュネーブ諸条約です。

ここで中立人は、法に関する覚え書きに言及いたします。これは、日本が国際的責務に反していることを実証する法的根拠と論点が十分に明記されたものです。

これから証拠が示す通り、日本政府は、日本軍性奴隷制に送り込まれた女性たちに対する責任を回避し続けてきました。日本政府はこの問題に関する国際世論を無視してきました。この中には軍性奴隷制に関する国連人権委員会特別報告者の、適切な損害賠償を行なうよう求めた意見などが含まれています。日本政府の、適切な賠償を否定する論拠はいずれも説得力がないものです。

中立人がこの「法廷」に対し要請するのは、「慰安婦」への損害賠償に対し今も続けられているこうした違法行為がどのような影響を与えているか、考慮することです。訴追を怠ってきたこと、国会や政府のメンバーによる否定的発言を黙認してきたこと、謝罪などによる被害の回復の一切を拒否し続けてきたことはいずれも、継続的否認であり、日本による国際法上の義務の継続的違反を構成するものです。

入手可能な証拠によれば、「慰安婦」の惨状はアジア太平洋戦争の終結時に知られていました。しかし、一九九〇年代になってやっと、この問題はかなり注目されるようになりました。現時点で国際社会がすでに理解を深めてきたのは、人権侵害が続いていることと不処罰を終わらせることがどう関連するかです。日本は積極的な国連加盟国であることをアピールし、安全保障理事会の拡大に向けてロビー活動を展開して、安保理常任理事国入りを目指しています。日本は、「慰安婦」の状況を認識するようになった一九九〇年代初めに、国際人権法と人道法への貢献を示す行動をとるべきでした。特に、国際人権法・人道法で女性に関わる分野での発展に対する貢献を。

検事団が法廷に要請するのは、日本による侵害行為が継続的な性質を持つものであることを考慮することですが、この主張をさらに後押ししているのが、山口地裁下関支部の判決です。同地裁が審理していたのは、国会議員が日本国憲法に違反しているという原告の主張ですが、その判決と、この「法廷」に提起された問題には類似した点があります。同地裁は憲法違反があったと判断するにいたり、次のような意見を発表しました。以下はその引用です。

「個人の尊重、人格の尊厳に根幹的価値をおき、かつ、帝国日本の軍国主義等に関して否定的認識と反省を有する日本国憲法制定後は、ますますその義務が重くなり、被害者に対する何らかの損害回復措置をとらなければならないはずである。しかるに、被告は、当然従軍慰安婦制度の存在を知っていたはずであるのに、日本国憲法制定後も多年にわたって右作為義務を尽くさず、同女らを放置したままあえてその苦しみを倍加させたのであり、この不作為は、それ自体がまた同女らの人格の尊厳を傷つける新たな侵害行為となるというべきである」。

検事団はこの「法廷」で、「アジア女性基金」（女性のためのアジア平和国民基金）は日本が犯した不法行為に対する適切な対応策にならないことを立証します。

国際法律家委員会が採択した勧告の一つによれば、十分かつ完全な原状回復を、戦時に女性を軍性奴隷制に送り込むという日本の意図的な政策によって被害を受けた者に対し行なうべきです。そのための手段として、政府のもとにあるすべての情報を十分かつ完全に開示し、適切な損害賠償、医療保障、住居提供など被害者の被害の回復に必要なあらゆる措置をとるべきです。ところが、日本政府はこれまで意味ある形での賠償をほとんどしていません。

賠償が行なわれれば、犠牲者は自己の正当性が証明されたと感じ、自己の尊厳を再び感じることができます。日本政府は民間から寄付を集め支給する基金を設立しましたが、これは被害者が尊厳を取りもどすことに役立ってはいません。それどころかまったく逆の効果を生み出しているのです。被害女性の多くが、自分たちの受けた被害が民間人や民間企業からの贈り物で償えるという発想に憤激の意を表明しているのです。戦前の日本政府の下で苦しんだ侵害行為の性質の深刻さから、女性たちの多くは、現在の日本政府が適切な損害賠償を行なうべき自己の責任から逃れるような取り組みにはいっさい反対しています。民間基金に金を回すことは、日本政府が被害者に補償する道義的・法的責任を負っていることを否定するものです。日本政府が直接支払わなければ、適切な形の救済とは見なされません。

そのうえ、この基金は、被害者と適切な協議もせずに設立されました。サバイバーと意味ある協議をせずに基金を設立することは、彼女らの尊厳を公然と侮辱する行為です。政府による反省の意の表明が真摯なものであったならば、協議のプロセスにはるかに多くの努力を費やしたはずです。日本政府のこうした行為は、アジア太平洋地域の女性の平等を後退させるものとみなさなければならず、推進するどころではありません。

日本政府は、強制や欺瞞により女性が徴集されたこと、彼女たちに対し残虐非道な行為が犯されたことにある程度の責任をいったん認めると、今度は道義的責任と法的責任を区別しようとしました。基本的に日本政府が主張するのは、賠償を行なう義務はない、なぜなら賠償を義務づける条約もなければ、請求を取り扱う確立した機構もなかったのだから、ということです。道義的責任と法的責任をこのように区別することは正当とされ得ません。さらに、道義的責任があるのならばそれは、政府にとって、法的責任がある場合以上に自ら進んで賠償を行なおうとする理由となるべきものです。

仮に日本政府が果たしている責任が道義上のものであるというなら、政府の行為やその理由は、何が道義であるかについての現代の理解に沿ったものであるべきです。アジア女性基金の設立は男女不平等、ジェンダー差別、人種差別などの考え方と本質的に結びついたものであり、道義的な対応とはみなし得ません。

女性たちを連行し軍用慰安所で性奴隷化した日本軍の行為は、ある集団が別の集団より優れているとする人種的偏見の表れであり、女性は生来劣っているという見方が前提になっています。あの軍国主義政府の行為はそれ自体が人種差別的であり、性的偏見がいたるところに見られたのだから、そうした人種差別と性的偏見を完全に償うものでなければ如何なる救済方法も、基本的人権の侵害を永続化するものです。

この「法廷」が人種的偏見とジェンダー差別の真の影響を念頭に置くことは、きわめて重要です。それらは排除の一形態であり、ある集団の人間性を否定することによって作用します。ある集団がひとたびより劣った人々だとみなされれば、そうした人々に対する暴力は簡単に容認され、国家がその暴力を奨励することもありえます。こうした事態が起きることが許されれば、私たちはだれでも容易に人権侵害を受け得るのです。

判事の皆さん、結論として、私たちはこの「法廷」に対し、日本政府が国際法に基づく自己の義務に違反していると認定するよう求めます。それとともに日本政府に対し、適切な形の救済措置をとらなければならないと示すよう要求します。

ありがとうございました。

［関典子・監訳／佐藤智子・訳］

【11・42】

アミカス・キュリー「裁判手続についての意見」（今村嗣夫）

今村嗣夫アミカス・キュリー

戦時性暴力を裁く女性国際戦犯法廷の判事会議の要請に応じ、アミカス・キュリー（法廷助言者）として、当民衆法廷の裁判手続について下記のとおり意見を述べます。

第一点　適正手続の保障について

はじめに日本軍の戦史をもう一度想い起したいと思います。

一九四一年の今日、一二月八日は、アジア太平洋戦争の開戦の日に当たります。当時の日本陸軍は「四大進攻作戦」によってアジアに進攻しました。その第一の作戦はイギリスの極東根拠地を覆滅するマレー作戦であり、真珠湾攻撃の一時間前、早くも日本軍はマレー半島に上陸を開始しました。作戦の第二は極東からアメリカを駆逐することを目的としたフィリピン作戦、第三は、一番のねらいである石油資源確保のためのインドネシア進攻、第四は日中戦争の長期化の原因となったイギリス、アメリカによるビルマ（ミャンマー）から中国への物資補給などの援助ルートを遮断するビルマ平定作戦でした。

このような日本軍の作戦に動員された朝鮮・台湾の青年たちや、日本軍の占領地のアジアの民衆や、この巧妙な作戦で不意を突かれ降伏し捕虜になった連合国側の兵士や抑留された民間人たちが、大方の日本国民が思いもつかない「重大な人権侵害」を被っていたのであります。

そして、この天皇の「政府の行為による」戦争（日本国憲法前文）がもとで、アジア各地でさまざまな性暴力を被った女性たちをめぐる事実関係および法律関係について、当民衆法廷は、今、その審理を始めようとしているのであります。この歴史的な民衆法廷で公正な審理がなされ、権威ある判決が下されることを願い、私は被告人らの人権保障の観点からこの法廷の審判手続について参考意見を述べる次第であります。

①　死者を被告人とすることについて

日本の刑事訴訟法では、裁判中に被告人が死亡した場合には、「公訴棄却決定」により裁判は打ち切られます。起訴前に被告人が死亡しているのに検察官が起訴した場合、裁判中にこれが判明すれば、公訴棄却決定により裁判は打ち切られます。検察官の「公訴権」に対する被告人の「応訴権」（防禦権）が、被告人の死亡によって消滅するから裁判は打ち切られるのですが、このことは各国共通と思われます。

検事が、死者である天皇裕仁および軍司令官を被告人として起訴した本件事案について、当法廷が敢えて実質審理に入り、有罪判決を下すとすれば、その合理的理由が判決で明らかにされなければならないと思います。

② 軍司令官、最高司令官らを個人の氏名を挙げて起訴することについて

「罪刑法定主義」をはじめ「適正手続の保障」は刑事裁判の第一の基本原則です。被告人の「公正な裁判」を受ける権利―反対尋問権のほか被告人の弁護権・防禦権が保障されなければならないということは、世界共通の普遍的な裁判に関する原則であります。被害者や市民の正義感情から、戦時性暴力の加害者個人には「応訴権」(防禦権)や「適正手続の保障」を認める必要はないとの論もあります。しかし、民衆法廷といえども、「人類の多年にわたる自由獲得の努力の成果」(日本国憲法)である「適正手続の保障」を考えるべきであり、被告人個人の氏名を挙げ、被告人不在の法廷で有罪判決を下し得るというのであれば、それ相当の合理的理由が判決で明らかにされなければならないと思います。

③ 軍司令官、最高司令官の刑事責任の追及について

検事は、部下の行為について軍司令官・最高司令官の責任を追及しようとされています。もし、判決で他人の行為について刑事責任を認めるのであれば、「故意ないし過失がなければ処罰しない」という責任主義の大原則との関係をどう考えるか、それに伴ってどのような事実がどのように立証されたかを十分に検討する必要があると思います。

④ 被告人天皇裕仁が起訴されていることについて

検事は天皇裕仁を起訴していますが、死者を被告人としていること自体に適正手続上の問題がありますが、さらに天皇は旧憲法のもとで無答責の地位にあったのであり、また、新憲法によって、天皇は「日本国民の総意にもとづく象徴」とされ、天皇裕仁その人がその地位についたのであります。従って、天皇裕仁個人の法的な戦争責任を、今になって、しかも、個別具体的な「慰安婦」問題について、日本で開廷される民衆法廷で裁くことの重大な社会的影響を裁判所は十分に認識し、慎重に審理し、もし有罪とするのであれば、その判決において、内外に説得力を持つ、天皇裕仁個人の刑事責任の法的根拠の有無を明確に示すべきであります。

付言すれば、日本において開廷されるこの民衆法廷において、(1)日本国民の天皇制に対する意識変革と、(2)日本の国民の主体的な戦争責任意識の形成をもたら

すような説得力ある審判がなされることを、心ある国民は期待していることを指摘しておきます。

第二点　日本政府および検察当局の見解について

①　日本における戦後補償裁判の判決は、日本軍の戦時性暴力は半世紀を経過した事案であることから、時効あるいは除斥期間の法理によって原告の請求を棄却しています。また、国際法違反行為があっても、損害を被った個人が相手国に対して個人請求権を有するものではないとの判断を示しています。そして多くの判決は、戦後補償を政治問題として政府・国会において政治的・立法的に解決すべきものであるとし、原告の請求を退けているのであります。

そして日本政府は、上記国際法と個人請求権に関する法理を援用し、また「補償問題はサンフランシスコ講和条約や二国間条約などで決着ずみであり、例外を認めると歯止めがなくなり、応じられない」という姿勢をとっています。また、民間基金への政府資金の拠出により道義的責任を果たしていることを強調しています。

他方、日本の検察当局は、戦時性暴力の被害者の刑事告訴に対して、犯罪事実の特定を欠くという理由でこれを受理しようとしていないのであります。

当民衆法廷が、日本政府、裁判所および検察当局が戦時性暴力の被害者の要求を退けているこれらの理由の当否について公正な審判をなし、正義にかなった判決を下すことを戦後補償問題にかかわる国内外のNGOは強く期待していることを指摘しておきます。

②　当民衆法廷の審判の対象である「慰安婦」制度について、日本政府は関与を認めながらも「強制」については分からないとしています。

このような日本政府の抗弁にもかかわらず、日本政府を問責するのであれば、「慰安所」設営に関する日本政府の関与の度合いについて慎重に審理し、判決に確実な証拠を列記して事実を認定し、法的評価を下さなければならないと思います。

この民衆法廷の最大の歴史的意義は、「戦時性暴力」は重大な人権侵害事件であり、「戦争犯罪」であることを、全世界の国民が互いに認知し合う精神的風土（精神的社会環境）を確立することにある、と受け取れます。そうであるとすれば、当法廷は、日本軍の「慰安婦」制度をはじめとする戦時性暴力が、非人道的国際法違反行為に該当するという法理を、この民衆法廷の判決で確立しなければならないことを指摘して私の意見陳述を終わります。

Column 3

韓国体験から「法廷」まで

傍聴者／伊藤道子

一九九六年の春、約一カ月近く韓国に滞在した時、いくつもの戦争の爪跡を訪れ、尹貞玉先生に初めてお会いしていろいろとお話を伺った時から「慰安婦」問題に具体的に関わるようになった。日本の侵略戦争によって辛い体験をした多くの人たちとの出会いは、その後の私にとって単なる旅行体験で終わらせる事はできなかった。その頃、関西のキリスト者が戦争罪責による謝罪の募金活動をして元「慰安婦」の生活を支援していたので、北海道でも合流して数名のキリスト者女性たちが呼びかけ人になって謝罪クリスチャン基金の活動を始めた。その後、〝戦争と女性への暴力を考える北海道キリスト者の会〟と名称を変えて女性国際戦犯法廷への協力を中心に講演会などを開いて「法廷」の目的と意義をアピールしてきた。

韓国の教会に行った時、老婦人が「戦争中、日本のクリスチャンは何をしてたんですか」と言った言葉が耳に残った。また、最初に証言された金学順さんもクリスチャンだったが、関西の牧師が訪問した時、聖書を傍において「日本にもクリスチャンがいたんですか」と言われたという。加害国のキリスト者のひとりとして私自身も問われた言葉だった。そして正義と人権が回復される事を心から願いつつ「法廷」に参加したのだった。

「法廷」の会場で、年老いた被害者の人たちに会うのは辛かったが、過去に自分たちに起こった事が今明らかにされ、長年の苦難を分かち合えるという意味で彼女たちの表情は意外に明るかったように思う。被害者や専門家の証言から、戦争中日本がした残虐な行為はかなり広範囲に渡って行なわれていた事に驚き、歴然とした証拠があるにもかかわらず国としての責任を果たしていない日本政府に改めて深い憤りを覚えた。

「法廷」最終日、判決を読み上げる声に緊張してじっと耳を傾け、その直後の会場の割れんばかりの拍手に深い感動を覚えた。そして、多くの困難を乗り越えて開催までこぎつけた主催者たちの勇気に心からの敬意と感謝の思いで一杯になった。壇上で喜び合うあのおばあさんたちの笑顔が忘れられない。あの瞬間彼女たちはやっと人間性を回復したのだ。あの笑顔を裏切らないためにも、国の謝罪と補償の実現に向けて国際的な新しい動きに期待し協力したいと思う。

「知らないことも罪である」とドイツのワイツゼッカー氏が言った言葉を思い起こす。地方にいてもメールに入る最も新しい情報を周りの人たちに知らせる事が、訪韓から「法廷」までの道のりを歩んできた者の役割と思っている。

【12:20—17:05】

南北コリア

朴元淳《パク・ウォンスン》検事

私は南北コリア検事団の朴元淳です。

尊敬する判事、そして国際実行委員会の皆さん、並びにご参席の各国検事団の皆さん。また、想像を絶する苦痛の中にあっても、気高い霊魂を守ってこられた各国の日本軍「慰安婦」被害者の皆さん。私たち南北共同検事団一同からごあいさつを申し上げます。

私たちは「二〇〇〇年女性国際戦犯法廷」のために、南北両方の検事らが共に集い共同の起訴状を作成し、この度南北の検事らが共同でその起訴事実を証明し、また説明するためにこの場に共に立ちました。

南北共同検事団の構成は次の通りです。北側から洪善玉《ホン・ソノク》、黄虎男《ファン・ホナム》、鄭南用《チョン・ナミョン》、金恩英《キム・ウニョン》検事が参加しています。南側からは私を含め、河棕文《ハ・ジョンムン》、姜貞淑《カン・ジョンスク》、梁鉉娥《ヤン・ヒョナ》、趙時顯《チョ・シヒョン》検事が参加しています。

この裁判に臨む私たちの立場は、第一に、アジア太平洋地域で日本が行なった戦争により、数百万人が虐殺されたり、負傷したりしました。しかし、処罰されたのは少数です。

戦後、東京裁判を始め、各地でBC級戦犯裁判が行なわれましたが、それはあくまでも連合国の主導により、彼らの利益のために行なわれたまでで、もっとも大きな被害を受けたアジア諸国の被害と立場と利益は無視されました。まして、一九五一年以降はいかなる、たった一件の戦犯裁判すらありませんでした。これはドイツとの極端な対比を示すものになります。

よってこの裁判は「延期された正義」、「遅延された正義」を実現するための場だと言えます。

第二の立場は、この裁判はまさに民衆による裁判だということです。韓国挺身隊問題対策協議会は、われわれが提起しているまさにこの被告人たちに対し、一九九四年、東京地方検察庁に処罰を求める告発状を提出したことがあります。しかし、受け取りさえも拒否されました。

そこで、日本政府ではなく、そしてまた、国際機関などではなく、被害地域の人々、また、全世界の人権団体自らがこの法廷をつくらざるを得ない状況になったのです。したがってこの裁判は先程マクドナルド判事が指摘したように“People's tribunal”——民衆法廷にほかなりません。

先程日本政府の立場を代弁した今村弁護士から、死んだ者たちへの裁判ができるのかという問題が提起されましたが、それはこの裁判が民衆法廷だという点を無視した主張だと思います。

第三に、この軍「慰安婦」は、過去五〇年間それこそまったく無視され、また、沈黙を強いられてきたテーマです。多くの欠陥があった戦後処理の中でも、特に女性問題としての軍「慰安婦」問題がこれまで、水面に浮上してこなかったのは、この問題がまさに、ジェンダー・イシューだということを証明しています。その意味からこの裁判は"Women's tribunal"――まさしく女性法廷です。

次に、当時南北の全地域で一〇万を超える少女たちが強制的に連行され、軍「慰安婦」経験をしたと知られています。なぜ当時朝鮮半島で、そのように組織的に軍「慰安婦」制度が計画され遂行されたのか、また、どうしてそのように多くの女性が動員されたのか、それはまさに植民地という観点から理解されるべきです。

そして私たちの結論はこうです。

岡村寧次《やすじ》、南次郎、板垣征四郎、梅津美治郎《うめづよしじろう》、安藤利吉《りきち》、松山祐三、この六名は軍「慰安婦」を強制的に連行したり、軍慰安施設の維持管理に対し責任のあった者たちです。彼らは当時朝鮮を支配した総督や軍司令官、または軍「慰安婦」被害者たちがいた、慰安所を管轄していた地域の司令官たちです。

しかし私たちは彼らの他にも特別な被告人を起訴するものであります。東条英機その人であります。彼は陸軍大臣、後に首相として軍「慰安婦」制度を確立し、実行した軍部の最高指導者でした。

また、私たちが被告人に含まざるを得ないもう一人の特別な被告人がいます。まさしく天皇裕仁です。軍部の最高統治権者、当時の憲法に基づく最高の権力者、その人です。

私たちが本格的な証明に入る前にまず、法廷に証拠書類を提出したいと思います。この証拠書類は行政機関の公式文書や、高級官吏、被告人たちを含めた当時の司令官たちの日記、自叙伝などが含まれた書類です。

私たちはこのような被告人たちに対し以下のような順序でその犯行内容と証拠を示します。

始めに、この制度の背景を説明しなくては正しく理解できないでしょう。二番目に、われわれは強制連行の過程について立証します。詐欺と拉致と略取に他ならない犯罪について明らかにします。三番目は慰安所内での犯罪に関するものです。強かん、拷問、傷害、そして奴隷化の犯罪などです。四番目は戦争終了後です。戦争は終わりましたが、彼女ら被害者たちには戦争は終わっていません。新しい戦争が待っていました。それはすなわち遺棄と殺害、肉体的、精神的苦痛がそれです。私たちは最後にこのすべてに対し法律的適用と評価、そして個人の責任と国家責任に対し立証しようと思います。

私たちは次のような言葉で犯罪事実の主張と立証を始

めます。「過去を記憶できない者は、その過ちを繰り返さざるを得ない」アメリカの哲学者サンタヤナの言葉です。

では、慰安所制度の背景に関して洪善玉検事から説明があります。

洪善玉検事

過去日本帝国主義者たちが我が国を占領した期間に、朝鮮女性たちを対象に行なった軍「慰安婦」行為は、一定の社会・歴史的背景のもとに行なわれた、組織的かつ計画的な性奴隷制度でした。

尊敬する判事の皆さん、これから日帝〔日本帝国主義〕が、二〇万人に及ぶ朝鮮女性たちを性の奴隷になしえた社会・歴史的背景について見ていきましょう。

〔略、第6巻収録の南北コリア起訴状（抄）参照〕

河《ハ・》椋文《ジョンムン》検事

私は南北共同検事団の河椋文です。

尊敬する判事、私が申しあげる部分は「慰安婦」の強制連行と移送に関してです。〔中略〕

いままでに採録された「慰安婦」被害者たちの証言に基づき、「慰安婦」として連行された経緯をまとめてみましょう。強制連行の形態は次の三つに分類できます。詐欺、拉致、人身売買がそれです。

全二三七名の証言を分類してみると詐欺が一二〇名、拉致八四名、人身売買が一一名です。その他が二二名です。詐欺と拉致がほとんどを占めるのはもちろん、詐欺の中にも多くの事例では、ほとんどが警察や憲兵のような公権力をかさにきた暴力が潜んでいます。

尊敬する判事、被害者の事例二つを挙げて、強制連行の痕跡について述べましょう。

まず、被害者の名前は金福童《キム・ボットン》です。

ご覧の資料は一九三八年に日本本国内務省で作成されたものです。中国関東に駐屯していた第二一軍が内務省に、慰安所設置に必要な「慰安婦」を集めるよう要請したということがよく分かります。文書に明記された日付が一九三八年一一月四日ということをしばしご記憶ください。

一九三八年九月に新たに編成された第二一軍は一〇月二一日広東を占領しました。第二一軍が広東を占拠したのが一〇月二一日なのに、日本本国内務省には一一月四日、慰安所設置の意思が伝わっています。これは占領後わずか数日後に、もしくは事前にもう慰安所設立に着手していたということを物語っています。同時に軍規模の大部隊の作戦遂行において、慰安所がすでに必要不可欠の慰安施設となっていたということです。

このように慰安所が一般化されてくると当然、国家機関の組織的な介入と統制なくしては「慰安婦」の円滑な需給は不可能になります。

次は、被害者金福童が連行された慰安所がどのように作られたか、実際に作られたという証拠です。

ご覧［スクリーン上］の資料は慰安所設置の事実を明らかにする第二一軍の公式文書です。また広東地域の慰安所の状況に関しては、旧日本軍の証言がスライドに映されています。そこには、看護婦募集の言葉に騙され慰安所に来た朝鮮人「慰安婦」の哀れな身の上が記されています。

同じく慰安所の一カットです。皆さんはこの写真から慰安所の惨状を体感されるでしょうか。

この悲劇の責任を直接負うべき被告人は他でもない第二一軍司令官安藤利吉です。

次は被害者金君子《キム・クンジャ》の事例を見てみましょう。

一九四四年、被害者が中国琿春からトラックに乗り地獄の「慰安婦」生活を送ったコカシとは地図に示されたここです。「五家子」を含む琿春に駐屯していた部隊は日本軍第七一師団でした。そしてその第七一師団は関東軍の所属部隊でした。

地獄のような慰安所を作った関東軍司令部は、写真のような威容を示しています。しかし死んだ朝鮮人「慰安婦」は狼のエサになったということが明らかにされています。遺骸すらまともに残せなかった「慰安婦」の凄惨な現実、その責任を負うべきはまさにこの人、梅津美治郎関東軍司令官です。

では被害者金福童、金君子は果たして自発的に、自分の意思で、いわゆる稼ぐために「慰安婦」生活を選択したのでしょうか。そうではありません。

皆さんがご覧のグラフでその答えは十分でしょう。

この統計は証言の中でも信憑性の高い五六名が何歳で強制連行されたかを示したものです。皆さんは二十歳にも満たない未成年者が、自ら「慰安婦」になることを決心したとはまさか信じないでしょう。その上、日本政府は日本軍「慰安婦」の条件として明らかに、公文書で、二一歳以上の女性、しかも既存の「売春」従事者に限定しました。

地図を見てください。被害者金福童、朴永心《パク・ヨンシム》は強制連行後このように中国と東南アジア各国の戦場を転々としながら、死の行軍を余儀なくされました。明日に対する何の希望も無く、苦難の道程を引き回された被害者たち。彼女らはまさに奴隷でした。このような地獄図が繰り広げられた日本軍慰安所、日本軍のいるところ、必ず慰安所があったと言っても過言ではありません。

さらに詳しい証拠は、この起訴状の付録と証拠資料にあります。

尊敬する判事。中国、東南アジア、朝鮮、日本本土――日本軍占領地の拡大は、同時に軍慰安所という悲劇の増加を意味するものでした。純真無垢な朝鮮女性の強制連行、そして「慰安婦」にされた彼女らにいまこそ真の正義をもたらしてください。そして半世紀におよぶ暗黒の歴史を追いやってください。

ご清聴ありがとうございました。

黄《ファン》虎男《ホナム》検事

私は北側検事の黄虎男です。

判事の皆さん、ご清聴の皆さん。初めに朝鮮女性たちの連行の経緯に関する、被害者たちの簡単なビデオ証言をご覧ください。

［ビデオ証言］

〔朝鮮の被害者名の漢字表記にあたっては、「従軍慰安婦」・太平洋戦争被害者補償対策委員会編『踏みにじられた人生の絶叫』（一九九五年）を参照した。以下、この表記に従う〕

被害者姜《カン》吉順《キルスン》

私は南朝鮮全羅北道金堤郡テトン面という所で、区長と日本人たちが来てトラックにむりやり押し込まれ連行されました。その時私は一七歳でした。一九三七年です。夫と家庭生活をしていたにも関わらずやつらがむりやり引っ張っていったのです。

被害者崔《チェ》峰仙《ボンソン》

〔……〕日本の巡査が、行かないといって暴れる私の髪を引っつかんで憲兵隊長のところへ引っ立てていったのです。

被害者鄭《チョン》松明《ソンミョン》

一九四三年八月、マエダという日本人が私を訪ね、挺身隊に六カ月だけ行って働けばたくさんの金が入るといいました。母は止めましたが、たくさん儲かるという口車に乗ってついて行ったのです。元山の駅に行き私を含め九名の娘が汽車に乗りました。

被害者崔《チェ》淳煥《スンファン》

〔ソウル市ロナム洞〕というところに住んでいて、家が貧しく両親も早く亡くし、食堂、旅館など転々として最後は食堂で働いていました。ある日、日本人の新聞記者だという者が来て、こんなところでなぜ苦労している、「満州」に行けば少女歌劇団というのがあって、衣食の心配も無くいい金儲けになるのにどうして行かないのかと繰り返し勧めるので、それを真に受け私他三名がついて行きました。

被害者金《キム》徳淳《ドクスン》

全羅道南原で暮らしていました。……あまりに生活が苦しかったので八歳の時からよその家の子守りをしていました。一六歳のとき区長が来て、こんな所で苦労していないで自分についてくれば白い飯に肉のスープ、絹の着物を着て贅沢三昧ができるというので、ついて行きました。区長が私を連れていったところは晋州でした。そこには私くらいの娘が一〇名ほどいました。いく日かして区長が私たちを日本人に売り渡したのです。数日後に釜山に連れて行かれました。また汽車に乗り中国内蒙古のハイラルに連れて行かれました。

黄検事

　皆さんは今ご覧になった被害者たちの証言を通じ、過去日帝が幼い少女から既婚女性に至るまで数多くの朝鮮女性たちを懐柔、欺瞞、誘拐、拉致の方法で日本軍「慰安婦」として連行した事実をよく理解されたことでしょう。

　日本軍はこのように強制連行した朝鮮女性たちを、兵器のように戦場を引き回し、あらゆる性的暴行を加えながら性奴隷の生活を強要しました。

　それではここで日本軍によりビルマにまで連れて行かれた、証人朴永心《パク・ヨンシム》さんの証言を聞くことにしましょう。

　彼女は現在体がご不自由で歩けません。しかし「慰安婦」の性奴隷制度を裁くこの法廷に参加するため、遠路はるばるやってきたのです。

　今回、彼女は本法廷に直接出頭し証言する決心をしていましたが、長い旅の疲れから健康状態が急速に悪化し、やむなく本法廷ではビデオでの証言になりました。ご了承願います。

［朴永心被害証人ビデオ証言］

――どのようにして日本軍「慰安婦」として連行されたのですか。

朴証人：私は四人兄弟の三番目です。上に兄が二人、下に妹が一人いました。幼い頃母を亡くし継母に育てられました。家はとても貧乏でした。一四歳のとき南浦に行き洋服店の女中として働きました。

　一七歳のときでした。一九三八年三月だったと思います。ある日、日本の巡査が軍服に帯剣のいでたちで洋服店に現れました。彼はいい金儲けの口があるが行かないかというので、そのままついて行きました。そうして私は日本軍の性奴隷になったのです。

――「慰安婦」として連れ回された経路について。

朴証人：はじめ、ほかの娘と一緒に平壌に連れて行かれました。二二歳の女性でした。車に乗せられしばらく走り続けました。数日後着いてみると見たこともない所でした。最初に連れられて行ったのが南京でしたが、そこの「キンスイ楼」に入れられました。私はそこで歌丸という日本名で呼ばれました。そこで三年ほど性奴隷の生活を強要されたと思います。

たしか一九四二年頃だったと思います。ある朝、表へ呼ばれました。出てみると七名の別の女性たちもいました。皆朝鮮女性たちでした。一緒に行こうと言うのでしたが二名の日本人兵士がいました。その二名が私たちを監視しながら慰安所を後にしました。別の慰安所に行くというのです。

私たちは南京で汽車に乗りました。上海に行きました。船に乗り換えシンガポール経由でビルマのラングーンに着きました。ラングーンからラシオにある「イッカク楼」へ行きました。慰安所の名前です。そこでまた性奴隷の生活をすることになりました。

慰安所の経営者が私に名前を付けました。若春という日本名でした。ラシオには二年ほどいました。私がその時相手をしていた二名は今でも名前を憶えています。オオタミノルとタニという将校とという軍曹です。

一九四三年〔正しくは四四年〕春だったと思います。日本軍は私たちを再び車に乗せビルマと中国の境にある拉孟《ラモウ》へ連れてゆきました。日本軍はそこを松山と呼んでいました〔中国側の呼称が松山〕。その時から連合軍の捕虜になるまでそこにいました。日本軍の性のなぐさみものとしてだけ生かされました。

松山に来て間もなく猛攻撃が始まりました。連合軍の爆撃でした。私たちがそこで相手をさせられたのは日本軍第五六師団でした。主に歩兵と戦車兵の相手をさせられました。

毎日数十名の日本軍から性行為を強いられました。その合間を縫っては握り飯を作り、爆撃の中を運びました。日本軍の戦闘壕へ運んで行ったのです。そこには初め一二名の朝鮮女性が連れられて来ましたが、八名が爆撃で死に私たち四名が残りました。

——その後、生き残った「慰安婦」たちはどうなったのですか。

朴証人：私たちは……日本軍が日本国民を乗せるということを〔……〕。日本が敗れたのです。日本軍は、戦争に敗れると何の知らせもなく自分たちだけで逃げました。私たち朝鮮女性四名は、怖くなって防空壕に隠れましたが、中国軍にみつかりました。それで外へ出ましたが、私たちを取り調べたのは米軍将校でした。米将校があれこれと質問しました。

——ここに一九四四年九月三日、米軍が朝鮮人「慰安婦」を捕虜にしたという写真があります。ここにあなたはいますか。

朴証人：これが私です。この服装で裸足で、……髪も編み下げ〔おかっぱのことと思われる〕にして、確かに私です。連合軍の捕虜になった時、妊娠していました。

——捕虜になった後どうなりましたか。

朴証人：トラックに載せられ昆明の収容所へ行きました。収容所で捕虜として扱われました。そこには日本軍捕虜がいました。収容所にいってから、おなかがカチカチに張ってきてとうとう出血しました。収容所内の病院に入院しました。中国人医師が注射をし手術しました。妊娠した後も日本軍に絶えず性行為を強いられたのが原因だったと思います。胎児が死んだのです。
収容所には一年ほどいたと記憶しています。

朴 永心さんのビデオ証言

黄検事
今ビデオ証言をした朴永心さんがこの会場においでです。朴永心さんです。
〔拍手〕
ビデオ証言で分かるように、被害者朴永心は一七歳だった一九三八年三月頃、日本人巡査に連れられ南浦から平壌へ行き、南京にある「キンスイ楼」という慰安所に連行されました。彼女はここで、性奉仕を拒否したという理由で、日本軍将校の軍刀で刺され首に傷を負いました。
彼女は南京で歌丸という日本式の源氏名で呼ばれながら、約四年間日本軍「慰安婦」生活を強要されました。被害者は、一九四二年南京から上海、シンガポールを通ってビルマのラングーンへ行きました。ラングーン上陸後、被害者はビルマ内陸部に位置するラシオに設置された「イッカク楼」という日本軍慰安所に移送されます。一九四四年、被害者はまたも、最前線地帯である松山の慰安所に移送され、「慰安婦」生活を強いられていましたが、この年の九月三日中国軍に捕らえられ、昆明の収容所で捕虜生活を送りました。
当時慰安所を経営していた日本人香月久治は被害者が上海、シンガポールを経由しラングーン、そしてラシオへ移送されたのと全く同じ経路で、一九四二年ラシオまで行きました。香月は、軍「慰安婦」輸送に日本軍が関与したということと、ラングーンでは日本駐屯軍後方参謀が、「慰安婦」たちを各部隊に配置する任を負っていたと証言しています。
〔スクリーン上にあるのは〕被害者がビルマの松山とラシオの慰安所に連行された当時、ビルマ方面軍の指揮命令体系図です。ビルマで被害者は、第五六師団に配置され「慰安婦」生活を強要されましたが、当時第五六師団長は被告松山祐三でした。

当時第五六師団の兵士松下一雄が描いた、ラシオ警備隊本部及び市街図です。図の右下にあるように、慰安所「朝鮮人」と表記されています。

〔次は〕日本人品野実が、当時の第五六師団兵士たちの証言に基づき描いた、松山陣地の図です。ここに軍慰安所の位置が示されています。

日本人太田毅が書いた『拉孟』という本には、当時第五六師団の拉孟守備隊長だった松井秀治大佐が、日本軍により松山に慰安所が設置されたと証言した、という記述があります。

当時日本軍は松山を日本式にマツヤマまたは拉孟と呼びました。松山で日本軍が全滅する直前、中国軍に捕われた四名の「慰安婦」の写真です。先程のビデオ証言にあった写真です。写真の裏には一九四四年九月三日という撮影日時とともに、女性たちが日本人だという記述があります。しかしこの年の九月三日に撮影された次の写真には、先に紹介された女性たちと同じ女性たちが写っているにもかかわらず、裏には朝鮮女性だと記述されています。最初の写真撮影時点では彼女らが日本軍と一緒にいたので、米軍が日本人女性だと勘違いしたのだと思われます。

当時米軍人たちに配られていた新聞「ラウンドアップ(ROUNDUP)」です。ここには中国軍の捕虜となり、昆明の収容所へ移送された、朝鮮人「慰安婦」たちの存在に関する記事が掲載されましたが、九月三日松山で発見された朝鮮女性が四名だという点が、最初の写真に写った四名の女性たちと一致するので、彼女らは日本女性ではなく朝鮮女性だということが明らかです。

当時第五六師団の歩兵、第一一三連隊兵士だった早見正則は、最初の写真に見える妊娠した女性が若春だと証言しています。

日本人太田毅が書いた『拉孟』という本には、「朝鮮人慰安婦のうち、若春という二二歳の娘は本名を朴永心と言い」と記述しています。

以上により私たちは、被害者朴永心が最前線であったビルマにまで連れて行かれ、日本軍性奴隷の生活を強要されたこと、その責任が、当時ビルマ方面軍第五六師団長であった、被告松山祐三にあるということを、明白に知ることができます。

以上です。ご清聴ありがとうございました。

【13：10―14：40　休廷】

黄検事：北側検事の黄虎男です。午前のつづきをさせていただきます。

マクドナルド判事：その前に、今日証言にいらした方がビデオに出ていた方であることを確認してください。

黄検事：午前中に朴永心ハルモニにビデオ証言がありましたが、その確認をしたいと思います。

朴永心ハルモニ、午前中にビデオ証言を皆さんと一緒に見ましたが、証言は朴永心ハルモニ自身の証言に間違いありませんか。本人の証言にまちがいありませんか。

朴永心証人：はい。

黄検事：ありがとうございます。それでは午前につづき午後は、中国の漢口の慰安所に連れて行かれた河床淑《ハ・サンスク》ハルモニに関するビデオ証言を皆さんと見たいと思います。

〔河床淑被害証人ビデオ証言〕〔略、証言を参照〕

黄検事：判事の皆さん、この場に証人の河床淑ハルモニが来ています。証人にいくつか尋問してもいいですか。河床淑ハルモニ、今見たビデオ証言は河床淑ハルモニにまちがいありませんか。

河床淑証人：はい。

黄検事：ハルモニの証言ビデオをしっかり見させていただきました。それではハルモニは今どこに住んでいますか。

河証人：〔中国・武漢に〕来て五五年になります。だから朝鮮語がうまく話せません。ごめんなさい。

私の故郷は忠清南道端山です。父は九歳のときに死にました。山に薪取りに行ったとき日本人と朝鮮人が来て私を連れて行きました。そしてキョンソン〔京城。現ソウル〕に行きました。そこでどこに行くのかと聞いたら、「コゴタン」〔歌舞団のことか〕わかる？　私は……歌も歌えないし踊りも踊れないし、私はそこで洗濯したりして……、そこを出ました。キョンソン〔京城〕には二カ月くらいいて、天津へ行って一日泊まって南京に来ました。南京に来てみたら日本軍の飛行機がたくさん来ました……。そこは〔漢口〕積慶里でした。私は積慶里がどこなのかも知らなかったんですけど……、お姉さんたちが私の頭を撫でて言いました……。そこで許可証を出すんです。許可証を出して私に何歳かと聞くんです。

黄検事：ハルモニ、ハルモニが連れて行かれた慰安所が〔ビデオに〕出ていましたね。その慰安所の建物の名前を覚えていますか。

河証人：はい、積慶里の「サンセイ楼」。

黄検事：現在ハルモニはどこに住んでいますか。

河証人：私は武漢にいます。

黄検事：ハルモニが軍慰安所で生活したとき、一番つらかったのはいつですか。

河証人：わたしは処女でした。医者がみても処女だと言いました。……二日目から兵隊さんをとらされたんです。一日にだいたい一〇人、二〇人取らされたんです。

黄検事：ありがとうございました。

河証人：前《ママ》が痛くて、でもやらないと殴るでしょう。一、二カ月くらいすると痛くなくなるんですけど、〔こんどは〕小便するところが痛いんです。そうして半年くらいしたら日本軍が負けたんです。八月一五日日本が手をあげたんです。

黄検事

ありがとうございました、ハルモニ。皆さんはハルモニの証言をお聞きになって、「慰安婦」生活の一端を垣間見ることができたと思います。それでは、私は今から被害者河床淑、そしてここにはいらっしゃいませんでしたが、宋神道《ソン・シンド》ハルモニたちが連れて行かれた中国の漢口、武昌での軍慰安所の設置と軍性奴隷行為に対する責任の所在について明らかにしたいと思います。

大本営は一九三八年六月一五日、御前会議で武漢を攻撃することを決定し、八月二二日には中支那派遣軍の中日全面戦争時の最も大きな作戦である武漢作戦を発動しました。その作戦を担当した主力部隊は、中支那派遣軍第一一軍でありましたが、当時の第一一軍司令官は岡村寧次中将でありました。

一〇月二六日、漢口を占領したのち、第一一軍は武漢地区周辺で警備体制に入りました。証拠番号KR三番に該当します。武漢攻撃作戦では第二軍と第一一軍が参加しましたが、第二軍は武漢占領後第一一軍に吸収されます。第一一軍司令官であった被告人岡村寧次は、一九三二年の上海事変のとき、当時上海派遣軍参謀副長であった本人が「慰安婦」制度を創設したと自ら述べています。また、被告人は武漢攻撃時に第一一軍は、「第六師団の如きは慰安婦団を同行しながら、強姦罪は跡を絶たない有様である」と、自分たちが「慰安婦」を連れて行っていたことを述べています〔稲葉正夫編『岡村寧次大将資料』原書房、一九八三年〕。

当時第一一軍軍医であった長沢健一の証言〔『漢口慰安所』図書出版会、一九八三年〕であります。彼は漢口占領直後の一〇月二七日、南京事件再発防止の名目のもと「慰安婦」設置にかんする第一一軍の村中参謀の指示によって慰安所が設置されたと証言しています。

この公文書には漢口の慰安所は一一月二五日から開業し、切符制度を実施したと書かれています。証拠資料KR一番に該当します。

武昌の慰安所に連行された宋神道ハルモニの写真であります。武昌の慰安所も漢口の慰安所と同じ時期に開設されたと、長沢軍医は証言しています。

被告人岡村寧次が漢口で「慰安婦」を目撃したことについて本人が証言していますが、これにたいして防止策

証言をする河 床淑さん

を講じたという記述はありません。被告人岡村寧次は一九四四年一一月に支那派遣軍総司令官に就任しました。第一一軍が広西省に移動したあと漢口に司令部を置いたのは第六方面軍でしたが、その直後に、ほかでもない被害者河床淑が漢口慰安所に連行されたのでした。

第一一軍兵站司令部の「慰安婦」係長の回想録〔山田清吉『武漢兵站』図書刊行会、一九七八年〕であります。回想録には武漢兵站司令部と漢口慰安所が記された地図があります。そこには朝鮮人「慰安婦」が入れられていた慰安所が少なくとも一一軒、そこに朝鮮人「慰安婦」たちが一五〇人もいたということと慰安所名が記されています。ここに被害者河床淑が連れて行かれた、先ほどの証言でも確認した「三《さん》成楼《せいろう》」という慰安所も記されています。

以上のことから、被害者河床淑と宋神道が連れて行かれた漢口と武昌の軍慰安所設置に関連し、当時第一一軍司令官であった被告岡村寧次に責任があるということが明らかにされたと思います。そして、朴永心、宋神道など多くの被害者が中国に強制的に連れて行かれ、軍「慰安婦」生活を強要されました。

それではこれと関連した責任の所在について見ていきましょう。

証拠資料KR一四から一七に該当します。朝鮮総督府警務局保安課が植民地朝鮮の各道知事宛に送った通牒です。この資料を通じて当時朝鮮人が中国に渡るためには居住地域の警察署長が発行した身分証明書が必要であり、自由に中国に行くことは難しかったということがわかります。当時の身分証明書であります。ここには渡航目的欄がありますが、これによって当時の朝鮮総督府が慰安婦の徴集と移送に関する事実を十分に把握することができたということがわかります〔朝鮮総督府警務局外事課『高等外事月報』など〕。

朝鮮総督府の指揮命令系統図です。これによって、被害者河床淑、宋神道らが中国に連れて行かれた当時の朝鮮総督だった被告人南次郎に、被害者の強制連行に関する責任があるとわかります。

この後証言する金英淑《キム・ヨンシク》ハルモニの連行に関しても被告人南次郎に責任があると言えます。

河床淑ハルモニの事例に関しては以上であります。

マクドナルド判事：法廷において、証人が証言に先立って真実のみを証言するということを確認してください。

黄検事：河床淑ハルモニ、真実のみを証言することを誓いますか。

河証人：はい。私は死ぬときは故郷に行って死にたい。日本の奴らが私を連れてきたんだから、私を故郷に送ってほしい。それから賠償して、悪かったと言うべきでしょう。

黄検事：わかりました。ハルモニが証言なさったことが事実であることを認めますか。

河証人：はい、認めます。

黄検事：ありがとうございます。

黄検事：次に金英淑ハルモニの証言に移ります。金英淑ハルモニ、今からハルモニが証言なさることが、唯一真実のみであることを保証しますか。

金英淑証人：はい、保証します。

黄検事：それでは証人金英淑ハルモニにいくつか質問します。日本軍「慰安婦」として連れて行かれた経緯について簡単にお話くだされればありがたく存じます。

金証人：私が一二歳になった年です。私は地主のところに奉公に行っていたときですが、日本人巡査が来て金儲けができるからと言いました。どこにいくのかと思ったら、何日か汽車に乗って瀋陽に行きました。

黄検事：最初にハルモニが慰安所に連れて行かれたときの状況についてお話していただけますか。

金証人：そこは日本軍兵士がいて慰安所が長屋で何軒もありました。そこには高い塀と鉄条網までありました。……庭がありました。

黄検事：ハルモニが連れて行かれた慰安所で性奴隷を強要され、どのような暴行を受けたのか代表的な事例をお話ください。

金証人：クスン、私はクスンと言ったんですが、巡査が「クスンさあ行くぞ」と言うから、私がワーワー泣いて、庭に出て行きませんでした。それで私を引き渡された将校が、「さあお前行くぞ」といって部屋に連れて行ったんです。「お前の名前は何だ」と言うから、「私の名前はクスンです」というと、「クスンが何だ、お前は『オタカ』だ」と言った。［……］将校の名前はナカムラ。［……］「お前、朝鮮の女かわいいな。ひとつ遊んでみよう」。一二歳で遊ぼうがなんの意味かわかりますか。わかりません。そして服を脱いで性器をぶらつかせるんだけど、私はあっちこっち逃げました。でも私を倒して、将校は性器を入れようとするんですが入らないんです。入らなかったら刃物で切ったんです、下を。切ったら、気を失いました。下が刺すようで、痛くて……。
黄検事：ハルモニ、そのときの年齢は。
金証人：一二歳です。
黄検事：ハルモニ、下腹部と背中に傷跡がありますね。
金証人：それは、カネムラという奴が入ってきたとき、「この朝鮮のアマ、日本人を慰安しなかったら、お前の肝を取って食うぞ」と言った。それで捕まえて刀で切りつけたんです。それで傷跡があるんです。この傷跡全部、足も、刺されて……。ほんとうに私は年が七〇を過ぎたけど、日本の奴らのことは死んでも忘れません。
黄検事：ハルモニ、ありがとうございます。ほかに特別におっしゃりたいことはありませんか。

証言する金 英淑さん

金証人：はい。私はここにお金がいくらか欲しいからって来たんではありません。ほんとうに、花のような青春を全部奪い、日本政府が私たちの前、党の前に来て謝罪して補償をしなければなりません。

書記官：文必瑾《ムン・ピルギ》、真実のみを述べることを宣誓しますか。
文必瑾証人：はい。
姜 貞淑《カン・ジョンスク》検事：私は南北検事団の姜貞淑です。尊敬する判事の皆さん。これから軍慰安所での暴力による持続的な強かんと「慰安婦」生活について立証しようと思います。文必瑾被害者を申請します。
被害者は何歳のときに連れて行かれましたか。
文証人：満一五歳。
姜検事：誰が連れて行ったんですか。
文証人：警察です。
姜検事：どのように。
文証人：警察です。私は勉強できなかったから勉強したくて。昔の親は勉強させなかったでしょう。
姜検事：誰が連れて行ったんですか。
文証人：近所のおじさんが連れて行ったんです。
姜検事：おじさんと一緒に来た人がいたんですよね。
文証人：……それは警察です。
姜検事：「満州」に連れて行かれて最初に軍人にどうされたかについてお話ください。
文証人：「満州」に行って、「満州」のどこだかわからない……。
姜検事：「満州」の慰安所に行って軍人にどうされたかに

ついてお話ください。

文証人：慰安所に行って、どこだかは知らないんだけど、慰安所に行って無理やりそれをさせようとしたんです。私は気絶したんです。

姜検事：軍人はどのようにハルモニに強要したんですか。

文証人：だから殴る蹴る。どうしていいか迷うでしょう。奴隷のように連れて行って、言うことを聞かないと殴る蹴るして、それでも言うことを聞かないと……、〔火で〕赤く焼いたものでここを焼いたんです。いま背中を見せましょうか。

姜検事：そこには軍人だけが来たんですか。

文証人：ええ軍人が来てそうしたんです。

姜検事：逃げることはできなかったんですか。

文証人：どうやって逃げるんだい。逃げようにも全部軍人で憲兵がずっと見回りをしているのに。そこは部隊だからどうやって逃げるんですか。逃げて死ねとでも言うのですか。

姜検事：軍人が見張っていたんですね。

このように被害者金英淑、文必璂は一九三九年、一九四二年にそれぞれ中国東北部である瀋陽とソ連国境地帯の「満州」地域に連れて行かれ、日本軍の敗戦まで性奴隷状態にありました。彼女らが連れて行かれ「慰安婦」として生活した地域は関東軍司令部の管轄地域でありました。当時の関東軍司令官は、私たちが起訴した梅津美治郎でした。

それではつづいて被害者金福童ハルモニのビデオ証言を見ていただきます。金福童ハルモニは飛行機に乗ってこれないくらい健康状態が悪くなったので、ビデオ証言を見ていただくことになったことをお許しください。

［金福童被害証人ビデオ証言］

金福童証人――広東というところ。広東に入ったら、将校たちがずっとならんで座っていたんだけど、検査するところがあって、一人ずつ行けって言うんです。入ったらそこは検査するところでした。〔台の〕上にあがるんだけど何がわかるの、ぶるぶる震えてました。

大きい人は検査するんだけど、私たち何人かは外に出てろって言うです。それで検査が終わって行ったら、家が用意されているっていうんです。大きな家なんだけど部屋を一部屋ずつ作ってあって、ベニヤ板が敷いてあって扉もベニヤ板で作ってあってどんどん叩いたら向こうに全部、息する音まで聞こえるようでした。そういうふうに一間一間作って名前をつけてありました。……夕方になったら検査した将校が来たんです。また服を脱げって。昼間服を脱いだのになんでまた服を脱げって言うのか恐くなって、飛び出したんです。でも飛び出したってどこ行くんですか。飛び出して逃げようとしたけど捕まって、腹が立ってるからむりやりされて［……］、……。なにがなんだかわからない感じで。……もっとひどくされるから血が出て、ひりひりして痛くて小便もできない。血で汚れたものを洗濯するんだけど、洗濯干すところが階段あがったところにあるっていうから上がってみたら、若い娘が二人泣いていたんです。この子たちもやられたのかと思ってね。死んだほうがましだって言う。だけどどうやって死ぬんだ……。

証言席の文 必瑾さんと安 法順さん

姜検事

　被害者金福童の事例は、典型的な事例です。一五歳のときに強制連行され広東、香港、マレーシア、シンガポールに連れて行かれ、「慰安婦」生活を強要されました。中国広東地域に慰安所を設置し多数の女性を連行し、広東慰安所における責任は、第二一軍司令官安藤利吉にあります。それでは今まで判事の皆さんがご覧になった証言を簡単にまとめてみたいと思います。

　連行された慰安所で行なわれたのは、強かんでした。被害者は抵抗しましたが、圧倒的な暴力のもとでその生活から逃れることができませんでした。地獄のような生活から抜け出すため、逃走や自殺を図りました。また絶望しアヘン中毒になったりもしました。彼女らが逃走するということは到底不可能でした。監視、鉄条網、軍人の見張り。仮に可能であっても見知らぬ土地であり、島で孤立したところでした。言葉も通じませんでした。また逃亡に失敗したら残酷な罰と処刑すらありました。日本軍の監視のもとに、一日に数多くの軍人を相手にさせられたこと、これがまさに性奴隷制度です。日本軍の必要に応じて移動した慰安所もありました。日本軍の戦線であるビルマや島にも臨時に派遣されました。銃弾が降り注ぐ最前線に、軍人の付属物として連れて行かれたことも多くありました。

　日本軍「慰安婦」制度が計画的で体系的な管理制度だったという証拠のひとつは、慰安所規定です。映像の後ろのほうに映っているのが慰安所規定です。これは軍が、軍人と「慰安婦」を統制するためにつくったものです。ここには軍人の使用規則、「慰安婦」に対する定期的な性病検診、軍票などについて書かれていました。

被害者たちは帰還後、自身の鬱憤とハン（恨）を晴らすためにさまざまな努力をしました。絵を描くこともその一つです。これは被害者姜徳景ハルモニが描いた絵です。大変な苦痛の日々を送ったニューギニアのラバウルでの生活を［想像して］表現したものです。花と青い海、美しい太平洋の一つの島とその前に描かれている日本軍の行列とそれを待つ「慰安婦」のハルモニたちです。あまりにも悲劇的な絵です。ありがとうございました。

梁鉉娥《ヤン・ヒョナ》検事：私の名前は梁鉉娥です。

書記官：あなたの名前は安法順《アン・ポブスン》ですか。

安法順証人：はい。安法順です。

書記官：真実だけを述べると約束しますか。

安証人：はい。

梁検事

まず尋問に入る前に当時の状況について簡単に申しあげます。

一九四五年八月一五日、終戦と同時に「慰安婦」女性たちの苦痛は終わったでしょうか。違います。尊敬する判事の皆さん。実際、終戦直後の状況について証明するには多く立証証拠が必要ですが、その証拠が湮滅、隠蔽された状況を申しあげたいと思います。そして私は生存者たちの証言に立脚し問題を考えたいと思います。特に終戦当時亡くなり語ることのできなくなった者たちを、生存者たちの声を通して代弁しようとするものです。

一九四五年に戦争は終わりましたが、ほとんどの「慰安婦」はその事実を知ることができませんでした。多くの証言によれば、ある日突然軍人がいなくなったといいます。そして、彼女たちは母国に帰るどんな対策もなく、そのまま放置されたのでした。その結果、「慰安婦」たちはどうなったでしょうか。次の三つのケースに見ることができます。

一つは死亡したケースです。すでに戦争末期から女性たちは命が危ない状態に置かれていました。生存者たちは山に、洞窟に、防空壕に逃げ、飢えの中でカタツムリや蛇などを食べて生き延びなければなりませんでした。特にサイパン、沖縄のような第二次世界大戦の激戦地にいた「慰安婦」たちは、戦争とともに皆殺しになりました。また、生存者たちは爆撃と飢餓、風土病で死んだ仲間たちを生々しく記憶しております。一方、終戦直後「慰安婦」たちを集めて殺したり、そのまま放置したという証言も出ており、韓国人「慰安婦」たちが乗った輸送手段を日本軍の証拠湮滅という目的で日本軍が爆破したという証言もあります。このように朝鮮人「慰安婦」たちは名もなく、記録もなく死んでいきました。私はこうして亡くなった「慰安婦」は非常に多数に達すると推測しています。このような死亡者たちが、今日朝鮮人「慰安婦」の全体の数を知ることを難しくしている原因の一つであります。

では、このような放置状況について、安法順証人に質問いたします。あなたは今おいくつですか。

安証人：七六歳です。

梁検事：当時どこの慰安所にいましたか。

安証人：シンガポールにいました。

梁検事：一九四五年八月一五日当時のことです。敗戦について、知っていましたか。

安証人：知りませんでした。知らなかったんですけど、とにかく日本人は一人もいなくなったんです。子供を産んだ人がいたんですが、その人たちはみんな故郷に送りました。

梁検事：子供がいたとは、誰の子供ですか。

安証人：日本の軍人の子供です。だからその人たちは送らなければいけないと、送ってやったんですよ。

梁検事：妊娠した「慰安婦」は先に送っていったというんですね。

安証人：はい。それで私は行かれなかったんです。韓国人何人かが残ったんです。それで山に行けって言われたんです。でも食べるのもないし、木の葉っぱとか採って食べたりした。そうして一年して出てきました。

梁検事：韓国に帰ってきたとき、一緒にいた「慰安婦」たちと一緒に帰ってきたんですか。

安証人：私一人だけが残ったんです。先に帰った人たちは下関のほうで船が沈没して死んだという話も聞きました。

梁検事：下関で、連合軍の爆撃でですか。

安証人：はい。だからみんなと会えなかったんです。……会いたくても会えないじゃないですか。

梁検事：ほかに話したいことありませんか。

安証人：話したいことって、過ぎたこと言ってなんになります。あと生きられるのも何年残っているか。生きていても死ぬ日を待っているんです。

梁検事：日本人に話したいことがあれば、話してみてください。

安証人：日本人は帰ってきて生きているのに、こっちはみんな死にましたよ。なのにどうして否認して、そんなことなかったなんて言うんですか。事実は事実として、明らかにしなければならないということです。だから、そんなことない、なんて話にならない。〔私たちをこのような目にあわせた人たち〕数千人が死んでも、みんな死んだわけではないでしょう。それだけです。

梁検事：はい。ありがとうございました。

マクドナルド判事：いくつの時連行されたのか、お聞きしてもいいですか。

梁検事：一七歳です。

マクドナルド判事：ありがとうございました。証言してくださってありがとうございました。

梁検事
　今の事例が一つ目のケースです。では二つ目のケースはどういう状況でしょうか。二つ目は、強制海外残留です。今日においてもカンボジアや中国などの地にいる朝鮮人「慰安婦」たちが発見されており、中国の武漢地域だけでも三二人の元朝鮮人「慰安婦」の女性たちが暮らしていたことがわかっています。この本はそうした女性たちの証言を収めた証言集〔韓国挺身隊問題対策協議会・挺身隊研究会『中国に連行された朝鮮人軍慰安婦たち』（邦訳、山口明子訳『中国に連行された朝鮮人慰安婦』三一書房）〕です。この女性たちは一九九四年になってはじめて、故国から来た人に会ったといいます。望んだわけではない地に留まらなければならなかった彼女たちの生涯をどのように保障してあげられるのでしょうか。

　放置の三つ目のケースは、幸運にも故国に帰ることができた場合です。

　しかし彼女たちもなんの支援も対策もお金もない状態で外国で放置され、しかも一九四〇年代のあの混乱期に単身帰国しなければならないという大変厳しい状況でした。今日この場にいらしている証言者崔甲順は「満州」から一人で歩いて帰国したのですが、四年もかかったといいます。その過程で死んでいく人を数多く目撃し、とても危険な道のりでした。このような帰国過程において死亡したり、事故や強かんによって死んでいった女性たちがたくさんいたということが十分考えられます。

　このように「慰安婦」たちの苦痛は戦争とともに終わりはしませんでした。彼女たちは戦場に放置され死んでいったのであり、永遠に母国に帰ることができませんでした。このような数多くの人命被害と海外残留は、日本帝国主義の意図的な放置の結果であると言えます。ならば戦争における放置が殺人でなくてなんでしょう。日本の軍と国家は、「慰安婦」女性たちに犯した人道に対する罪に対し、厳粛に謝罪すべきです。

　それではこのように厳しい状況の中で帰国した女性たちに、その後どんなことが起こったのかについて見てみることにします。

　彼女たちは果たして過去の苦痛から抜け出すことができたでしょうか。できませんでした。こうした女性たちは過去五十余年間沈黙のなかに埋もれ、言葉で表現できない傷を負いながら生きてきました。今日この瞬間まで残っている戦後の状況についてみることにします。

まず生存者が抱き続けてきた傷とは肉体と心、そして社会に及んでいます。彼女たちは痛む肉体を見るたびに自身の過去を思い出さねばならなかったのであり、悪夢にうなされ、しかし怒りを抑えねばなりませんでした。つまり、自身の体に日本軍の蛮行が刻まれていたのです。このように戦後の傷跡とは複合性、持続性そして現在性をその特徴としています。

それではこの三つの傷跡について具体的に見ていきたいと思います。

まず、肉体に残る「慰安婦」の傷跡です。

先の証言にもありましたように「慰安婦」の時期に繰り返された殴打と虐待、拷問のなかで女性たちの体には今でもたくさんの傷跡が残っています。また、あらゆる強かんと性病、妊娠と堕胎、注射の乱用、無謀な手術によってほとんどの女性の生殖器は破損しました。そのため女性たちは妊娠できない体になり、また未だに梅毒に苦しんでいます。

では肉体的苦痛に関するスライドを見てください。

金恩英《キム・ウニョン》検事
私は北側検事団の検事、金恩英です。尊敬する判事の皆さん。これから日本軍の暴行がはっきりと残っている北側の被害者たちの傷跡をスライドでご覧ください。

〔以下、スクリーン上のスライドを示しながら〕被害者朴永心ハルモニです。早くに母を亡くし貧しい生活を送った彼女は、日本人巡査に騙され、あちこちの慰安所に連れて行かれ地獄のような性奴隷生活を強要されました。一日に平均三〇～四〇人もの日本の軍人の性欲を満たさなければならなかった朴永心ハルモニは捕虜収容所に移送されたとき、午前中に皆さんがビデオでご覧になったように、すでに妊娠していました。ある日彼女はひどく出血し収容所で手術を受けることになりました。その後も日本軍「慰安婦」生活が原因でいろいろな後遺症に苦しみながら、一九六七年には子宮を摘出しなければなりませんでした。

被害者金英淑ハルモニです。当時ハルモニは両親の元であまえていたい一二歳という幼い年齢で軍人の性の相手をするにはあまりにも未成熟な幼い体でした。しかし軍人は幼い彼女に襲いかかり獣欲を満たし性器を切りつけました。日本軍は恐怖に震える彼女の両足を広げようと切りつけ、足をねじって踏みつけ骨折させました。

ご覧のとおり彼女の足には数十カ所の刃物による傷跡が残っており、軍刀で腹部を切られ乳房に嚙みつかれたりと、体中が傷跡だらけです。彼女は現在でも、軍刀で腹を切られ腸がはみ出したことが原因で胃病と消化器系を病んでおり、足を骨折したあときちんとつかなかったために、皆さんがご覧になったように、未だにひどい足の痛みに苦しんでいます。七〇歳を過ぎた今でも、あらゆる後遺症と膀胱機能障害によって苦痛の日々を送っています。

被害者鄭　松　明《チョン・ソンミョン》の傷跡です。家が貧しく生活苦のなかにあった彼女は一九歳になった年に、挺身隊に行って六カ月もすればたくさん稼げると言ったある日本人に騙され、日本軍「慰安婦」生活を強要されました。休みなく襲いかかる日本軍の要求に応じなければ刀で刺し殺すと脅し、彼女にあらゆる暴行を加えました。日本軍性奴隷生活の後遺症としては四〇歳のときに子宮を完全に摘出しました。

被害者李　京　生《リ・キョンセン》ハルモニです。日本軍は彼女が一六歳のとき妊娠したといって彼女のお腹を軍刀で切り裂いて胎児を引き出し川に投げ捨てました。

そして二度と子供が産めないようにと子宮も取ってしまいました。いま見えている傷跡が軍刀によって腹を切られた傷跡です。

被害者ユ・ソノク〔漢字表記不明〕ハルモニです。日本軍は自分らの要求に容易に応じないといって、彼女のお腹を軍刀で切り裂きました。いま映っているのがその傷です。彼女は心臓弁膜症と神経症で長いあいだ苦しみながら、すでにこの世を去りました。

皆さん、被害者鄭　玉　順《チョン・オクスン》ハルモニの傷跡をご覧ください。一四歳のときに日本軍守備隊に連行され性奴隷生活を強いられたハルモニは、これ以上耐えられないとその場から逃走しました。日本軍は彼女が逃走したという理由で棍棒で背中を何度も殴り水拷問をし、それでも気がすまないと彼女の体、唇と舌、胸や腹部、見てのとおり全身に入墨をしました。こうした拷問によって彼女は一方の目を失い、入墨のときに舌の神経を痛め十数年間もまったく話すことができませんでした。そればかりか恥辱的な体を誰にも見られまいと、一生のうち一度も他の人と一緒にお風呂にはいることはありませんでした。性奴隷の後遺症に苦しみつづけましたが、すでにこの世を去りました。

以上、ご覧になったように日本軍性奴隷に連行されていったほとんどの女性は、日本軍の要求に応じないという理由にならない理由で、人間として想像もできないような驚くべき暴力を受けました。そのため彼女たちは過去数十年が経った今日においても耐えがたい傷跡を抱いてあらゆる肉体的、精神的苦痛のなかで一日一日を過ごさなければなりませでしたし、そのなかの多くの女性が恨み多い傷を抱いたまま、すでに私たちのもとを去りました。こうした事実は、過去日本軍が行なった性暴力が、残忍でひどいものであったということを立証していると思います。ありがとうございます。

マクドナルド判事：質問があります。現在生存している女性は何人か、わかる範囲でお話ください。

金検事：質問にお答えします。北側だけで二一八人の日本軍「慰安婦」が発見されました。そのうち四三人が公開証言者として名乗り出ましたが、二〇人がすでに亡くなり、現在生存しているハルモニが二三人です。以上です。

マクドナルド判事：南側の数字も知りたいのですが。

梁検事：一九八人が発見され、その内一五五人が現在も健在です。またそのうちだいたい六五人が積極的に証言をしてくれたので、私たちの調査の助けになりました。

梁検事

今肉体的苦痛、傷跡について見ました。では見えない心の傷はどのようだったでしょうか。肉体は写真に撮ることができますが、心の傷はどのように表せばいいのでしょうか。

これからは社会的関係のなかで表れた傷と心理的傷跡について見てみましょう。

南側の生存者のほとんどは、普通の結婚をすることができませんでした。女性たちは不妊症、性器破損、性病などにより自分は結婚に適さない女性であると、生涯結婚しないで生きてきました。また、男性とともに暮らしたとしても結婚というより、年が離れていたり、第二夫人として生きたりと、不安定な関係であったりしました。「慰安婦」経験によって彼女たちの家族関係も傷つきました。多くの場合、彼女たちは家族から追い出されました。そして自ら羞恥心と苦痛で家族のもとに帰ることができませんでした。このように家族という親密なネットワークがなくなったため、彼女たちは生涯貧しさと孤独のなかで生きなければなりませんでした。また、子供を産むことができたとしても、「慰安婦」の時の被害が子供に感染することもありました。つまり、「慰安婦」時代に梅毒に感染し、それが子供に再感染し精神障害やさまざまな後遺症や障害を今日まで引きずっています。

それでは彼女たちは、どのような心の傷跡によって五十数年間苦しんできたのでしょうか。

精神病が現れた女性もいます。今でも耳元では飛行機の音がブンブン聞こえ、戸の鍵をいつもかけなければいられないといいます。人が集まると自分のあら探しをしていると思ってしまうと言います。つまり、心がいつも過去の恐怖に捕らえられて生きているということです。

これからご覧いただくビデオは、「慰安婦」のこうした社会的被害と精神的被害についての証言を集めたものです。この調査は去る九月と一〇月にかけて仁川サラン病院で行なわれました。精神的被害はＰＴＳＤによります。この調査による一四人の生存者は、皆ひどいトラウマに陥っています。過去の場面が繰り返し現れ、繰り返し夢を見、それでいてトラウマにたいする考え、気持ち、対話を避けようという心理が強く表れます。継続的に当時の思いにとらわれているにもかかわらず、それを言葉で表現できないのです。表現できたとしてもそれに共感してくれる人はあまりにも少ないのです。

この他にも集中力低下、鬱病、疎外、各種の精神的、身体的な症状が現れます。つまり心の病がひどくなり、それが解消されないために、肉体的病に移行するということです。ほとんどの生存者が体中が痛いと表現します。また多くの生存者が自殺を考え、実際に試みたと言います。

ではビデオをご覧ください。

〔ビデオ証言〕

○　子どもをどうやって作るの。私は男のところなんか嫁にいかない。……絶対行かない。……胸が痛い。……

〔帰ってきたのは〕二五歳か二六歳。

――帰ってきて結婚しなかったですか。

しなかった。一生結婚しなかった。（子どもを一度も産んでいないし、「慰安婦」のころも妊娠はしていない……。）

○　……（なんの病気ですか）梅毒。その病気が治らなかったのに子どもを妊娠したんです。その子が今、梅毒が頭に上がった。長男です。……精神病院に二度行った。……離婚した。追い出された。……子どもがこうなったのは私が悪い女だから。

――今でも自分が悪い女だと思っているんですか。

今も自分が悪い女だと思っている。なんで日本人と……。長生きしたけど、年取ったけど今も胸が痛い……。

梁検事：次は心理的症状の事例です。

〔ビデオ証言〕

○　人を好きになりたくても、どうやって好きになるの。そういう気持ちはあるけど……。

○　痛みはわからないだろう。痛みをどうやって言葉にあらわしていいかわからない。

○　なんの希望がある。人並みのこと何ひとつできなかったんだから。両親の愛情も受けられなかったし、帰ってきてもこうして帰ってきたから、家庭をもてなかったでしょう。子どもも産めなかったでしょう。だからなんの希望も望みもないのが事実ですよ。

○病院に行ってきた。……体が丈夫でなければいけないのに、人が恐い。人が一番恐くて人と会うと、びくっとする。

○神経病どんなにやったか。悪夢で眠れないし、胸もへんで、頭もへんになる。……血圧もあがるし胆嚢も悪いし。……一度飛び降りてみたら……と一度は屋上まで上がって行った。そしたら涙があふれたんです。泣いてしまいました。

○……死にたい。（いつもそんなこと考えるんですか）うん、死にたい。

――長生きしてください……。

梁検事

　最後の文ミョングンハルモニは調査した一カ月後に亡くなりました。このように生存者たちは亡くなっていっています。もうあまり時間がありません。被害者たちにとっても日本政府にとっても同じです。加害者にも反省し謝罪する時間があまり残っていないということです。尊敬する判事の皆さん、くれぐれも公正な審判を下してくださるようお願いします。

マクドナルド判事：質問があります。この調査はいつなされましたか。

梁検事：二〇〇〇年九月二一日です。

朴元淳検事：皆さん、長い時間たくさんの証言をお聞きくださいました。最後にこれらの法的評価について述べたいと思います。まず個人責任について南側から趙時顯検事が、また国家責任については北側から鄭南用検事がそれぞれ述べます。

趙時顯《チョ・シヒョン》検事

　私は南北共同検事団の趙時顯です。尊敬する判事の皆さんと傍聴人の皆さんは、今まで地球上でもっとも醜悪な犯罪と、今も影響を及ぼし続けている過酷な状況と証人の証言をお聞きになりました。私は検事団に提出されたこうした証拠と証言に基づき、日本軍性奴隷に関連する被告人の個人責任について述べようと思います。南北共同検事団は画面にあるような被告人を起訴します。

　まず岡村寧次です。すでに慰安所での犯罪と関連し具体的な証拠を提出しています。なによりも岡村は、現在確認することができる最初の慰安所設立に関わりました。

　梅津美治郎です。前に見てきたように彼は、一九三九年九月から一九四四年七月まで関東軍司令官でした。彼は「満州」とソ連と朝鮮が接する国境地帯の慰安所を彼の部隊で使うことを許可しました。

　安藤利吉に関してもすでに見てきました。

　松山祐三は、ビルマ方面軍五六師団の司令官として朴永心ハルモニをはじめとする多くの朝鮮人「慰安婦」に対する犯罪において責任があります。特に画面に示された証拠資料のなかで、当時のビルマの「慰安婦」に関する新聞報道があったのが注目されます。

次は南次郎です。南は先に触れたように朝鮮での「慰安婦」の強制連行と移送に関する政策に対する、総体的な責任を負う地位にありました。彼は東京裁判において「満州」と中国を侵略したことに対し、有罪判決が出されました。しかし、その裁判では朝鮮総督として「慰安婦」に対しては何の法的責任も問われませんでした。

次は板垣征四郎です。彼も朝鮮軍司令官として責任ある地位にありましたし、なによりも東条英機をあげることができます。東条は戦争を総括的に指揮しただけではなく、提出した証拠資料でもわかるように「慰安婦」に関する政策を執行した最高責任者であると言っても過言ではありません。しかし東条英機は日本の天皇裕仁の指揮と監督を受ける地位にいたに過ぎません。裕仁に関するあらゆる証拠と研究は、裕仁がこうした慰安所で行なわれた犯罪について知っていたに違いないということを証明し、また彼はこうした犯罪が行なわれながら、なんの対策も講じようとしなかったということを立証しています。

このように見てきた証拠と証言は、ビデオ証言とともに明日までに翻訳して法廷に提出するようにします。

これら被告人は、中日戦争と第二次世界大戦の間、アジア太平洋各地でいわゆる軍慰安所を設置し、数十万人の朝鮮女性を「慰安婦」として強制的に動員し連行しました。彼らは慰安所に移送された朝鮮女性たちを強かん、その他性暴力、傷害、身体切断、拷問、監禁そして虐殺し、言葉では言い表せないような非人間的で残忍な行為を行ないました。

それでは彼らの責任の根拠を具体的に見てみることにします。

彼らは日本軍性奴隷犯罪行為を計画し鼓舞宣伝しましたし､命令を下しただけではなく直接実行し支えました。日本軍部と政府の最高の地位に立脚し指揮者として自分ら部下がこのような犯罪行為を行なわないようにやめさせるべきであったのに、やめさせなかった責任があると思います。

こうした「慰安婦」たちに対する行為は、国際法から見て組織的で体系的な強かんであり、奴隷犯罪を構成します。こうした犯罪に関しては、本日午前中にパトリシア・セラーズ首席検事が主張したように、国際法上戦争犯罪と人道に対する罪であります。戦争犯罪はなによりも民間人､特に子供や女性に対する犯罪を禁じています。「慰安婦」に対する攻撃はまさに民間人に対する攻撃に該当し、ひいては日本軍の支配を受けている人々への迫害であり、殺人、追放、絶滅でありましたので、これは人道に対する罪に該当します。こうした被告人は処罰されないまま死に、あるいはこれ以外に関わった人たちは生き残りました。なぜこうした不処罰がまかりとおったのでしょうか。

一番目に、連合軍はこうした犯罪行為があったことを十分に知っていました。それにもかかわらず彼らは東京裁判を含め、アジア女性に対する犯罪行為を処罰することを怠りました。これは明らかに戦争犯罪と人道に対する罪を犯した者を処罰しなければならない国際法の義務に違反したことになります。こうした戦争犯罪があったにもかかわらず処罰されなかったのは、女性たちに対する暴力がどのような意味をもち、いかに深刻な結果をもたらすかについて、あまりに無知であったし、また怠ったと言えます。ひいては私たちは被害者が被害について告発し、堂々と生きられず沈黙を強いてきた社会的、経済的、文化的要因について指摘せざるをえません。またこうしたことは日本の支配に苦しんでいた植民地において、過去の犯罪行為を清算することができなかったことが起因しているといえます。

私たち検事団はこの法廷、民間法廷がもつ限界性について述べなければなりません。

また検事団がこうした犯罪人を起訴するうえでの、さまざまな困難についての理解を求めます。日本軍性奴隷制度はすでに六十余年前に起こった事件であります。ほとんどの被害者はすでに死亡し、ご健在の被害者も病気であったり年老いています。被害者たちは自身の被害事実さえ忘れ記憶が薄れてくる、そういう年齢に達しています。まして、さらに大切なことは加害政府と加害者が、こうした犯罪行為の証拠を破棄し湮滅したということです。われわれ検事団はこうした性奴隷に関する証拠を持っている日本政府や個人に、強制的に文書を提出させるとか、犯罪行為を行なったと推測される人を尋問したり、調査をさせるいかなる権限もありません。

尊敬する判事の皆さん。こうした本法廷の限界を十分に理解され、先に起訴した被告たちに有罪判決を下してくださることを切に請うとともに、私たちの正義の訴えは、女性に対する正義の行為であり、被害者たちの正義を実現するためのものであり、誰かに復讐し報復するものではないということを申しあげたいと思います。われわれの努力は今後平和を定着させ、また被害者たちがこの社会で残った人生を平穏に暮らせるようにしようというものであります。ありがとうございました。

マクドナルド判事：質問します。この被告人は皆死んだ者たちですか。それでは死亡した者への有罪判決を望まれるのですね。

趙検事：はい、有罪判決を望んでいます。また加えて補償が行なわれるようにしてくださることを要請します。

鄭南用検事

尊敬する判事の皆さん。私は朝鮮民主主義人民共和国検事の鄭南用です。［中略］

それでは、国家責任について述べます。

［ビデオ証言］

○ 私の前で恨みをはらさずには目をつぶれません。やつらが私を不具者にしたのです。わたしはちゃんと口がきけません。……怒りで震えます。

○ 腹が立って、ほんとうに身の毛がよだつ……。

奴らは朝鮮女性の前で、私の前に来て、許しを請わねばなりません。ばなりません。そして補償もしなければなりません。

○ 日本人は私たちの前で（許しを）請わねばならないし、補償しなければなりません（金福童）。

○ 奴らは朝鮮人の前に来てかならず謝罪し、膝を屈してあやまらなければならない（金英淑）。

○ ［……］骨が折れて、誰のせいで［……］、手が使えなくなって、［……］。

○ 奴らを何度でも処断してこそ私は目をつむることができます。その前には死ねません。

○ 私たち二〇万の「慰安婦」たちに何の罪があるっていうのか。……刀で殺し、……広場に引きずり出して殺し、……。大きな罪だ。花のような青春を奪って、人生だめにして……。朝鮮にきて女性を皆……。補償金は国が払わなければなりません。国からもらわなければなりません。

［韓国側被害者席から拍手］

鄭検事

私たちはただいま被害者たちの悲嘆な絶叫と要求を聞きました。しかし、日本政府はこれが道徳的には不憫なことだと言って謝ると言いますが、法的責任についてはいままで否定してきました。それでは、日本政府が言うように、道徳的には不憫に思うことだが法的責任がないのか。そんなことはありません。日本政府は全面的に法的責任を負わねばなりません。

それでは日本政府の法的責任に関する一般要件は何か。一つは「法廷」憲章四条規定によって日本政府は性奴隷制度に対する責任を負わなければならないということです。もう一つは、国家責任に関する一般要件によって、日本政府は軍性奴隷制度に対して責任を負わなければならないということです。その一般要件とはいくつかに分けられますが、次の三つの点に絞って申しあげることができます。

一つには、国家は自らが犯した不法行為について責任を負わなければならないということです。ここでいう国家自らとは、国家を構成する機関と国家公務員が公的な事柄において犯した不法行為を念頭においています。

次には、一般の人でも法に携わる人でも個人的な目的のために行なったのではなく、国家の指示や国家の利益のための行為である場合、個人が行なった行為でも国家が責任を負わなければなりません。

最後には、国家は個人が自身の利益のために行なった行為でも、それが不法行為であることを知っていながらその防止策を採らなかったとか、後に被害を回復するための措置をとらなかった場合、国家はそれに対する全的な責任を負わなければならないのです。

これが、法律上の作為と不作為の論理です。

このような論拠に照らして見た場合、軍性奴隷制度は日本国が直接謀議、計画、実行したのであり、派遣部隊が直接これに関与しました。

また、日本政府は職業紹介所など法人団体や個人を通じて、多くの女性を連行していったし、業者たちを慰安所管理者にして慰安所の管理をさせせました。

日本政府は、個人や売春業者たちが一定の私娼や公娼で不正行為をするのを知っていたにもかかわらず、それに対する防止的措置をとらなかったばかりか、それを助長させて日本軍の性的奉仕をさせせました。

こうしたことから日本政府は自らが犯した行為、法人、個人をさせて行なった行為、または民間業者を利用した事実に対し、日本政府は責任を負わねばなりません。

それでは、日本政府がこうした行為を行なったという具体的な事例があるのか。そうした事例はいくらでもありますし、それは付録として添付して判事の皆さんと検事団に提出しました。時間の関係上そうした事例については言及しません。

次に、日本軍性奴隷制の犯罪性に対する具体的な法的根拠について申し上げます。

日本軍性奴隷制度は一九〇七年ハーグ陸戦条約附帯規則第四六条に反する不法行為です。

二つ目は日本軍性奴隷制が一九一〇年に締結された「醜業を行わしむる為の婦女売買禁止に関する国際条約」と一九二一年「婦女及び児童の売買禁止に関する国際条約」に違反する行為であります。この二つの条約には日本は一九二五年に加入しており、正式な拘束力をもちます。

また日本軍性奴隷制は一九四六年に制定された極東国

際軍事裁判所条例（以下、東京裁判条例）第六条三項に抵触する行為です。この東京裁判条例は日本が一九五一年サンフランシスコ平和条約の時に正式受諾するという通告をだしたものです。したがってこの東京裁判の結果は日本に拘束力をもちます。

四つ目は、日本軍性奴隷制は奴隷制度、奴隷貿易を禁止する国際慣習法に抵触する行為です。日本は一九二六年度に採択された奴隷条約に加入しませんでした。しかし奴隷問題は基本人権条約として慣習法に属し、「ユス・コーゲンス」〔強行規範〕に属します。「ユス・コーゲンス」はどの国が加入したかどうかに関係なく拘束力をもちます。したがって日本はこの法規の拘束を受けます。

最後に日本は一九三〇年ILO二九号条約〔強制労働条約〕に抵触します。この条約では強制労働を基本的に撤廃することを要求していますが、当時の状況においては一八歳以上、四五歳未満の健康な男子だけに強制労働をさせることができるとしました。その他の強制労働を強いた者には厳重に処罰すると規定しました。

お聞きの皆さんがおわかりのように、日本軍性奴隷制は健康な男子ではなく女性を対象にしました。それも条約に規定された一八歳未満の幼い少女たちです。したがってILO条約に全面的に違反すると判断します。

また、日本軍性奴隷制は「法廷」憲章第二条一項と二項に抵触する行為であると考えます。このような法的根拠に照らし、日本軍性奴隷制は全面的に人道に対する罪に該当し、戦争犯罪にあたる罪であると、この法廷で厳粛に結論づけられます。

それでは現日本政府は、旧日本国の継承政権としてこの国家責任についてどのように履行しなければならないのか。要求事項について何点か述べさせていただきます。

まず、日本政府は軍性奴隷制に関する真相を徹底的に調査し、全貌を公開しなければなりません。さきに申し上げたように、「慰安婦」の総数、国別人数、慰安所設置地域と慰安所の名称、その管理者、「慰安婦」の処理情況を含めて公開しなければならないと主張します。

次に、日本政府は軍性奴隷制に対する法的責任を認め、すべての被害者に対して正式な謝罪をしなければなりません。この謝罪はただの言葉だけではなく、十分な賠償をともなう謝罪でなければなりませんし、また、ある招請された人物が適当な機会に一言二言ことばで述べるだけの謝罪ではなく、国会決議や政府声明、あるいは条約のような文書のかたちで記録され公けにされなければなりません。

三つ目には、日本政府は性奴隷制に対する十分な国家賠償をしなければなりません。周知のように加害者が被害者に補償するのは一般的原理であり国際法上の要求でありまます。日本は加害国として被害者にかならず補償しなければなりません。この補償は民間基金のような民間団体が募金したお金ではなく、国庫金で、国家の名で被害者に対する賠償がなされなければならないと、私は主張するものであります。［場内拍手］

またこの補償は生存被害女性のみならず、すでに死亡した被害者の遺族にも正式に支給されなければならないと主張します。

四つ目に、日本政府は軍「慰安婦」生活を強要された被害女性たちの尊厳を再び損なうような行為を徹底的に根絶するための措置を講じなければなりません。現在日本の一部の右翼勢力は、軍「慰安婦」たちを「売春婦」だとか金儲けのために性行為をしたと言って、彼女たちの大切な尊厳と名誉を再び損なう妄言を吐いています。日本政府はこれらを黙認しており、なんら防止策をとっていません。日本政府は、これらに対し真剣な態度で真剣に深く検討し、日本で、日本の右翼勢力から、こうした発言が出ないように実践的で実質的な防止措置を講じなければなりません。［場内拍手］

五つ目に日本政府は、世界各地をすべて調査し、犠牲になったすべての被害者の遺骨を彼女たちの故郷や彼女たちの親族が住んでいる土地に、丁重に葬るべきです。

また今日の証言で明らかになったように、河床淑ハルモニをはじめとする被害者たちが、未だに中国、日本、カンボジア、南部サハリンなどで暮らしています。日本政府は彼女たちの要求を聞き帰国させるか、あるいは祖国訪問を実現するための措置を講じなければなりません。

六番目に日本政府は、軍性奴隷制を謀議、計画、実現、執行した者に対して刑事処罰を加えなければなりません。ここで、生存者たちには正式な法廷に出頭させ該当する処罰をし、あるいは特別法廷をつくって処罰するように国内での措置が講じられなければなりません。死亡した者たちに対しては、死んでしまったが、彼らに対しても本法廷の名前で刑事処罰を加えることによって、あらゆる人々に罪を犯せば生きていても死んでしまっても、必ず刑罰を受けるという歴史の教訓を残すようにしなければなりません。［場内拍手］

最後に、日本政府は歴史教科書改悪策動や他のさまざまな策動によって、過去の軍「慰安婦」生活に関する問題を歴史の陰に隠してしまおうという策略を行なっており、また、それを歪曲したり否定したりして、今後も伝えられないようにしています。日本政府はこれらに対して深く反省し、教科書をはじめとするあらゆる書籍に事実をそのまま記述し、社会教育と学校教育をとおして、日本人がこうした過去についてよく知るようにしなければなりません。日本政府は博物館や文書保管所のような記録保管所をつくり、当時の資料、被害状況の証言などすべての記録を保管し、だれもが閲覧できるようにし、日本の過去の罪が二度と日本というこの土地から起こらないよう、十分な注意を払わなければなりません。

私は北と南の共同検事団の一員として、以上の責任履行を本法廷の名において日本政府に強く促すことを要求します。[場内拍手]

チンキン判事：ありがとうございます。ひとつ質問があります。さきほどいろいろと条約について言及されましたが、ハーグ条約に日本が加入したとおっしゃいましたか。

日本は一九二六年の条約に調印しなかったが、一般的な国際慣行規範であるとした理由について詳しく述べてください。

鄭検事：日本はハーグ条約を批准しております。また、ILO条約は一九三〇年の強制労働条約です。日本は一九三二年に正式加入しましたので、拘束力をもつといえます。つぎに奴隷条約の問題です。日本は一九二六年の条約に正式加入しませんでした。したがって条約上において正式加入していない国に対して拘束力をもたせるのは無理があると思います。しかし、奴隷条約は人権法と人道法として、ユス・コーゲンスに該当すると世界が認めていることです。また、慣習規範になっています。したがって日本を一九二六年の条約に照らして提訴するより、ユス・コーゲンスに照らしてみるほうが効果的です。そうでなくても自分たちを拘束する法規が第二次世界大戦前にはなかったと反論しています。こうした点から奴隷制問題は慣習規範として日本を提訴したほうがよいと提起しました。

チンキン判事：被害女性の数に関する質問です。南で一九八人、北で二一八人という人数は本人が自ら「慰安婦」だったと認めた人の数ですか。なぜこうした質問をするかというと、まだ自分が「慰安婦」だと名乗り出ていない被害者がいるのではないかということです。

また、カンボジアや中国にも健在の被害者がいると言いましたが、その数は先ほどの被害者数に含まれていますか。含まれないとするとその数は把握できていますか。

鄭検事：さきほど、分かっている被害者の数が二一八名で、証言に立つようになったのが四三名と申し上げましたが、これは北だけの被害者の数です。その他の地域の被害者の数はまだ正確に把握できていません。これから調査して把握しようと思います。

マクドナルド判事：ほかの検事で付け加えたいことありますか。

姜検事：海外のハルモニの数を正確に把握はできません

が、私たちが探し出した人数は、先ほどの『中国に連行された朝鮮人軍慰安婦たち』という本の中の数字やそのほか、旧「満州」地域など含めて、約四〇人近くだと思います。その中で亡くなった方もいます。また、これからも発見されると思います。

朴検事：私も付け加えさせていただきたいと思います。「慰安婦」の女性たちは自らすすんで「慰安婦」であったことを認めるということは、儒教的社会において大変難しいことだということを覚えておいていただきたいと思います。そのため被害者の総数にくらべ名乗り出た人数が、思ったより少数であるということを念頭においていただきたいと思います。

またカンボジアにいた被害者ですが、その被害者は記憶をほとんど失っていました。なぜなら強制的に一〇代のときにカンボジアに連れて行かれ、あまりに多くの苦痛を体験し、精神的被害が大きかったからです。進んで自分の記憶を喪失した人もいますし、自分がどこからきたのかさえ忘れてしまったという人もいて、正確な数字を把握するのが難しいという状況もあります。

これで私たちの発表を終え、最後までご静聴くださいました判事の皆さん、会場の皆さんに感謝します。

マクドナルド判事：資料、パワーポイントの資料などもあとで提出してください。とてもすばらしい体系的なプレゼンテーションでした。感謝します。

［呉文淑《オ・ムンスク》、金栄《キム・ヨン》・訳］

Column 4

カオスから奇跡的な成功が生まれた

VAWW-NETジャパン前事務局長／東海林路得子

この「法廷」は、単なる法廷ではなかった。被害国参加者四〇〇人のほか、約七〇〇人の傍聴者が参加し、そのうえ内外合わせて三〇〇人ものメディア関係者がおり、しかも法廷としての機能を果たさねばならなかった。四カ国語の同時通訳者のほか、傍聴者のために演出家や舞台監督、音響、映像、照明の専門家を必要とした。緊急に依頼したにもかかわらず、また、いわゆる台本らしいものがないにも関わらず、それぞれの担当者たちはこの「法廷」の重要性を理解して対応してくれた。しかし、国際実行委員会と演出家が長時間議論をして決めた舞台の配置は、当日になると判事と書記官によってあっさり変更され、ここでの主役は誰かをはっきりと知らされることになった。

また、宿舎もVIP級の判事と検事は、同じ宿舎だったが、そこは判事たちと法律顧問およびその助手たちの専用とされ、「法廷」会場の九段会館宿舎はすでに一杯だったが、急きょ検事たちが戻ってくることになったので、被害国参加者の一部にほかのホテルに移動してもらわなければならなかった。また法律顧問の中心的人物からは事前にファックスが入り、スウィートルームを予約せよということであった。鉛筆一本も倹約するような雰囲気の中で何を言うのか—、と一時スタッフは気分を害したが、実はそこが判事たちの実質的事務所となり、コンピュータが四、五台持ち込まれ昼夜を分かたず助手たちが働いており、そこで法律顧問が休んでいたこともあとでわかった。

裁判であるから、判事と検事は厳しく分れ、「法廷」中は一切話をしなかったという。したがって、最終論告をした首席検事たちも、どのような判決が出るのか非常に心配し、その結果、私たちと喜びを共にすることになった。

しかし、その判決文「認定の概要」は、印刷し傍聴者に配布しようと山のように用紙を買って翻訳ボランティアとともに夜を徹して待っていた事務局には届かず、「新聞社に漏らされては」という配慮から、判事に宣誓したボランティアによって遠方に運ばれ印刷されて、閉廷寸前に英文のものがようやく届けられたのである。

想像を超えた出費に対する心配は、多くの人たちの支援によってまかなわれた。準備不十分なまま「法廷」を迎えた事務局はカオスの状況を呈したが、スタッフ、委員、国境を越えたボランティアが、ただただ「法廷」の成功を願い、家族も時間も費用も度外視して必死で頑張ってくれたことがこの「法廷」を成功に導いたのである。

【17：20—18：00】専門家証言「日本軍の構造について」（林博史）

［専門家証人申請のための質疑応答、承認］

川口和子検事：証人にお伺いします。一九三七年から四五年の日中戦争、これに引き続くアジア太平洋戦争の時期の、日本政府そして軍の組織の構造はどのようになっていましたか。

林博史証人：戦前の日本においては、天皇が統治権を総覧する元首でした。また、統帥権は天皇がもっていたので、内閣はきわめて限定された権限しかもっていませんでした。軍は大きな政治的な力をもっていましたし、天皇個人も現実の政治過程において重要な役割を果たしました。天皇については後に山田証人が詳しく証言されると思いますので、ここでは省略します。

日中戦争が始まってから大本営政府連絡会議が一九三七年一一月に設置され、ここで重要な国家政策が決定されるようになります。さらに、重要な案件については天皇が出席する御前会議で決定されました。この二つの会議には、国務に関する権限のない参謀総長や軍令部総長が出席していました。また他方では、閣僚は一部が出席していたに過ぎませんでした。天皇と軍と主要閣僚が一緒に参加する、このような憲法にない機関によって国家の重要な意思決定がなされました。

川口検事：陸・海軍の組織と軍隊の中の指揮命令系統は、どうでしたか。

林証人：各地に派遣された軍に対する指揮権は、軍令、つまり作戦などについては参謀総長が、軍政、つまり予算など軍事に関する国務については陸軍大臣が、天皇から権限の一部を委任されて担当しました。もちろん重要な作戦命令や人事については天皇の命令によって行なわれました。

ここでは陸軍について説明します。

陸軍の組織は、平時においては師団が最大の単位ですが、戦時には師団の上に軍（通常は数字で表される）、さらに必要に応じてその上に方面軍が設けられました。たとえば太平洋戦争開戦時でみると、大本営の下に支那派遣軍、南方軍、関東軍などがありました。東南アジア占領を担当した南方軍の場合、その下に第一四軍、第一五軍、第一六軍、第二五軍の四つの軍があり、各軍はいくつかの師団などによって構成されていました。中国の場合は、支那派遣軍の下に北支那方面軍、第一一軍、第一三軍、第二三軍があり、北支那方面軍は第一軍、第一二軍などの軍によって構成されていました。したがって軍組織は、天皇を頂点に大本営→方面軍→軍→師団→（旅団）→連隊→大隊→中隊という構造になっていました。

川口検事：日中戦争やアジア太平洋戦争は、軍の組織のみによって行なわれたのですか。

林証人：軍の役割が大きかったことはいうまでもありませんが、軍だけで戦争を遂行することはできませんでした。経済・労働・地方行政・教育をはじめ、国のあらゆる機関が総動員されました。また、府県知事は内務省から任命され、県の主な幹部は内務官僚が順次任命されていました。内務省警保局が府県の警察行政全般を統制していました。したがって、軍だけでなく国と地方の行政組織が総力をあげて戦争が遂行されたことを確認しておく必要があると思います。

川口検事：日本軍が設置した慰安所は、どのような範囲に広がっていますか。

林証人：一九三一年の「満州」事変以降、日本による中国侵略が開始され、まず上海で慰安所が開設されます。さらに一九三七年より中国との全面戦争に入り、占領地を拡大すると、それとともに日本軍は中国各地に慰安所を設置していきました。一九四〇年にはインドシナに進駐し、はじめて東南アジア地域にも慰安所が設けられました。一九四一年一二月マレー半島への上陸によってアジア太平洋戦争が開始され、翌四二年五月ごろまでに侵攻作戦がほぼ完了し、占領地域は最大になります。西はビルマ、インド領アンダマン・ニコバル諸島まで、南はオーストラリアの向かいのインドネシアの島々まで、東はソロモン、マーシャル諸島など太平洋の島々まで支配下に置きました。

川口検事：スクリーンに映っているのは証拠二七番と同じです。地図を作るにあたり参照した公文書は、証拠二八番にあります。証人が認識している慰安所の範囲とこの地図は、一致していますか。

林証人：はい。慰安所マップと日本軍の占領地域を重ねると明確にわかるように、日本軍の占領地域のほぼすべてにわたって慰安所が設置されました。さらに戦争末期になって、連合軍の反撃に対し本土決戦準備のために日本国内にも兵力を配備しはじめると、沖縄をはじめ日本国内にも慰安所を設置していきました。

川口検事：広い範囲に設置されていますが、兵士が引き起こした性暴力は、どこでも同じものだったのですか。

林証人：日本軍による性暴力の表れ方には、地域による特徴が見られます。

中国を例として取り上げると、第一のタイプとして、大都市においては軍の兵站部隊などによって制度化された慰安所が設けられました。こうした慰安所には朝鮮、台湾、日本などから女性が「慰安婦」として送り込まれました。ここでは日本軍の支配がある程度安定しており、民衆の支持を獲得するために将兵による地元女性への強かんは憲兵によってある程度抑制されていました。

第二のタイプとして、八路軍などの抗日勢力が強い農村地域では、地域住民全体が日本軍によって反日的とみなされ、住民虐殺・虐待・略奪の対象にされるとともに、兵士による女性に対する強かんが放任されました。山西省での日本軍によるすさまじい性暴力は、その典型的な例です。また、これらの地域では駐屯する日本軍部隊が女性を拉致し、監禁強かんを繰り返す行為がしばしば起こりました。また、部隊が村の幹部などに強要して女性を提供させることも多く、ここでの性暴力の被害者は圧倒的に地元の中国人女性です。

実際にはこの二つのタイプが混在している場合が多くみられます。日本軍将兵たちは、治安の安定した都市部では慰安所に通いながら、他方で抗日勢力の強い地域に討伐作戦に出動した場合には、住民虐殺など一連の残虐行為とともに強かんを行ないました。したがって、慰安所における女性たちへの性暴力と、地元女性への強かんとがともに並行して存在していたのです。

川口検事：東南アジアについてはどうでしょうか。

林証人：東南アジアの各地域においても中国と同様でした。ただ地域ごとに違いがありました。フィリピンは、抗日ゲリラの力が強く、米軍の反攻によって戦場となったために、第二のタイプのケースが多かった地域です。フィリピンで名乗り出た性暴力被害者を見ると、制度化された慰安所に入れられていた例よりも、拉致されて監禁強かんされたという例が多いのは、その表れだと思います。

他方、最後まで連合軍の反攻がなく、比較的に治安が維持されていたマレー半島の場合、第二のタイプのケースもいくつか報告されていますが、軍政部によって管理された慰安所が最後まで継続しており、第一のタイプ、制度化された慰安所が多かったとみられます。

なお、軍政機関には内務省や各省から多くの官僚が派遣されてきています。軍事占領は決して軍だけの力で行なわれたのではなく、多くの官僚たちの役割も大きかったのです。そうした官僚たちも慰安所の管理に関わっていたことを指摘しておかなければなりません。

川口検事：証人の認識では、いろいろなタイプの性暴力は偶発的な犯罪とはならないわけですね。

林証人：偶発的なものとは考えません。

さまざまな方法で慰安所の「慰安婦」にさせられたケース、強かんあるいは監禁強かんされたケースなどを含めて、日本軍による性暴力は占領地全域に広がっていました。そこでは日本の植民地であった朝鮮、台湾の女性や、日本人女性、さらには東南アジア・太平洋地域の女性たちがその被害者となりました。日本軍による性暴力がこれだけの広がりと深刻さを持ったことは、一握りの心無い者たちによる犯罪としてはとうてい説明できるものではなく、明らかに日本軍ならびに日本政府の諸機関による国家ぐるみの行為であったと言えると思います。

川口検事：日本軍の慰安所が作られるときに、政府や軍がどのように関わってきたのかについて、具体的な例を挙げて説明してください。

林証人：例として一九三八年の内務省資料があります。中国の華南にいた第二一軍が「慰安婦」を集めるために参謀を東京に派遣しました。その参謀は陸軍省の課長とともに内務省警保局に出向いて女性集めを依頼しました。それを受けて警保局では、警保局長の名で府県知事に通牒を出して、県が業者を選定して女性を集めさせること、また業者に便宜を供与するように指示しています。この件については参謀本部も関わっています。

内務省から指示を受けた府県では、業者を選定し、さらに集められた女性の身元も調査して中国に送るのに必要な身分証明書を出す必要がありましたが、そうした仕事は警察が行ないました。ですから府県では、知事→警察部長→各警察署長と指示が伝えられ、警察署の警察官が動いたことは間違いありません。

つまり占領地の派遣軍、中央の陸軍省、参謀本部という陸軍の組織だけでなく、さらには内務省警保局、府県知事・警察部長・警察署というように日本政府の中央から地方機関までが「慰安婦」の徴集と送り出しを組織的に行なっていたのです。このときには台湾総督府にも同様の依頼を行なっており、そこでも台湾総督府の地方組織・警察が組織的に動いたことは間違いありません。

川口検事：スクリーンは、証拠一三番です。これは海南島に関する公文書のようですが、証人はご説明下さい。

林証人：これは海軍の慰安所のケースです。海南島における慰安所の設置は、一九三九年に占領した後、陸軍・海軍・外務省の三省の連絡会議によって計画されました。そこでは、台湾総督府を通じて、海南島への進出を図った台湾拓殖会社に慰安所設置、「慰安婦」の徴集を依頼しました。三九年四月に台湾総督府の調査課長から台湾拓殖会社の理事に対して、九〇人の「慰安婦」を海南島に供給するように依頼がなされました。台湾拓殖は会社自身が行なうのはおもしろくないと考えて、実質的な子会社の福大公司にやらせることにしました。台湾拓殖が福大公司に資金を提供し、慰安所の経営者に貸し付けるという契約が、この二つの会社の間で結ばれました。なお、この契約は台湾拓殖会社の社長・加藤恭平の名で行なわれていますが、この加藤とは三菱財閥の有力な幹部であり、広田弘毅の要請によって台湾拓殖の社長になった人物です。

台湾拓殖会社は、台湾総督府、外務・大蔵・陸海軍省などの各省の協力を得て設立された会社であり、半官半民の国策会社でした。

この事例は、慰安所設置が、陸海軍だけでなく、外務省、台湾総督府、さらには政府の支援を受けて設立された国策会社をも巻き込んで行なわれたことを示しています。

川口検事：さきほど証拠の一四番も映され、いまは一六番です。一六番を見ますと、日本人の女性の名前も特要員という立場で海南島へ送られた人のなかにたくさんみられますが、この特要員とは何ですか。

林証人：特要員とは、慰安所に関わる人物、業者と「慰安婦」を含めた言葉です。

川口検事：年齢の若い女性が多く入っていますが、この女性たちはいわゆる「慰安婦」と考えてよいのですか。

林証人：このいくつかの資料から判断しますと、若い女性たちは「慰安婦」だったと考えられます。これらのリストから名前を見る限りでは、ここでの「慰安婦」の多くは台湾にいた日本人であったと見られます。先程紹介した内務省の資料とあわせてみますと、朝鮮・中国・台湾だけでなく、少なくない日本人が「慰安婦」として中国に送り込まれたことが確認できます。

川口検事：日本軍による慰安所の設置について、証人の考えをひとことでまとめていただくと、どのようになりますか。

林証人：アジア太平洋戦争は総力戦でしたが、日本軍による慰安所の展開も、軍が全面的に関わっただけでなく、国家ぐるみの行為・犯罪であったと結論づけることができると思います。

【18：00　第一日目閉廷】

［青野恵美子・書き起こし］

Column 5

翻訳機のように

翻訳チーム／三井秀子

翻訳チームの「法廷」は、「法廷」以前からフル稼働で始まっていた。膨大な量の資料や起訴状・意見書、宣誓供述書などを日本語から「法廷」公用語である英語にしなければならなかったからだ。期日に余裕のない翻訳作業をチームで分担し、私自身も起訴状や意見書の翻訳にあたりながら、いくどもの急な差し替え、改訂、追加のたびにパニック状態だった。

実は、翻訳チームといっても、日本・世界各地のメンバーに支えられていたため、全員で「顔合わせ」をする機会もなかった。そのような状況のなかで、超人的速さ・正確さで仕事をこなした彼女たち・彼らの「法廷」に対する強い信念、多大な好意と熱意とハードワークでこの大きな試練を乗り切ることができたのはまさに奇跡的だった。また、専門分野外の歴史用語、軍隊用語、法学用語におおわれた起訴状や、専門性が高く難解な意見書を「法廷」で正式に証拠として使用できる文体の英語に訳すために、翻訳者、プルーフリーダー、それぞれの分野の専門家（歴史家、地域研究者、弁護士など）、その他調査チームのメンバーなどさらに多数の人たちがしばしば夜を徹し、電子メールなどを介して共同作業にあたった。

準備期間中、起訴状や意見書、その他の文書が次々出てくるたびにただ機械のように高速で翻訳するという仕事に対し疑問をもつこともあった。作業中、内容をかみしめる間も、言葉遣いを吟味する間も全くなかった。とはいえ大量の文書の全てが判決につながる重要書類であり、調査チームの数年間にもわたる地道な努力の結晶でもあることは伝わった。またこの「法廷」が何を、なぜ裁くのかということをきわめて具体的に表現するものである文書のひとつひとつを英語にするという一連の作業は、実はこの法廷の根底に流れる正義の思想がどんなものなのかを独特のやり方で感じとることのできる貴重な機会だったのではないかと思う。一国内にとどまらないグローバルな市民社会の一大事業であるこの「法廷」に、必然的に存在した言語の壁を越える作業をつうじて、文書だけでなく思想が往来するというプロセスに立ち会ったのだと、いまさらながら感慨を深めている。

第2章　法廷二日目（二〇〇〇年一二月九日）於・東京九段会館

【10：10—11：30】

専門家証言「天皇の責任について」（山田朗）

［専門家証人申請のための質疑応答、承認］

ウスティニア・ドルゴポル検事：山田証人、研究の中で天皇が日本政府に対して持っていた権限について、明治憲法の条項を読んだことがありますか。

山田朗証人：あります。

ドルゴポル検事：ここで明治憲法内において天皇が行政に関してどういう権限を有していたか話していただけますか。

山田証人：明治憲法では天皇主権が明示されていました。天皇は国家元首であり、統治権の総攬者として司法・行政・立法に絶大な権限を有していました。戦争に際しての宣戦布告や講和を結ぶのも天皇の権限の一つでした。ただし行政に関しては、憲法第五五条において国務大臣が天皇を補弼《ほひつ》、補佐する、そして責任を負うことになっておりますし、天皇が発布する勅令には必ず大臣がサインしなければなりませんでした。

ドルゴポル検事：明治憲法というのは一九世紀のいつ制定されたものですか。

山田証人：一八八九年です。

ドルゴポル検事：明治憲法上、天皇が軍に対して持っていた権限というのはどういったものでしたか。

山田証人：憲法第一一条は「天皇は陸海軍を統帥す」と定めています。天皇が自ら日本軍全体を統帥すること、すなわち指揮し統率することを定めています。

ドルゴポル検事：日本側の提出証拠一八番に明治憲法の条文が書かれていますね。今お話しいただいたのは、明治憲法上どういう規定になっていたかという話になっていたかと思いますが、実際には日常の中では天皇はどのような権限を持っていたのかをお話しください。軍について実際にどのような権限を持っていたのでしょうか。

山田証人：一八八二年に明治天皇によって発布された軍人勅諭がありますが、これは戦争が終わるまで日本軍の最高の精神的規範でした。この軍人勅諭は日本軍の軍人はすべてその内容を暗記することを義務づけられていました。その軍人勅諭において、軍事に対する最終的な決定権は天皇自らが握っているのであると示されています。

ドルゴポル検事：では二〇世紀の最初の頃は天皇の権限に関する理解はどういうものだったでしょうか。憲法上制定され、憲法によって制限を受けるものであると……。

山田証人：はい、憲法が制定された当時、天皇といえども無制限に権限を行使できるものではありませんでした。

ドルゴポル検事：それではこの天皇の権限に関する考え方が、変わったことはありましたか。

山田証人：はい、一九三五年です。

ドルゴポル検事：それでは、その変わった新しい天皇の権限に関する考え方についてご説明下さい。

山田証人：はい。一九三五年に政府は天皇機関説を否定する声明を出しました。憲法の根本原則は天皇自らが統治することである、とそのように決めました。

ドルゴポル検事：つまりそれは、天皇の権限は相変わらず憲法の制限を受けるものであったのか、それとも制限を越えたものであったのでしょうか。

山田証人：憲法の制限を越えたものであったと思います。

ドルゴポル検事：つまりそれは、憲法を越える力であって憲法による制限はない、天皇には及ばないということですか。

山田証人：そういうことです。

ドルゴポル検事：日本側提出証拠一九番に、今のこの問題についていくつかの書類があがっています。山田先生の研究では、このように天皇の権限には制限がない、という考え方が全国で啓蒙されていたということを、天皇は知っていたとお考えですか。

山田証人：はい、知っていたと考えます。

ドルゴポル検事：それでは天皇の権限が増したことを、広めるにあたって、日本の政府機関は関与していましたか。

山田証人：はい。

ドルゴポル検事：それでは一九三五年が立憲君主制の事実上の終焉とお考えですか。

山田証人：そのように考えています。

ドルゴポル検事：判事、証拠一九番というのは日本の文部省が配った、今の山田先生の証言に関する文書です。ご覧ください。それでは山田先生のお考えでは、終戦の頃に言われた「天皇は単なる傀儡であった」という考え方は、不正確であったとお考えですか。

山田証人：極めて不正確であったと考えます。

ドルゴポル検事：それでは一九三六年に日本でクーデターの試みがあったかどうか、そしてその結果が天皇の権限にどんな影響を及ぼしたかについて、ご説明ください。

山田証人：クーデターの試みがありました。天皇は自らそのクーデターを鎮圧することを命令し、その結果、天皇の権力は一層強まりました。

ドルゴポル検事：今言われたように一九三五年以降、天皇の権限についての事実上の変化がみられるわけですが、これはその後の戦争と関係があると思われますか。

山田証人：関連があります。

ドルゴポル検事：なぜそのように考えるのか簡単に説明してください。

山田証人：当時の国家指導層、とりわけ軍部は近い将来、アメリカ・イギリス・ソ連との戦争が起こるのではないかと考えていました。天皇への権限集中も、こうした戦時体制構築の一環であったと考えられます。

ドルゴポル検事：一九三〇年代に中国大陸で起きていたこと、特にその後南京大虐殺〔レイプ・オブ・ナンキン〕として知られるようになった事件についてご存知ですか。

山田証人：知っています。

ドルゴポル検事：それではこの時日本軍が中国で残虐行為を働いていたことを、天皇は知っていたとお考えですか。

山田証人：知っていたという証拠があります。

ドルゴポル検事：今の結論に至った論拠を示してください。

山田証人：天皇は常に外国マスコミの動向について神経をとがらせていましたし、外務省や宮中側近からは南京における日本軍の残虐行為について、何らかの非公式の報告を受けていた可能性はあると思います。

ドルゴポル検事：今おっしゃったような立場の人を二、三人挙げていただけますか。

山田証人：少なくともこの南京事件について知っていたと思われるのは、まず外務大臣の広田弘毅、それから外務省東亜局長の石射猪太郎、それから天皇の側近、侍従であった徳川義寛が知っていたという証拠があります。

ドルゴポル検事：それでは、その人たちが、これは絶対天皇には言わなかったに違いない、ということを示す証拠はなにかありますか。

山田証人：言わなかったということを示す証拠はないと思います。

ドルゴポル検事：では、当時南京でそういうことが起きたことやその他の問題について、天皇にはそれらを調査するよう命じる権限があったでしょうか。また正直に事実関係を報告すると、残虐行為をやめさせるために、いかなる対処をしているかということを天皇に答える義務がありましたか。

山田証人：天皇にそれらを調査させる権限はありましたし、軍はそれに正直に答える義務はありました。

ドルゴポル検事：もし仮に天皇がこのような調査を命じていたら、陸軍大臣、海軍大臣はいかなる残虐行為が行なわれていたかや、それをやめさせるためにいかなる手段がとられているかを正直に報告する義務があったということですね。

山田証人：はい。

ドルゴポル検事：判事、今のこの発言は今日の午後、セラーズ首席検事が尋問を予定している吉見証人と関係があることを念頭においてください。吉見証人は当時の軍の資料についての専門家で、慰安所がこうした残虐行為に対する一つの回答として設置されたということを証言する用意があります。記録に留めるためにあえてお聞きしますが、私は残虐行為という言い方をしましたが、山田先生の調査の結果、これら中国での残虐行為を知っていた日本政府・軍の高官たちの認識の中に残虐行為の一つとして強かんも含まれていましたか。

山田証人：含まれていました。

ドルゴポル検事：日本側提出証拠二二一から二二五番までが、先ほど山田先生が挙げていた人たちの回想録その他、当時の日本政府の高官の認識を示す資料です。

それでは一九四一年、戦陣訓という文書が公布されることはありましたか。

山田証人：ありました。

ドルゴポル検事：なぜ軍が戦陣訓を出したのですか。

山田証人：日中戦争における軍紀の乱れや士気の低下を少しでも改善しようとして、この文書を出しました。

ドルゴポル検事：それでは、この戦陣訓が出されるようになった背景に、陸軍省は中国で行なわれていたことが念頭にあった、その中には強かんが含まれていたという理解でいいですか。

山田証人：はい、その通りです。

ドルゴポル検事：天皇は戦陣訓が用意されていることや、なぜ戦陣訓が用意されなければならなかったかについて理解していたでしょうか。

山田証人：よく理解していたと思います。

ドルゴポル検事：ではこの戦陣訓の原稿を天皇に見せた大臣はいましたか。

山田証人：はい。東条英機陸軍大臣です。

ドルゴポル検事：それはのちに日本の首相になった東条英機と同一人物ですか。

山田証人：はい、同一人物です。

ドルゴポル検事：この戦陣訓は軍人に対して配られたものでしたか。

山田証人：はい。全将兵に配られました。

ドルゴポル検事：これは天皇による何らかの許可がありましたか。

山田証人：はい、陸軍大臣が宮中に参内して天皇に説明した後、天皇がそれを許可しました。

ドルゴポル検事：実際に配付されたこの戦陣訓の中の規定

に、強かんあるいは女性に対する性的な暴行をやめよと言う文言はありましたか。
山田証人：直接的な言葉はありません。
ドルゴポル検事：つまりそれは当時、強かんその他、中国で起きている残虐行為について天皇・陸軍大臣その他の大臣は非常によく知っていたにもかかわらず、その結果として出されたこの戦陣訓には強かんをしてはならないという文言はなかったということですね。
山田証人：そういうことです。
ドルゴポル検事：戦争中に陸軍刑法が改正されることはありましたか。
山田証人：ありました。一九四二年です。
ドルゴポル検事：この刑法改正と女性法廷が関連するところを話してください。
山田証人：陸軍刑法に新たに強かんの罪が設けられました。
ドルゴポル検事：それでは天皇はこの改正が陸軍刑法に加えられたことについて、知っていましたか。
山田証人：よく知っていました。
ドルゴポル検事：当時の日本軍のこうした行為に天皇が何らかの懸念を示していたことについてはご存知ですか。
山田証人：はい、知っています。
ドルゴポル検事：それについて天皇は何と言い、それをどう理解していますか。
山田証人：天皇はしばしば側近の者に、今の日本軍は日露戦争の時の日本軍と違うと嘆いていました。日露戦争の時の日本軍というのは国際法を守り、捕虜をていねいに扱ったという風に当時は思われていたからです。
ドルゴポル検事：つまりそれは一九三〇年代の日本軍の行動と日露戦争の日本軍の行動には違いがあるということを天皇が認識していたということですね。
山田証人：そうです。
ドルゴポル検事：では日本軍の性奴隷制の問題に戻りますが、山田先生の研究では皇族の中にそれらの問題、または中国での強かんなどを含む残虐行為を知っていたことを示す証拠はありますか。
山田証人：あります。
ドルゴポル検事：先生の研究の成果をお話しください。
山田証人：天皇の弟で、海軍の軍人だった高松宮は日記の中で慰安所についてふれています。
それから天皇の弟であった陸軍の軍人・三笠宮は回想の中で、日本軍の残虐行為に大変驚いて、昭和天皇にそのことを語ったと言っています。
ドルゴポル検事：弟の一人は少なくとも自分が知った残虐行為について直接昭和天皇に伝えたという話であるわけですが、もう一人の弟が自分の知った日本軍の性奴隷制のことを絶対に天皇には伝えないようにしたという証拠はありますか。
山田証人：そういう証拠はありません。
ドルゴポル検事：日本側提出証拠の中に今の二人の弟の引用が出ています。日本政府の高官で天皇に近い立場にあった人たちの中に、軍性奴隷制の問題を知っていた人はありましたか。
山田証人：知っている人はたくさんいました。
ドルゴポル検事：どういう立場の人が知っていたのか、二、三例あげてください。
山田証人：まず陸軍大臣や海軍大臣。それから参謀総長、軍令部総長といった最高幹部が知っていました。
ドルゴポル検事：今言った人たちはどのように参謀総長とかといった地位につくようになるのか、それを説明して下さい。
山田証人：基本的には天皇の信任を得ているからです。
ドルゴポル検事：つまりこういう軍の性奴隷制について認識を持っていたこういう人たちは、天皇によってそれぞれ個人が信任を受けていたということですね。
山田証人：そうです。
ドルゴポル検事：この人たちは、天皇に〔単独で〕内密の話をする立場にあったというわけですね。
山田証人：はい。
ドルゴポル検事：終戦にあたって日本の軍事関係の資料になにが起きたかご存知ですか。
山田証人：軍関係の重要な文書は、命令によってほとんど焼却されました。
ドルゴポル検事：つまり戦争に関係する書類は破棄せよ、という具体的な司令が出されたことが、先生の研究の中で、明らかに発見されているわけですね。
山田証人：はい。
ドルゴポル検事：日本軍の高官は終戦にあたって、連合軍が戦争犯罪で裁判にかけるのではないかという恐れを持っていましたか。
山田証人：はい。多くの人が心配していました。
ドルゴポル検事：そのために何らかの手段を講じていましたか。
山田証人：はい。まず政府、幣原内閣は、天皇は戦争について責任はない、具体的な情報を知らなかったという声明を出しました。天皇の側近たちもGHQの高官たちと相談をして、天皇は戦争について具体的に知らなかったというシナリオを作りました。
ドルゴポル検事：つまり先生のお考えでは、幣原内閣が出した声明は天皇の罪を隠すための計画の一部として行なわれたということでいいですか。
山田証人：そういうことでいいと思います。
ドルゴポル検事：判事から証人に対する質問はおありでし

ょうか。

マクドナルド判事：質問は二点あります。確認のための質問です。南京大虐殺〔レイプ・オブ・ナンキン〕が起きたのは何年ですか。

山田証人：一九三七年です。

マクドナルド判事：南京大虐殺については、当時日本国内で知られていましたか。新聞に報道がある、あるいは人々がそういう話をしているということはありましたか。

山田証人：一般の人々は知りませんでした。新聞にも報道されていません。

ドルゴポル検事：しかし軍の高官や政府の高官は、当然知っていたと……。

山田証人：そういうことです。

マクドナルド判事：一九三七年に、天皇と軍の高官や政府の高官が会議を持つということはありましたか。

山田証人：それはしばしばありました。

マクドナルド判事：南京大虐殺以前にも慰安所はあったかも知れないが、本格的に慰安所が設置されるようになったのはそれ以降である、という理解でいいですか。

ドルゴポル検事：吉見証人が証言するのが、そういうことです。もちろんそれ以外の理由もあったが、日本軍の強かんについてそういう懸念があったから、慰安所が大規模に設置されていったことについての証言があるはずです。今の山田証言は、日本軍の行為について、それによって日本軍の評判が下がることに心配があり、それが天皇に報告されていたにちがいなく、天皇も懸念を持っていたということを言っています。

マクドナルド判事：つまりもし南京大虐殺を知っていたなら、軍が慰安所の設置をそれに対する対応策の一つとして行なおうとしているなら、天皇もそのことについて知っていたはずだということを、検事は立証しようとしているわけですか。

ドルゴポル検事：弟の一人が知っていたということから当然出てくるであろうような結論を、判事の皆さんが出してくださることを望んでいるわけではありますが、それだけではなく、もうひとつは、天皇がそれだけの権限を持つ最高司令官であったならば、そして当時の残虐行為の状況についてそれだけの情報を得ていたならば、少なくとも調査する義務があったということです。調査をしていれば、強かんをやめさせるためにどのような対応策をとっているかについて、相当量の情報が得られていたはずであり、それは少なくとも調査する義務があり、彼の権限と調査によって残虐行為をやめさせる責任があったという理論構成もとっています。知っていた、あるいは知るべきであったという理論です。

チンキン判事：日本とは違って南京大虐殺は、海外では広く報道されていたということですか。天皇は海外の報道について懸念を持っていたということですが、彼が海外の報道に触れる機会はあったのでしょうか。

山田証人：はい。直接天皇が新聞を読んでいたということではありませんが、側近を通じて外国でどういう報道がされていたかということはよく聞いていました。

チンキン判事：その残虐報道に関する天皇の懸念というものは、日本軍の海外での評判であって、いかに残虐行為がひどいかということよりも、そちらの評判の方が気になっていたという理解でよいのでしょうか。

山田証人：はい。

ドルゴポル検事：今おっしゃった点について、追加の質問をしていいですか。補足になると思います。

マクドナルド判事：非常に大事な問題なので、どうぞ。

ドルゴポル検事：海外でいかなる報道がなされているかというのを、天皇が定期的に知るような機会はありましたか。

山田証人：外務大臣からの報告、それから海外の報道については外務省から特別にレポートがありました。

ドルゴポル検事：つまり外務省は海外の報道の内容を天皇に報告する義務あったと言うことですか。

山田証人：そうです。

ドルゴポル検事：大本営と軍の報告がどのような形で天皇に届けられたか、簡単にご説明下さい。

山田証人：戦争中、大本営からは陸軍と海軍それぞれから毎日、戦況の報告が天皇に文書でされていました。その中味は非常に詳細なもので、戦果については誇大報告でしたけれども、日本軍の損害についてはかなり正しい報告がされていました。

マクドナルド判事：一九四一年の戦陣訓について、それは中国での残虐行為に対する懸念から生じたものであったにもかかわらず、具体的には強かんという文言は含まれなかったということだったですが、仮に慰安所制度というものが一般住民への強かんへの対策として生じてきたのであるとするならば、いまここで検事が立証しようとしているのはどういうことですか。

ドルゴポル検事：日本側が提出した証拠三四番に別の専門家である笠原教授の宣誓供述書があります。日本側ではこの宣誓供述書よりも詳しいものを提出する用意がありますが、この笠原教授の宣誓供述書では軍紀の乱れによって残虐行為が多く発生していたことと、その知識が軍にありそれが懸念されていたこと、しかし対策については当局側がいかに真剣さを欠いていたかということに関する情報が含まれています。ですから今お気づきになったように、そしてそれに加えて笠原証言に含まれているのは、文書で配られる規範と、実際に兵士たちがどのように行動するか、ということに関しては、かなり大きな開きがあったという情報も出ています。そちらも見ていただきたいと思います。

　また明日、日本軍の元兵士二人が証人として証言をする予定ですが、軍紀の問題については彼らも判事の質問に答えることができます。

マクドナルド判事：最後の質問です。一九三六年のクーデターでそれを潰したことが、天皇の強さの証明であったといわれましたが、もしクーデターを潰すことができたならば、それによって彼の力が増大したと見る方がよいのではないですか。

ドルゴポル検事：私自身は、証人がそのつもりで証言したと理解していますが、確認のためにもう一度聞いてみましょう。

山田証人：その通りです。

［池田恵理子・書き起こし］

【11：35—13：20】

中　国

周　洪　鈞《ジョウ・ホンチユン》検事

尊敬する判事の皆様、またご列席の皆様、私は周洪鈞と申します。中国検事団の一員です。私たち中国検事団はただ今から、中国語で訴状を朗読し、次に本法廷にその証拠を提出させていただきます。

尊敬する判事の皆様、一九三一年から一九四五年という長期にわたり、中国大陸では、日本軍国主義による侵略を受け、非常に多数の、日本軍性奴隷制度の被害者がうまれました。今日はその被害者の中から、三名が、この荘厳な法廷に出席しております。その三名をご紹介します。万愛花《ワン・アイホワ》さんは一九二九年〔新暦で三〇年一月〕、内蒙古生まれ、一九四四年〔正しくは四二、三年〕、日本軍の山西《シャンシー》省盂《ユイシエン》県の拠点に三度連行され、強制的に性奴隷とされました。現在、山西省太原《タイユワン》市在住です。袁竹林《ユワン・チユウリン》さんは一九二二年、湖北《フーベイ》省武漢《ウーハン》市生まれ、一九四〇年、騙されて湖北省鄂州《オーチョウ》の日本軍の慰安所に連れて行かれ、一九四五年八月に日本軍が投降するまで、そこにいました。現在は湖北省武漢市在住です。楊明貞《ヤン・ミンチエン》さんは一九三一年、江蘇《チアンスー》省南京《ナンチン》市生まれ一九三七年一二月一五日、日本軍の兵士から暴行を受けました。現在、江蘇省南京市在住です。

私たちが告訴する被告は合わせて六名です。被告は二つに分けられます。第一の被告は、日本政府、第二の被告は、五名〔昭和天皇を入れて六名〕の個人の被告です。

一人目の被告昭和天皇は、日本の最高政策決定者としてアジア各地域で広範に、また長期にわたり、性奴隷制度を施行させ、万愛花、袁竹林、楊明貞のほか、非常に多数の中国大陸の女性に被害を与えたことは、逃れようのない罪責を負うものです。

二人目は松井石根《いわね》、元上海派遣軍司令官、中支那方面軍司令官であり、東京裁判のA級戦犯です。被告は上海、南京各地を侵略中、「慰安婦」制度を施行し、袁竹林、楊明貞を含む何千何万人もの中国大陸の女性を日本軍性暴力の対象者とし、甚大な被害を与えました。

三人目は岡村寧次、元上海派遣軍参謀副長、第一一軍司令官、支那派遣軍総司令官です。被告は一九三二年上海派遣軍参謀副長就任中、「慰安婦」制度を推し進め、中国侵略の勢いにのって、地域をさらに拡大してこの制度を普及させました。武漢を占領中、その所属部隊を使い、強制、欺瞞等の手段を用い、袁竹林さんら多数の大陸の女性を暴力をもって無理やりに「慰安婦」としました。

四人目は朝香宮鳩彦親王、元上海派遣軍司令官です。被告は上海等で軍が多数の慰安所を設立するのを放任しました。その所属部隊は強制、欺瞞等の手段で袁竹林さん等、多くの中国大陸の女性を暴力を用いて無理やりに「慰安婦」としました。

五人目は谷寿夫、元中支那方面軍、第一六師団長です。被告は日本軍兵士が南京で中国の女性に対し、大規模な性暴力犯罪を犯すのを放任し、楊明貞さんら何千何万もの大陸の女性を日本軍の性暴力の被害者とし甚大な被害を与えました。

六人目は中島今朝吾、元中支那方面軍第一六師団長です。被告は日本軍兵士が南京で中国の女性に対し、大規模な性暴力犯罪を犯すのを放任し、楊明貞さんら、何千何万もの中国大陸の女性を日本軍の性暴力の被害者とし、甚大な被害を与えました。私たちの訴状、私たちの要求は四件あります。

第一、法廷が、これらの被告がすでに戦争犯罪、及び人道に対する罪を犯していることを認定するよう求めます。第二、日本政府に対し、公の正式の謝罪を求めます。第三、日本政府に対して、すでに亡くなった被害者と生存者に対して、一人あたり二〇〇〇万円の賠償金を求めます。第四、日本政府に対し、中国を含むアジア各地の日本軍の性奴隷制度の被害者への慰霊碑を建立するよう求めます。

次に、被告人に対する起訴について、主要な事実による根拠を簡潔に陳述します。

一九九三年以来、中国大陸各地においては、日本軍の性奴隷制度の被害者に対して広範にわたる調査を行ないました。また、生存者を探し出しました。万愛花、袁竹林、楊明貞の各人は、二〇万人の中国大陸の被害者〔訳注1〕、また、無数の日本による性的な侵害に遭った人々の中の三名なのです。

［証拠ビデオ上映］

一九四三年、日本軍は山西省盂県に駐留しました〔訳注2〕。当時、進圭社〔社は村の意味。以下進圭村と表記〕抗日救国組織の主任であった万愛花さんは、一九四三年六月、八月、九月の三度にわたり、日本軍に捕らえられ〔訳注3〕、日本軍が拠点としていた〔村の〕ヤオトン〔窰洞。山や丘の斜面につくられる横穴式の住居・倉庫等〕へ連行、監禁され、日本軍から野蛮な、相次ぐ強かんを受けました。

日本軍は中国大陸の二十余りの省の占領地区で、さまざまな手段を用いて慰安所を設立しました。一九四一年八月〔訳注4〕、袁竹林さんは旅館で働くという名目で日本軍の湖北省鄂州に設けられた慰安所に騙されて連れて行かれ、「慰安婦」となることを強いられました。一九四二年春に袁さんは脱出を試みましたが、不幸にも見つかり、連れ戻されました。日本軍が、特殊な液状の薬品を彼女の陰部に注いだため〔訳注5〕彼女は出産ができない体になりました。一九四五年八月、日本が投降するまで〔訳注6〕袁さんは五年もの長きにわたる「慰安婦」としての悲惨な生活を強いられました。

一九三七年一二月一三日、日本軍が南京に集結したその日、五人から六人の日本兵が銃を持って、楊明貞さんの家へ闖入しました。その中の一人の兵士は足を踏み入れるとすぐに楊さんに抱きつき、衣服、ズボンを脱がせようとしました。楊さんは驚いて泣き叫んだため、日本軍の兵士はすぐさま彼女の額を二度、切りつけました。楊さんの額には今も、傷跡が残っています。楊さんの父親は、日本軍の兵士の手から娘を助けようとしたところ、日本兵に蹴り倒され、首を三度切りつけられ、まもなく死亡しました。一二月一五日つまり日本軍が南京を占領した三日目の午後、銃剣を持った二人の日本兵が再び楊さんの家に闖入し、そのうちの一人は楊さんの母親を強かん、残りの一人がわずか七歳の子どもであった楊さんを残酷にも強かんしたのです。

周知の通り、一九三一年から一九四五年にかけて、一五年にもわたった中国人民の抗日戦争は、日本の侵略を受けたアジア各国および地域の中で、日本の侵略に最も長期にわたって抵抗した反侵略戦争です。そして、中国大陸で日本の侵略軍の被害を蒙った被害者の人数、この中には日本の性奴隷制度の被害者数を含みますが、これも、最も多いのです。例を挙げると、日本軍が最初に設立した慰安所は、一九三二年、中国大陸上海市の虹口《ホンコウ》地区〔訳注7〕に設けられています。中国大陸の日本軍性奴隷制度の被害者は、三つの種類に分けられます。

第一は、抗日活動を行なっていた人々、各種の抗日組織、抗日軍隊に属していて、日本軍に捕らえられ、辱められた女性で、万愛花さんがその一例です。第二は、中国大陸全土に遍《あまね》く設けられたいわゆる慰安所で、袁竹林さんのように、「慰安婦」になることを強制された女性、第三は、日本軍が占領した地域で大量に、集団で、また個別に行なった強かん行為による被害者で、楊明貞さんがその一例です。

日本軍の性奴隷制度は、関係する国際条約や公認されている国際公法の原則に完全に違反しています。日本が侵略戦争を行なった間、中国大陸の女性は強制的に日本軍の将校や兵士の性奴隷とされ、彼らにより昼夜を問わず、悲惨な目に遭わされました。このような痛ましい事実は、日本政府および日本軍の犯罪行為が粗暴な形での戦争犯罪、人道に対する罪を犯すものであることを明らかに示しています。日本政府の歴史上の責任は明確です。今こそ、法的手段によって、正義を唱え、日本政府の法的責任を確定するときなのです。

苦痛をうかべて証言する万 愛花さん

次に、三名の検事に、三名の被害者証人に対する証人尋問を行なってもらいます。〔拍手〕

康《カン》 健《チエン》検事：ありがとうございます。中国検事団の康健と申します。それでは私たちの証人、万愛花さんに対し、被害事実についての証人質問を行ないます。質問を始める前に、万さんに伺います。あなたは、本日の法廷での陳述がすべて真実であることを保証しますか。

万愛花証人：良心に誓って、保証します。

康検事：ありがとうございます。では、ただ今から質問を始めさせていただきます。判事に、もう一度、あなたのお名前をおっしゃって下さい。

万証人：万愛花と申します。

康検事：何年のお生まれですか。

万証人：一九二九年です。

康検事：では、一九四三年春、つまりあなたが一四歳のとき、あなたは日本軍に連行され、性奴隷にされましたか。

万証人：私が恨みつづけてきたことをお話します。一言、ひとこと、話していきます。私が胸にこらえ続けてきたのは……〔泣く〕

康検事：一四歳のとき、日本軍に連行され、性奴隷にされたのかどうか、言ってください。

万証人：されました。

康検事：日本軍に連行され、性奴隷にされた、その日の状況について、判事に説明してください。

万証人：ヤオトンの中に監禁されました。そこには奥の部屋と外側の部屋とあり、七、八人〔の日本兵〕が入って来て、私に服を脱ぐよう言いましたが、私が脱がないので、私の着ていた服のボタンを全部引きちぎって……私は驚き、脅えました。〔彼らは〕大きな声を出すと、殺すぞ、と……

康検事：日本軍に捕らえられた場所の地名をうかがいます。

万証人：進圭村です。

康検事：それは山西省内ですか。

万証人：山西省の進圭村です。

康検事：では、具体的には、どのような建物でしたか。

万証人：ヤオトンです。奥と外に部屋のあるヤオトンです。

康検事：このヤオトンは、日本軍兵士が占領していたものですか。
万証人：そうです。
康検事：その日、何人の日本兵の暴行に遭いましたか。
万証人：入って来たのは五、六人でした。
康検事：五、六人が入って来て、同時に……。
万証人：まだ他に、外に何人いたのか、わかりません。私は気を失ってしまっていたので。
康検事：そこに、どのくらいの間、監禁されましたか。
万証人：覚えていませんがさほど長くはありませんでした。まもなく逃げ出しましたので。
康検事：監禁されていたどのときも、毎日、日本兵の暴行に遭いましたか。
万証人：毎日でした。
康検事：そのとき、どのような気持ちでいましたか。
万証人：私の気持ち……
康検事：日本兵の暴行に遭っていた当時、あなたはどう感じていましたか。
万証人：私は彼〔日本兵〕に従ったわけではない、恐かったのです。
康検事：日本兵の暴行に遭う以前、あなたは性生活の経験がありましたか。
万証人：……。
康検事：無かったのですね。あなたはどのくらいの期間、監禁された後、逃げたのですか。
万証人：日数ははっきりと覚えていません。ほどなく、逃げ出しました。
康検事：今、映っているのが、あなたが当時、監禁されていた、ヤオトンの内部ですか。
万証人：そうです。
康検事：あなたは〔ヤオトンから〕逃げ出して、村に帰った後、また日本兵に連行されましたか。またそれは村に帰ってからどのくらい経ってからですか。
万証人：つかまったのは、秋でした。
康検事：〔先に拉致されたのと〕同じ年のことですか。
万証人：そうです。
康検事：連行されたのはやはり進圭村ですか。同じヤオトンですか。
万証人：やはり、進圭村の、同じヤオトンです。
康検事：このヤオトンを、はっきりと覚えていますか。
万証人：はい、あの窓は、私が壊したのです。
康検事：あの窓は、かつてあなたが壊して逃げ出した窓なのですね。
万証人：そうです。
康検事：では、二度目に拘禁された期間は、またそのときどのようなことが起きましたか。
万証人：私の耳、頭、手、腕を〔……〕障害が残ってしま

い、〔……〕

康検事：やはり、毎日日本兵がやって来て、あなたに暴行しましたか。

万証人：しました。しました。

康検事：二度目に拘禁されたのはどれくらいの期間ですか。こうした日々がどのくらい続きましたか。

万証人：はっきりと覚えていませんが、二度目は、水汲み場で洗濯をしているとき〔……〕

康検事：二〇日余りですか。

万証人：半月ばかり、二〇日前後です。

康検事：これはあなたが監禁されていたヤオトンの辺りを映したものです。ここだとわかりますか。

万証人：まさにこのヤオトンです。

康検事：先ほどお話しされた通り、二度目に監禁されて、夜そこから逃げ出した後、どのくらいの期間があって、また日本兵に捕らえられたのですか。

万証人：二度目は二〇日くらい、一度目は覚えていません。

康検事：住んでいた村に逃げ帰った後、どのくらいしてまた日本兵に連行されたのですか。

万証人：あそこの日本兵はしょっちゅう行って〔訳注8〕いました〔……〕

康検事：何人の日本兵が、あなたを連行したのですか。

万証人：わかりません。村中、日本兵でいっぱいで、皆、逃げていなくなっていて〔……〕

康検事：家の中は日本兵でいっぱいだったのですね。

万証人：西煙、進圭村の〔日本兵〕が、二手に分れて村を包囲していました。

康検事：西煙、進圭の二つの拠点に駐留していた日本兵全員が、あなたの住んでいた村にやって来ていた、ということですね。

万証人：そうです、〔……〕

康検事：あなたが三度目に連行されたとき、どのようなことが起きましたか。話してください。

万証人：私を〔……〕してひどい目に遭わせました。暴行はするわ、殴るわ〔……〕私はひどいさまになりました。頭のてっぺんからつま先まで、ずたずたにされました。

康検事：彼らはどのようにあなたを殴ったのですか。

万証人：銃床で殴り、足で蹴り、太い棒で押え付け、腰掛けに座らせ〔……〕死にそうになったところで、川に投げ捨てられました。村の老人が助けてくれたのです。

康検事：彼らは、銃床であなたを殴ったということですね。あなたが抵抗すると、銃床であなたを殴った、そして吊り下げた……。

万証人：〔……〕

康検事：そのとき、あなたは服を着た状態で吊り下げられたのですか、それとも脱いだ状態で。

万証人：暴行したあと、引きずり出して〔……〕

康検事：その後、あなたが抵抗した後、あなたを庭に引っ張り出し……。

万証人：抵抗すると、怒って、吊り下げて〔……〕

康検事：そのとき、あなたは服を着ていましたか。

万証人：着ていませんでした。

康検事：そのとき、季節は冬でしたか、夏でしたか。

万証人：冬で、まもなく春節を迎えるころでした。

康検事：一月だったんですね。

万証人：恐らく、一月だったと思います。

康検事：〔中国の〕北部の冬は寒いですか。

万証人：寒いです。すべて凍ってしまうところもあります。

康検事：では、冬なのに、あなたの服をすべて脱がせ、庭にあなたを吊り下げたのですね。彼らはその後、あなたに対し、どう振るまいましたか。

万証人：わかりません。

康検事：庭にあなたを吊り下げていたとき、あなたを殴りましたか。

万証人：殴りました。何もわからなくなるまで殴られました。私を助ける人はいませんでした。私は四歳のときに両親をなくし、一人ぼっちだったのです。〔……〕

康検事：現在、体調はいかがですか。

万証人：手足から頭まで、大丈夫なところはありません。あの頃は一メートル六五センチだったのに、今は、〔……〕この恨みを訴えて〔……〕

康検事：現在、あなたは日本政府、天皇に何を要求しますか。

万証人：私は、ここで〔……〕の犯した、あまりに大きい、その罪、殺し、略奪し、焼き、奪い〔……〕日本政府が私の青春を賠償し〔……〕する責任を負い〔……〕親切な人が私を太原まで救い出してくれましたが、どこに行っても私は一人で〔……〕

康検事：万さん、ありがとうございました。ここで、あなたへの質問を終わります。判事に申し上げたいことがあります。万愛花さんはかつて山西省盂県進圭村のヤオトンの慰安所〔訳注9〕に監禁されたのです。今日、出席するはずの被害者証人は他に二名おります。彼女らは、体調が悪く、つまり一昨日、東京地方裁判所に出廷して証言したばかりであり、そのため、身体的にも精神的にもかなりの痛手を負っており、本日の裁判で証言することが不可能となりました。この二名は山西省盂県の李秀梅《リー・シウメイ》……

〔万愛花さんは何かを訴えようとして立ち上がり、そのあと壇上で倒れる〕

書記官

休廷します。

今、中国人の医師が彼女を診ています。またもう一人、日本人の医師もおります。治療をしています。……万さんは少し回復しました。救急車で病院へ運びます。皆さん、どうぞあまり心配しないでください。大丈夫です。

【約二〇分後再開】

書記官

　中国側の証人尋問を再開します。万さんは、すでに病院へ運ばれました。万さんの状態については、新しい情報が入り次第、お伝えします。では、中国検事団に証人尋問を続けてもらいます。皆さん、ご協力ください。

マクドナルド判事：質問があります。先ほどの証人は、引き続いてこの法廷に参加できなくなりましたが、彼女に関する証人尋問はこれで終了となるのですか。

康検事：ここで終了とします。この法廷での証言は不可能となったため、以後、書面をもって彼女の証言を提出いたします。

マクドナルド判事：その方法を許可します。法廷を再開する前に、申しあげたいことがあります。被害者の女性本人がここで自ら証言するのは大変、困難なことです。しかし、私たち判事がこうした事実を理解するためには、本人から、彼女たちの身の上に一体どういうことが起こったのかを直接聞かなければなりません。同時に私たちは、彼女たちが、ここで証言することがどれほど大変なことなのかを、理解しなければなりません。そこで、私はお願いしたいのです。できるだけ、彼女たちの苦しい感情を刺激しないようにしていただきたい。もちろん、これは難しいことですが、どうか、できるだけ、証人たちの体に異常が現れないよう、精神的にも肉体的にも症状が出ないよう、注意してください。最後に、皆さんに、被害女性の精神的な苦痛をご理解くださいますよう、お願いします。また、証言をしていて、何か飲みたくなったり、休憩が必要なときは、直ちに申し出てください。必ず、すぐに許可します。私たちは、こうした証言が、本人にとって、いかに苦しいものか、理解しています。彼女たちの感情を、大切にしたいと思います。では、再開してください。

康検事：判事に感謝します。では証人尋問を続けます。

　今日、他にも二人、かつて万愛花さんと共に、山西省盂県進圭村の日本軍拠点の慰安所に監禁されていた被害者の証人がいます。しかし、この二名は、一昨日、東京地方裁判所の法廷で証言陳述をしており、現在、体調を崩しております。そのため、本日の法廷に足を運び、判事の皆さんの前で証言することができません。李秀梅、郭喜翠《クオ・シーツイ》の両名です。この二名は、一五歳のとき、日本軍に捕らえられ、進圭村の日本軍拠点〔訳注10〕に連行され、性奴隷とされました。彼女たちの証言も、書面をもって法廷に提出いたします。被害者女性の体は、日本軍によって痛めつけられており、多くの被害者の健康状態は極度に衰弱しています。現在、山西省盂県では、すでに、書面での証言を提出することに同意している生存者が二二名おります。彼女たちの体は非常に衰弱しており、本日の法廷にどうしても出席できませんでした。彼女たちの受けた被害や事実の陳述も、書面による証言として法廷に提出します。〔証人の氏名は〕陳林桃《チエン・リンタオ》、周喜香《チョウ・シーシアン》、劉面煥《リユウ・ミエンホワン》、張先兎《チャン・シエントウー》、侯巧蓮《ホウ・チアオリエン》、趙潤梅《チャオ・ルンメイ》、尹玉林《イン・ユイリン》等、合わせて二二名です。

ありがとうございました。これで私の陳述を終わります。

マクドナルド判事：ありがとうございました。法廷の出席者全員に、中国側の状況を説明してくださいました。また、書面をもって「慰安婦」、被害女性の状況を法廷に提出してくださることにも感謝します。

陳麗菲《チエン・リーフエイ》検事：私は、中国検事団の一員で、陳麗菲と申します。尊敬する判事の皆さん、中国大陸の被害者として、二人目の袁竹林さんに尋問を行なうことを許可願います。

書記官：袁竹林さん、あなたがここで述べることはすべて真実だと誓いますか。

袁竹林証人：はい。

陳検事：袁さん、判事の皆さんに向かってあなたの氏名、年齢、生年と生まれた月を言ってください。

袁証人：姓は袁、名は竹林です。今年で七八歳〔数え年〕です。一九二二年六月一二日生まれです。

陳検事：わかりました。あなたは、どこで、いつ、どのように騙されて日本軍の性奴隷にされたのですか。

袁証人：私は武漢市〔……〕二五号に住んでいます。一九四〇年七月、張秀英と名乗る、私の知らない人が向かいの家から出てきて、私に仕事に行かないかと誘いました。私の家は貧しく、子どもは六カ月になったばかりでした。彼女は、こんなかわいい子がこんなに痩せてしまっているのに、どうして仕事に行かないのか、と言いました。私は、仕事に行っても、一家五人を食べさせられないと答えました。彼女は〔……〕一カ月六元になると言いました。何をするのか尋ねると、旅館の従業員で、床を敷いたり、寝具を洗ったりするのだと答えました。その時は彼女を信用せず、承諾しませんでした。彼女は、信じられないのならうちに来てみなさい、全部で七人いて、皆、中国人だから、騙してなんかいない、と、言いました。私の家は貧しく、一カ月六元もらえるなら、一家五人の生活が支えられると思い、彼女について行くことにしました〔泣く〕。その日は船に乗って行きました。四

証人席の袁 竹林さんと楊 明貞さん

時くらいでした［……］。西門からは日本軍区でしたが、私はそこが日本軍区とは知らず、見に行った時、彼女が私を中に入らせたので、中を見ると廟があったので、ここは旅館じゃない、廟でしょう、と言いました。そして、入ろうとしませんでした。日本兵が銃を担いでいるのが見え、その銃の先には銃剣が付いていました。それで絶対に入っていくまいと思い、私は泣き出しました。私を連れて来たその女性に、私は入りません、七カ月の子がいるんです、と言って泣きました。見張りの日本兵と慰安所の経営者が出てきて、どうしても私を中へ入れようとしました。私は、死んでも入りたくありませんでした。その女性は、死んでしまったら子どもはどうする、と言い、また日本兵は銃で脅しながら「バカヤロウ」「殺してやるぞ」とどなり、［……］私は、泣くしかありませんでした［……］どうしようもなくて［泣く］

陳検事：聞いてもいいですか。その経営者はどの国の人でしたか。

袁証人：日本人です。

陳検事：日本人ですね。その慰安所は、軍隊が運営していたのですか。

袁証人：日本軍区の廟の中にあったということしかわかりません。

陳検事：慰安所の経営者はあなたにどんなものを食べさせ、どんなものを着せましたか。

袁証人：自分で持って行った二着の古い服を、きれいに洗って。食べていたのは、浅漬けのセロリです。

陳検事：妊娠を避けるために何か措置がなされていましたか。

袁証人：コンドームを使っていました。

陳検事：コンドームを使っていたのですね。日本軍はあなたに性的虐待を行ないましたか。

袁証人：初めに行ったとき、彼が私の名を書きました。二枚の木の板に、私につけた日本の名、「まさこ」と書き、一枚は私のドアに掛け、もう一枚は、外に掛けました。日本兵は私の切符を買うと、その板を手に持って、私のところに来るのです。

陳検事：毎日、だいたい何人の日本軍の暴行に遭っていましたか。

袁証人：一日目からもう始まりました。八、九人が外に並んでいました。〔その中に〕西山といういい人がいました。彼は私の切符を買ったのですが、私が中で泣いているのを見て、子どもはいるのかと尋ねました。いると答えると、夫はいるのか尋ねるので、いると答えました。私が泣いているのを見て無理やりに連れて来られたと知り、彼も心を痛めて涙を流しました。彼は、一時間分の切符を買って、何もしませんでした。「泣かないで、自分はもう昇級もしない、軍隊もやめて、迎えに来るから」と言ってくれました。とても親切な日本兵でした。彼は何もせずに、〔部屋を〕去りました。その後、外にはまだ八、九人の日本兵が並んでいました。品のない、悪辣なある日本兵は、一時間分の切符を買い、〔その間に〕四度もコンドームを取り替えました〔……〕の中が腫れあがり、座ることもできず、眠れもせず〔泣く〕

陳検事：座ることもできず、寝ることもできず……。

袁証人：〔泣く〕外にはまだ大勢並んで待っていました。日本人の経営者が、私に小さい瓶に入った薬を渡しました。何の薬かわかりませんでした。体を痛めて、そのようなことができなくなったので、彼は私に、その薬をコンドームに塗るよう言いました。そうすると炎症を鎮め、いくらか滑らかになり、痛みが防げるというのです。経営者の女主人、つまりこれが張秀英で、日本の慰安所経営者の妻となっていたのですが、彼女がそう言いました。私は彼女に言いました。「私たちは皆、中国人なのに、どうして私を騙して連れて来たのか。掃除をし、寝具を洗う、下働きだと言ったのに、どうして騙したのか」。彼女は、もう来てしまったのだから帰れないのだと言いました。私はどうしようもなく、こうしてやっていくしかありませんでした。

陳検事：そのような慰安所での生活はどのくらい続きましたか。

袁証人：合わせて一五カ月です。

陳検事：一五カ月ですね。

袁証人：慰安所には、一九四〇年七月に行ったのです。四一年の四月、青葉の頃にそこから逃げ出しましたから、九カ月です。ある日本人がどうしてもコンドームを使おうとしなかったので、私は二カ月、生理がきませんでした。そこで、逃げ出したのですが、道を知らなくて、日本の経営者が夜捜しているときに見つかり、連れ戻されました。彼は私の髪をつかんで壁に頭をぶちつけたので、その後、長いこと眠れなくなりました。睡眠薬を飲まなければ、眠れなくなりました。

陳検事：ここまでが九カ月ですね。それからは……。

袁証人：殴られた後も生理がこなかったので、女主人は経営者に、妊娠しているかもしれないと話し、私に箱入りの薬を渡しました。それを飲むと出血し、またそれを飲むと、出血し〔……〕

陳検事：無理やりにあなたに飲ませたのですね。

袁証人：はい、出血して大量の血が出たので、顔色も悪く、痩せてしまい〔……〕後でまた薬を渡されました。注射をしようとしたので、それを拒むと、その薬を渡されました。彼女はその薬を飲むとよくなり、こんなに苦しまないですむと言うので、ついに私はそれを飲みました。それ以後、子どもを産んでいません。

陳検事：それ以後、子どもを産むことができなくなったのですね。日本の経営者が無理やりに薬を飲ませたんですね。それからは……。

袁証人：それから、藤村という将校がやって来ました。彼の軍隊での地位がどれくらいのものかは、わかりませんでした。刀を持っていて……

陳検事：サーベルですか。

袁証人：何という刀か、わかりませんが、幅の広い刀で、その柄《つか》のところにはさまざまな色の絹紐がついていました。彼は私の切符を買い、〔私の〕出血が多く、他の人の相手ができないのを見て、私を六カ月の間独占しました。

陳検事：藤村があなたを六カ月独占したのですね。

袁証人：六カ月です。

陳検事：藤村に対し、あなたはどのようにふるまいましたか。

袁証人：彼は私を好きだったわけではないと思います。彼は私たち中国の女性をおもちゃとして弄んだのです。〔泣く〕彼は私を独占していた頃、どこで酒を飲むときも私を連れて行きました。ある時、私が行くのが遅くなると〔……〕保安隊大隊長の王寛明《ワン・ヨワンミン》の家で、彼の妾が、杜貴貴《トゥー・クイクイ》だったのです。そこへ行った時、中国人が閉じ込められているのが見え、とても辛くなりました。彼らに何をやったのか、どうして閉じ込められているのか、聞きました。短いズボンをはいていました。彼は、自分たちは新四軍だと言いました。何をしているのか聞くと、野菜を売っている者や卵を売っている者でした。そのようなことを話したのです。私はとても辛い気持ちになりました。それで私は遅れて行ったのですが、藤村は私の頭をつかんで殴り、地面に押し倒し、乗馬靴で何度か蹴ったので、私は背中を骨折しました。今でも、背中にくぼみが残っています。〔泣く〕

陳検事：では、先ず九カ月、その後、藤村に六カ月独占されたので、合わせて一五カ月ですね。

袁証人：一五カ月です

陳検事：この一五カ月の間、あなたは報酬を受け取りましたか。日本軍があなたに報酬を渡したことがありますか。
袁証人：お金を受け取ったことは一度もありません。
陳検事：お金を受け取ったことは一度もないのですね。
袁証人：子どもは飢えて死にました。私はお金を持って帰ってやらなかったので、私の子供は九カ月［……］貧しくて［……］子どもは飢え死にしたのです。
陳検事：「慰安婦」となっても、子供さんを救うこともできなかったのですね。餓死したのですね。一銭のお金も持ち帰れなかった、
袁証人：子供は二歳あまりで亡くなりました。
陳検事：子供たちのために仕事に出たのに、子供さんは亡くなったのですね。その後は、どうなりましたか。
袁証人：その後、経営者が藤村に、私の切符を買いたい兵隊がいると言いました。
陳検事：まだあなたの「切符」を買う兵隊がいると。
袁証人：はい、私の切符を買いたいと［……］藤村と［……］やはり慰安所のあの部屋にいました。
陳検事：やはり、慰安所で。
袁証人：藤村に〔私の〕切符を買いたい兵隊がいるが、どうするか、と言ったので、藤村は、私をフータオ食堂の従業員にしたのです。
陳検事：フータオ食堂はどこにありましたか。どんな仕事をするところですか。
袁証人：食事やお酒を出すところです。食堂です。
陳検事：慰安所のどこにあったのですか。
袁証人：日本人が見張りをしている〔部屋〕の入り口です。
陳検事：慰安所のわきにあったのですね。そこで、店員として働いたのですね。
袁証人：はい。
陳検事：その頃、藤村はやはりあなたのところへやって来ましたか。
袁証人：来ました。
陳検事：やはり、あなたのところへ来て独占したのですね。
袁証人：……。
陳検事：フータオ食堂では、どのくらいの期間、働きましたか。
袁証人：半年です。
陳検事：半年ですね。では、どうやってこの生活が終わったのですか。
袁証人：あの親切な日本兵、西山が……。
陳検事：ああ、さきほどのお話に出てきた、親切な日本兵の西山ですね。
袁証人：彼は、昇級もしなくてもいい、兵隊もやめて私を救い出すと言ってくれました。彼はいくらか中国語を話しました。私はもう彼のことを忘れてしまっていました。彼が私に会いに来るなんて、思ってもいませんでした。

陳検事：あなたはもう彼のことを忘れていたのですね。思いがけず……。
袁証人：彼が本当に、私のところにやって来るとは思ってもいなかったんです。［……］忘れていました。フータオ食堂にいた時、母から手紙が来て、子どもが亡くなったことを知りました。私は三日の休みを取り……
陳検事：三日の休みを取って……
袁証人：［……］子どもが亡くなって、ごみために捨てられたところ、犬が食べてしまい［……］［泣く］一日待つと、ゴミ車がやって来たので、［泣く］ぼろ布にくるんで、ごみ車に運ぶと、すぐ家に帰りました。次の日にはもうフータオ食堂に戻りました。合わせて三日でした。
陳検事：そしてその後、彼があなたに会いに来たのですね。
袁証人：一カ月あまりの後、私は夢にも思っていなかった、こんないい人が……。
陳検事：こんなに親切な人がいるとは夢にも思わなかった……。
袁証人：日本兵は大変残酷で、コンドームを四つも取り替えたりしたのに、こんな親切な人がいるとは。一カ月ほどして、西山が本当に私を訪ねて来たのです。慰安所にいなかったので、フータオ食堂へ［……］。彼は一緒に行こうと言いました。軍服を着ていませんでした。
陳検事：彼は本当に軍服を脱いでいたのですね。その頃、西山は何をしていたのですか。
袁証人：彼は黄石《ホワンシー》で、石炭の炭坑で［……］
陳検事：湖北省ですか。
袁証人：［……］炭坑に入って、［……］働いていました。
陳検事：労働者として働きに行ったのですね。
袁証人：労働者となって働き、それから、私を迎えに来たのです。彼が［そのことを］経営者に話すと、経営者は藤村に話すだろう、そうなると逃げられなくなるかもしれないので、何も言わないで、彼らがご飯を食べているときにこっそりと逃げよう、と［西山が］言い……
陳検事：食事をしている間にこっそりと逃げようと……。
袁証人：はい、そうやって逃げました。炭坑に逃げましたが［……］住む所がありませんでした。曹小毛《ツアオ・シアオマオ》という人の家の地下に洞穴があり、そこを借りて、西山が板や木を見つけて来て四カ所にくいを打ち、寝床を作りました。私たちは何も持っていなくて、兵隊の時に使っていたふとん［を使い］、仕事に行く時に弁当箱を持って行き、帰って来てそれを私に食べさせてくれました。そういうふうに過ごしました。［……］西山は、陳という新四軍の連絡員と親しくなり［……］
陳検事：親友になったのですね。
袁証人：そうです。［……］船を新四軍に［……］。日本が投降するまで、船で彼と暮らしました。日本が投降した時、彼は私に一緒に行こうと言いましたが、私は母や妹に話すから待ってほしいと言いました。［……］その頃はいろいろと混乱していて……。

陳検事：大変、混乱していて……。

袁証人：母に話に行って、それ以後、彼に会えなくなりました。

陳検事：それからは離ればなれになったのですね。

袁証人：はい。

陳検事：わかりました。袁さん。こうした事実についての陳述はこれで終わりです。何か、発言しておきたいことがありますか。

袁証人：私が話したいことですか。今日、私は、［……］ついに親切な人々のおかげで［……］できたことに感謝しています。皆さんのご協力に感謝しています。［拍手］私は、ついに、国際戦犯法廷にやって来て、日本軍国主義の罪業を告訴しました。［日本軍は］私を無理やり「慰安婦」とし、私から子どもを産む権利を奪い、一生涯にわたる苦しみを作り出しました。私は今日、日本政府が公の場に出て謝罪し、賠償することを強く求めます。私は、命ある限り闘います。決して、［この闘いを］やめません。ありがとうございました。［拍手］

陳検事：袁さん、ありがとうございました。これで終わります。判事の皆さん、ありがとうございました。

マクドナルド判事：ありがとうございました。袁さん、出廷して、証言してくださったことに感謝します。

［南京大虐殺関連証拠ビデオ、内容略］

朱成山《ヂュ・チョンシャン》検事：私は中国の南京から来ました。続いて、私は南京大虐殺の性暴力被害者、楊明貞さんに質問したいと思います。楊さん、お名前をおっしゃってください。

楊明貞：楊明貞と申します。

朱検事：何年のお生まれで、今年、何歳ですか。

楊証人：七六歳［訳注11］です。一九三一年に生まれました。

書記官：楊明貞さん、あなたがこれから話すことはすべて事実ですか

楊証人：真実を語ることを誓います。

朱検事：一九三七年、あなたはどこに住んでいたか、憶えていますか。

楊証人：一九三七年一二月一三日、日本兵がいきなり私たちの庭に入って来ました。私の母をひどく暴行しました。

朱検事：それは南京国際安全区ですか。

楊証人：違います。

朱検事：なぜ、南京安全区に入らなかったのですか。

楊証人：間に合わなかったんです。私たちの読みが甘く、まさか日本人が悪いことはしないだろう、と思っていま

した。
朱検事：日本兵があなたの家に入って来たのは、いつか、憶えていますか。
楊証人：一九三七年一二月一三日、まず、私の家に来て、いろいろな物を奪いました。母が殴られました。また、二度目には、たばこなど、物品を要求しに来ました。父は、彼らにたばこなどを渡して、追い出したんですが、夕方五時頃、また日本兵がやって来ました。また二人の日本兵が来て、私の父を殴り、家にあったすべての金品、アクセサリー、金、銀、すべてを奪い取って行きました。まだ幼い私のズボンをいきなり下ろしました。私は大変脅えました。父が私を助けようとしたところ、日本兵にひどく蹴り倒され、ひどく殴られ、首を三度も切られました。父は、間もなく亡くなりました。一二月一五日、南京が占領されて三日目のこの日、母と家に隠れていましたが、軍刀を持った日本兵がいきなりやって来ました。母を暴行し、また私を暴行しました。母は、ひどくショックを受け、失明しました。また、精神的にもおかしくなりました。私は今でも覚えています。私の体に酷いことをしました。抵抗すると、ナイフで顔を切りつけました。ここに傷跡がまだ残っています。皆さん、見てください。目のあたりです。額にも〔傷跡が〕残っています。
朱検事：当時、あなたは何歳でしたか。
楊証人：七歳でした。
朱検事：七歳ですね。あなたのお母さんは精神的に錯乱し、その後、どうなりましたか。
楊証人：〔……〕
朱検事：あなたの両親は二人とも亡くなったのですね。
楊証人：亡くなりました。母は、暴行を受けて、しばらくして死にました。私は孤児になりました。町を放浪していました。それから、また、いろいろと憶えています。同じような境遇の女の子、日本兵に強かんされ、また、刃で、いろいろと、ものすごいことをさせられました。皆、悲惨な目に遭いました。死にました。思い出すだけで恐ろしい。皆さん、わかりますか。私は胸が苦しい。母、父を思い出すと、胸が苦しくなります。
朱検事：ご両親が亡くなって孤児になった後、あなたはどうやって生活したのですか。
楊証人：物乞いをしました。
朱検事：物乞いをして……。
楊証人：いろいろなところへ行きました。
朱検事：どこに住んだのですか。
楊証人：街頭です。
朱検事：冬は寒くなかったですか。
楊証人：寒かったです。でも仕方がないので、あちこちで物乞いをしていました。
朱検事：物乞いをして？
楊証人：〔泣く〕それを思い出すと、私は、もうこれ以上、何も言えません。皆さん、わかってください。私の両親はどんなに悲惨に殺されたか。〔泣く〕
朱検事：楊さん……。
マクドナルド判事：検事、証人が精神的に耐えられないようであれば、何か方策を考えましょう。彼女は精神的に苦しすぎて、平静を保つことができないようです。他の人に、彼女に代わって発言してもらいますか。
朱検事：〔……〕最後にお聞きしたいと思います。楊さん、あなたは当時、強かんを受けた後、今に至るまで、六〇年余りの間、体の調子はどうですか。
楊証人：今でも、体は深く傷ついています。
朱検事：最後に判事に申し上げたいのは、南京大虐殺では日本軍が集団で性暴力犯罪を行ないました。南京ではこの性暴力被害者はまだ多数おります。楊証人はそのうちの一人です。私の証人尋問はここで終わりとします。ありがとうございました。
マクドナルド判事：検事、二点、お尋ねします。先ほどの証人尋問の前に、〔南京大虐殺の〕記録フィルムを見ましたが、今の証言はその中のどの部分にあたりますか。
朱検事：南京大虐殺に関するフィルムです。
マクドナルド判事：先ほど映された記録フィルムは、どこで撮影されたものですか。誰が撮影したものですか。
朱検事：〔南京大虐殺の〕その年、南京で、アメリカのマギー牧師が現場で撮影したものです。
マクドナルド判事：南京での「大虐殺」に関する記録フィルムを見ましたが、本当に残酷な行為でした。これらの他に、証拠となる資料がありますか。もしあれば、正式な証拠として法廷に提出できますか。この記録フィルムの一部を正式な証拠としてこの法廷に提出できますか。
朱検事：コピーして提出いたします。歴史的に、何度か南京大虐殺被害者の調査を行なっており、そのうち、性暴力に関する統計表と他の被害者の証言も提出します。
マクドナルド判事：二名の証人への尋問は終了したということですね。ありがとうございました。
管建強検事：〔日本語で〕中国大陸の代表、検事で、名前は日本の発音でカンケンキョウと申します。中国検事団の一員です。
　ここより、中国語で概要を申しあげます。法律の面から、陳述いたします。文明国では、必ず「法」によって犯罪者を処罰しなければならない、「法」がなければ犯罪者を処罰できないことは、ずっと強調されております。国際公法を施行する際、二つの規範が考えられますが、二つとも、日本政府の行為はすでに国際法に違反していることを証明するものです。

第一は、国際法、第二は、国際慣習法です。前者から考えると、一八九九年、「陸戦の法規慣例に関する条約」の第四五条、四六条、四七条に規定してあります。また、同様の規定は一九〇七年の同条約付属書「陸戦の法規慣例に関する規則（ハーグ陸戦規則）」第四五条、四六条、四七条にもあります。「占領地の人民は、之を強制して其の敵国に対し忠誠の誓を為さしむることを得ず」これが第四五条に明記されております。第四六条には、「家の名誉及び権利、個人の生命、私有財産並びに宗教の信仰及びその遵行は、之を尊重すべし」とあり、第四七条では、戦争時の掠奪行為の禁止が規定されており、これらから、日本軍のこうした行為は条約に違反しております。では、日本政府はこうした条約に加盟しているのでしょうか。日本政府は一九一一年一二月一三日、こうした条約を批准し、署名しています。同様に、一八九九年の条約にも加盟しております。よって、日本政府は、明らかに、これらの条約に基づき、責任を負うものであります。これは、法的根拠によって証明されることです。

後者の、国際法上の慣例から言うと、奴隷禁止に関わる一連の条約がすでにあります。一八一五年、ウィーン会議のこれに関する条約、一八四一年、ロンドンでのアフリカの奴隷取引禁止条約、一八八五年のベルリン一般法、一八九〇年のブリュッセル条約〔「奴隷取引の防止に関するブリュッセル一般議定書」（一八九〇年七月二日締結）〕など、奴隷の売買を譴責し、禁止しています。一九一九年のサンジェルマン・アンレイ条約では、署名国は、互いに、奴隷制度をなくすための対策を講ずることを承諾しております。国際連盟の監督のもと、関係各国は一九二六年、奴隷禁止の条約を制定し、同時に、同じ内容の宣言を再び行ないました。以上のいくつかの条約からも、奴隷禁止はすでに、国際慣習法となっていることが十分証明できます。性奴隷も、奴隷を禁止する条約の範囲にある、対象となる一部分であります。よって、日本政府は責任を負うものであります。必ず、責任を負わねばならないのです。これが申しあげたい第一の問題です。

次に、申しあげたいのは、日本政府は、責任についてはっきりしない態度のまま沈黙を続けていますが、侵略行為は明らかに国家の行為であります。よって、日本政府は回避しようのない、責任を負っております。大日本帝国憲法には、天皇が、陸海軍の統帥権を持つと明記されているため、天皇も、回避できない責任を負うものです。現在の日本政府は当然新しい政府ですが、国際法の面からは責任を継承しなければなりません。連続する一つの国家の政府だからです。戦争を勃発させて以降、サンフランシスコ講和条約締結、及びその他の国家との相互の平和条約を締結するまでの間の日本政府の行為は、〔日本政府が〕一つの完全な国家であることを証明するものです。政府が継承して責任を負うものである以上、現在の政府は、当然、アジア諸国、特に私たち中国の被害者に対し、賠償し、謝罪する義務を負っているのです。

また、天皇は、国家無答責の権利、所謂免責権を有しているとよく聞きますが、国際法の上では、天皇は免責権を持ちません。国際軍事裁判〔ニュルンベルク裁判〕条例には、どんな職務の人間であろうと、戦争犯罪、人道に対する罪に違反した者は、免除を受けることはできないと規定されています。そこで、天皇は免責の権利を有さないのであります。

最後に申しあげたいことがあります。私たちは、被害国の代表として、国際法に基づき、日本政府及びその他の日本の被告に対する公正な審判を行なうことを、法廷に強く求めます。また、日本政府が、中国の被害者に対し、謝罪をする義務があることを、重ねて表明いたします。ありがとうございました。

マクドナルド判事

検事、席にお戻りください。

中国側の発表をここで終わりとしていいでしょうか。では、休廷します。ありがとうございました。

〔訳注〕

〔1〕ここで言う「二〇万人の被害者」は、制度的に設置された「慰安所」による被害者の概数を示していると考えられる。

〔2〕日本軍が山西省盂県に駐留しはじめたのは一九三八年で、その西部の進圭社（村）に拠点を設置して駐留しはじめたのは一九四一年であるが、発言のままとした。

〔3〕万愛花さんが当時居住し、抗日組織のリーダーをしていた村は、羊泉村である。連行の年月は、本人の証言中にも矛盾があるが、発言をそのまま記している。また、三度の連行の時期についても、ここでは六月、八月、九月とあるが、証言部分では、最初が春、次が秋、と述べられている。

〔4〕袁竹林さん本人の証言では一九四〇年七月と述べ矛盾しているが、発言をそのまま記している。脱出を試みた時期についても、ここでは一九四二年春とされているが、証言では、一九四一年春と述べられている。

〔5〕袁竹林さん本人の証言部分では、（経口）薬を飲まされたと述べられている。

〔6〕袁竹林さんが「慰安婦」とされていた期間については、冒頭でも日本軍の投降時までと述べられているが、本人の証言では、日本兵西山と慰安所を脱出した時期は明らかでない。矛盾があるが、発言のまま記している。

〔7〕地名をションチアンザイと言っているが、一九三二年、上海市に最初に設けられた「慰安所」は、虹口地区にあった。

その言い間違いと思われる。

〔8〕進圭社（村）拠点の日本兵が羊泉村によく出入りしていたことを述べている。

〔9〕このヤオトンは男女の抗日分子を監禁・拷問した場所で、女性と男性は別の部屋に監禁され、女性が輪かんの被害にあった。

〔10〕李秀梅さんが連行・監禁・輪かんされたヤオトンは、万愛花さんのそれとは別のヤオトンで、もっぱら女性を強かんするために設置されたものであった。

〔11〕一九三二年に生まれ、三七年に七歳で被害にあったという証言からすると、七〇歳のはずだが、当日の発言のままとした。

〔石田米子監修、友野佳世／劉建雲・訳〕

【14：40―16：05】

フィリピン

マーリン・マガリオーナ検事団長

［起訴状読み上げ、第6巻収録フィリピン起訴状（抄）参照］

判事の皆さま、私はマーリン・マガリオーナと申します。フィリピンから来ている検事の一人です。判事の皆さま、簡単に私どもの主張の特徴と目標に関して、法的根拠と事実を述べたいと思います。

昨日、パトリシア・セラーズ検事が論告しましたので、私どもも簡潔にご報告したいと思います。

フィリピンは一八九八年一二月一〇日のパリ条約にもとづき、スペインから米国の手に渡りました。第二次世界大戦中は、米国の主権の下にありました。特に一九四一年から四五年の八月までは、日本軍の占領下にありました。フィリピンはコモンウェルスと呼ばれておりましたが、東京裁判の定義によると、完全な主権国家ではなく、国際関係で見ると米国の一部であったことになります。私どもは、フィリピンに対して侵略戦争が行なわれたと考えておりますが、このような国家の性格のためアメリカ合衆国に対して行なわれた戦争だと言われております。東京裁判では、軍事的陰謀に基づく侵略戦争が証明されております。それは、日本の指導者によって行なわれていること、そして陰謀の目的は、日本が東アジア及び太平洋地域、そしてインド洋を含む地域、その中にフィリピンが入っていますが、この地域での陸、海軍が政治的・経済的な支配を確立するためであったとされております。フィリピン及びその他の東南アジアの地域、そして太平洋地域の中でこのような侵略戦争が行なわれました。これは陰謀でした。日本の計画でした。非常に野蛮で残虐な活動が日本軍によって行なわれました。実際に抵抗する人たちの意志を弱めるため、このような行動があえて計画的にとられたのです。集団虐殺、殺人、拷問、性奴隷制、強かん、そのほかさまざまな性暴力が行なわれました。東京裁判によると、戦場になった地域は広範囲におよび、全ての戦場で同じパターンの行為が行なわれました。残虐活動は秘密裏に命令され、または日本の政府、または日本政府の個人の命令によって意識的に行なわれたといわれております。米軍の太平洋戦争犯罪支部の記録によると数千、数万人のフィリピンの女性、民間の女性たちに非常に野蛮で残虐な行為が行なわれたといわれております。例えば、首を紐で吊られたり、指や手足を紐で結わえて吊されたり、または足を焼いたり、または銃弾を指の間に入れ指が折れるまでそれを握らされたり、舌を抜いたり、手足の爪をペンチではがしたり、体に焼けた木ぎれをあてたり、拳で殴ったり、鉄の棒で殴ったり、電気ショックをあたえたり、ガソリンをかけたり、目や体の各所を傷つけたり、刀で人を傷つけたり、餓死させたり、生き埋めにしたり、溺れさせたり、というような、きわめて残虐で野蛮な行動が行なわれたのです。また、日本軍は人肉を食べるといわれ、敵の肉を食べたといわれています。

　このような残虐行為の中では、性奴隷制、強かんが繰り返し市民を対象に行なわれていました。

　以上のようなことから、日本軍は人道に対する罪を犯しました。「法廷」憲章の第二条にある人道に対する罪を犯したのです。被告は、当時の元首であり陸海軍の統師者・昭和天皇裕仁、南方軍総司令官・寺内寿一、第一四軍司令官・本間雅晴（四一年一一月―四二年八月）、第一四方面軍司令官・黒田重徳（四三年五月―四四年九月）、第一四方面軍司令官、山下奉文（四四年九月―四五年）〔第一四軍は四四年七月二八日に第一四方面軍に改編〕です。

　第三条第一項にあるように、彼らは、計画し指導し命令し、また実行を支援しました。性奴隷制度、強かんが含まれています。さらに、その地位をもって知る理由があります。上官としてこのようなことが行なわれていることを知りながら、これを阻止せず、また調査すら行なわず、部下のこのような行為を止めませんでした。残虐行為を計画、実行し、人道に対する罪を犯しているのであります。これら被告は、犯罪者としてすべて個人または組織として行なった行動に対して責任を取るべきであります。

　同第四条と国際法のもとでみると、日本政府は被告が行なった活動に対して責任を取らなければなりません。私どもは日本の国家としての責任を果たすための賠償を求めるものであります。

　判事の皆さん、この被告の犯罪の責任について私どもはここに証拠III、UUUを提出いたします。これは強かんに関する提出証拠です。

　判事の皆さん、被告の犯罪における責任に基づいて、私どもはここに証人を連れてきております。ウルスア検事、後にはデ・ディオス検事により、証人が証言いたします。

　ありがとうございました。

マクドナルド判事：提出書類を受理いたします。

エヴァリン・ウルスア検事

［証拠提出と立証趣旨説明、被害者の証人申請］

　エヴァリン・ウルスア検事と申します。首席判事、私たちの証言・証拠はフィリピンで一九四二年一月から四五年八月まで日本兵、士官たちが計画し、組織しまたは慰安所と呼ばれていた性奴隷制の施設、フィリピンのあらゆる場所で開設したことに関する証拠を提示します。この施設を通して日本軍はフィリピンで性奴隷制を組織化していったのです。この証拠としてAからHを提出します。この提出証拠AからHは、性奴隷制の施設の場所を示しています。ルソン、ビサヤ、ミンダナオにありました。マニラ、カロカン、イザベラ、パンパンガ、ブラカン、ラグナ、ソルソゴンといったフィリピン北部に位置していました。また、カピス、アンティケ、イロイロ、ネグロス、西ネグロス、レイテ、マスバテといったフィリピン中央、ダバオの町カゴンデオロ、ブターンなどはフィリピン南部に位置しています。性奴隷制の施設として知られている、六カ所、数は証拠AからHに示されています。

これらは、第二次世界大戦中にフィリピン女性に対して組織的に行なわれました。これらの施設が、性奴隷制のために開設され、維持されたことは、日本政府が日本の士官たちをして、女性を性奴隷として支配下に置かせるために行なわれたものです。証拠品AからJは、このような場所が存在したことを示すものです。Aは、フィリピンにおいて日本政府の政策に基づき、日本兵たちに、娯楽（リラクゼーション）を提供する目的でつくられたことが示されています。リラックスする場所としてつくられたのです。日本兵たちに、性の喜びを与えるために用意されました。これら施設の規則は、奴隷のために決められた規則によく似ています。その次の提出証拠は、施設の種類を示しています。Jは一つの例ですが、どのような規則があったかを示しています。それは、慰安所は、日本兵のために開設されたものであり、日本政府の直接の支配下にあったということです。Kは医療検査、性病などに関する検査のためにあったことを意味しています。Jは医療関係者たちが、これらの女性たちが性病に感染していないかを検査・監督するものでした。Gは、日本軍が慰安所を、政策に基づいて計画・組織化していったという証拠です。ブツアン警備隊の山口大尉によって、一九四二年に作成されたものです。「慰安婦」たちが、兵士たちに快楽を与えるためのものであると報告されています。またFとLは、いかに組織的に日本軍部が、施設を性奴隷制のために維持したかが書かれています。四二年には、性病の検査は毎週のように行なわれました。BからFまではどのような環境に女性たちが住んでいたかを説明しています。性病、伝染病などに感染した女性たちの状態を示しています。MからEは、一八人の女性たちが日本に対し、一九九三年に東京で賠償請求の訴訟を起したときの証言が含まれています。フィリピン女性たちが、日本兵によって、フィリピン占領下で、彼女たちが被害を受けた方法と種類を示しています。一四歳から二四歳までの女性たちが、連れて行かれたようです。フィリピンの北部、ミンダナオのような南部からフィリピン中央に及んでいました。家族が殺されたり、拷問されたりして誘拐されました。生存者たちは、日本軍の駐屯地の近くに住んでいましたが、士官たちや、兵士たちによって捕らえられました。そこから動くことはもちろん、他の女性たちと話をすることもできませんでした。

宣誓をするトマサ・サリノグさん（左）とマキシマ・レガラ・デラ・クルスさん（左から２番目）

彼女たちは性的に搾取されただけでなく、さまざまな奉仕、洗濯、料理、穴掘りなどを強要されました。ある人は一カ月、ある人は三年にわたって、アメリカ軍が攻撃をしてくるまで、囚われていました。これらの施設は日本軍の監督のもとに開設されたということ、また、日本軍により占有され、支配のもとにあった建物・野営地の位置が確認されています。

私たちは本日、二人の生存者の宣誓供述書、ビデオ証言を提出いたします。トマサ・サリノグさん、マキシマ・デラ・クルスさんです。

書記官：トマサ・サリノグさん、マキシマ・デラ・クルスさん、証拠として提出されたビデオ証言を真実と認めますか。

二人の証人：はい、認めます。

書記官：証言は全て真実だと確認しますか。

二人の証人：はい、確認します。

ウルスア検事：首席判事、宣誓供述書、またはビデオ証言を、直接証言としてこの法廷への提出を許可いただけますでしょうか。

マクドナルド判事：許可します。

提出証拠Aに関して質問です。これは連合軍により作成されたものでしょうか。これは、連合軍総司令官により出されたものですか。

ウルスア検事：連合国総司令部〔翻訳通訳課〕から、終戦後に出されたものです。日付は四五年一一月一五日です。この法廷の許可のもとに、トマサ・サリノグさん、マキシマ・デラ・クルスさんのビデオ証言をお見せしたいと思います。

マクドナルド判事：どうぞ。

〔ビデオ証言（英語によるナレーションつき）〕

トマサ・サリノグ証人

　私はトマサ・サリノグです。一九二八年一二月八日アンティケ州パンダンに生まれました。一九四二年、日本軍が上陸したとき、父と私は、サンレミギオ山に避難しました。当時の知事、アルベルト・ヴィラヴェルトは避難した人々に家に戻るよう呼びかけました。夜になって、日本の偵察隊がキャンプに戻ってきました。キャンプはイシハラ〔石原産業倉庫〕のそばにあり、そこへ四人の日本兵がやってきました〔訳注1〕。父と私はもう眠っていました。日本兵が呼びますと、父はこういいました。「気にするな、返事をしてはならない。静かにしているのだ。もう遅いから、彼らはしばらく立ち去らないだろう」。私たちはまた寝ようとしましたが、眠らずに耳を澄ませていました。日本兵は怒って扉をたたきました。扉は破られ、父は立ち上がって戸口へ行きました。私も立っていました。一人の日本兵が入ってきて私の腕をつかみ、言いました。「子供か、いっしょにこい。おまえはわれわれとくるんだ」。父は、「一緒に行ってはならない、もう夜も遅い、行ってどうするのだ」、といいました。日本兵は父の言葉を耳にすると、走ってきて刀で父を打ちました。父は倒れ、私はかけよって父を抱きおこしました。父がまだ生きていると思ったのです。他の兵士たちもやって来ました。私を蹴りました。私は立ち上がりました。彼らは私を連れだし階段のほうへ行きました。私は引きずられながら父のほうを見ていました。その時父の頭が体から切り離されているのを見たのです。私は父から目を離すことができませんでした。私は泣きじゃくりました。

　彼らは私を大きな家に連れて行きました。「子供、泣くんじゃないよ」と日本兵は言いました。私は小柄でしたが、ぽっちゃりしていました。その時一三歳でした。父は私に良くしてくれたのです。兵士は私の体を持ち上げて床に落としました。起きあがろうとしましたができませんでした。まるでピンで留められたようでした。抵抗しようとしましたが、彼は固いもので頭を殴りました。ここが殴られたところです。そうして彼らは部屋から出て行きました。

　彼らはまたやってくると、水を持ってきて、私の体を洗いました。その晩私はレイプされました。その兵士はまた戻ってきて、私にこういいました。「私はおまえの父を知っている。私とおまえの父親は友達なのだ」。「友達なら、なぜ殺したのか」、と私は尋ねました。すると、「おまえをよこすように言ったとき、おまえの父は言うことをきかなかった。それで頭にきた」。だから男は腹を立てたのだというのです。

私はそこに一年いました。ときには二人、あるいは三人の男にレイプされました。四人のことさえありました。彼らはかわるがわる私をレイプしました。いったいどうしてこんなふうにレイプされるのに耐えられるでしょう。ただ泣くだけでした。

しかし私は彼らから逃げることができたのです。日本兵たちは山で活動して帰ってくると、酒をたくさん飲みました。酒を飲んで遅くまで起きていました。そのため翌朝大慌てで、鍵を置いて行きました。私はその鍵でドアを開け、調理場に衛兵がいないかどうか急いで確かめました。逃げるなら今だと決心しました。毎晩兵隊たちが部屋にやってきて、つらい目にあわされたことを思いました。鍵をつかみ、衣類の入った箱を持って下へ降りました。家の外に見張りはおらず、私は塀の外に出ました。精一杯走りました。とても怖かった。私はある老夫婦に助けを求めました。「おじいさん、私をここにおいてください、水も運びますし、薪も集めますから」と。泣きながら頼みました。その老夫婦は行くところのない私を哀れに思い、受け入れてくれました。

三日後、オクムラがイロイロから車で来ました。私を見ると、車をとめ、老夫婦に、水汲みをしている若い女をよこすように求めました。「女はどこだ、かくまうと、おまえたち二人とも首を切るぞ」、といいました。彼らは怖くなって、私を引き渡しました。

私は泣きながらこの将校に連れられていきました。すると彼は、「怖がるな、私はいい男だ。私のために働いてくれれば、お金を払おう。床を掃き、私のものを洗濯し、干すのだ、いいな」、こういいました。私は承諾しました。オクムラとの暮らしは楽でした。というのも彼は一週間に一度、ときには二週間に一度戻るだけだったからです。ほとんど彼はイロイロにいました。戻ってくると、私をレイプし、彼の友達も私をレイプしました。

一九四四年から四五年にかけて、私はオクムラのもとにおり、一九四五年にアメリカが上陸しました。オクムラと一緒だったのは、半年ほどでした。その後、私は家に帰りましたが、私の家は壊されていたので、ティタ・アタロを訪ね、彼女のもとにいました。受けた傷は深く、とても耐えられないと思いましたが、私は生き抜くために、耐えなければなりませんでした。

結婚は一度もしませんでした。あらゆる求婚を断ってきました。結婚したくありません。もし結婚すれば、あらゆることが再び起きるような気がするのです。もし夫が私を傷つけたら、私はどうしたらよいのでしょう、誰が守ってくれるでしょう。誰のもとへ行けばよいのでしょう、誰が面倒を見てくれるでしょう。私は、日本兵の使い古し、といわれるのです。

　私は正義を求めます。私は正義を求めます。

マキシマ・レガラ・デラ・クルス証人

　私はマキシマ・レガラ・デラ・クルスです。今はサンタローザに住んでいます。一九四四年のある月曜、母と私がサンイルデフォンソの市場に食料を買いに出かけたときのことでした。日本の歩哨がいたので、私たちはその前を通るとき頭を下げました。一九四四年以来、ロラ・インサンの家が駐屯所だったのです。〔訳注2〕一人の日本兵がでてきて、私たちをロラ・インサンの家に引きずり込み、二階に連れて行き、部屋に閉じ込めました。母と私はだまされ、泣いていました。食べ物と衣服を与えられました。というのも、私の服は血で汚れていたからです。〔訳注3〕私はそのとき初潮を迎えていませんでした。いつも血が流れていました。夜、母と私は別々にされ、毎晩彼らがやってきました。私はいつも痛みで泣き叫びました。彼らに銃剣で突かれて、いつも私はこのように震えていました。彼らが私に何をしているのかわかりませんでした。何度レイプされたかわかりません。何度も何度もレイプされ、何度も失神しました。私たちは、八月から一〇月まで、三カ月間監禁されました。部屋は鍵をかけられていました。いつも監視され、逃げられませんでした。一度騒ぎがあり、その時鍵をかけ忘れていたことがありました。部屋から顔を出したら、母は病気になっていました。弱っていて歩けない母を連れて、近くの人に助けを求めました。川を二人で渡りました。二人の兄弟と姉妹、父に会いました。皆抱き合って泣きました。もう死んでいると父は思っていたそうです。

　戦争当時このような事件を訴えることもできませんでした。そんなことをしたら殺されていたでしょう。とにかく黙っているしかなかった。この痛みのために、心に穴が空いているようです。それは正義が私たちを置いてきぼりにしていったからです。

オーロラ・ハヴァテ・デ・ディオス検事
［マパニケ村集団強かん事件、証拠提出等］

　さて、ここで、トマサ・サリノグさんの証言のなかにありますが、オクムラという名の軍人が出てきます。日本軍の性奴隷のために、心も体もそして社会的にも生き残った人たちは長い間苦しんできました。このような苦しみは想像するしかありません。性奴隷は長期間繰り返され、筆舌に尽くしがたいものがあります。四二年一月から四五年八月までの日本軍の占領下で、第一四軍が駐屯していました。第一四軍司令官は本間雅晴（四一年一一月—四二年八月）、第一四方面軍司令官・黒田重徳（四三年五月—四四年九月）、第一四方面軍司令官・山下奉文（四四年九月—四五年）、そして南方軍総司令官は寺内寿一でした。

四二年から四五年の、日本軍によるフィリピン占領は、フィリピン女性に対する性暴力で特徴づけられています。非常に広範囲に行なわれ、現地住民を恐怖に陥れ、従属させる組織的な作戦でした。正確な数は分かりませんが、東京裁判及び米陸軍太平洋地域戦争犯罪局の記録によると、大規模な強かんが北から南まで広範囲に行なわれていたことが分かります。

例えばバターン、パンパンガ、ウエバエシーハ、バタンガスなどで強かんの被害がありました。また、タナワンの町で集団レイプがありました。ブラカン、マニラでもありました。ベイ・ビューホテルやその近くのアパートで集団レイプがありました。これらはフィリピン北部地域です。さらに、フィリピン中部でもありました。ボホール、パナイ、セブ、イロイロ、また、南部ではダバオなどです。

日本帝国軍は天皇裕仁のもとにあり、山下将軍が四四年九月に第一四方面軍の司令官となり、さらに撃兵団〔戦車第二師団の呼称〕の将校も参加し、岩仲中将のもと、軍民の官吏が協力し、マパニケに対し地図にありますような作戦を行ないました。

これは、パンパンガ、カンダバにある小さな村です。この地域は、ゲリラ抵抗軍・フクバラハップの本拠地といわれていました。このような作戦は、日本軍の撤退を確実にすることも目的にありました。証拠JJNNを提出いたします。

山下将軍のもと、フィリピン作戦軍の原則〔「比島作戦計画大綱」〕が作られています。ゲリラ攻撃から後方を守るものです。四四年一〇月一一日の日付です。

証拠KKですが、「撃作命甲第四六号」となっており、四四年一一月二二日の日付です。マパニケから反日勢力を一掃する目的になっています。「討伐隊命令」には襲撃の日を四四年一一月二三日としています。

証拠LLMMですが、マパニケにおけるフィリピンゲリラの掃討を命ずる内容が盛られています。

命令四六号を見ると分かりますが、この地域で多くの人が犠牲になるであろうことが分かります。さらにたいへん綿密に現地住民にたいする従属作戦が計画されています。この命令書〔「撃作命甲第四六号」に基づく参謀長指示〕の第五項をみると、女性子供の殺害は避けるように努力するが、ゲリラが混入している場合には、ある程度の被害者が出てもやむを得ない、と書かれています。証拠提出品MMにその命令が書かれています。四四年一一月二三日午前六時から六時半にかけて行なう具体的な標的目標が、書かれています。中西部隊によるものです。〔訳注4〕さらにMMには、詳しい命令内容が書かれています。

日本軍は戦車第二師団のもとに二三日夜明けにこの村に、砲撃、爆撃〔大砲による砲撃による攻撃〕を行ないゲリラ掃討作戦を開始しました。そして村全体が焼かれ、女性、男性ともに家から出され、学校の建物に集められ、処刑されたり、殴打されたりしました。男性と女性は引き離され、男性は尋問・拷問を受け、家族の目の前で殺害されました。このように日本軍が殺害、住宅の破壊、掠奪、女性、少女のレイプを行ないました。

「赤い家《レッド・ハウス》」という意味のバハイ・ナ・プラが、悪名高い場所です。ブラカン州のサンイルデフォンソにある家です。そこが日本軍の鹵獲《ろかく》品集積場所でした。日本兵による虐待行為の証言が、ここにあります。証拠品OO・QQとして提出します。

LLとNNは、マパニケに対する「討伐」作戦に関わるものです。女性、子供に対するレイプが、マパニケ及びその周辺で、ほとんどがバハイ・ナ・プラで行なわれました。

マパニケ事件は、文書に記録されたり、証言されることがありませんでしたが、たいへんな規模で行なわれたのです。ある生存者が語り始めました。一日に何十人という多くの人々が、強かんされました。小さな女の子たち、一二歳から一八歳の子供が多く、九歳から一三歳の子供もいました。〔訳注5〕殴打されたり、刺されたりし、性の対象にされました。バハイ・ナ・プラは日本兵によるレイプセンターになったのです。

判事の皆さん、私たちは、このような女性たちの苦しみを、本当の意味で知ることはできないかもしれません。しかし、何人か生き残った人たちの証言を聞くことができます。五〇年にわたる沈黙の深みから、私たちはいまやっとこの女性たちにレイプがどのような影響を与えたのかを知ることができます。

マクドナルド判事：この日付をもう一度お願いします。

ディオス検事：四四年一一月二三日です

マクドナルド判事：最初のスライドは、多くのレイプがフィリピン各地で起こったということでした。これは東京裁判で提出されたものということでしたが。

ディオス検事：それは四四年から四五年の期間を網羅するものです。続けてよろしいでしょうか。

レイプのため、女性たちは心と体に深い傷を負い、そ

証人席の、トマサさんの他、マキシマさんを含むマパニケのサバイバー、ファナリア・ガラン・ガルシア、ビルヒニア・マナラスタス、レオノラ・ヘルナンデス、フロレンシア・マカパガル、フェルミナ・ブラオン、ベレン・アロンゾ・サグム、テオドラ・マリン・ヘルナンデス、カリダッド・ランサンガン・トゥルラの皆さん

の後の時間の経過があっても癒されていません。そして、このレイプの前・中・後にも苦しみ、捻挫し、打撲し、出血し、心にもトラウマを負いました。尊厳や自尊心を失い、普通の生活を営む意思を失いました。学校に行ったり、人間関係をもつことも困難になりました。そして、男性との関係を恐れ、レイプの記憶が戻るのを恐れ、独身を貫いたものも多くいます。やっと十代になったばかりの被害者もおり、特にレイプは心に大きな傷を残しました。愛する家族を失い、家を焼かれ、掠奪され、悲惨なレイプの後、心にも体にも傷を負い、貧困に苦しんできました。

女性に対する暴力行為という、非人道的な犯罪に対する最も力強い証言は、この女性たちの証言にほかなりません。皆さんお一人お一人に訴えます。マパニケの人々が証言したビデオがあります。また、一三人の宣誓供述書も提出します。判事の許可を得まして、マパニケの証言と宣誓供述書をご確認いただきたいと思います。

書記官：証言者フェルミナ・ブラオンさん、マキシマ・デラ・クルスさん、レオノラ・ヘルナンデスさん、テオドラ・ヘルナンデスさん、フロレンシア・マカパガルさん、ベレン・サグムさん、カリダッド・トゥルラさん、ファナリア・ガルシアさん、ビルヒニア・マナラスタスさん。宣誓供述書の内容が真実であることを確認しますか。

証人：はい、確認します。

書記官：証拠として提出されたビデオテープの中で述べていることは真実ですか。

証人：はい、真実です。

書記官：また証言で話されることは真実であることを誓いますか。

証人：断言します。

ディオス検事：判事の皆さん、これから、ビデオによる証言をお見せして、さらなる証言としたいと思います。よろしいでしょうか。

マクドナルド判事：はい、どうぞ。

［マパニケ村の証言者によるビデオ証言］

エステル・デラ・クルス・バリンギット（来日していない）：一九四四年一一月二三日の早朝、大きな爆発音とマシンガンの音が響きました。

レオノラ・ヘルナンデス・スマワン：両親は私たちを地下に連れて行きました。

フロレンシア・マカパガル・デラ・ペナ：母は私たちに身をかがませようとしましたが、兄はこういいました。「だめだ、流れ弾がくるかもしれない。撃たれてしまうよ」。私が、「なぜ犬がほえているの」、と尋ねると、母は、「静かにしなさい、日本人が犬を連れているようだ」、といいました。明るくなったので私たちは家に戻りました。

ビルヒニア・マナラスタス・バンギット：日本兵たちが、私たちの家を物色し、何でも気に入ったものを取っていきました。

ロサリオ・クララ・ブコ（来日していない）：私たちは身を低くしました。まもなく日本兵たちがやってきて、家の前で叫びました、「おい、男、ひざまづけ」。父は、日本兵が私たちを撃つのではないかと恐れて、ひざまづきました。私たちにしゃがむように言うと、彼らのうち二人は兄を選び出し、私たちから引き離しました。私たちは学校に連れて行かれました。兄は逃げようとして、カノン砲で撃たれ、そのまま死にました。兄の遺体を埋めることもできませんでした。兄の体は犬に食われました。

フロレンシア・マカパガル・デラ・ペナ：彼らは、男たちを駆り集めました。そして学校で、兄にそうしたように、男たちを撃ちました。私は母にこういいました。「けっして音を立ててはいけないよ、そうでないと日本兵がこっちを向くから」。それで母は、兄が殺されたのを見ても黙っていなければなりませんでした。

結局、男たちは全員殺されました。遺体は校舎の中に投げ込まれ、校舎に火が放たれました。彼らは村中を焼き払いました。

ファニタ・マニエゴ・ブリオネス：目の前で起こったこと

に、私は恐ろしくてたまりませんでした。彼らは男たちを殺し、死体を放り込み、校舎ごと焼いたのです。そのあいだずっと、彼らは私たちに迫撃砲を向けていました。

ファナリア・ガラン・ガルシア：タルシラ・サンパンとシャノ・サンパンの父が受けた拷問はあまりにひどく、とても見ていられませんでした。彼はペニスを切り取られ、それをタバコのように、口にくわえさせられました。彼は泣き叫びました。私たちは見るに耐えませんでした。ゴンザレスという男の人もひどいめにあわされました。日本兵は彼の大便を薄く切って、食べさせました。

エステル・デラ・クルス・バリンギット：彼らは昼飯を食べた後、私たちをバハイ・ナ・プラに連れて行き、そこにとじこめました。後で、彼らが私たちに何をするつもりかがわかりました。夜になって、彼らは私たちをレイプしました。

ロサリオ・クララ・ブコ：バハイ・ナ・プラ近くで、大きなトラックと行き合いました。私たちは乗るようにいわれましたが、ジープの男が追いつき、「だめ、だめ」といい、私たちは降ろされました。私たちはバハイ・ナ・プラに入れられました。兵隊たちは気に入った女たちを連れて行きました。私たちを部屋に入れたのは三、四人の男でした。そこは、メイドの部屋だったようです。兵隊たちはかわるがわるレイプしました。彼らは私を、したいように扱いました。レイプが終わると、私は放り出されました。

ロサリナ・マナラスタス・ブコ（来日していない）：その後、私たち三人、私とベニャンとルシンは部屋に連れていかれました。真夜中、彼らが来てドアをノックしました。開けたくありませんでした。私は震えていました。いつのまにか日本兵は自分のズボンを下ろしていました。私がレイプされたのは一回だけでした。なぜなら、私はひどく出血したからでした。兵隊たちは怖くなったのでした。私はかなり出血しました。死ぬのだと思いました。私たちが連れて行かれた部屋はマパニケ〔西側〕に面していました。

フロレンシア・マカパガル・デラ・ペナ：私たちは暑い日光の下、草の上にいました。午後に兵士が二人やってきて、私たちを上にある部屋の一つに連れて行きました。そこで私は服を脱ぐように言われました。私は泣きました。兵士は私を平手打ちしました。私は彼らが兄にしたことを思い出し、静かにすることにしました。彼はほかの日本人と一緒に私の服を脱がせると、その男たちをドアの方にやりました。そして仲間は出て行く時に、「イワラ隊長」、と呼びました。これが階段、そして部屋です。

ファニタ・マニエゴ・ブリオネス：姉と私は木のそばに連れて行かれました。彼らは私たちをやりたいように扱いました。私たちは拒絶することができず、泣き叫ぶしかありませんでした。

ファナリア・ガラン・ガルシア：私は何か飲むものを探していました。ある日本人は、私を引っ張って、レイプしました。私のような子供に、なぜこんなことをするのかわかりませんでした。男は私に飽きると、目もくれなくなりました。神のお導きで、私はバハイ・ナ・プラを抜け出すことができました。

ベレン・アロンゾ・サグム：日本兵によってバハイ・ナ・プラに連れて行かれたとき、私はまだ一三歳でした。彼らは、午後中、ほとんどずっと私をもてあそびました。彼夜、私は彼らに抵抗し、やっと彼らはやめました。すると彼らは私の両足をつかんで、殴りました。私は気を失いました。気がつくと、一人が私の上に乗り、もう一人は私の手を抑えていました。私は懇願しましたが、彼らは無視しました。

ビルヒニア・マナラスタス・バンギット：彼らは私たちをある建物に入れて置きました。真夜中になり、彼らはドアを開けたので、解放されるのだと思いました。しかし、家に帰ることは許されませんでした。

レオノラ・ヘルナンデス・スマワン：兵士たちは私が部屋から出るのを見て、突然、私の腕をつかみ、一人は後ろに回りました。私たちは学校に向かっていましたが、途中、村で一番の金持ちが所有していた大きな家の前を通りかかりました。その家に入ると、彼らは私に服を脱ぐように言いました。たいへん恐ろしかったです。私は服を脱ぎたくなかったので、前を隠していました。脱ぐのを拒んでいると、彼らは私を部屋の隅に突き飛ばしました。そして、横腹を銃剣で打ち、私に怪我を負わせました。さらにその銃剣で私の下着を剥ぎ取りました。

バハイ・ナ・プラ、そこでも彼らは私に同じ事をしました。彼らは私をレイプしました。一三歳で、一度も経験がなく、彼らにされたことはたいへんつらいことでした。

ベレン・アロンゾ・サグム：神よ、私は、神が見守ってくださっていると思っていました。しかし、そうではありませんでした。なぜこのようなことが許されるのでしょう。

ビルヒニア・マナラスタス・バンギット：翌朝、私たちは解放されました。私たちは飢えと、一晩中日本兵に腕を痛めつけられたために、ほとんど立つこともできませんでした。

エステル・デラ・クルス・バリンギット：私は歩けませんでした。友達が支えてくれました。

ロサリナ・マナラスタス・ブコ：私たちには帰る家もありませんでした。すべて灰になっていました。食べたくても、何もありませんでした。着替えたくても、何もありませんでした。

レオノラ・ヘルナンデス・スマワン：目覚めてみると、私は出血していました。傷からだけでなく、体のあちこちからでした。衰弱しているようでした。私は田まで這って行き、三日間飲まず食わずで、そこに隠れていました。

ファナリア・ガラン・ガルシア：カンダバに着いて、父は私がどこにいたか尋ねました。私は答えられませんでした。しばらくただ泣くだけでした。その後、私がどんな目に遭わされたかを話しました。父は、その日本人はけだものだ、といいました。私たちは彼らのしたことに対してどうすることもできませんでした。

エステル・デラ・クルス・バリンギット：私は病気になりました。肺も悪く、体は弱っています。

ロサリナ・マナラスタス・ブコ：あのとき起きたことは今でも心に刻まれています。日本人がした事を忘れることはできません。あまりにもひどいことでした。

ビルヒニア・マナラスタス・バンギット：たいへんつらい体験でした。これ以上何もいえません。

ベレン・アロンゾ・サグム：私は結婚することができました。しかし、私の人生は無残なものでした。夫と一緒だったのは、ほんの短いあいだでした。三年にも満たないものでした。夫は酒を飲みすぎて病気になりました。夫は家に帰るといつも私にいいました、使い古しの人間より、使い古しの犬の方がましだ、と。彼は死ぬまでこう言っていました。

ファナリア・ガラン・ガルシア：ですから、私は正義を求めます。私たちは、われわれ女性のため、正義のために闘わねばなりません。このようなことを二度と再び起こさないために。

マガリオーナ検事

判事の皆さん、レイプは女性に対する、実に卑劣な犯罪であり、すべての文明国から非難されるべきものです。これによって「法廷」憲章第二条は、これを人道に対する罪であると明記しています。マパニケの記憶は、永遠にマパニケの人々の心に刻まれます。この、皆の記憶は断固とした判決とともに、私たちの歴史に記されねばなりません。ありがとうございました。［拍手］

［個人責任と国家責任を問う国際法上の根拠について］

セドフリー・カンデラリア検事

判事、私はカンデラリアと申します。フィリピンの検事です。損害賠償及び国家責任について五分でお話ししたいと思います。

判事の皆さん、フィリピン検事団は、本日証人が出廷し、それを通して、被告の性奴隷制、強かんの罪を確証しました。これは人道に対する罪です。この法廷は憲章の二条及び四条に基づき、国際法の違反、国際的犯罪を裁く管轄権を持っております。さまざまな強かん、性奴隷制、集団強かん、性に対する暴力、拷問などは先ほどの起訴状に書かれておりますように、この法廷の管轄権に含まれます。

国際法に基づいて、被告である日本国が、義務の不履行をしたこと、それは国家の責任であることを申しあげたいと思います。国際人道法のもとに、強かん、性奴隷制は、人道に対する罪であると謳っております。被告が犯した罪は、国際的に犯罪であることを認められたものです。人道に対する罪は、国際法に明記されております。これは、国家間で認識されています。この法を軽視することは許されません。

被告がこの事件に対して行なったことは、被告の罪です。原告に対する罪だけにとどまらず、国際社会における罪です。さらに、私たちは、事実を隠蔽し歪曲し、事実を公表する責任を果たさなかったこと、犯罪に責任のあるものを罰しなかったこと、損害賠償を被害者に支払わなかったこと、これらは国際的にも罪になると私どもは考えております。

これは「法廷」憲章第四条(b)iiに基づいています。

[中略]

日本の兵士個人に責任があるといいますが、国家が国際法のもとで責任を免れることはできません。実際に権限・権力の乱用、日本国家がフィリピンにおいて日本軍の高官によって行なわれた残虐行為に、責任があることを申しあげます。

日本国家は事実の隠蔽、公表拒否、歪曲に対し、責任を持っています。また、責任者を訴追せず、損害賠償を支払わなかったことに対して、責任を持っています。断じて、このような残虐行為は許すことはできません。

判事の皆さん、最後になりましたが、日本国家が行なったこのような罪、フィリピンの原告に対して行なわれた心身への損傷、性奴隷制、集団レイプは多くの女性に対して、身体的損傷を与えるものです。性感染症、不妊症、出血、生殖器の損傷という被害を与えるものです。また、精神的にも、社会的にもこのように繰り返し行なわれた強かんによって彼女たちは苦しんでいます。

また、強かんの前に自分の家族、友人が拷問にかけられ、殺される場面にも立ち会わされています。その結果、彼女たちは未だに、震え・麻痺・悪夢に苦しめられています。このような、心的外傷後ストレス障害の兆候がいまだに続いています。多くの人たちは恥・屈辱・混乱・恐怖・激怒という感情を持っています。

日本国家は、このような不法な行為すべてを償い、このような行為が行なわれる前の状態に戻さなければならないと思います。国際法に基づく賠償の原則です。フィリピンの女性たちが、むごい犯罪に対して、政治的な不法行為に対して、毅然とした裁きを求めます。

最後に、祈りをささげたいと思います。

チンキン判事：検事、ありがとうございました。一つ確認ですが、昨日の韓国の検事と同じように言われましたが、この性奴隷制及び強かんは、一九四五年当時の法の下に起訴されたのでしょうか。

カンデラリア検事：女性法廷の憲章をもとに調査し、二条に基づき、人道に対する罪であることを確立しました。多くの人道的な枠組みの中で、示されています。四五年以前にも、例えば奴隷制がありました。また、もう一つはハーグ条約ですが、調査の結果、これらの条約に調印した国であるかどうかに関わらず、ユス・コーゲンスのもとに犯罪と認定されるということです。

チンキン判事：四五年当時の国際法に違反しているということですね。

カンデラリア検事：はい、そのとおりです。

マガリオーナ検事：では、検事団長から、補足させていただきたいと思います。東京裁判において、強かんが人道に対する罪として議論されました。犯罪の定義には、奴隷制度が含まれます。強かんと奴隷制度の起訴に、この法廷において世界中の「慰安婦」とされた女性たちの利益を考えていくことを、そこには入っていませんが、付け加えたいと思います。

チンキン判事：それはユス・コーゲンスに含まれていないけれども、その一部となることが必要だということですね。

マガリオーナ検事：はい、そうです。

マクドナルド判事：奴隷禁止に関する国際法はもちろんありますが、これと、性奴隷制との関係、性奴隷と強かんの関係はどうですか。これらが起きた当時の国際法に違反するということですね。首席検事の共通起訴状と主旨は同じと考えていいのですか。

カンデラリア検事：その通りです。

マクドナルド判事：ユス・コーゲンスは確立していなかったといっても、判決を出すに当たって、その要因を考慮してほしいという要請でしょうか。

カンデラリア検事：そうです。もう一度繰り返しますが、性奴隷制、強かんは、残虐な行為であり、犯罪であり、ユス・コーゲンスに含まれないということを主張することはできないと考えます。私たちは、この点に関して起訴状に法的責任において、（すべての国に当てはまりますね）、はい、首席検事が冒頭陳述でも申しあげましたが、これは起訴のなかに含まれます。そして、それは同時に国家の責任であり、その意味でも、首席判事にそのことを述べたいと思います。

私たちの発表を終えるにあたって、この起訴に基づき、また、国家責任において損害賠償を要求するにあたって、私たちは被告が人道に対する罪において有罪であることを、またこの法廷で、日本政府に対し、以下のように判決されることを望みます。
・人道に対する罪が犯され、これは天皇裕仁とその他被告によってなされたことを、文書にすること
・正式な謝罪を国際的メディアに発表すること
・人道に対する罪について、多くの生存者に対し、謝罪がなされること
・亡くなった人に対しても、特にアジア太平洋地域の人々に対して、謝罪がなされること
判事の皆さんに、この法廷が被告の犯罪責任を認め、また国際的にもこの過程が進むことを希望します。

私たちは、日本政府に対し、賠償金がすべての被害者に支払われること、その際、次の要因を考慮することを求めます。

心身への損害、教育の損失、生計維持の困難、その他に対する損害賠償が、支払われていくことを要求します。医療及び心理的サービスを提供すること、適切及び正当な救済措置を提供することです。ありがとうございました。

マクドナルド判事：フィリピンの検事の皆さんが、この法廷に出廷されたこと、よいプレゼンテーションをされたこと、よく調査をされていることに対して、感謝します。また、証言者として参加された女性の皆さん、出廷くださいまして、ありがとうございました。

［証人席のロラたちは、検事団、判事たちに挨拶、握手して、傍聴席にも深々とお辞儀をして退場。場内、大きな拍手］

〔訳注〕
〔1〕これまで行なった証言の内容から、「夜に四人の日本兵がキャンプから私の家にやって来た」という意味だと思われる。そのうち二人が家に入った。
〔2〕当時サンイルデフォンソで裕福だったインサンおばあさんの大きな邸宅。
〔3〕衣服が常に血で汚れるようになったので、食べ物と衣服が与えられるようになった、という意味。
〔4〕中西小隊（機動歩兵第二連隊第四中隊所属）への命令も記載されているが、村へ突入した歩兵部隊の主力は第一、第二中隊である。
〔5〕日本語同時通訳のまま。九歳の子どもが強かんされたという証言はない。

［柏崎知子・訳／横田雄一、岡野文彦・編集協力］

Column

フィリピン・マパニケ村のロラたちと

アテンド担当／斉藤由美子

マパニケ村は遠い。マニラから車でルソン島を北上すること約三時間、日本の農村風景とよく似た稲作を中心とした田園地帯のまん中にある。この村からも九人のロラ（おばあさんの敬称）たちがやって来た。一九四四年一一月二三日早朝この小さな村は日本軍の急襲を受ける。男たちは殺害され、村は掠奪のあと焼き尽くされた。ロラたちは父や兄弟を殺された上に「集団強かん」されたのだった。

当時一〇代の少女だった彼女たちもすでに六〇代後半から七〇代。初めての外国、ましてや自分たちの運命を変えた加害者の国、さらには経験した事のない寒い冬。疲れて体調をこわしたりしないか、風邪も心配だ……という私たちの思いをよそにロラたちは結構元気だった。その秘密はどうやら「法廷」のために用意したお揃いのドレスにあったようである。

お揃いの白いブラウスと黒のロングスカート、そして黒いストールまで肩にかけたおしゃれなロラたち。すてきなドレスは舞台の上で極度の緊張を、ナーバスな心をカモフラージュしてくれたのだ。そう、ロラたちはとても誇らし気にそしてちょっと気取って見えたのだから。ロラたちは村の被害者の代表だった。もうすでに亡くなってしまったロラ、病気で臥せっているロラ、あるいは経済的に来たくても来れないたくさんの仲間たちの「人間としての尊厳」の回復が彼女たちの肩にかかっていたのだから。

遠いと思っていたマパニケからも、この東京にたくさんの人が「出稼ぎ」にきているという。土曜の夜にはロラたちの孫、甥や姪そして親戚たちが、さまざまな食材や鍋釜まで持ちこんで（もちろんホテルにはナイショ！）フィリピン料理を作ってくれた。肉や魚といっしょに野菜をふんだんに使って、ヘルシーでとびきりおいしいのだ。やさしいロラたちはここでもまた、自分たちより先に食べるようしきりに勧めてくれ、私たちにとってはロラたちの家族の一員になったような楽しいひとときがすぎていった。

【16：20—17：30】

専門家証言「『慰安婦』制度について」（吉見義明）

セラーズ検事：吉見義明先生を尋問します。吉見先生は、慰安所制度の本質と日本政府組織との関係についての専門家です。真実を語ると誓いますか。

吉見義明証人：誓います。

［専門家証人申請のための質疑応答、証拠として提出された『従軍慰安婦』（岩波新書）の紹介］

セラーズ検事：判事、この証人を日本の歴史の専門家として、第一次世界大戦から、第二次世界大戦における「慰安婦」制度の専門家としてご承認ください。吉見先生の著書もご承認ください。

今、モニターに映っている本は見えますか。

吉見証人：はい。

セラーズ検事：この文章はご存じですか。

吉見証人：はい、知っています。

セラーズ検事：この文章の第一頁目の、ここに見えるものの中身について簡単に説明していただけますか。

吉見証人：これは、一九三七年当時の上海派遣軍の参謀長であった飯沼守氏の陣中日記です。

セラーズ検事：ごらんになっているこの頁はご存じですか。

吉見証人：はい、知っています。

セラーズ検事：この頁の中身について説明していただけますか。

吉見証人：これは、飯沼参謀長の日記ですけれども、三七年一二月一一日の日記です。赤で囲んであるところに次のように書かれています。「慰安施設の件、方面軍より書類来り、実施を取計う」と書かれていまして、その意味は、中支那方面軍から慰安所を作るようにという指示がきたので、その準備に取りかかったという内容です。

セラーズ検事：つまり、この日記は飯沼守の日記であり、一二月一一日には、上海派遣軍が、慰安所を設置するという命令を受けているということですか。

吉見証人：そうです。

セラーズ検事：それでは、上海派遣軍の中で飯沼氏がどのような立場にあったのかを教えてください。

吉見証人：上海派遣軍の参謀長でありました。

セラーズ検事：飯沼の上官は誰でしたか。

吉見証人：上海派遣軍の司令官ですけれども、朝香宮が司令官でした。上官でした。

セラーズ検事：この朝香宮は、天皇裕仁と何らかの関係がありましたか。

吉見証人：皇族で、天皇の従兄弟〔従兄弟ではなく遠い親戚。後に吉見氏がこのように証言を訂正した〕に当たると思います。

セラーズ検事：この上海派遣軍司令官であった朝香宮にとっての上官とは誰ですか。
吉見証人：中支那方面軍司令官の松井石根大将が上官にあたります。
セラーズ検事：今この日記は、一九三七年一二月のものであるとおっしゃいましたけれども、南京が陥落したのはいつのことだったか、日付を教えてください。
吉見証人：南京城が陥落したのは、一二月一三日です。
セラーズ検事：それでは、南京城陥落の前の時点で日本軍が慰安所の設置を依頼するというのはどういう背景があったと思われますか。
吉見証人：日本軍は、上海から南京に向けて進撃するわけですけれども、その上海から南京に進撃する過程で、途中の至る所で日本軍人によるさまざまな不法行為が起こったことが背景にあります。不法行為というのは、具体的に言いますと、例えば、虐殺、家屋の放火、掠奪、それから強かん。この四つが頻繁におこったわけです。
セラーズ検事：ということは、先生の専門家としてのご意見では、ここに見られる慰安所設置の計画とは、南京城陥落に関係して、これから起こりうる強かんを予防するための対策の一つだったとお考えですか。
吉見証人：非常にたくさんの強かん事件がおきたので、そのような状態をなくしていくという動機が一つあったと思います。
セラーズ検事：今、モニターに映っている写真はご存じですか。
吉見証人：はい。知っています。
セラーズ検事：この写真に何が映っているかは、あまりにも明らかですけれども、記録のために、何が映っているかを教えてください。
吉見証人：上海派遣軍は一九三七年の一二月末か三八年一月に慰安所を開設するのですが、これは、一九三八年一月に、慰安所の前に日本軍の兵士が並んでいるところを写したものです。
セラーズ検事：それでは、吉見先生。先生のご意見では、飯沼守の上官にあたる人たち、すなわち、朝香宮や松井石根は、この慰安所が南京に作られている、作られつつあるということについて知っていたと思われますか。
吉見証人：中支那方面軍の方針として、慰安所を作っていくということですので、当然、その内容については、松井中支那方面軍司令官も、朝香宮上海派遣軍司令官も知っていたと思います。
セラーズ検事：次の頁をご覧ください。これはご存じですか。
吉見証人：よく知っています。これは、私が発見した資料です。

セラーズ検事：それでは、判事の皆さんのためにこれについての重要な点を説明してください。
吉見証人：これは、「軍慰安所従業婦等募集ニ関スル件」という題で、「慰安婦」を募集する事柄に関して、陸軍省の方針を示したものです。
セラーズ検事：そこ〔モニター上〕に赤で囲んであるものは何ですか。
吉見証人：ここには、梅津という印鑑が押してあります。この梅津というのは、当時、陸軍次官であった梅津美治郎の印鑑であります。これが押してあるというのはサインと同じで、彼が承認したということを示しています。
セラーズ検事：次をお願いします。これは、今ごらんになった文書の二頁目ということでよろしいですか。
吉見証人：そうです。
セラーズ検事：この赤い印がついているところに関して、具体的に何について書かれているか教えてください。
吉見証人：これは、陸軍省副官から、北支那方面軍および、中支那派遣軍の参謀長に宛てて出された通牒であると最初に書かれてあります。
セラーズ検事：ほかにどのような人からの許可があったか、あるいは、どのような権威ある人によって認可されていたということを示すなにかはありますか。
吉見証人：この文章の一番最後に「依命通牒ス」と書いてありますが、この「依命（命により）」というのは陸軍大臣の命令によりこれを通牒するということですので、形式としては、陸軍大臣によりということが書かれてあるわけです。
セラーズ検事：では、この文章は、そのなかで「慰安婦」を徴集するやりかたに気をつけよ、と言っているのでしょうか。
吉見証人：先ほども述べましたとおり、すでにこの段階では中国にいる派遣軍が慰安所を作り始めまして、例えば、日本、朝鮮、台湾にきて、「慰安婦」を集めているわけですね。その中でさまざまな問題が起きているということを言っています。その問題というのは、例えば、派遣軍が選んだ業者がやってきて、「慰安婦」の募集を始めるわけですが、その集め方が乱暴であって、誘拐犯と間違えられて警察に検挙されるという事態もおこっているわけです。そこで、今後は、派遣軍が、つまり北支那方面軍と中支那派遣軍が、「慰安婦」の募集については、十分にコントロールするようにとしています。
セラーズ検事：これは、誰から発せられた文章であり、その文章が発せられたのがいつかをお答えください。誰へ宛てて、いつ発せられたものかを。
吉見証人：陸軍省副官の名前で、発せられたものであって、宛名は、北支那方面軍参謀長、それから中支那派遣軍参課長です。日付は、一九三八年三月四日になっています。

セラーズ検事：なぜこのような文章が、参謀長という立場の人に送られるのでしょうか。

吉見証人：慰安所の設置などを含む後方関係は、参謀部及び参謀長が担当するから、参謀長に送っているわけです。

セラーズ検事：今モニターに映っているものをご覧ください。これ〔「軍人軍隊ノ対住民行為ニ関スル注意ノ件通牒」一九三八年六月二七日〕は、どこからどこへ、誰から誰への文章ですか。

吉見証人：これは、北支那方面軍参謀長の岡部《おかべ》直三郎《なおざぶろう》中将から、北支那方面軍配下の各部隊に向けて出された指示になります。

セラーズ検事：今、ここに見えている中身を判事の皆さんに説明してください。

吉見証人：これは、岡部直三郎中将の指示ですけれども、北支那方面軍支配下で、軍人によるレイプ事件が非常にたくさん起こっているということをまず言っています。そのために、日本軍による中国北部の占領支配が危なくなっている。そこで、このような危機的状況を防ぐために、軍人の行為を取り締まるとともに、すみやかに慰安所を作りなさいといっているわけです。この文章も、やはり一番最後に、この通牒は、命により通牒すると書かれていますので、形式的には、北支那方面軍司令官の命により出されたことは明らかです。

セラーズ検事：北支那方面軍の司令官はだれでしたか。

吉見証人：寺内寿一大将でした。

セラーズ検事：この次の文書は、「支那渡航婦女ニ関スル件」ですが、これをご覧ください。これはご存じですか。

吉見証人：はい。知っています。

セラーズ検事：この中身についてご説明いただけますか。

吉見証人：この資料は、内務省警保局の内部資料ですけれども一九三八年一一月四日に作られたものです。

セラーズ検事：これは、「慰安婦」のことを何らかの形で述べていますか。

吉見証人：その通りです。その内容を少し述べてみますと、一九三八年の一〇月に第二一軍という部隊が中国の南部の広州市周辺を占領するわけです。

セラーズ検事：このときの司令官は誰ですか。

吉見証人：このときの第二一軍の司令官は、古荘《ふるしょう》幹郎《もとお》中将だったのですが、その直後に安藤利吉中将に交替いたします。

セラーズ検事：これは何らかの形で慰安所についてふれていますか。

吉見証人：ふれています。その内容を簡単に説明したいのですが、中国南部を占領した直後に第二一軍は、慰安所を大規模に作ろうとします。そこで、第二一軍は、日本の内地では内務省に、女性たちを集めるように依頼します。そこで、この資料の中には、第二一軍の参謀と、陸軍省の徴募課長が一緒に訪ねてきて、四〇〇名の「慰安婦」を集めてほしいと要求したこと、従って要求に応じるという内容が書かれています。その集める方法は、内務省警保局が各府県知事に命じて、各府県の警察に業者を選ばせ、その業者に女性たちを集めさせて、中国南部に送り出すというものです。さらに、この資料の中には、台湾のことも書かれているのですが、すでに台湾総督府を通じて、台湾にいる約三〇〇名の女性の渡航の手配が済んでいると書かれています。

セラーズ検事：当時の台湾総督は誰でしたか。

吉見証人：このときは、小林躋造《こばやしせいぞう》海軍大将が台湾総督でした。

セラーズ検事：その時、この女性たちを受け入れる側にいたのが安藤利吉だったと理解してよろしいですか。

吉見証人：そうですね。まもなく、古荘幹郎中将が第二一軍の司令官を辞めますので、実際に女性たちが到着し、慰安所を作るのは安藤利吉中将のもとで行なわれました。

セラーズ検事：安藤利吉の上官は誰ですか。

吉見証人：安藤利吉の上官といいますと、天皇以外はちょっと考えられないということになります。

セラーズ検事：今、おっしゃっているのはつまり、この中国で、第二一軍が女性たちを集めて、慰安所を作るという計画に、この第二一軍の司令官であった安藤利吉の直接の司令官が天皇であったと、理解してもよろしいでしょうか。

吉見証人：当時は、北支那方面軍、それから中支那派遣軍、第二一軍がありますが、この三つは、いずれも、天皇に直隷しているということになります。

セラーズ検事：ここにでているのは、村上貞夫氏から千田夏光氏への手紙に書かれた文章ですが、もしこの文章をご存じでしたら、内容をご説明ください。

吉見証人：はい、内容を知っておりますので説明いたします。この手紙は、千田夏光氏が書いた『従軍慰安婦』という本を読んで、その内容に事実と違うところがある、ということで書かれた手紙です〔本シリーズ第3巻所収〕。

セラーズ検事：その間違いというのは、「慰安婦」に関わるものでしたか。

吉見証人：その通りです。少し具体的に申しあげたいと思いますが。千田氏の本では、一九四一年七月から関特演〔関東軍特種演習〕というソ連に侵攻するための作戦計画が進められていきます。このとき、ソ連に攻め込むための兵員が七〇万から八〇万集められるという計画が進められていました。この作戦に集められた兵員のために、関東軍は約二万人の女性たちを集めようとし、しかし、実際には八〇〇〇人しか集められなかったということが千田氏の本に書かれていたわけです。この点に、村上さんは間違いがあると言っています。村上氏は、一九四一年七月当時関東軍参謀部第三課の兵站班に勤務しています。

セラーズ検事：結果的に、何人の女性が送られたと、この村上氏はいっているのですか。

吉見証人：八〇〇〇人ではなくて、自分の記憶では三〇〇〇人だったと、書かれています。

セラーズ検事：それでは、専門家のご意見として集められた女性の数は八〇〇〇人ではなくて三〇〇〇人だったと思われますか。

吉見証人：この手紙が非常に重要なのは、当事者がそのように言っているということです。三〇〇〇人と言っているということは、少なくとも三〇〇〇人は、この当時に朝鮮半島から集められて送られたということが明らかになると思います。

セラーズ検事：当時、関東軍の司令官は誰ですか。

吉見証人：当時の関東軍の司令官は、梅津美治郎大将でした。

セラーズ検事：ここに出ているのは、『大陸終戦秘話』〔恵暉雅著〕という文書ですけれども、ご存じですか。

吉見証人：よく知っております。

セラーズ検事：これは、『大陸終戦秘話』の次のスライドですが、ここに出ているものについて、お話しいただけますか。

吉見証人：これは、一九四五年の初めごろのことだと思うのですが、ある兵士の戦後の回想記ですけれども、このように書かれています。「さて、この慰安所が、中支の奥深く、桂林よりなお先の五十二旅団司令部の通信隊の近くに設けられていたのだからオドロキである」。

セラーズ検事：今でてきた地域というのは、東京裁判で判決を受けた畑俊六が、慰安所を作ったという地域と一緒ですか。

吉見証人：これは桂林の郊外になると思いますが。裁判に出てくるケースとは別ですけれども、町としては、桂林とその周辺ということになると思います。

セラーズ検事：当時の司令官はやはり畑ですか。

吉見証人：時期的に総司令官が変わっておりますので、一九四四年一一月二三日までは支那派遣軍総司令官は畑俊六ですが、一一月二三日からは、岡村寧次大将に代わっております。

セラーズ検事：このスライドに出ているのは、『戦場道中記』という細川忠矩《ほそかわただのり》氏のものですけれども、これはご存じですか。

吉見証人：はい。

セラーズ検事：これは、同じ『戦場道中記』の一カ所ですけれども、これもご存じですか。

吉見証人：知っております。

セラーズ検事：これは、慰安所と何らかの関係があるところがふれられていますか。

吉見証人：そうですね。日本軍は四四年六月一八日に長沙という都市を占領するのですが、その長沙というところで作られた慰安所について述べているわけです。

セラーズ検事：この慰安所も畑将軍のもとに作られたものと考えてよいですか。

吉見証人：第一一軍なのですけれども、その第一一軍の上にある支那派遣軍の総司令官ですので、広い意味では畑大将のコントロールのもとにあるとも言えるかもしれません。

セラーズ検事：ということは、先生のご意見ではこの畑大将は中国のこの時期に建てられた慰安所についての責任があるということですね。

吉見証人：ええ、その通りだと思います。

セラーズ検事：それでは、先生の専門家としてのご意見では、この一九三七年から四四年にかけての時期には、常に、日本軍の行くところにはどこにでも慰安所を作るという方針が存在し、それが継続されていたと考えることができますか。

吉見証人：ええ、そういうことです。今、示したのは、二つの例だけですけれども、元兵士の戦後の回想記を見ていますと、慰安所について書かれたものが非常に多いわけです。それは、一九三七年末から一九四五年七月ぐらいまで、慰安所がずっと作られ続けたということが書かれているわけです。

セラーズ検事：吉見先生どうもありがとうございました。判事のご質問はありますか。

ムトゥンガ判事：先ほどの、飯沼日記ですが、一二月一一日の記入では、「女郎屋」を作ったと書かれています。その「女郎屋」と慰安所の関係、あるいは、「女郎屋」から慰安所にしたのはいつかということはわかりますか。

吉見証人：中支那方面軍の指示は、慰安施設を作れということだったので、これは慰安所のことだと思います。後の方［一二月一九日］に、「女郎屋」という言葉がでてきますけれども、これも慰安所のことであって、たまたまここではそれを「女郎屋」という風に表現しているわけです。しかし、これは軍が完全に管理する施設を作るということですので、「慰安所」と考えるべきだと思います。

ムトゥンガ判事：慰安所という言葉ですけれども、この英訳のcomfort（慰安）という言葉は、慰めという言葉にもあたるので、今の質問は、慰安所という言葉、慰安という言葉がなぜ使われるようになったのか、その由来を知りたいということです。

吉見証人：それはこういう事情があるかと思います。日本軍の中においては、兵士の待遇が非常に悪かったわけです。また、兵営の中で人権が完全に無視されているわけですね。さらに、戦争が長期化して、いつ終わるかわからないという状況に追い込まれます。戦争の目的もよくわからず、自分たちはなんのために中国に来て、こんな長い間闘っているのかよくわからない状況であったわけです。そして、戦争が長引くにつれて、兵士の間に非常に強い不満がたまっていきます。その不満が上官に対して爆発することを非常に恐れていたのです。そこで、そのような不満の爆発を防ぐために、兵士に「慰安」を提供することが必要だと考えられました。その場合に「慰安」を提供するというのには、いろいろな方法があると思うのですが、例えば、スポーツなどの健全な「慰安」が考えられます。それから、もう一つは、兵士をなるべく早く帰還させるという方法も考えられます。しかし、そのような方法は、ほとんどとられず、唯一とられる方法は、兵士に性的な「慰安」を与える、慰安所を作って不満を抑えることだけがすすめられていきます。

マクドナルド判事：そして、彼が一九三八年の一二月一一日付で、その日記に自分が慰安所の設営の面倒を見るということが書かれているのですね。

吉見証人：はい。日付は、一九三七年です。

マクドナルド判事：参謀長と、天皇の関係は当時どういうものでしたか。

吉見証人：参謀長の上には、上海派遣軍司令官がおります。そして、上海派遣軍司令官のさらに上官には、中支那方面軍司令官。そして、その上に天皇がおります。そういう関係になります。

マクドナルド判事：どうもありがとうございました。吉見先生どうもありがとうございました。出廷していただけたことを感謝します。［拍手］

［瀬山紀子・書き起こし］

【17：37―18：50】
台湾

荘《チュアン》國《クオミン》 明検事
　私は台湾の検事、荘國明です。
　今日の陳述を三つに分けます。第一部は起訴状について、事実と法律の部分に分けて陳述します。第二部は証人の証言と証拠の提出です。三人の被害者を法廷にお呼びして、加害の事実を述べます。時間を節約するため、映像の証言も入れます。これらの証人に対し尋問をすることをご許可ください。第三部は論点をまとめて述べさせていただきます。
　以上の順序で行なうことをご許可くださいますようお願いします。

マクドナルド判事：説明、ありがとうございます。時間が迫っていることは分かっていますが、重要な証言、証拠は省略しないでください。法廷でのビデオ証言の提出をなさりたいなら許可します。

黄《ホアン》 昭《ジアウヤン》 元検事
　ありがとうございます。私は黄昭元、検事団のメンバーです。私は「法廷」憲章第一一条において、昭和天皇を、人道に対する罪で起訴します。また同じく、当時の台湾の総督であった小林躋造を起訴します。第四条に基づき、生存者及び遺族たちは日本政府を起訴します。起訴状を読み上げる前に、簡単な台湾と「慰安婦」制度に関する資料を提出したいと思っています。
　台湾の被害者に関する内容をお話ししたいと思います。これは提出証拠Aです。地理的には、台湾はフィリピンの北側、日本の南、中国大陸の東側にあります。これがA―1です。台湾は島国であり、面積は約三三万五九六一平方キロメートルです。一時はオランダ、中国にも占領されてきました。一六二四年、オランダはスペインを征圧し、同時に台湾を征圧してオランダの占拠地になり、一六六一年まで続きました。一六八二年に、中国がオランダを征圧し台湾を占領しました。さらに、中国の当時の王朝である清朝が日本との戦争で負け、台湾は日本に割譲されました。一八九五年のことです。この時台湾は日本の最初の植民地となりました。台湾の人々は抵抗をしましたが国土を保有することはできませんでした。一八九五年の下関条約によって、台湾は日本の植民地となり、日本の支配下に置かれました。［中略］
　兵士たちにとって女性たちは「慰安」の道具でした。彼らは多数の「慰安婦」を募集しました。植民地になった台湾には、日本軍が多数駐留しました。一九三八年から台湾は「慰安婦」の主要募集地でした。その結果、台湾の女性、少女たちは騙されるか、または強制的な手段で中国などの慰安所に連れていかれました。このような募集には、軍上層部と、台湾総督府、総督が関与していました。これらの起訴事実についての史料証拠を法廷に提出し証明します。質問がなければ、証拠を提出したいと思います。

チンキン判事：台湾で募集された、あるいは強制的に連行された「慰安婦」の数は何人ですか。

荘検事：はっきりとした数は分かりません。ですが、台湾人学者の調べによると、今のところ分かっている数字は、当時台湾で募集し、騙されたり強制されて慰安所に送られた「慰安婦」の数は一〇〇〇人ということです。証拠として提出してもよろしいでしょうか。

マクドナルド判事：認めます。

黄検事：ありがとうございます。

姜《チアン》 皇《・ファン》 池《チ》検事

私は姜皇池と申します。先に、同僚が「慰安婦」に関して述べましたが、続けて私は慰安所の運営に関して、特に日本政府が関与した部分について陳述します。起訴状の一一から二四にありますように、私の発表内容は、以下の各項です。［略、第6巻収録の台湾起訴状（抄）参照］

もう一つの重要な証拠について述べさせていただきます。

今の段階では、台湾における今回の訴訟の共同団体の調べにより、七〇人の台湾人「慰安婦」及び二人の朝鮮人「慰安婦」が台湾にいたことが分かっています。台湾外に送られた場合もありました。しかし正確な台湾人「慰安婦」の数ははっきりとは分かっておりません。このように海外に送られた人たちを含めると二〇〇〇人に及ぶのではないかと思います。もっとたくさんいるはずですが、私たちの調査では、七〇人の被害者しか確認できていません。この中から一二人がこの法廷に来ました。今日、証言をするのは三人です。

大変勇気ある女性たちは、三つの民族を代表しています。原住民族、客家系漢民族と閩《ビン》南系漢民族です。彼女たちの証言を聞けば、「慰安婦」制度は日本政府が戦時中運営していたものであり、組織的なものであったことが分かります。女性に対し、民族の違いを問わず性奴隷を強要したのです。判事の許可を得て、三人からの証言を聞きたいと思います。

チンキン判事：確認ですが、「慰安婦」にされた被害者の数は二〇〇〇人ですか。

姜検事：推定されたのが二〇〇〇人ですが、確認されたのは七〇人です。

チンキン判事：名乗り出たのが七〇人で、その他にもっといるはずだ、ということですか。

姜検事：そのとおりです。台湾内外にもっといるはずですが、特定されておりません。自ら名乗り出ない人たちが圧倒に多いということもあります。

マクドナルド判事：ありがとうございました。続けてください。

姜検事

　それでは、最初に証人、高寶珠《カオ・パオチュ》に尋問します。証人は台湾の閩南語で答えます。そして、客家系の盧満妹《ル・マンメイ》、最後は原住民族のイアン・アパイ（中国名は林沈中）。その全て翻訳が必要です。ビデオ証言をご覧いただき、その後証言をしていただきます。荘検事からお願いします。

書記官：盧満妹さん、イアン・アパイさん、高寶珠さん、あなた方は、これから話すことが事実であることを誓いますか。

証人：はい

書記官：イアン・アパイさん、証言ビデオで話すことが事実であることを誓いますか。

アパイ証人：はい

荘検事：尋問をする前に、台湾の特殊性について説明させてください。台湾は原住民族を含む四つの民族から構成されています。原住民族だけでも一〇部族おり、それぞれ違う言語を使います。台湾には一三種類の言語があります。標準語は中国語・北京語ですが、三人の証人は北京語を話せないため、方言を使いますので、中国語への通訳をお許しください。

　証言ビデオテープを準備してあるのでこれらをご覧になって下さい。ビデオを証拠として提出したいと思います。

［ビデオ証言］

［ナレーション］日本兵士にとって楽園だった台湾は、「慰安婦」にとっては終わりのない地獄となりました。

　第二次世界大戦の間、日本軍は士気を高めるため、そして性病に罹るのを防ぐため、軍性奴隷制をしいて多くの「慰安婦」を募集しました。まるでモノのように私たちを扱ったのです。事実は長い間隠されていました。そして一九九二年にはじめて日本政府は、公文書を発表しました。そこには台湾の従軍「慰安婦」を連行するようにという命令が書かれていました。被害者（サバイバー）の人たちは、五〇年の沈黙を破って名乗り出てきたのです。一九九二年、三人の阿媽《アーマ》（お婆さんの意味、台湾閩南語）が、国民の前に名乗り出たことからはじまりました。日本軍によって、戦争中にどのようなひどい性奴隷制がしかれていたかを訴えました。当時は、彼女たちは顔を出すことができませんでした。一人目の証人です。

［歌］

高寶珠証人：私はその時、レストランで働いていました。歌を歌っていました。一七歳でした。〔広東の〕遠く離れた山へ連れて行かれました。誰もいないところに連れていかれました。たいへん辛かった。七、八年の間、台湾に戻ることはありませんでした。私はどこに連れていかれたか分からなかった。その後、ビルマだと分かった。二カ月も船に乗っていた。軍艦だった。あそこは危険で恐い所だった。私の片耳は大砲の音で未だに聞こえません。シンガポールにも行った。シンガポールから、ビルマに連れて行かれた。長い間滞在しなかったが、「ナンカン」とラングーンという所に移され、四カ所を渡り歩いた。そこではいつも大砲の音が聞こえた。高い山が、まるで島のように見えていた。車はくねくねと曲がった急な坂道を行かねばならず、私たちは逃げることはできなかった。逃げるならば、自殺するしかなかった。私も自殺を試みたが、うまくいかなかった。

［歌］

朝の八時から夕方の五時半まで、十何人もの将兵がやって来て自由な時間はなかった。三つの箱を渡され、使ったものを洗った。たいへんな苦痛だった。兵士たちの洋服を洗濯をさせられた。大変な労働だった。ご飯を食べる時間もなかった。兵士たちが酔っ払って中国人の奴隷がなぜ食べているのか、と言った。そして食卓をひっくり返した。私たちはご飯を食べるところさえなかった。口答えしたら、彼らはすぐ刀を出し、殺すぞと言って脅した。ベッドの下に私たちは隠れたが、引きずり出されて兵士の相手をさせられた。たいへんな侮辱だった。苦痛も感じられないぐらいだった。私たちはすでに鈍感になった。痛くも、何も感じなかった。私がレストランで働いていた時は、お酒を運んだり歌ったりするだけだった。日本人は、このようなことをしないといっていたのに、それは嘘だった。

男性の声／リンチュウチャン：広東からの女性が三〇人、台湾からの女性は二八人だった。ほかから一〇〇人も来ていた。私が台湾人であることも知っていた。スパイ活動を恐れていた。女性たちは中国から連れて来られていた。

高証人：私たちは姉妹のように、親しかった。お互いはその苦痛を知っており、同じ病気を持っていた。毎日泣いていた。

このような話は誰にもできず、親にも話せなかった。四四歳の時、離婚した。その後、奥さんが亡くなったばかりの子持ちの人と結婚し、暮らしていた。いま、孫もいる。夫は私のことを知らない。知っていたらどうなるかずっと心配していた。知っていれば、きっと結婚をすることはなかっただろう。時々おなかが痛くなる。足も痛い。人に知られたらどうしようかと思う。

とても若かった時、一〇代の時日本軍によって連れて行かれた。私の青春時代だった。誰が苦しまずにおれるだろう。夫にも子供にも知らせていない。話すのが怖いし、心配もあった。これらのことを知ったら、私はどんなことになるか、分からない。［音楽］

［ナレーション］彼女が歌った歌詞は実は、彼女自身の体験だった。その悲惨な経験を思い出し、彼女もお母さんに文句をいった、なぜこんな時代に私を生んだのかと。人生の一番つらいことを経験した。

荘検事：簡単な質問をします。阿媽《アーマ》、お聞きしますが、一七歳で広東に連れて行かれ、香港、シンガポール、ビルマ、そしてベトナムまでも行きましたね。何年間ですか。

高寶珠証人：八年ぐらいです。

荘検事：連れていかれたときは何と言われたのですか。

高証人：何も言われなかった。

荘検事：どこに連れていかれたのか分かりましたか。

高証人：中国に行くといっていました。何をするの、と聞いたら「行けば分かるだろう」という返事でした。

荘検事：同意して行ったのですか。

高証人：いいえ。そのときすでに六カ月の子供がうちにいました。分かっていたら行くわけがありません。

荘検事：どうやって連れていかれたのですか

高証人：最初はご飯も食べさせてくれ、夕方になってから車で連れていきました。

荘検事：どんな車ですか。

高証人：外からなにも見えない車でした。

荘検事：あなたが連れていかれたところに看板がありましたか。慰安所と書いてありましたか。

高証人：ありました。

荘検事：客を取るときお金をもらったのですか。

高証人：いいえ。

荘検事：逃げようとしましたか。

高証人：帰りたかったけど、帰ることはできませんでした。

荘検事：なぜですか。

高証人：見張りが厳しかったのです。どうやって逃げ出すことができるのですか。

荘検事：あなたが連れていかれたところで、軍医の身体検査はありましたか。

高証人：ありました。一週間に一回、あるいは二週間に一回の検査がありました。

荘検事：ありがとうございます。高証人の尋問はこれで終わりです。

　二人目のビデオ証言をお願いします。

［ビデオ証言］

［ナレーション］中国の市場があった。私たちが船に乗ったら、お互いに知り合いだということが分かった。楡林《ユイリン》の港に着き、連れていかれたところにはココナッツの木があった。家はなかった。日本人だけが民家に住んでいた。私たちが要請したので、彼らは［……］の土地に連れ戻した。しかし町は破壊されていた。その場所を見ることができる。昔この学校はなかった。墓地だった。九個の部屋があった。私は個室に入れられた。海南島、三亜地区にある慰安所は、今福祉センターになっている。

証人席の高 寶珠さん、盧 満妹さん、イアン・アパイ（中国名・林沈中）さん

盧満妹証人：私と一緒にいたのは、よく覚えているのが朝鮮人と日本人だった。長い家だった。三十数人がそこに住んでいて、一人一つの部屋があった。兵士らが入るには切符がいる。切符を売りました。感情はなかった。いくつ切符を売ったか、それだけだった。終わると彼らは去っていった。切符を買った後、コンドームが配られたが、意図的に使わない兵士もいた。それで私は妊娠した。

　後に私は養子をもらった。戻ってから働いたが、結婚する相手は見つからなかった。結婚する相手に過去のことがばれたらどうするか、怖かった。

　このようなことをした日本が賠償を払うことを望んでいる。私たちが騙されたことだけではなく［……］。

尤美女《ユーメイニュ》検事：私は台湾から来た検事の尤美女です。

　ビデオで見たのは二人目の証人盧満妹の証言でした。先にビデオで証言を聞いたことについて尋問してもよろしいですか。

マクドナルド判事：はい、どうぞ。

尤検事：先に放映されたこのはあなた自身のことですか。

盧満妹証人：はい。

尤検事：内容は事実ですか。

盧証人：はい。

尤検事：あなたはいつ生まれましたか。

盧証人：民国一五年、一九二六年に生まれました。

尤検事：なぜそこに行ったのですか。なぜ「慰安婦」にされたのですか。そのとき、何歳だったのですか。

盧証人：騙されてそこへいったのです。一七歳でした。看護婦〔訳注〕にならないか、いいお金が稼げる言われました。向うに着いたら、建物はまだ完成していませんでした。完成したあと、一人一部屋割り当てられ、そのとき、初めて看護婦のためではないことがわかりました。初めて、騙されたとわかりました。客を取るのは拒否しました。

尤検事：どうやってそこにたどり着いたのですか。

盧証人：軍艦に乗せられ、高雄から船で行きました。

尤検事：軍艦だったのですか。

盧証人：はい。海南島まで、楡林港で船を下りてから、紅《ホン》砂《シャー》に連れていかれました。

尤検事：そのルートはビデオで示されたとおりですね。

盧証人：そうです。

尤検事：着いてはじめて「慰安婦」だと分かったのですね。

盧証人：私は、お金もなく、「慰安婦」にならないとご飯を食べることできませんでした。脅されて、仕方なく生きていくために彼らに従ったんです。自殺だってできなかった。逃げられませんでした。田舎のような所だったので逃げるのはとんでもないことでした。我慢しなければなりませんでした。

尤検事：そこにどのぐらいいたのですか。

盧証人：一年ぐらいだと思います。そして私は妊娠しました。それで、家に帰してもらうようお願いしました。妊娠八～九カ月で戻りました。

尤検事：妊娠しているから客を取ることはできないので帰らせたと思いますか。

盧証人：申請の手続きをしました。

尤検事：身体検査はありましたか。

盧証人：一週間に一回ありました。

尤検事：どんなふうに検査を行なったのですか。

盧証人：車で行きました。

尤検事：軍の車だったのですか。

盧証人：はい。軍用車に乗せられ、軍医のいるところに連れて行かれました。

尤検事：逃げられなかったでしょうか。

盧証人：だめでした。厳重に見張られていてとうてい逃げることはできませんでした。

尤検事：妊娠したために家に戻った後、子供を産んだのですか。

盧証人：はい、でも子どもは生まれて三八日で死んでしまいました。

尤検事：なぜですか。
盧証人：海南島で伝染病にかかったのです。重いマラリアにかかり、高熱がでました。薬はありませんでした。マラリアにかかったために、子どもも亡くなりました。
尤検事：こんな悲惨な経験をしたあと、あなたが台湾に戻ってからは、どういう生活だったのですか。
盧証人：お母さんが私の面倒を見ました。
尤検事：あなたが、「慰安婦」だったことが周りの人に知られたのですか。
盧証人：そうです。たいへん苦しい状況でした。
尤検事：結婚はしなかったのですか。周りの人に嘲笑されましたか。
盧証人：誰が私を……。皆、知っているから。
尤検事：最後に、日本政府に対してなにか言いたいことはありますか。
盧証人：私は日本政府が謝罪し、賠償をして欲しいのです。私の青春時代は日本に奪われました。返して欲しい。
尤検事：彼女は、看護婦になると騙されて「慰安婦」にさせられました。彼女の青春も、人生も台無しになりました。このような悲惨な経験をした彼女の要求は、日本政府の謝罪と賠償です。以上です。ありがとうございました。
　引き続き、廖検事が三人目の証人尋問を行ないたいと思います。
廖英智《リャン・インチー》検事：私は廖英智です。最初にビデオをお見せし、その後、被害者のイアン・アパイさんに証人尋問をします。

［ビデオ証言］

［イアン・アパイ証言］ここは昔日本兵の駐屯地で、倉庫があった。ここは、銅門と言われていた。日本が台湾を支配する以前から、日本の警察がいた。原住民族のいるところだったが、そこで、大隊が裁縫をする人を募集した。警察がやって来て、私たち四人に仕事に行くように言った。私たち一家は貧乏だった。榕樹の倉庫部隊へ働きに行った。一七歳の時だった。処女だった。

　朝八時から夕方五時まで仕事した。最初のうちは戻ってきて家で休んだ。そのうち、部屋に住み込むように言われた。台所の隣だった。そこで働いていた女の人と一緒に仕事をするように言われた。家に帰ることはできなくなった。一晩に、多い時は五人の兵隊を相手にしなければならないときもあった。そこに半年ぐらいいた。辛い「慰安婦」としての時を過ごさなければならなかった。その間に三回妊娠した。医者に言ったら、堕胎の薬を渡されました。

　日本が降伏し、やっと家に戻れた。結婚をしたが、本当のことを話したことはない。結婚生活はうまくいかなかった。三回の結婚とも失敗した。理由は、「慰安婦」であったことが知られたから。「慰安婦」だったという過去を相手が受け入れられなかった。タコロ族では、処女性が重視されている。それを告げることができなかった。それが分かってしまって、受け入れられなかった。これは私のせいではないと夫にいくら反論しても理解してもらえなかった。結局離婚した。こんな苦しみを何度も耐えなければならなかった。自殺したかったができなかった。子供のことを考えて五〇年後の今日まで生きてこられた。でも、自分が割れてしまったようで、とても苦しんだ。このようなことを思い出すといつも苦しく、悲惨な思いがよみがえってくる。人生の中でもっとも苦しい日々だった。

廖検事：林さん、あなたははじめ裁縫をする仕事に行くようにもちかけられましたね。

イアン・アパイ（林沈中）証人：そうです。

廖検事：その後、どのように「慰安婦」にさせられたのですか。

アパイ証人：地域の警察が、私の親に言ったのです。私を部隊に送り込んで働かせるともちかけたのです。

廖検事：わかりました。最初の話は、働くということでしたね。その後、どのように「慰安婦」にさせられたのですか。

アパイ証人：もともと、私の仕事は、昼間に、ボタンつけや洗濯をしたり、洋服をたたむことなどをさせられていました。その後、日本の軍人、ナリタ軍曹が私を連れ出しました。彼は私を山の中に連れていき、ある士官に渡し、それっきりでした。名前は覚えてないが、彼は「今晩、一緒に寝ろ」と私に言いました。

その晩、真っ暗な洞窟の奥に連れていきました。彼はむりやり私のズボンを脱がし、私は抵抗のしようがありませんでした。そして強かんされました。

廖検事：あなたはその後、毎晩同じように「慰安婦」の仕事をさせられたのですか。

アパイ証人：そうです。あれから私は「慰安婦」として働かされました。

廖検事：どのぐらいの期間、「慰安婦」にさせられたのですか。

アパイ証人：時間的にははっきり分からないが、八カ月ぐらいだったと思います。

廖検事：私の質問はこれで終わります。

次の報告は私の同僚がします

検事：最後の質問をします。日本政府に何を求めますか。

アパイ証人：要求、もちろんします。一七歳からこんなことをさせられ、私の青春はなくなり、結婚もうまくいきませんでした。「汚い女」と見られて生活の術もないまま生きてきました。私は洗濯、床掃除の仕事をして生計をたてました。私は日本政府に謝罪と賠償を求めます。私たちがどんなに苦しんできたのか、憂鬱な思いをしてきたのか、それを償わなければならないと思います。多くの人たちはこのような過去、あるいは日本軍がしたことを知らない。私の証言で明らかになったでしょう。日本の次の世代にも知らせたい。日本軍はこのようなことをしてきたのです。

　大変な生活を何十年間も続けてきたのです。これらの事実を認めて、私たちに謝罪をすべきです。このようなことをした日本軍に考えて欲しいのです。

検事　これで私の質問は終わりです。ありがとうございました。

　以上、台湾は証言をビデオをとおして行ないました。

［中略］

　今まで、「慰安婦」被害者は一度も謝罪を受けたことがありません。いま、私たちは声を上げるときです。日本政府が台湾女性に対して性奴隷を強いたことを正式に認めなければなりません。これは犯罪です。

　これらの証拠に基づき、判事の皆さんに、被告人に有罪の判決を下されるようお願いします。ご静聴ありがとうございました。

マクドナルド判事：証言をいただいた皆さん、これらの証言に対して、証言をされなかった方々を含めて、私は判事を代表して感謝を申しあげます。

　証人たちの出席にも感謝しています。長い時間証言してくださって、ありがとうございました。［拍手］

〔訳注〕盧満妹さんは以前、日本人が経営する食堂の給仕を探していると声をかけられたと話しているが、ここでは「法廷」で証言されたとおりに記す。

［符祝慧《フーチユーウエイ》・訳／駒込武、山口明子・編集協力］

【18：50　二日目閉廷】

Column 7

メディアと女性国際戦犯法廷

メディア・コーディネーター／高橋茅香子

「法廷」第一日目。九段会館の入り口には、開場の一時間前にはすでに、カメラや三脚、テレビ機材などを持ったメディア各社がつめかけていた。東京の外国人特派員協会を含むいくつかの事前の記者会見で、広く世界からそそがれる熱気のこもった注目度の高さは感じていたが、現場での取材は予想をはるかに上回る意気込みに満ちていた。会場内で報道用に準備された場所は即座にいっぱいになり、通路に腰をおろす記者も多かった。

取材に来たメディア関係は、海外メディアが九五社二〇〇名、国内メディアが四八社一〇五名、合計メディア数一四三社、三〇五名となった。このほか個人として参加したミニコミや機関紙、雑誌などの取材陣も数多く見られた。

取材は「法廷」だけにとどまらず、主催者代表、判事、検事、各国の被害女性たちへの個々のインタビュー申し込みも多く、要望に応じてできるかぎり設定した。また参加八カ国それぞれのメディア・コーディネーターと協力して、開会中にも連日、休憩時間などに国別の記者会見を開いた。急ごしらえの会見場で記者たちの質問を受けるのは各国の検事や被害者たちで、ステージの上では時間の制約もあって出しきれなかった熱い思いをぶつける光景もしばしば見られた。

そして取材の結果は、海外では大々的に報道され、とりわけ最終日に出された「昭和天皇有罪」を大きく一面の見出しに使う新聞がめだった。中国の二〇〇〇を越えるという新聞、韓国の主要新聞、そして米英仏独など欧米の有力紙などに扱われた一方、被害国ではテレビやラジオが特集番組を組んだ。「法廷」後、それらの記事がぞくぞくと集まりはじめたとき、改めてこの民衆法廷の意義の深さを実感した。

対照的に日本のメディアの扱いは目立たず、そのことが異常であるとイギリスの新聞記事になったほどだった。とりわけ期待していたNHKの報道特集番組のおそまつさはひどかった。しかし、しっかりと報道したいくつかの新聞、とくに地方紙、ミニコミなどの力強さには励まされたし、「法廷」参加者や読者から主要紙への投稿もきらりと光り、今後もそのような個人の声を大切に受けとめていきたいと思った。

第3章　法廷三日目（一二月一〇日）於・東京九段会館

【10：15―10：40】
マレーシア

ジュリエット・シノ検事

おはようございます。マレーシア検事のジュリエット・シノと申します。こちらは代理人の徳永理彩です。マレーシアの起訴状は共同のものです。

被告は一四名、うち四名の被告を中心に述べます。その四名は天皇裕仁、南方軍総司令官寺内寿一、三人目は第二五軍司令官山下奉文、四人目は第七方面軍板垣征四郎。いずれも一九四一年一二月八日から日本軍が降伏する一九四五年八月一五日まで続いた被告らによるレイプ、性奴隷という非人道的行為に対するものです。マレーシア検事団に与えられたごく短い時間の範囲で私たちは被告らが犯した人道に対する犯罪を、二名の被害者の証言を通して証明します。

これは、日本軍が意図的な政策としてマラヤにおいて制度的に行なった犯罪です。

私は被害者一名の証言を、代理人は他の証言を発表します。また軍規則をスライドで上映します。

最初の証人はマダムX（匿名）。ビデオで証言します。

一九五六年に撮影された彼女の写真です。戦争終結の一一年後の写真です。彼女はいかなる写真公表をも拒否しました。ですから一九五六年に撮影された写真をもってきました。彼女が写真公表を拒否するのは家族を守るためです。家族の人たちが母親が「慰安婦」だったと中傷されるのを避けるためです。

不幸なことにマダムXは亡くなりました。彼女の証言は中国語で書かれた書面による証言です。これは供述書#五に記述されています。一九九六年八月二六日に書かれました。この証言は、ここでは名前を公的に発表できませんが、ある持ち主からお借りしました。「法廷」憲章第四条に該当するものです。日本政府は引き続き強い圧力をかけてマラヤにおける「慰安婦」問題の証拠を隠しつづけてきました。この証言は、中原道子教授の協力により彼女とのインタビューを書き起こしたものです。

中原教授、壇上に上がり、この事実を証言して下さい。

シノ検事：中原教授、あなたはマダムＸに会いましたか。

中原道子証人：はい。

シノ検事：マダムＸが亡くなる前に彼女にインタビューしましたか。

中原証人：はい。

シノ検事：彼女がインタビューで話した通りを記録していますか。

中原証人：はい。

シノ検事：それが、私が書記官に提出した供述書＃六に記載されたものですね。

中原証人：はい。

シノ検事：中原教授ありがとうございました。

マクドナルド判事：検事、供述書＃五には保持者の本名が記載されているのですね。

シノ検事：はい、ただその方の意志により公表しません。

さて、時間がないのでかいつまんで説明申しあげます。彼女の人生は、ここ二日間に証言された方たちの人生と似ています。一六歳の時、日本軍が村を焼きに来ました。一九四二年三月二二日でした。彼女は日本軍が父を殺し、母をレイプしたのを目撃しました。そして彼女をレイプし連れ去ったと考えられます。その後、彼女は慰安所に入れられました。彼女は証言の中で一日に一〇〜二〇人を相手にしたと語っています。

彼女が慰安所から解放されたときは数々の疾病を抱えていました。彼女が亡くなったのは当時から患っていた数々の疾病が原因です。彼女は、すばらしい男性と出会いました。そして彼と結婚しました。一九五〇年のことです。彼は彼女に読み書きを教えました。彼は彼女の過去を知ろうとはしませんでした。人生の一部を忘れることはできるはずです。しかし彼女は過去を忘れることができず、読むこともままなりませんでした。普通の結婚生活ができませんでした。夫は彼女を捨てました。

二人には二人の養子がいましたが、夫が彼女を捨てた後、彼女は一人で子供を養育しました。洗濯、料理、他の家の子供の面倒をみるなど、いろいろな仕事をしました。彼女は一生苦労して過ごしました。彼女の長女は小学校二年の時以来学校へ行けませんでした。

次に代理人がもう一人の証人の証言ビデオを解説します。

徳永理彩代理人：これから供述書としてロザリン・ソウ証人のビデオを上映します。この証人の供述内容は中原教授によって署名されています。

［ロザリン・ソウ証人ビデオ証言］

マレーシアの元『慰安婦』ロザリン・ソウの証言

「ママが九歳の時死んでから人生は悲しいことばかり。幸せは訪れず戦争、戦争、そして病気。」
[マレーシア　ペナン島の映像]
ロザリン・ソウさん、八四歳、一九一六年ペナン生まれ。一九九四年、元「慰安婦」として名乗り出る。
[新聞記事を見せるロザリン]
四九年間「慰安婦」だった過去を隠してきた彼女だが、元「慰安婦」の国際集会〔九七年の「戦争と女性への暴力」国際会議〕に関する新聞記事が彼女に名乗り出ることを決意させた。
[結婚式の写真]
ロザリンは一八歳で結婚。二児を生んだが、六年後に離婚した。二人の子供と暮らし始めた一九四一年一二月に日本軍がマレー半島に上陸。ペナンでは空襲、住民虐殺がおこる。ロザリンの悲劇もこの頃始まった。
[当時、ロザリンが住んでいたジュルトン地区]
日本軍は夜中にトラックで訪れ、現地の女性を次々に連れていった。ロザリンは子供たちと離され、軍のトラックに乗せられた。
「朝三時に緑の幌付トラックが来て目隠しをされ中に押しこまれた。中には女の子がいっぱいで座る場所もなかった。隣の女の子にどこからきたのか尋ねたが静かにと止められた。女の子たちはいろいろな場所でおろされた。それは上海ホテルやシティライト（キャバレー）などだった。」
彼女が監禁されたトンロック・ホテル（同楽旅社）は陸軍慰安所だった。「ハナコ」の源氏名をつけられた。他にも中国系やマレー系、ユーラシアンの約一五人がいた。オバサンと呼ばれた日本人老女が慰安所をとりしきっていた。外出は週に一度の病院での性病検査の時だけだった。
[ペナン島ビルマ通り]
「この半分くらいの大きさの部屋に一人ずついれられた。ベットとテーブルしかなくそこで化粧をした。友達を作ることや他の「慰安婦」と話すことは禁じられていた。部屋を行き来することさえできなかった。」
――「逃げようとしなかったのか。」
「逃げれば首を切られてしまう。」
[慰安所の玄関で撮った写真]
（右上に軍専用という看板が見える。陸軍以外に時には海軍兵士も来た。）
「朝昼晩、二〇人ずつ兵士はやってきた。一日六〇人を相手にして、一日中服を着る暇もなくベットに横たわっていた。休みなんて一日もなかったしお金なんてもらったことはない。」
強かんは三年間続いた。避妊しない兵士も多かった。

ロザリンが一番怖かったのは将校たちだった。

「夜は将校が来た。いやな奴が多かった。いつも髪をつかんで殴られてそれで耳が悪くなった。酔っては蹴りつけられたし刀で脅されたりもした。殺さないでと泣きついた。」

四四年中ごろ妊娠。レイプは妊娠七カ月まで続いた。

「中絶したくても許されなかった。若い兵士のなかには私を気遣ってお喋りだけで帰る人もいた。酔っ払った将校は最悪で、四〇代、五〇代の将校は意地が悪かった。」

四五年二月、ゼネラル病院で父のわからない子を出産。

[子供の写真]

出産後、慰安所には戻らなかった。出生証明書の子供の苗字はサカモトと書かれている。

[出生証明書]

病院の日本人男性が不憫に思い自分の苗字を書いてくれた。戦後は子供を抱え一人で生きた。

[ロザリン家族写真]

結婚は二度としなかった。

「日本軍が去った後、男性と関係するのが怖かった。」

性をタブー視するマレーシアで、「慰安婦」の過去を語ることは難しい。他の人が匿名でしか名乗れないなかでロザリンは本名で証言している。

「私は子供の世話にならず七〇歳まで働き、ひとりで暮らしている。だから名乗り出ることができた。」

徳永代理人

ロザリンさんは慰安所に入れられ、性奴隷として虐待を受けました。この性奴隷としての虐待は、日本軍の制度的枠組みの中で行なわれました。このことは、提出した供述書#七〜一二に記述されており、私が強調したい点です。さて、スクリーンに出ているのは、マレー半島を占領した第二五軍の進攻経路です。次いで、占領した日本軍が設置した慰安所の分布図です。マレー半島の二〇〜三〇の都市に分布しています。この地図は林博史教授によってすでに一二月八日の法廷に提出されています。写真左上をご覧下さい。慰安所に入れられていた当時二五歳のロザリンさんです。慰安所の表玄関の前です。右端には「軍専用」と書かれています。

次のスクリーン上の展示証拠は、日本軍による軍政規定集の一部で、「慰安施設及旅館営業遵守規則」というものです。ここでは慰安施設の営業区分により店頭に標識を掲げることが定められ、附表の標識見本に「軍専用」という図が示されています。彼女が写っている写真にある「軍専用」という看板と同じものです。

この事実は、日本軍が制度的に慰安所を管理していたことを証明しています。第二五軍の占領下で一九四二年

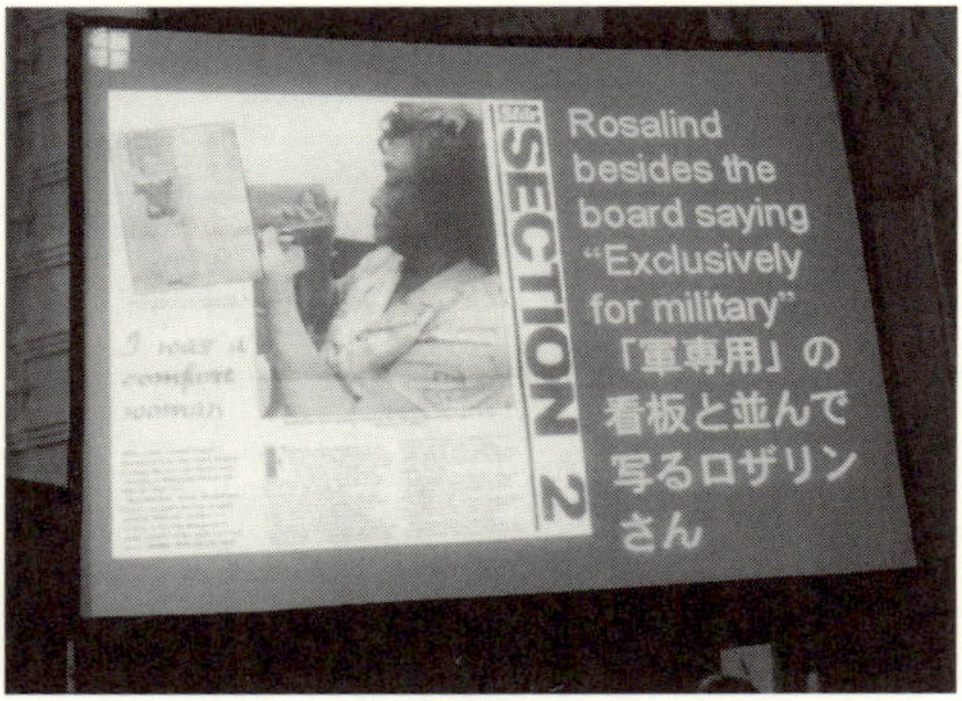

スクリーンに映し出されるロザリン・ソウさんのケースの証拠

七月に制定された軍規則によって、制度的に慰安所が運営し始められ、慰安所内でのさまざまな規則が作られました。これらがロザリンさんを苦しめたのです。

次は一九四三年一一月に作られた軍規則です。第八条をみてみると、これは提出した供述書#九と一〇に収められています。第八条をごらんください。ここに、この施設は軍専用であると記載されています。写真の下に見える看板に「軍専用」と書かれています。そしてロザリンさんの写真の右上の看板に書かれている文字はまさにマレー半島を占領していた日本軍の規則に則っていたのです。ロザリンさんが性的虐待を受け、心身ともにひどい虐待を受けたことは、占領軍の規則によって行なわれたということです。

次にお見せするのは、「軍政月報」に書かれているもので、コンドームを使用することとコンドームの配給について記載されています。供述書#一一です。判事の皆さん、供述書を見ていただければわかる通り、軍の規則に則って、コンドームが配給されていました。ここでは、日本軍専用のレストラン、クラブ、慰安所が運営され、月に七五〇〇〇のコンドームとその他の衛生用具が配給されたことが示されています。「慰安婦」の数に応じて、このような数のコンドームが配給されたのです。こうした施設の運営が日本軍政主導で行なわれていたことを示す資料です。供述書#八に私たちが付け加えたいことは、ロザリンさんが連行されたトンロック・ホテルがペナンに開設されていた「慰安所」であることを、第二五軍の元兵士が証言しているということです。結論を申しあげますと、ロザリンさんが性的虐待を受け、心身ともに多大な傷を負った経緯には、日本軍が制度的に関わっていたということです。

マレーシア検事団が共同で提出した起訴状に記載された被告たちが、マレーシアの女性被害者たちに犯した犯罪に対し、処罰が与えられることを願っています。ありがとうございました。

マクドナルド判事：限られた短い時間の中での証拠の提示及び説明ありがとうございました。［拍手］

［脇田由紀子・訳／徳永理彩・編集協力］

【10：42―11：20】オランダ

グラント・ニーマン検事
　皆さま、おはようございます。私の名前はグラント・ニーマンと申しまして、旧オランダ領東インドの被害者およびサバイバーのために参りました。インドネシアが発表することになっていますので、重複を避けるために、私たちの発表の最重要テーマとして被害者の声を聞いていただくつもりです。その後、時間があれば、どんなことでも、たぶんバタビア臨時軍法会議の判決やオランダと日本が締結した条約に付随する問題で皆さまのお役に立つことができれば、喜んでお手伝いしたいと思っております。今日ここに私たちとともにサバイバーが二人来ております。私に近い方に座っておりますのがオランダから来たエリー・ヴァン・デル・プローグさんで、向こうに座っておりますのがヤン・ラフ＝オハーンさんです。残念なことに、時間がないので一人の証言しか聞くことができません。

書記官：ヤン・ラフ＝オハーンさん、あなたは真実を述べると誓いますか。

オハーン証人：誓います。

ニーマン検事：あなたのフルネームはヤン・ラフ＝オハーンですね。

オハーン証人：はい、私の名前はヤン・ラフ＝オハーンです。

ニーマン検事：あなたはジャワで生まれたのですね。

オハーン証人：私はジャワで生まれました。

ニーマン検事：判事に、日本が侵略する前のジャワでの暮らしを、できるだけ簡単に説明していただけますか。

オハーン証人：ジャワでの暮らしは大変すばらしいものでした。私はすばらしい子供時代を送り、家族はとても愛情に満ちていました。大変宗教的にしつけられ、日本が侵攻してきたとき、私はスマランにある、フランシスコ修道会の教員養成大学の最終学年でした。

ニーマン検事：では、侵略そのものについて何か覚えていますか。

オハーン証人：三月一日、日本軍が上陸しました。その日を境に私の人生は粉々に打ち砕かれました。一月八日に、オランダ人は降伏させられ、その後すぐ、日本軍が侵攻してきたのです。まもなくすべてのオランダ人、そして子供は、日本軍の収容所に入れられました。男女別々の収容所に入れられました。女と子供です。そして私はアンバラワの収容所に入れられました。中部ジャワのアンバラワ第六収容所です。

ニーマン検事：アンバラワ第六として知られているもので

すね。では、捕らえられて収容所に連行されたのは、兵士たちだけではなく、一般の人々もですか。

オハーン証人：はい、私たちは家から連れ出され、トラックに載せられました。軍のトラックでした。私たちは軍のトラックでアンバラワの収容所に連れていかれました。そこにつくと、私たちは貴重品をすべて出さなければなりませんでした。そして、もう使われなくなった兵舎に連れていかれました。とても住めるような所ではありませんでした。二、三〇〇人用の兵舎に数千人の女と子供が住んでいました。私たちは床の上に寝なければなりませんでした。床は、ねずみやしらみ、南京虫でいっぱいでした。屋根は雨漏りがしました。食事は大変貧しく、衛生状態はまったくひどいものでした。トイレはすぐにいっぱいになり、私たちはバケツでくみ出し、捨てに行かなければなりませんでした。

収容所は、まわりをすっかり有刺鉄線で囲まれ、日本人の歩哨が立っていました。逃げることもできず、多くの女と子供が飢えのため、あるいはマラリア、赤痢などさまざまな病気で死にました。薬もなく、本当に、私たちは皆、日本軍の収容所で、苦しい三年間を過ごしました。

ニーマン検事：では、女性と一緒に、子供たちもいたのですか。

オハーン証人：はい、子供たちもいました。それに、日本人はあらゆる方法で私たちを苦しめようとしました。私たちはいつも、頭を大変深く下げてお辞儀をしなければなりませんでした。もし十分に頭を下げないと、殴られました。点呼のときには、何時間も直射日光のもとに、立たなければなりませんでした。背の低い子供たちはとても暑くなって、母親の足の上に乗って、熱をしのぐほかありませんでした。女たちは実に残酷な扱いを受けました。殴られ、拷問されました。

ニーマン検事：では、一九四四年の二月に、あることが起きました。そのとき何が起こったか話していただけますか。

オハーン証人：はい。収容所に入ったとき、私は一九歳でした。その二年後の一九四四年二月、日本人の役人が私たちのいる収容所にきて、名簿をつくり、一七から二八歳の女は皆登録されました。

ニーマン検事：その役人たちはあなた方に、なぜ登録するのかを話しましたか。

オハーン証人：いいえ、私たちは非常に怪しみました。なぜこのような若い女たちばかりなのか。すると二、三日たって、位の高い（陸軍の）将校を乗せた軍の車が、私たちの収容所にやってきました。歩哨たちが気をつけをし、敬礼したので、彼らが身分の高い役人、日本の軍人だとわかりました。それから私たちは、こう言われました、命令が下ったのです。私たちは皆広場に行かなければならない、一七から二八歳までの女は皆そのフェンスをめぐらせた広場に整列しなければならないと。もちろん、私たちは、そのような命令はどうしてもいやでした。それから選別作業のようなものが行なわれました。

ニーマン検事：もう一度うかがいます。彼らは何をしているのか、このときあなた方に言いましたか。

オハーン証人：いいえ、なぜ私たちは並ばなければならないのか、一度も言われませんでした。それに、彼らは明らかに、一番かわいい女性を選ぼうとしていました。彼らはいやらしい目で私たちを見ました。私たちの脚を見ました。私たちの顔を見るために棒で私たちのあごを突き上げました。彼らは互いにくすくす笑ったり、あざ笑ったりしていました。何人かが列から外れるように言われ、列に残っているものは次第に少なくなり、最後には一〇人ほどの女性が残されました。私はその一〇人の中にいました。このとき、私たちは、全身が恐怖感でいっぱいでした。

それから私たちはわずかな持ち物をまとめるよう言われました。トラックで、収容所からどこかへ移されるのでした。私たちはどこに行くのかわかりませんでした。母親に別れを告げるひまもほとんどありませんでした。

ニーマン検事：あなた方の母親や収容所の誰かが、あなた方が連行されることに抗議をしましたか。

オハーン証人：収容所の人は皆抗議しました。なぜなら私たちは強制的に連れ去られたのですから。私たちの収容所の司令官、修道女、誰もが、彼らが私たちに対してしたことに抗議しました。

ニーマン検事：あなたは、トラックに載せられたといいました。トラックに載せられた後、あなた方はどこに連れて行かれたのですか。

オハーン証人：トラックはスマランの丘陵地帯を行きました。その地域を、私はよく知っていました。私はスマランに住んでいたからです。彼らは私たちをトラックに載せ、スマランのカナリーランド〔通り名〕にある、トラッフルトレインのある家に連れて行きました。トラックはオランダ植民地時代の家の前で止まり、七人が降りるようにいわれました。

ニーマン検事：では、あなたが連れていかれたその家ですが、どんなところだったか話していただけますか。

オハーン証人：その家は周囲を塀と有刺鉄線で囲まれていました。それでこの家から逃げることはできないとすぐに思いました。中に入ると、私たちはそれぞれのベッドルームがあるといわれました。そして、私たちはこの家で日本軍の兵隊たちのために性的なサービスをするのだと言われました。

これを聞いて、私のこれまでの世界のすべてが足元から崩れてしまったかに思われました。私たちは皆抗議しました。そんなことは絶対にいやだ、そうでしょう、そのように自分自身を与えるのはどうしてもいやです、あなたたちに、そんなことをする権利はない、そういいました。

しかし日本人は言いました、我々は、……彼らは私たちを好きなようにできるのだと。彼らは私たちを捕らえた人で、私たちを好きなように扱えるのです。私はジュネーブ条約という言葉も出しました。彼らは、私たちを好きなようにできるのだと言いました。

証言をするヤン・ラフ=オハーンさん（左）。
右がエリー・コリー・ヴァン・デル・プローグさん

彼らは書類を作って私たちにサインさせようとしました。もちろん私たちはそれを読めませんでした、日本語で書いてあったのですから。私たちはサインを拒否しました。

ニーマン検事：彼らがあなたたちにサインさせようとしていた書類が何であるか、あなたは感づいていましたか。

オハーン証人：ええ、おそらくそれは、同意書だと思いました。私たちは自発的にその家に来たという、そう、そうです、そのためだったのです。

ニーマン検事：あなた方は兵隊たちとの性交渉を持つことに同意していると。

オハーン証人：ええ、そうです。だから私たちはその書類にサインすることを拒否しました。私たちは決してサインしませんでした。

ニーマン検事：彼らが示したその書類にサインすることを拒否したとき、どうなりましたか。

オハーン証人：ええ、私たちは何度も何度も、頭がくらくらして、立てなくなるまで、何度も殴られました。それでも私たちは決してサインしませんでした。

ニーマン検事：収容所に入ったとき、あなたはまだ性的なことに関してまったく知らなかったときいていますが。

オハーン証人：はい、私たちはなにも知らない年齢でした。私たちは皆処女でしたし、私はそのとき信仰における使命も持っていました。私は修道女になりたいと思っていました。私はフランシスコ派の修道女に育てられ、私も修道女になりたいと思っていました。ですから、このとき、こうなるとは、……私には言い表せません。

ニーマン検事：カナリーランドのその家がどのように使われていたか、つまり、兵士たちにはどのように使われていたか、判事に話していただけますか。

オハーン証人：はい、その後すぐにその家は、ええ、「売春宿」として使われるようになりました。私たちは写真をとられ、それは表のベランダのボードに張り出されました。私たちは皆日本名を付けられました。どれも花の名でした。私は自分につけられた名を覚えていません。決して思い出したくありません。

彼らは私たちの写真の下にその名札を張り、日本人が好みの女性を選べるようにしました。そして私たちはそれぞれのベッドルームを使うように言われました。

日本人はお金を払わなければなりませんでした。私たちにではなく、私たちはどんな支払いも受け取っていません、彼らは、女性を使うために、そうして、どこもかしこもすっかり初日の夜を迎える準備ができました。そして、……。

ニーマン検事：初日の夜のことについて話していただけますか。

オハーン証人：ええ、私たちは最初の日の夜にそれぞれのベッドルームにいくよう言われました。でももちろん私たちは断りました。私たちは互いにダイニングテーブルの周りに体を寄せ合っていました。すると日本人がますます多くやって来て、下品に笑ったり、ブーツで床を踏み鳴らすのが聞こえてきました。私たちは恐ろしさでいっぱいでした。私たちは全身恐ろしさに打ちのめされました。私は少女たちに祈るよう言いました。私たちは一緒に、いくつか祈りを唱えました。このとき私たちにできることはこれしかありませんでした。

すると、一人また一人と、もちろん日本人が、やって来ました。私は決して忘れません、少女らが、無理やり引きずられるように、ベッドルームに連れて行かれるときの、彼女たちの叫び声が、部屋部屋から聞こえました。ベッドルームから更に叫び声がして、私は食堂のテーブルの下に隠れました。

しかしやがて私はテーブルの下から引きずり出され、そして、その男は日本刀を持っていて、高位の将校のようでした。大きく、太って、はげ頭の男でした。その男は私をテーブルの下から引きずり出しました。とっさに私は彼を蹴り、抵抗しました。しかし、男は大変強く、私をベッドルームへ引っぱっていき、私はどうしたらよいかわかりませんでした。

私はバスルームに駆け込み、すべての汚れを、すべての恥辱を洗い流そうとしました。なんとか洗い流そうとしました。バスルームには他の少女たちも皆いました。

私たちは皆すべての恥辱をすっかり洗い流そうとしました。

いったいどこへいったらいいのでしょう、なにをしたらいいのでしょう。私たちは隠れようとしました。そう、私は裏のベランダの小さい部屋に隠れようとしました。しかし、当然、私は見つかりました。心臓が激しく打ちました。こんなことは二度とできないと思いました。彼らがやって来る音がしました。とうとう、私はまた、当然、引っ張り出され、ベッドルームに引き戻されました。日本人たちが列をなして待っていました。恐怖が再び襲ってきました。これが一晩中続きました。私は、この最初の夜を決して忘れません。夜が明け、私たち七人の少女はおびえて、皆体を寄せ合い、処女を失ったことに声をあげて泣きました。その夜、いったい何度強かんされたでしょう。私たちはなすすべがありませんでした。

なにができたでしょう、どこへいけたでしょう、そしてこれは、まだほんの一日目のことでした。昼間は安全だと思っていました。けれども、日本人は、もちろん昼間もよくきました。つまり私たちは夜だけではなく昼間も同じように強かんされました。それに、ああ、当時、週に一度、医者が私たちを検査するために来ました。そうです、性病を調べるためです。

位の高い将校がきたときは、私はいつも訴えました。私たちは自分の意志でここにいるのではない、あなたは何とかするべきだ、と訴えました。医者がきたとき、私はこう思いました、道徳のある医者がいる、彼に話そう。しかしこの医者までもがこれを笑い、最後には私を強かんしました。その上、私たちが検査されている間、その部屋のドアはわざと空けたままにされ、そのドアや窓から、他の兵隊たちは検査の様子を見ていました。このような検査はまったく屈辱的でした。強かんと同じくらいひどいものでした。

ニーマン検事：では、そのカナリーランドの収容所に、あなたはどのくらいの間いましたか。

オハーン証人：三カ月です。

ニーマン検事：では、そのような強かんはどのくらいのあいだ続きましたか。そこにいるあいだずっとですか。

オハーン証人：はい、いるあいだずっとでした。一度私は、彼らが私を求めないように、自分を醜く見せようと試みたこともありました。私は髪をすっかり切ってしまいました。それしか思いつきませんでした。ほとんど、私は、坊主頭でした。私はとても醜く見えました。これで誰も私を求めないだろうと思いました。しかしこれは逆効果になっただけでした。私は好奇の目で見られ、誰もがこの、髪を切った少女を求めました。少しもよくなりませんでした。

ニーマン検事：あなたと一緒にそこにいた、ほかの女性たちはどうでしたか。誰か自分の命を落とそうとする人、あるいはそのようなことを試みる人はいましたか。

オハーン証人：はい、その中の一人の少女が自殺をしようとしました。しかし発見が間に合って、彼女は生き返りました。

ニーマン検事：そこには、やはり「慰安婦」として働かされている年上の女性がいましたか。

オハーン証人：はい、二人の年配の女性、既婚の女性が二人いました。

ニーマン検事：そのうちの一人は、あなた方を助けようとしたことがありましたか。

オハーン証人：はい、年配の、既婚の女性が二人いて、私たちは大変助かりました。というのも、私たちが「野獣」と呼んでいた、ある男がいました。大変恐ろしく、残酷な男で、彼が家にくるのを見ただけで、私たちは皆震えていました。こんなことがありました。ある夜、この男が私の部屋に来ようとしているのがわかり、私は耐えられなくなりました、すると、このやさしい女性は、私に、「彼を私の方によこしなさい、あなたの代わりになりましょう」といってくれました。

ニーマン検事：わかりました。では、これが終わって、次に何が起こりましたか。それはどのように起こり、どのように中断されましたか。

オハーン証人：なぜ突然中断されたのか、私たちはまったくわかりませんでした。三カ月後、私たちは移動させられることになり、再び荷物をまとめるよう言われました。私たちは別の「売春宿」に移されるのではないかと思いました。なぜなら、私はいつも脅され、いつも日本人に抵抗したからです。私は日本人におとなしく従ったことはなく、必ずもがいたり、抵抗したりしました。それで、私はもっとひどい「売春宿」に連れて行かれるのだろうと思いました。

私たちは窓にブラインドをおろした列車に乗せられ、どこへ向かっているのかわかりませんでした。丸二日列車に乗り、西ジャワのボゴールに着きました。そこで私たちは、再び収容所で母や兄弟といっしょになるのだとわかりました。そして私はやっと母を取り戻すことができました。

すると、これまでのあまりにつらい経験が、身にのしかかってきました。そうです、そこにいるのは皆、ジャワ中から、多くがスマランから、母親や、兄弟とともに連れてこられた「慰安婦」でした。私たちはこの隔離収容所に入れられました。そして、ボゴールの次に、（私たちがボゴールにいたのは短いあいだでした）バタビアの戦争が終わったとき、その収容所は解放され、周りの女性や子供たちといっしょにされましたが、それはひどくつらいことでした。

なぜなら、彼女たちは、私たちを「日本の売春婦」と呼んだからです。大きな収容所にいた女性たちは、私たちが、いい食事を得るために、ええ、自ら望んでそうしていたと思ったのでした。再び私たちは沈黙せざるを得ませんでした。そうなのです、彼女たちまでが、私たちを「売春婦」と呼んだのです。この沈黙は、こうしてまさに、私たちのその後の人生につきまといました。

母と再会し、母に髪をすっかり刈ってしまった姿を見られたとき、私は、どんな目に遭ってきたかを、母に話さねばなりませんでした。そして母は何が起きたかを知りました。このことを話したのは一度きりです、母に、そして後に父に。母はこのことに耐えられませんでしたので、このことは二度と話しませんでした。

その後オランダ人は、大きな船で、ついにオランダに帰還しました。私たちもオランダに返されますが、その前に私は後に夫となるトムと出会いました。というのも、イギリス軍は、インドネシア独立を求める武装集団から私たちを守るためにジャワに派遣されていました。その後、私はトムを愛するようになり、彼にこれまでのことを話しました。最初、オランダに行きましたが、トムが復員したので、私はイギリスのトムのもとへ行きました。

そして、一九四六年に私たちはイギリスで結婚しました。

次に、イギリスから、一九六〇年に、私たちはオーストラリアに移住しました。今私はオーストラリア国民で、一九六〇年からオーストラリアに住んでいます。

ニーマン検事：あなたがカナリーランドで監禁されていたときに受けたことから起こる後遺症について、精神的、肉体的に、またあなたの生活全般に影響を与えていることについていくつか判事に話していただけますか。

オハーン証人：ええ、私たちにとって、戦争は決して終わっていません。戦争は終わりました、しかし、私たち「慰安婦」にとっては終わっていません。なぜなら、これは恥ずかしいことなのです。一生つきまとうものなのです。ですから、私たちはこのことをけっして話すことができませんでした。私たちはとても不潔であると、汚れていると感じました、私たちは他の女性とは違うのだと感じました。私たちはこのような非常に大きな恥辱感を持っていました。今まで、母と父にしか話しませんでした。他には誰も知りませんでした。誰にも知られたくはありませんでした。私は、ずっと悪夢の人生を送っています。私は悪夢にうなされつづけました、眠れない夜が続きました。私の体はめちゃめちゃになってしまいました。私は、結婚をして、子供がほしいと思いました。しかし私はどうしても子供ができませんでした。結婚後、私は四度流産しました。四度の流産、そして、二人の娘がやっと授かるまでに、私は、体を元どおりにするために、大きな手術をしなければなりませんでした。さらに、私は多くの「慰安婦」にされた女性同様、日本政府からの謝罪を一度も受けていません。

ニーマン検事：アジア女性基金についてですが、これまで、この基金から何か受けたことはありますか。

オハーン証人：はじめてこのアジア女性基金のことを聞き、アジアの「慰安婦」たちがこれを拒否していることを知りました。また、韓国の尹貞王《ユンジョンオク》教授から、アジア女性基金がどんなものであるかを説明した書類をたくさん送っていただきました。私はこれを読んですぐに、このアジア女性基金からはどんなお金も受け取ってはならないとわかりました。もしこれを受け取れば、……アジア女性基金は侮辱です！　私たちは施しはほしくありません。私たちは、正当な、法的な償いの、日本政府からのお金を要求します。なぜなら、こうすることで、日本政府は、戦争中に私たちにした残虐行為のどんな責任をも、いまだに逃れています。償いは政府からなされるべきです。ですから、もちろん、私は「慰安婦」として、これを拒否しています。隣にいるエリー・ヴァン・デル・プローグも拒否しています。私たちはアジア女性基金からのどのようなお金も受け取ることを拒否しています。これは侮辱です。

ニーマン検事：あなたはこのことについて本をお書きになったそうですね。あなたは五〇年間沈黙してきました。

オハーン証人：はい、五〇年かかりました。これは私たち「慰安婦」の絆です。私たちは五〇年間、話すことができませんでした。

そして、初めて韓国の「慰安婦」たちが沈黙を破り、私はそれをテレビで見ました。また、ボスニアで、女性が再び強かんされていました。これはたんに五〇年前の出来事ではないと思いました。戦争で繰り返されることであり、戦争では女性が被害者になります。私は、沈黙を破るべきときだと考えました。

そして、八年前、私はここ東京で開かれた日本軍戦争犯罪に関する国際公聴会に出席し、初めて世界に向けて、私の話をしました。それから私は『沈黙の五十年』(Fifty Years of Silence) という自伝を書きました。日本によって引き起こされた私の苦しみの証言です。日本語にも翻訳され、こうして出版されました。

ニーマン検事：ありがとうございました。質問はこれで終わります。判事、この本を提出いたします。［拍手］

マクドナルド判事：質問があります。証人が今証言した経験は、バタビア臨時軍法会議では裁かれていませんか。

ニーマン検事：もちろん、裁かれています。バタビア裁判では、証人が証言した事件も裁かれました。判事は「二重の危険」(double jeopardy)〔同一の犯罪について重ねて刑事責任を問われない、という英米法での原則〕の問題が起きるかどうか考慮されているのでしょう。

マクドナルド判事：いいえ、私はただ質問しただけです。この観点で問題を論じてくださいませんか。

ニーマン検事：バタビア裁判で証人の経験は裁かれました。けれども、ラフ＝オハーンさんはもっと広い文脈で、自分の個人的な体験を証言しました。しかしもちろん、占領下のインドネシアやオランダ人女性が抑留されていた場所では、いわゆる慰安所はもっとたくさんありました。ラフ＝オハーンさんが証言したカナリーランド慰安所は、バタビア裁判が影響力を持つ多くの慰安所のうちの一例にすぎません。

皆さま、私はここでバタビア裁判のことを話します。二重の危険の問題があるという、いかなる意見をも解決するためです。私たちの起訴状は、首席検事が提出した共通起訴状と正確に一致しています。そして実際、共通起訴状にある被告のうち誰もバタビア裁判で裁かれてはおりません。従って、二重の危険の問題は起きないのです。また、罪状が異なっているということがあります。バタビアでの告発は、私たちと同じ事実に基づく状況に言及していましたが、人道に対する罪ではありませんでした。

これで私たちの発表を終わります。ほかに何もお役に立つことがなければですが。

チンキン判事：発表と大変強力な証拠をありがとうございました。あなたは初めに、日本とオランダの条約について話す用意があると言われました。これは、特に一九五六年に日本とオランダが締結した議定書〔「オランダ国民のある種の私的請求権に関する問題の解決に関する日本国政府とオランダ王国政府との間の議定書」〕のことだと思います。それについてもう少し話していただけないでしょうか。特にオランダがそれ以上の賠償請求を放棄していることを示す、議定書の条項についてだと思いますが。

ニーマン検事：ええ、日本とオランダ間の議定書の第三条にはオランダ王国政府は、日本政府に対して、政府自身およびオランダ国民が第二次世界大戦中に被った苦痛に関していかなる賠償請求も起こさないことを承認するということが書かれている条項があります。それに答えて、最初に私たちは刑事責任を論じています。第三条の賠償請求という言葉は訴訟手続には当てはまらないというのが私の意見です。訴訟手続は賠償請求ではありません。そして実際、このような刑事責任について条約を結ぶことはできないということは、普遍的に認められている刑法の原則です。さらに、戦争犯罪や人道に対する罪の免責はありません。これは長年にわたって維持されてきた原則でしたが、最近ではスロボダン・ミロシェヴィッチの起訴をした旧ユーゴスラビア国際刑事法廷でいっそう強いものにされ、実際にピノチェトの裁判では最高裁判所がこのことに言及しました。民事責任に関しては、賠償を請求するための裁判権は憲章第二条第三項および、第四条bに基づいています。議定書はこうした種類の賠償を請求する権利と管轄権のある国際組織を拘束することはできません。

チンキン判事：もう一度言っていただけませんか、二国間の条約のことを。

ニーマン検事：日本とオランダが締結した条約には国際組織を拘束する意味はありません。国際組織は国際社会の意思の表明なのです。条約には当事国を拘束する意味しかありません。従ってこの条約はこの法廷を拘束しませんし、どのような国際法廷をも拘束することはないでしょう。さらに、これは条約で表現されているようなオランダ国民による請求ではありません。それには二つの理由があります。一つは、それはこの法廷が行なう請求であって、オランダ国民が行なう請求ではありませんし、また、証言した証人に関しては、とにかく証人はオランダ人ではなく、オーストラリア市民なので、証人は条約に拘束されません。

チンキン判事：たぶん次に、一九五〇年代から長い時間が経ってしまったことは関係がない、遅くなったことは重要ではないという意見も述べてくださいますね。

ニーマン検事：そうです、どちらの問題にも、遅くなったことは問題ではありません。

チンキン判事：ありがとうございました。

ニーマン検事：皆さま、もうお役に立つことがことがなければ、これで、オランダ領東インドを代表した発表を終わります。エリー・ヴァン・デル・プローグさんがここに来ていることをもう一度申しあげたいと思います。彼女は証言しませんでしたが、彼女もまた、インドネシアで起きた事件の被害者であります。

マクドナルド判事：ありがとうございます。［拍手］証言をしてくださったことと、ここに来てくださったことに感謝いたします。そしてニーマンさん、とても明解な発表を本当にありがとうございました。

［加藤和恵・訳／内海愛子・編集協力］

【11:35—13:00】インドネシア

ヌルシャバニ・カチャスンカナ検事

おはようございます。インドネシアから参りました検事、ヌルシャバニ・カチャスンカナです。私たちインドネシア検事団のアンタリニ・アルナ、アスニフリヤンティ・ダマニック、パウルス・マフレッテと私は、本起訴状が該当する時期に日本軍のインドネシア統治がもたらした性奴隷制の被害者とサバイバーを代理して本日、出廷いたしました。

最初にまず、罪状及び性奴隷制のシステムの背景となる事実を簡単に述べます。これは書記官に提出した証拠書類と証言によって立証されています。

次に、特にスハナさん、マルディエムさんの事例についてビデオ証言、並びに二人の証人にこの場で証言をしていただきます。最後に、結論を申しあげます。

はじめに、このインドネシアの起訴状は、首席検事が提出した共通起訴状と相互的関係に立っていることを強調したいと思います。

しかし、インドネシア起訴状でとりあげた事例について追加の被告人がおります。原田熊吉陸軍中将、土肥原賢二陸軍大将、高橋伊望海軍中将、大川内伝七海軍中将です。共通起訴状について、本起訴状が扱う範囲においては、被告人寺内寿一大将は、一九四一年一一月から一九四五年の終戦まで南方軍総司令官の任にありました。南方軍はフィリピン・インドネシア・マレー又はマレー半島・ビルマの日本軍を指揮しました。

被告人板垣征四郎大将は、ジャワ・スマトラ・マラヤ・ボルネオ及びその他のインドネシア周辺の島に展開した第七方面軍の司令官でした。

被告人東条英機大将は、一九四二年から一九四五年まで首相であり陸軍大臣でした〔正しくは一九四一年一〇月から四四年七月まで首相、陸相等を兼務〕。

追加した被告人は、共通起訴状の最終的な被告人のうち、この三名の指揮下にありました。したがって、当法廷のインドネシア検事団は、「法廷」憲章第二条で認められた性奴隷制と強かんについて、以下の事実と証拠に基づいて、これらの被告人を戦争犯罪および人道に対する罪で起訴します。

第一に、サバイバーであるスハナさんの事件です。

スハナさんのケースの被告人は、一九四一年一一月から一九四五年八月までの間、南方軍総司令官の任にあった寺内寿一陸軍大将、一九四二年一一月から一九四五年四月までの間、第一六軍司令官の任にあった原田熊吉陸軍中将、および一九四四年三月から一九四五年四月までの間、第七方面軍司令官の任にあった土肥原賢二陸軍大将です。

ジャワ島のバンドンは、一九四二年三月九日の占領から敗戦まで、第二師団、第一三独立守備隊、独立混成第二七旅団主力と駐屯部隊は代わったものの、一貫して第一六軍の指揮下、それをさらに南方軍が指揮していました。また、第七方面軍が一九四四年三月に創設され、南方軍の指揮のもと、第一六軍を指揮していました。

スハナさんは、インドネシアのバンドン近郊チマヒのシンパン通りにある「慰安所」に監禁され、一九四二年八月から戦争終結の一九四五年八月まで、強制的に「慰安婦」にされました。

被告人寺内寿一陸軍大将の指揮と権威のもと南方軍は、遅くとも一九四二年三月以降、「慰安婦」の徴集と、市内及び周辺を含む地域で慰安所の経営に継続的に関わりました。これは、台電六〇二号により確認されました。南方軍が台湾軍司令官に対し、「慰安婦」五〇名を台湾からボルネオに送るよう要請しているものです。

このように、被告人寺内大将は、南方軍総司令官として、軍の「慰安婦」徴集とバンドン市内及び周辺地域の慰安所への関与について指揮と権威のもと、結果を承知の上でスハナさんを一九四二年八月から一九四五年八月までチマヒの慰安所で性奴隷化にいたらしめたか、またはその事態を招くことを知るべきでした。

第一六軍は、被告人土肥原賢二の指揮と権威のもと、遅くとも一九四四年四月以降、「慰安婦」を徴集し、バンドン市内及び周辺各地の慰安所に監禁しました。被告人土肥原賢二は、第七方面軍司令官として、第一六軍が「慰安婦」を徴集・監禁することを許しました。バタビヤ臨時軍法会議におけるスマラン事件にもあてはまりました。提出証拠二を参照ください。慰安所の設置には第一六軍司令部の許可が必要でした。したがって、第一六軍司令官は望めばいつでも慰安所を閉鎖できる立場にありました。

スマラン事件においては、俘虜収容所・民間人抑留所に関する業務を担当する陸軍省俘虜管理部員兼俘虜情報局事務官小田島董大佐は、すぐに、陸軍省、南方軍総司令部または第七方面軍司令部、第一六軍司令部に報告し、慰安所の閉鎖を勧告しました。

よって、被告人原田熊吉中将は、第一六軍司令官として、軍の「慰安婦」徴集とバンドン市内及び周辺地域の慰安所への関与について指揮・命令の権限をもちながら、結果を承知のうえ、あるいは知るべき義務があったのにこれを怠り、スハナさんを一九四四年四月から一九四五年八月までチマヒの慰安所で性奴隷化させました。同様に、被告人土肥原賢二は、第七方面軍司令官として

「慰安婦」の徴集・監禁の遂行を許し、それによって、結果を承知のうえ、あるいは知るべき義務があったのにこれを怠り、スハナさんを一九四四年四月から一九四五年八月までチマヒの慰安所で性奴隷化させました。

次に、サバイバーのマルディエムさんの事例に移ります。

被告人高橋伊望海軍中将は一九四二年四月から一九四二年九月まで南西方面艦隊司令長官、被告人大川内伝七・海軍中将は一九四四年一一月から一九四五年まで南西方面艦隊司令長官の任にありました。南西方面艦隊は第二二特別根拠地隊を擁し、第二南遣艦隊によってこれを指揮していました。第二二特別根拠地隊は当初バンジャルマシンに駐屯し、後にボルネオ島のバリクパパンに駐屯しました。

マルディエムさんはバンジャルマシンの慰安所に監禁され、一九四二年五月か六月から一九四五年の第二次世界大戦終結までそこで強制的に「慰安婦」にさせられました。スハルティさんはマルディエムさんの友人で、バリクパパンとバンジャルマシンの慰安所に監禁され、一九四四年から一九四五年八月まで当地で強制的に「慰安婦」にさせられました。

被告人高橋伊望海軍中将の指揮と権威のもと、南西方面艦隊参謀長の中村俊久海軍少将は、遅くとも一九四二年五月三〇日以降〔公文書「兵備四機密第一三七号」による〕、バンジャルマシンとバリクパパンを含む蘭印の慰安所の施設、物品の斡旋、「慰安婦」移送、「慰安所」経営等をめぐり、「慰安所」業者との協議に関与していたことを示しています〔バリクパパンの慰安所設置については、当時海軍主計中尉であった中曽根康弘元首相が回想録『終わりなき海軍』（文化放送開発センター出版部、七八年）で、自ら慰安所を作ったことを記述しており、軍が設置したことを示す証拠となっている〕。

このように、被告人高橋伊望中将は、南西方面艦隊司令長官として、バンジャルマシンを含む蘭印・マラヤの慰安所の施設・物品の斡旋、「慰安婦」移送、慰安所経営など慰安所への関与について艦隊に指揮と権威のもと、結果を承知のうえ、あるいは知るべき義務があったのにこれを怠り、サバイバーのマルディエムさんを一九四二年五月または六月から一九四二年九月まで慰安所で性奴隷にしました。

被告人大川内伝七海軍中将の命令・許可を受けて、南西方面艦隊参謀副官部は、遅くとも一九四四年一二月二〇日以降、慰安所の施設と経営に関わる事柄に従事しました。

このように、被告人大川内伝七中将は、南西方面艦隊司令長官として、バンジャルマシンとバリクパパンの慰安所の施設・物品等への関与について艦隊に指揮と権威をもち、結果を承知のうえ、あるいは知るべき義務があったのにこれを怠り、マルディエムさんを一九四四年一二月二〇日から終戦まで慰安所で性奴隷にしました。

［中略。制度の背景については、第6巻収録のインドネシア起訴状（抄）参照］

スハナさんが入れられたチマヒのシンパン通りの性奴隷施設の性奴隷制の仕組みは、次のとおりでした。スハナさんと他の女性たちは一つの部屋に三〇人が一緒に入れられました。兵士が女性を選ぶと、後ろにある部屋へ連れていかれ、強かんされました。

スハナさんも友人の女性たちも、他の日本兵たちが見ている前で日本兵から相手を強いられる場合が少なからずありました。日本人、兵補、中国人が彼女たちの世話をしました。毎日、女性たちはそれぞれ少なくとも日本兵一〇人以上に奉仕しました。

選んだ「慰安婦」がまだほかの兵士に「奉仕」していると、その女性を指名した兵士は、きまりに従って順番待ちしなければなりません。「慰安婦」の検診は定期的に、軍医のタナカが行ない、タナカにもスハナさんは強かんされました。

マルディエムさんが入れられたトラワンの慰安所の仕組みは、次の通りです。性奴隷施設を直接経営していたのはチカダという名の日本人男性で、軍医が土曜ごとに性病検査を行ない、衛生兵が毎朝検査します。この性奴隷施設は日本人の軍人・民間人専用でした。地元住民らは、マルディエムさんたちから性的「奉仕」を利用することは許されませんでした。客が来る時間は三つに分かれていて、午後五時までは軍人、五時から深夜にかけて日本人民間人、それに深夜です。検診は毎週土曜日朝七時から八時に軍医が行ないました。検診では薬を注射しました。「慰安婦」を利用する料金は一時間につき、午後の時間帯に利用する軍人は二円五〇銭、夕方利用する日本人民間人は三円五〇銭でした。一晩泊まると一二円五〇銭でした。「慰安婦」は「客」から直接お金を渡されるわけではありません。切符を受け取るだけです。「客」は「慰安所」の出納係に代金を払い、切符を一枚とコンドームを受け取ります。切符一枚が性的奉仕一時間分でした。

慰安所の管理者は「慰安婦」たちに切符をとっておくように言いました。「慰安婦」をやめるときに切符をお金に交換してやるから、というわけです。マルディエムさんの切符は、すでに籠二つ分以上貯まっていましたが、一度もお金に替えられませんでした。

［中略。徴集方法については資料インドネシア起訴状（抄）参照］

判事の皆さん、次に、証言ビデオをお見せします。ビデオの後、アスニフリヤンティ・ダマニック検事がマルディエムさんに尋問いたします。続いて、スハナさんに、アンタリナ・アマ検事代理が尋問いたします。

書記官：スハナさん、マルディエムさん、あなた方はビデオで証言したことを誓いますか。そこで真実を述べたことを誓いますか。

証人：はい。

書記官：あなた方は宣誓供述書を提出したと断言しますか。そこで述べたことは全て真実であると誓いますか。

証人：はい。

[マルディエム証人ビデオ証言]

「彼らのセックスは私の足を上に持ち上げたりと、かなり奇妙なものでした。私は痛かったし、惨めな気持ちでした。彼らは私を人間としてではなく、モノか道具のように扱いました。彼らは『慰安婦』を動物のように乱暴に扱ったのです。」

インドネシア、ジョクジャカルタ　マルディエム（七一歳）

彼女は一九四二年にボルネオ（現カリマンタン）の劇場で働かないかと言われました。医師の診察の後、彼女はボルネオに連れていかれました。バンジャルマシンの市長だった日本人の正源寺が彼女の徴用に関わっていました。彼女は女優になることを夢見て他の四七名の女の子たちと一緒にスラバヤに到着しました。

「私たちが到着すると日本軍が迎えに来ていました。」

――何人ですか。

「三人の兵士です。彼らは運転手でした。私たちは彼らとは全く話をしないで、トラックに乗りました。」

彼女はスラバヤ市のパンリニ通りにあるホテルに滞在し、スラバヤ港から日本の船でボルネオに向かいました。

――同じような船ですか。

「はい、同じような船です。」

――どこで寝たのですか。

「甲板のすみです。労務者たちは下の階で寝ていました。」

バンジャルマシン、ボルネオ（現カリマンタン）

しかし、マルディエムは、劇場ではなく、テラワン地区にある慰安所に連れて行かれました。ここは現在では市場になっています。

中には二〇以上の小さな部屋があり、一人につき一部屋が与えられました。彼女は一一号室に入れられ、「モモエ」という名前を与えられました。彼女は着いたその日に強かんされました。当時、一三歳でした。一二時から三時の間に、六人の男性に強かんされました。医者も一度強かんしました。他の人たちは二度強かんしました。私は三時間で一一回も強かんされたのです。私はそこの責任者に「もうお客は取らないで」といいました。でも彼はもっと働かせようとし、「女が少ないからダメだ」といいました。私は、「痛くて出血しているのよ！」と怒鳴りました。血が床に滴り落ちていました。私は血のついた下着を彼の顔に投げつけました。

三年間の間一日に一〇人から一五人の男性に強かんされました。つまり、毎日二〇回から三〇回強かんされたということです。

慰安所の前に、日本人の経営者チカダが住んでいました。チカダは代わる代わる彼女たちを強かんしました。そしてよく殴りました。チカダはマルディエムが中絶した直後に強かんしました。

「私は本当に悲しかった。でも、泣けば殺されるのです。彼は私を床に突き飛ばし、背中を蹴りました。私の髪の毛をつかんで彼の腕に巻きつけ、再び私を床に投げつけました。」

彼女は当時の事を知っている人たちを訪ねました。

「もし、女の子たちが逃げ出したら、日本軍がやってきて見つけ出し、すぐに捕まえたでしょう」、「兵隊たちは慰安所は民政部によって運営されており、憲兵隊によって守られているといっていました」、「女の子たちは時々食べものを買いに外に出ることがありました。彼女らは学校に通ったり働くためにここにいるのだといわれた。中には地元の役人にだまされた人たちもいました。かわいそうな女の子たち。たぶん、地元の役人たちは本当のことが言えなかったと思う。もし言ったとしたら、日本軍に殺されていたと思う。」

ウーリン病院。

中絶したとき、マルディエムはまだ一四歳でした。日本の敗戦でようやく彼女は解放され、ジョグジャカルタに一九五二年に戻りました。結婚はしましたが、二度流産しています。

彼女は夫の死後、一人で暮らしています。他の「慰安婦」の人たちと助け合いながら暮らしています。二〇〇〇年の九月に一人の〔元「慰安婦」の〕サバイバーが亡くなりました。マルディエムは公式な謝罪と補償を日本政府から得るために闘っています。

アスニフリヤンティ・ダマニック検事：私は、インドネシアの検事団の一人で、アスニフリヤンティ・ダマニックと申します。法廷の許可をいただければ、インドネシア語で証言者に質問し、それを通訳していただこうと思いますが。

マルディエムさん、あなたは毎日一〇人から一五人の相手をさせられていました。あなたは拒絶することはできましたか。あるいは、拒絶、抵抗しようとすれば、ひどい目にあう恐れがありましたか。

マルディエム証人：もし抵抗しようとすれば、おっしゃるように、拷問を受けたでしょう。ですから、私にはどうすることもできませんでした。常に一時間単位で働かされました。昼の一二時から私たちは働きづめでした。夜の一二時からは泊まる人を朝まで相手しなくてはなりません。

ダマニック検事：一四歳であなたは中絶させられました。そのときのことをここで話していただけますか。

証人席のマルディエムさんとスハナさん

マルディエム証人：それは一九四三年のことでした。最初はそれとは気づきませんでした。これを知ったチカダは、私をウーリン病院に連れて行き、薬を与えました。しかし薬は効きませんでした。私は妊娠五カ月になっており、薬は役にたちませんでした。そこで彼らは私を手術室に連れて行き、私の腹を強く、何度も押しました。そうして赤ん坊を出してしまいました。赤ん坊はまだそのとき生きていました。まあでも、しかたがないですね。

ダマニック検事：では最後に、マルディエムさん、この法廷で何か言いたいことはありますか。

マルディエム証人：まず、一つ目は日本は罪を犯したことを認め、謝罪しなければなりません。日本が謝罪し、誤りを認めることは、私にとって一番の薬です。二つ目は、私の体験を若い世代に広く伝えることです。このような時代が二度とこないように。三つ目は賠償です。お金の出所はわかりませんが、政府は直接渡さなければなりません。つまり、謝罪と賠償を政府がやらなければなりません。

私は、三年間、休む暇なく昼も夜も「従軍慰安婦」にさせられました。私は日本政府が過ちを犯したことを認めて欲しい。それを認めることは、私にとって薬なのです。私は年をとりました。もう七二歳です。唯一の願いは静かに暮らしたいのです。孫と静かに暮らすことです。

ダマニック検事：私の質問はこれで終わります。ありがとうございました。[拍手]

マクドナルド判事：判事からいくつか質問があります。ビデオを止めていただけますか。

アルヒバイ判事：あなたが「慰安婦」にさせられたことを周囲の人は知っていますか。

マルディエム証人：夫の親族も私の親族も誰も知りませんでした。このことを公にするのは、私にはあまりにも……。誰にも言えませんでした。夫は知っていました。夫も日本軍の捕虜で、蘭領インド軍の軍人でしたから、腐敗しているのはお互いさまです。

アルヒバイ判事：ありがとうございました。

マクドナルド判事：一つ質問があります。あなたが話された、日本軍によるレイプについて、初めて公に証言したのはいつでしたか。

マルディエム証人：一九九二年、法律扶助協会（ＬＢＨ）に訴えました。実は、一九五八年か五九年ごろ戦争賠償の話が持ちあがりました。でも誰に訴えればいいのか……。

マクドナルド判事：ビデオの中で、あなたは他の「慰安婦」の女性たちと、助け合って暮らしているといいましたが、それはどういうことですか。

マルディエム証人：私の友だちはさまざまなところから来た人たちで、郊外で貧しい暮らしをしており、生活状態はよくありません。私は裕福ではありませんが、ときには何か得ることもあり、そんなとき、一月に一度は彼女たちを訪ね、ようすを見て回るようにしています。分け与えることのできる衣類があるときには、彼女たちに譲ります。わずかながらのお金があるときにも、何か買うようにと渡します。

マクドナルド判事：何人ぐらいの女性ですか。

マルディエム証人：ジョグジャカルタからの第一陣は四八人。今では二四九人いるけれど、それは届け出た人だけの人数。その他にも、静かに暮らしたいから届け出ていない人数がいるでしょう。（通訳・彼女の答えは、ジョグジャカルタの法律事務所に登録した人数のことで、彼女が定期的に訪れている女性の人数ではないと思います。）

マクドナルド判事：ありがとうございました。検事団にうかがいます、よくわかりませんでした。おそらく発表の中で述べられたと思いますが、インドネシアの中で、自らの経験を公的に表した「慰安婦」は何名ですか。また、そのうち生存しているのは何名ですか。

カチャスンカナ検事：インドネシアの、元日本軍による兵補協会に登録されたインドネシア「慰安婦」の実際の概数は二二〇〇〇人です。また、ジャカルタ法律扶助協会（ＬＢＨ）には一二三四人の「慰安婦」の資料があり、ジョグジャカルタと周辺地域で二四九人となっていますが、そのほとんどが亡くなっています。

〔スハナ証人ビデオ証言〕

バンドン、インドネシア。

スハナはここで生まれ、育ちました。

彼女は同じ町にある「慰安所」へ連れて行かれました。戦後、五五年たってようやく、彼女はそのつらかった体験を証言します。彼女はいまでも養子の家族や孫たちとここに住んでいます。

一九四二年の八月、スハナは両親の家の前で拉致されました。当時、一六歳でした。家の前で遊んでいると、日本軍の兵隊六人がジープでやってきました。

「私は逃げようとしました。でも、彼らは私の髪の毛を馬のようにつかみジープに乗せました。兵隊が、『学校へ行きたいか？　仕事がしたいか？』と私にいうので、『もう学校に行ったからいい』と言いました。でも彼らは私を『慰安所』へ連れて行きました。『慰安所』にはすでに大勢の人がいました」。

スハナが連れて行かれた「慰安所」はシンパン通りにあるオランダ様式の家で、グドゥン・ドゥラパン（八つの家）と呼ばれていました。スハナはそこで三〇名以上の女性たちが監禁されているのを見ました。

「拉致されて三日目、強かんが始まる前に医師による診断がありました。医者は『ああ、処女だね』といいました。その後すぐ強かんされました。最初はイケダという名前の男でした。次の日はタナカという医者でした。私は泣きつづけました。強かんされている間、私は痛かったので泣きつづけました。私は平手打ちをされ、殴られ、スカートを剝ぎ取られました。彼は私を強く揺さぶり、蹴りました。彼は『生きたいか？　それとも死にたいか？』と尋ねました。私は生きたかったので、〔全てを〕あきらめました。」

スハナは当時の慰安所と同じつくりの家を訪ねました。内装は戦争当時のままです。

「ここが事務所、あそこには事務所、ベッド、ソファ」

――どこで待っていたのですか。

「この部屋です。そして、〔指名されると〕奥の部屋の前で待つように言われました」

――兵隊たちもここで寝泊りしていたのですか。

「いいえ、ここは特別な場所です。兵隊たちは兵営で寝ていました。ここは強かんのための特別の部屋（家）なのです。ベッドが二つありました。二人でも使えるように。ここに一人、次の人がここ。そして、彼はズボンを半分おろしました。日本軍の兵隊がいつもやるように。」

「私は家に帰ることも外に出ることも許されませんでした。外を歩いている人たちを見ることもできませんでした。まるで、囚人か泥棒のように。私の人生は苦渋に満ちていました。私の人生の中で一番辛かった時期でした。」

これが、将校の家です。スハナは一週間に何回かここに連れてこられました。彼女は兵士たちに慰安所で強かんされ、この家で将校たちに強かんされたのです。

ここがまさに強かんされた部屋です。

「将校が『終わった』というと私は水浴びをして帰りました。」

「私が最もいやだったのは、話すのも憚られるようなことです。足を開くことです。彼らは私の足を開いたままにさせました。屈辱的でした。暴力から身を守ろうとすると、彼らは怒りました。『おまえ、こっちへ来い。』私は蹴られ平手打ちを受けました。私の顔は腫れてしまいました。私の体はぼろぼろにされました。恥ずかしいことです。私は子供を産むことも結婚することもできませんでした。私の子宮は摘出されてしまったからです」。

彼女は一九四五年に日本が敗戦を迎えたときに解放されました。彼女が家に帰ったとき、母は娘が奪われたことを悲しんで、すでに他界していました。父親は、この市場で日本軍にスハナを返して欲しいと嘆願をした時に、殺されてしまいました。

彼女は両親の家を売って手術代にしました。数え切れない強かんで痛めつけられた子宮を摘出するために。

彼女は辛い体験を忘れられません。スハナは世界中の人々に真実を知って欲しいと願っています。

アンタリニ・アルナ検事：私はインドネシアの検事でアンタリニ・アルナと申しますが、判事、証言者スハナに質問することをお認めください。

マクドナルド判事：どうぞ進めてください。

アルナ検事：さしつかえなければ、インドネシア語で証言者に質問し、それを通訳していただこうと思いますが。

マクドナルド判事：はい。どうぞ。

アルナ検事：ありがとうございます、判事。スハナさん、あなたが家に戻ったときにどうして両親が亡くなったのを知りましたか。

スハナ証人：家に戻ったときはとてもうれしかったです。しかし父は死んだといわれました。母も病死したといいます。父は日本に殺されたのです。私の病気はますます悪くなったので、叔母に引き取られました。

アルナ検事：この法廷で、判事の皆さんに伝えたいことはありますか。

スハナ証人：私は日本政府に謝罪してほしい。私はレイプをされました。そして、たいへん年をとっています。今日の午後でも今晩でも死んでしまったらどうするんですか。すぐに日本政府を裁判にかけることを要求します。

アルナ検事：ありがとうございます、判事。これで終わります。[拍手]

カチャスンカナ検事

判事の皆さま、以上の証拠とサバイバーのスハナさん、マルディエムさんの証言に基づいて、インドネシアの女性たち、とくに、力づくで徴集されたスハナさんとマルディエムさんに消えることのない苦しみをもたらした「性奴隷施設」が、天皇裕仁のもとで日本政府が行なった計画的な戦争政策の一部であることが、立証されました。そうした戦争政策の遂行と管理に際し、軍・民の指揮者が関与しました。従って、被告人により執行された軍性奴隷制の組織的形態の一つであるこれら性奴隷施設が、人道に対する罪であり戦争犯罪であることも立証されました。性奴隷制の被害者とサバイバーの尊厳を回復し、人類の未来に向けて正義を取り戻すために、加害者ならびに責任ある者は、裁かれ、処罰されなくてはなりません。

一九四二年三月から一九四五年八月の期間において、被告人の天皇裕仁は、ほかの被告人、すなわち、東条英機大将、寺内寿一大将、土肥原賢二大将、板垣征四郎大将、原田熊吉中将、大川内伝七中将と協力して政策の作成・遂行の指導・立案・組織化・促進・維持・管理を行ない、直接参画し、「法廷」憲章に示された強かん・性奴隷制その他の形態の性暴力・奴隷化・拷問・強制移送・迫害・殺人によって、戦争犯罪および人道に対する罪を犯し、あるいはその犯罪の遂行に関与しました。

憲章の規程に従って、被告人全員は、こうした共通の計画と政策の遂行に際して自らの行為と他のあらゆる日本帝国軍の構成員が犯した行為に、直接的責任があります。以上の行為と違反により、天皇裕仁ならびに今述べた被告人らは、憲章第二条一項のもとで訴追の対象である戦争犯罪および人道に対する罪を犯したことに責任があります。

判事の皆さん、さらに、今日まで日本政府は、以上の犯罪に対するこれらの被告人の訴追と処罰を行なわず、被害者に対する補償と賠償を怠っています。また、被害者個々の人間の本来の姿や福利、尊厳を守るための措置も講じていません。

インドネシア、特にバンドンのシンパン・チマヒにあるグドゥン・ドゥラパンや、バンジャルマシンの性奴隷施設の設置は被告人らにより遂行され、彼らの、日本政府、特に、一九四二年から一九四五年にかけインドネシアを占領・統治した日本帝国陸軍・海軍の、機関であるという職務権限の範囲内で行なわれたという事実に鑑みれば、これは重大な不作為であります。よって、インドネシア検事団は、判事に対し、被告人全員の有罪の認定を求めます。

最後になりますが、インドネシア検事団が法廷に提出した起訴状に対し、追加条項二つを設けたことをお知らせしたいと思います。

この修正は、本法廷を規定する「法廷」憲章の理解を深めた結果、必要となったものでした。すなわち、女性に対する性暴力に対する不処罰をいかなる所でも決して繰り返さないためには、起訴状に追加修正が必要だ、と私たちは考えます。修正文書は本セッションが終わり次第、できるだけ早急に提出します。

インドネシア検事団は、必要文書作成に要する時間の不足により、憲章第二条に明記する犯罪を行なったインドネシア居住の個人、あるいはインドネシアに居住していた間に前述の犯罪を犯した個人、もしくはインドネシア国民に以上の犯罪を犯した個人に対し、今後も現行の憲章のもとに訴追する権利を留保します。

こうした追加訴追の必要性は、日本高官の刑事責任を追及するだけでは憲章第五条に示す責務を満たすことにならないとの認識から生じています。特に、憲章第五条二項では、「犯罪が上官または政府の命令に従って行なわれたものであっても、その事実だけでは、それを犯した個人は罪を免れません」と述べています。

インドネシア検事団は、必要文書作成に要する時間の不足により、憲章第四条に示す権限と責任に基づいて、戦後植民地政権および独立国家に対し、今後さらに現行の憲章のもと国家責任に関わる罪を訴追する権利を留保します。

今日は一二月一〇日、この一〇年で最後の世界人権デーです。最後に、この記念すべき日にちなみ、次の点を指摘したいと思います。それは、ここ数日私たちの目の前に繰り広げられた事実を知りつつ、インドネシア検事団が起訴状にこうした修正を行なわなかったとしたら、「法廷」憲章が永遠に終止符を打とうとしている意図的な不作為と同様の行為を行なったとして、私たちもまた有罪となるだろうということです。

判事の皆さま、どうもありがとうございました。

［拍手］

マクドナルド判事：検事、チンキン判事からいくつか質問があります。

チンキン判事：検事のまとめと、それから非常に感動的で説得力ある証言をありがとうございました。今朝、証拠一－一として、日本とインドネシアの平和条約を提出しましたね。

カチャスンカナ検事：はい。

チンキン判事：この文書を提出した理由と目的を説明して

頂けますか。

カチャスンカナ検事：はい。証拠一‐一は、インドネシア共和国と日本政府の間の平和条約における戦争中の被害の損害賠償に関するものです。しかしこれには、日本軍の性奴隷の被害が含まれていません。つまり、つまりインドネシア政府も日本政府と同様に、当時起きた性奴隷制を認めずにいるのです。

チンキン判事：つまり、あなたが言われるのは、その時点で支払われた賠償は、この法廷で審理してきた証拠が示す犯罪について、それについて何の言及も含んでいないということですね。

カチャスンカナ検事：はい。

チンキン判事：ありがとう。

マクドナルド判事：もう一度、この法廷にやってきた女性に感謝したいと思います。皆さんの証言と、正義を実現しようという努力に感謝しています。［拍手］インドネシア検事団の皆さん、非常に十全な論述と、整然と提出された多くの証拠、非常に明解に主張された法的立場に対してお礼を申します。どうもありがとうございました。

［関典子、渡辺美奈・監訳／岩崎久美子、小川玲子・訳］

【14：30—14：50】

専門家証言「トラウマとPTSDについて」（レパ・ムラジェノヴィッチ）

セラーズ検事：判事の皆さん、次の証人はレパ・ムラジェノヴィッチさんです。書記官による承認手続きをお願いします。

書記官：レパ・ムラジェノヴィッチさん、真実を述べることを誓いますか。

レパ・ムラジェノヴィッチ証人：はい。

セラーズ検事：判事の皆さん、ここにムラジェノヴィッチさんをお呼びしたのは、性暴力による心理的衝撃が、出来事の最中と、その後長期にわたっておよぼす問題について、簡潔に語っていただくためです。

法廷のためにお名前をおっしゃってください。

ムラジェノヴィッチ証人：レパ・ムラジェノヴィッチと申します。

セラーズ検事：ムラジェノヴィッチさん、あなたはどのようなご研究の専門家ですか。

ムラジェノヴィッチ証人：私は臨床心理学者で、男性による暴力被害者の女性のフェミニスト・カウンセラーを務めています。

セラーズ検事：フェミニスト・カウンセラーであるとおっしゃられましたが、あなたはカウンセラーとして、どのような患者や来談者の相手をされているということですか。

ムラジェノヴィッチ証人：過去一〇年間私が相手にしてきたのは、男性による暴力の被害者だけです。男性暴力の被害者、つまり、性的暴力、それにほかのタイプの暴力です。

セラーズ検事：一〇年間と言われましたが、どこで、どのような機関で実践されてきたのか、教えていただけませんか。

ムラジェノヴィッチ証人：過去七年間は「性暴力に反対する女性自立センター」で働いてきました、私はそこの設立者のひとりでコーディネーターをしています。それと、暴力にあった女性のためのSOSホットラインも担当しています。

セラーズ検事：そのセンターのある場所は。

ムラジェノヴィッチ証人：センターはベオグラード（セルビア）にあります。直接の戦闘地域ではありませんが、戦闘の起こったクロアチア、ボスニア、コソボと隣接した地域です。

セラーズ検事：ということは、あなたがこれまでに対応してきた患者は、戦闘地域からやってきた女性たちであると考えてよろしいですか。

ムラジェノヴィッチ証人：はい、私たちが対応してきたのは、戦争でレイプされた女性たち、それに戦争でのレイプ以外のトラウマ（心的外傷）をかかえている女性の避難民たちです。

セラーズ検事：ではお尋ねしますが、あなたのご専門のひとつは、戦争でレイプされた女性たちに対する性的暴力なのでしょうか。

ムラジェノヴィッチ証人：はい、戦時レイプがとくにセンターでの私の専門です。

セラーズ検事：判事の皆さん、ムラジェノヴィッチさんを、戦争にともなう性暴力の専門家証人として、申請したいと思います。

マクドナルド判事：そのように承認します。

セラーズ検事：ではムラジェノヴィッチさん、戦時に起こるレイプや性暴力と、そうでない時に起こるレイプとの違い、もし違いがあればですが、それについて説明していただけますでしょうか。

ムラジェノヴィッチ証人：まず第一に、戦時レイプが起きる場所や状況の違いがあります。つまり、軍隊のバラックでレイプされた女性の場合もあれば、家に幽閉された状態でのレイプ、収容所内や牢獄でのレイプ、戦闘地域の野原や街路、広場といった公共の場所でのレイプ、さらにはそうした場所で同じ地域に住む人々の面前でのレイプ、などさまざまです。ですから同じ戦闘地域でもこのような公共の場所でのレイプは、まったく異なったトラウマを生み出します。

セラーズ検事：では専門家としてのあなたのご意見では、戦時レイプと、武器や銃を使った殺戮との関係がどのようなものか、ご説明願えますか。

ムラジェノヴィッチ証人：そうですね、まず戦時レイプとほかのレイプとの違いは、戦争で男は制服を着ている、つまりそこでの加害者は兵士や警察官であるわけです。それにレイプに使われるシステムが異なります。つまり戦時レイプの多くが輪かん、すなわちひとり以上の男によるレイプです。被害者の多くが何回もレイプされ、それはひとりの男によってくりかえし行なわれる場合もありますが、何人かの男によって交替で連続して行なわれる場合もあります。それとなかには、女性の集団のなかでそれが起きる場合、つまり同時にひとり以上の女性がその場にいてレイプされる場合もあります。また、私たちが集めた証拠によれば、女性たちはレイプされるだけでなくさまざまに異なる傷害を受けています。つまり、レイピストたちが女性たちのからだをいろいろな道具で傷つける、ナイフとか棒、瓶、ガラス、火、煙草とか、あるいは縛って、石やベルトとかで。それと加害者の兵士たちが、女性たちに次のようなメッセージを語りながらレイプします。つまり、彼らは女性たちを敵国の領土として取り扱っている、彼女たちのからだは敵国の領土であり、敵国の歴史なのだから打ち破らなくてはならないのだ、と。また女性たちは、同時に、殺害や死の現場にたえまなく出会っているので、そのことでもさらにトラウマを抱えていたり、戦争で家族を殺されたり家を破壊された経験を持つ者もいます。また彼女たちはそれにともなう貧困や飢餓も経験しています。それとこのような状態では、死の恐怖が重要な心理的要素となりますし、レイプされたあとに自殺した者もいたことを語った女性たちとも出会いました。

セラーズ検事：戦時におけるこの死の恐怖と性暴力とのつながりについて、少しご説明願えないでしょうか。

ムラジェノヴィッチ証人：はい、私たちは絶え間のない恐怖のなかに暮らしています。事実、死の恐怖とレイプされる恐怖とは隣り合わせのもので、レイプされたことがなく、戦争下を生きのび、逃れてきた女性でレイプされなかった人でも皆、レイプされる恐怖に怯えていました。

この死とレイプに対する絶え間のない恐怖が、女性の新陳代謝を変えてしまうのです、彼女たちの心理状態や立ち居ふるまいまで変えてしまう。私たちはまた、理論を通じて、このような脅威にさらされた状態でトラウマの経験が長引き、そこから抜け出せないと、新陳代謝に影響を与えるだけでなく、神経組織までが被害をこうむり、身体に化学的変化を引きおこして、女性の身体的状況まで変えてしまうことを見てきました。ですから手短にいって、女性のあらゆる側面、感情的・身体的側面や行動機能に大きな影響を及ぼすということです。

セラーズ検事：ということは専門家としてのご意見では、戦時の性暴力と、死への絶え間ない恐怖とがあいまって、女性のこうむるトラウマが増大するということでしょうか。

ムラジェノヴィッチ証人：そうです、膨大にです。

セラーズ検事：それではひとつ質問します。ここで多数の性暴力被害者が証言するのを見てきたわけですが、カウンセラーという専門家の観点から、性暴力が女性にもたらす直接の衝撃はどのようなものでしょうか。

ムラジェノヴィッチ証人：まず、心的外傷後ストレス障害と呼ばれるものがあって、それには三段階があります。つまり直後のものと、第二段階と第三段階とがあるわけです。直後の段階では、ふつうショックと否認の状態と呼ばれるものが起き、女性は感情的にひどく落ちこんで、沈黙するかほとんど喋りません。自分に起きたことが信じられず、起こった事実を否認するわけです。それで自分の人生がすべて変わったと、そのときまで生きてきたすべてが変わってしまったと感じるのです。

セラーズ検事：それで次の段階は。

ムラジェノヴィッチ証人：次の段階はとても重要です、それがもっとも長期にわたる段階だと言えるからです。そこには感情的な部分、認識に関わる精神的な部分、そして行動に関係する部分が含まれます。感情的な部分というのは、この最初のショック状態に対して、女性は人によりさまざまに異なった感情的発露を示します。泣いたり、笑ったり、恐怖、怒り、攻撃、その他の感情的爆発です。言い忘れましたが、重要なのは、女性は人によって心的外傷後の行動が異なるということです。ですからこのような反応を示すとしても、それは人によって皆異なります。また女性は起こった情景をフラッシュバックとして思い出します。それで強い羞恥の念を覚える。これが戦時レイプの大きな特徴でもあります。もうひとつの特徴は、罪の意識です。彼女は罪の意識に襲われ、それがほとんど永久的につきまとうのです。

戦時レイプの第三の特徴は、恐怖です。つまり異なる恐怖の思いに襲われ、外へ出かけることを恐れ、制服を着た者を恐れ、男性一般を恐れるのです。

戦時レイプによるトラウマのもうひとつの特徴は、自分自身に対する蔑みです。それと身体のイメージが変化する、自分のからだをそれまでと違って感じるようになるのです。シャワーを浴びることができなくなるとか、いろいろな問題が生じます。それから欝状態や自殺願望、外界への信頼喪失といったことがおきます。また認識や精神の領域においてですが、第一には被害女性が集中して読んだり書いたりできなくなることです。第二に最近の記憶が混乱をきたします。第三に、自分の責任をこれまで通り果たせなくなる、つまり家族や仕事や何かやるべきことがあったとして、以前と同じようにそれをやり続けることがきわめて困難になります。

セラーズ検事：第二段階における悪夢とか、さまざまな困難について述べられたわけですけれど、この第二段階はどれくらい継続するのですか。

ムラジェノヴィッチ証人：第二段階は、もちろん女性それぞれで異なるのですが、六カ月から六年間ぐらいの幅があって、治療を要する被害状況によってははっきりとは予測ができません。

セラーズ検事：では次に、第三段階の説明ですね。

ムラジェノヴィッチ証人：はい。まず、社会的な行動の変化があります。最初の特徴は、外界に対する信頼が変わり、他人との関係が変化します、信頼感の喪失と欝状態による引きこもりのせいで。場合によっては、とても強い欝状態になって、その結果、社会的コミュニケーションに大きな影響が及ぼされます。

セラーズ検事：この第三段階においては、人間関係の点で、結婚に影響が及ぶこともありますか。

ムラジェノヴィッチ証人：はっきりとは言えないと思います、最初の段階で、自分の周囲の共同体から拒絶されて、結婚できなくなることもあり得るからです。それに自殺の思いがつねにつきまといます。こうした徴候が再三繰り返し起こってくるのですが、それは、ここが重要なのですが、心的外傷後体験というものがふつうは永続的なものだからです。トラウマは忘れることができるという人も多いのですが、しかし専門家からすればそれは不可能なことなのです。

セラーズ検事：すると、専門家としてのご意見では、第一段階が継続的な衝撃を保ち、第二段階が最長六年間ほど、そして第三段階は永久に続く、ということでしょうか。

ムラジェノヴィッチ証人：そうとも言えます。

セラーズ検事：　第三段階において、女性は自分の身体に対してどんな関係を持ち得るのでしょうか。

ムラジェノヴィッチ証人：どんな支援が得られているのか、どんなことが起こったかにもよりますが、まるで自分の身体を廃棄したかのような関係が生まれてくることがあります。

セラーズ検事：自分の身体が何か現実のものではない。

ムラジェノヴィッチ証人：ええ、非現実的で見知らぬもののように。

セラーズ検事：見知らぬもの、ですね。第三段階における自殺についてですが、性的暴力から何年も経た段階で、自殺に出会われた体験がおありですか。どの段階でもですが。

ムラジェノヴィッチ証人：そうです、どの段階でも起きます。言い忘れましたが、戦時性暴力の結果妊娠し子を生んだ女性たちの場合、状況はもっと困難で、極限的な状況をつねに生きていますから、赤ん坊に対してとても肯定的な感情からひどく否定的な感情に揺れ動きます。いつもジレンマ、感情的なジレンマに囚われていて、そういう場合には自分で快復したと思った後でも自殺した例があります。

セラーズ検事：では、お聞きしますが、そういう状況で、快復のためになにが必要ですか。快復は可能なのでしょうか。

ムラジェノヴィッチ証人：ええ、まず、私たちの信じるところ、家族、共同体の支援、家族の共同体の理解がほんとうに大切です。つぎに大事なのが、トラウマに悩む人の症状に対する心理的治療が受けられる場所でどんなサービスが可能か、それとボスニアから来た女性たちとの体験では、社会的正義がきわめて重要なんだと感じています。長い目で見て女性たちにはそういう状況を作りあげることが大切です。
ですから事実、そういう人たちがやったことは、制服を着た男性たちに責任があることであり、制服を与えたのは国家です。だから国家が戦時レイプの責任を取るべきだ、つまり、女性たちの感じる恥についても、犯罪の責任は国家が取るべきだということです。

マクドナルド判事：それはあなたの専門家としての意見ですか、快復を支援する状況作りに国家が責任を取るべきだと。

ムラジェノヴィッチ証人：そうです。四点、述べさせてください。国家が責任を取ることで、トラウマの影響が軽減されるのです。まず第一に、国家が責任を取ることで、拒絶されたという感覚、この拒絶が多くの戦時レイプの被害者が恥を感じる鍵なのですが、そのような恥の感情がとても楽になります。第二に、罪の意識、自分たちが罪を犯したのではという気持が、実際は国家に責任があり、国家が責任を取ることで、その罪の意識も消えます。第三に、恐怖の感情です、それが大幅に減少します。最近の例ですが、どこでもどんな兵士にあっても恐れていた女性が、国家が責任を取り、犯罪者を処罰することを知って、自分の恐怖が軽減されました。

セラーズ検事：専門家としてのご意見では、レイプ犯罪に対しては、刑罰を免除することで快復を援助するのでなく、国家は処罰によって快復を援助すべきだと。

ムラジェノヴィッチ証人：そうです、快復の援助ではなく処罰です。処罰が快復のために本当に重要なんです。

セラーズ検事：で、四つめは。

ムラジェノヴィッチ証人：第四は自己の尊厳です。レイプされた女性にとってこの自己の尊厳がとても大切です。国家が責任を取ることで、国家はそうした女性たちのことを真剣に考えていること、女性に対する犯罪に真摯に立ち向かっていることを示し、そのことで女性の自己尊厳を高めることができます。そうすることによって、あらたな力関係が国家に導きいれられ、女性というジェンダーが威厳をまっとうすることができるのです。

セラーズ検事：ということは、専門家としてのご意見では、国家が長期にわたるトラウマを癒す助けができると、そして、専門家の意見として、謝罪の欠如、正義の欠如がトラウマを永続化させることにしかならないということでしょうか。

ムラジェノヴィッチ証人：そう、そのとおりです。ただつけ加えたいことは、トラウマがひとりの女性のプライベートな体験ではないことです。ここでごらんになられた女性たちは、プライベートな問題を抱えているわけではない、問題は政治的なものです、犯された犯罪がそうなのですから。多くの女性はそうした思いをいだいてずっと生きているのです。ですから、国家の責任こそがそこで絶対に問われなくてはならないのだし、そうしてはじめて女性にとって快復の道も開け、正義と民主主義の道に進むことができるのです。
セラーズ検事：だれかが国家の代わりになって、私人がするのと同じように、国家の代わりにごめんなさいと言うことで、快復に役立つものでしょうか。
ムラジェノヴィッチ証人：そう、たしかに同じことかもしれませんが、なんらかの謝罪は伝わるでしょうが、私人によってなされるときと、国家がするのとでは、あきらかに違うと思います。
セラーズ検事：ありがとうございました。
チンキン判事：ありがとうございます。自分がこうむった体験について、あるいはその後のトラウマについて、まったく語ることができないと、どういう影響があるでしょうか。
ムラジェノヴィッチ証人：いい質問だと思います。私たちの経験では、専門家すべてが同意しているのですが、話をすることが本当に大切です。それが私たちがこうしたセンターを開設した理由です。そこで専門家と話をし、友人と話をし、公共の場で語ることがとても大事なのです。公に認められることが、トラウマに苦しむ女性にとって、大きな助けにつながるからです。
チンキン判事：すると、もし、プライベートにも誰にも語れないとすると……。
ムラジェノヴィッチ証人：とても危険なことになり得ます。
マクドナルド判事：これで質問は終りです。法廷のために証言してくださってありがとうございました。［拍手］

［本橋哲也・訳］

【14：57―15：12】

日本の国家責任について

川口和子検事

国家責任について専門家証言をいただき、証拠として提出いたします。

日本国政府の国家責任と言いましても、戦争当時、軍や政府の高官たちが、慰安所制度に深く関与してきたということに基づく責任については、これまでにもさまざまな証拠や専門家証人によって立証されてきましたし、また、一九九三年に日本の政府自体が、関与を認める文書を発表しておりますので、それを書面で証拠として提出することといたしまして、ここでは、日本国政府や政府高官たちの戦後のこの問題への対応についての証拠を説明したいと思います。

いまディスプレイに映っておりますのは、山崎内務大臣時代を語る座談会という、一九六五年九月六日に行なわれた座談会の内容を載せた本からの抜粋です。この本の中で終戦当時、内務省の財政課事務官という立場であり、戦後は自治省の財政局長、これはこの発言が収録されている当時ですが、後に衆議院議員や法務大臣になった奥野誠亮という政治家が、一九四五年八月一五日の何日か前に、終戦処理の方針を決めなければいけないということになり、公文書は焼却するといった事柄が決定になったこと、そしてこのことが、陸軍は陸軍系統を通じて、海軍は海軍の系統を通じて、上から下に通達するということになった、これは表向きには出せないことである、云々と書かれています。

同じ奥野誠亮は、一九七〇年九月二八日にもやはりこの戦後の公文書の湮滅について、ある座談会で発言しておりまして、地方に出した指令は数項目に及んでいたが、覚えていたのは公文書を焼却せよということ、軍の持っている物資はすぐ民間に渡してしまえ、その暇がなかったら市町村へ、さらにその暇がなかったら府や県へ渡せということだったというようなことを言っています。さらにこの座談会のなかで、婦女子、つまり女性たちを逃がすかどうかということを決定せず、地方の情勢で然るべくということだったと発言したと記録されています。

このことは、日本軍が、要はその行った先々で地元の女性たちを強かんしたということを、この奥野を含む当時の政府の高官たちは知っていて、それと同じことが戦争に敗れた日本に連合国の人たちが来ることによって起きるのではないかと考えたことを示しています。

なお、終戦直後の日本政府による組織的証拠湮滅の実態については、日本側提出証拠の証拠番号三五番の吉田裕教授による意見書に書かれておりますし、単に日本政府が公文書を湮滅しただけでなく、防衛庁や警察、厚生省、労働省、大蔵省などが、この「慰安婦」問題を含む戦争犯罪について、米国から後に返された資料も含めて膨大な資料を今でも持っているにもかかわらずこれを公開しない、このことのために今なお十分な真相究明ができないということについては、日本側提出証拠の三九番の荒井信一教授の意見書に詳しく書かれています。

次に、左に映っておりますのは、一九九六年六月四日頃、当時参議院議員だった政治家〔板垣正〕が、韓国からの「慰安婦」被害者に対して、お金はもらっていないのか、本当にもらっていないのかと、大変しつこく尋ねました。これと同じ日、先ほど出てきた奥野誠亮という政治家が、「慰安婦」は商行為、つまりビジネスに参加した人たちで、強制はなかったというような発言をして、「慰安婦」問題という歴史的な事実を否認していることが報じられている新聞記事です。

なお、この二つの発言を含めて、日本の政治家による主な、「慰安婦」問題を否認したり歪曲したりする発言については、日本側提出証拠の四一番に、代表的なものを載せています。

次は、インドネシアからの証拠番号一三番で提出されております中曽根康弘元首相の回顧録であります。この『終わりなき海軍』という本に収録された「二二才で三〇〇〇人の総指揮官」というエッセイの中で、中曽根氏は敗戦当時は海軍の主計大尉であったわけですが、一九四一年末から一九四二年初め頃に中曽根氏が属する船団が、インドネシアのバリクパパンというところに上陸した直後のこととして、「三〇〇〇人からの大部隊だ、やがて原住民の女を襲うものや、ばくちにふけるものも出てきた。そんな彼らのために私は苦心して慰安所をつくってやったこともある」というふうに、自ら慰安所作りへの関与を告白しております。しかし中曽根氏は後に首相になって以降は、多数の政治家がこの「慰安婦」、慰安所制度の存在を否認する発言、歪曲する発言を繰り返していることに対して、沈黙を続けたのであります。

次へいってください。これは、まず右側が、一九九八年一〇月九日にフィリピンの戦時性暴力被害者が裁判で請求を棄却されたという記事、それから左側は在日韓国人の宋神道さんという「慰安婦」被害者が一九九九年一〇月一日に敗訴判決を受けたという新聞記事であります。この二つの裁判はいずれも、今日から一週間ないし一〇日ぐらい前に、東京高等裁判所での第二審判決においても、原告の請求を棄却するという判決が出されています。日本の裁判所、日本の国家権力がつくった裁判所においては、これまで九件の戦時性暴力被害者による謝罪や損害賠償を請求する裁判が行なわれていますが、有名ないわゆる下関判決を除いては、いずれもこれまで出た判決では、原告つまり被害者たちによる請求が棄却されております。またこの下関判決も、当時の加害行為を理由に損害賠償を認めたものではなくて、戦後に補償立法を行なってこなかったという立法不作為を理由として、原告一人あたり三〇万円という少額の損害賠償を認めたに過ぎないものです。このような、日本の裁判所におけるこの種の裁判の実態については、後にアミカス・キュリーとして、鈴木五十三弁護士が宣誓供述書を当法廷に提出します。

次へいってください。今映っておりますのは、「女性のためのアジア平和国民基金」、いわゆる「国民基金」について、各被害国で説明するために出された文書の抜粋であります。このパンフレットの中で日本国政府は、「国民基金」の性質について、「何よりも大切なのはひとりでも多くの日本国民が犠牲者の方々の苦悩を受け止め、心からの償いの気持ちを示さなければいけない」とか、あるいは、この償い金と一緒に渡される総理大臣の手紙の文言として、「我が国としては道義的な責任を痛感しつつ」というようなことを書いて、言い方を変えれば、法的責任を否認しているのであります。また、償い金の給付の対象が「韓国、フィリピン、台湾の犠牲者に対し」というふうになっていて、アジア全域に「慰安婦」の被害者が多数いるにもかかわらずこの三カ国についてだけ、償い金の給付を行なうことを表明しているということで、「国民基金」という民間の基金をつくって償い金を渡すという対応が、道義的な責任を果たすために適切な対応とは認められません。そのことから、今スライドに映っていますように、被害各国ではこの民間基金に対して強い反対の声が挙がりました。そして、このことを受けてでしょうか、この民間基金への募金の呼びかけ人であった三木睦子元首相夫人が、「そもそも財界のお金に頼るという考え方が間違っていると思います、その考え方には、謝罪はしなくても金だけでも出せばいいんだという思いが見えてくるからです」というような談話を発表して呼びかけ人を辞任したということが報じられております。なお、この民間基金の問題性につきましては、日本側提出証拠の証拠番号四〇番で、戸塚悦朗弁護士が詳しく論じております。

次にいってください。これは、今年〔二〇〇〇年〕の九月一〇日前後に一斉に報じられた、日本の中学校で使われる歴史教科書から、当時日本政府が加害者であったという視点が後退する動きがあるという新聞記事であります。二〇〇二年、二年後から使われる中学校の〔教科書〕検定、文部省〔現・文部科学省〕による検定作業の中で、これまで七社の教科書にすべて「慰安婦」という言葉が載っていたのに対して、今回は「慰安婦」という言葉を使う会社はわずか一社。「慰安婦」の被害の実態について何らかの形で説明するという形を含めても、三社しかなくなってしまったという危険な動きを示しています。このような教科書会社の自主規制に対して、日本国政府が文部省を通じて、きちんと「慰安婦」の被害の事実は子供たちに教えていかなければいけないという立場で指導しないとしたら、そのこと自体が日本国政府の責任を果たしていないことを示すことになると思います。

次のスライドは、一九四〇年九月一九日に、当時陸軍省の副官であった川原直一氏が、陸軍省副官の立場で、関係する陸軍部隊へ通達した公文書であります。この公文書の中では戦争が長引くのに伴って、軍規が緩み、具体的には略奪、強かん、放火、不慮の惨殺など皇軍たる本質に反するいく多の犯行が多数発生しているということを認めております。その上で、この川原という陸軍省の副官は、軍幹部が兵士へちゃんと教育指導をしなさい、あるいは慰安所の監督責任を強化しなさいということを指示しています。つまり、陸軍省は遅くともこの文書が作られた一九四〇年の九月一九日までには、強かん防止のためにと設置された慰安所が、実際には強かん防止には役立たなかったことを認識していたということです。しかしそれにもかかわらず、強かんが少しも少なくならなかったということとの関係性について、日本側提出証拠三四番で、笠原十九司教授が詳しく論じております。なお、今スライドに出ている文書自体は日本側提出証拠四三番としても提出されています。以上です。

マクドナルド判事：まだすべて正確にはリストに入っておりませんが、証拠品として受け入れたいと思います。それから、文書の湮滅に関する本の題名は何だったでしょうか。それはあとで証拠品として出していただければ結構ですが。

川口検事：山崎大臣時代を語る座談会という、自治大学校史料編集室が作成した座談会の記録です。つまり、内務大臣が山崎氏だった時代のことを語る座談会で、日本が敗戦した直後の時代のことです。

マクドナルド判事：それも証拠品としてリストに入っていますか。

川口検事：確認して、まだ提出されていないようであれば、その本を証拠として提出いたします。

マクドナルド判事：提出されれば、証拠品として受け入れます。ありがとうございました。

【15：17―15：40】

専門家証言「国際法に関する国家責任」（フリッツ・カールスホーベン）

書記官：フリッツ・カールスホーベン教授を召喚します。カールスホーベン教授、あなたは真実を語ることを誓いますか。

フリッツ・カールスホーベン証人：誓います。

ドルゴポル検事：カールスホーベン教授、最初に専門家としての適格性の承認を得たいと思いますが、ここで、あなたは現在、どのような地位にあるか話していただけますか。

カールスホーベン証人：私は現在、ジュネーブ諸条約第一追加議定書第九〇条に基づく国際人道的事実調査委員会の委員長を務めています。

マクドナルド判事：カールスホーベン教授、それ以前はオランダの大学に関係しておられましたか。

カールスホーベン証人：ライデン大学で一八年間、国際法教授を務め、同じ大学で約二〇年間、国際人道法教授も務めました。

ドルゴポル検事：カールスホーベン教授、取得された学位について話していただけますか。

カールスホーベン証人：一九五八年に法学修士となり、一九七一年にやはりライデン大学で博士号を取得しました。

ドルゴポル検事：カールスホーベン教授、研究分野について話していただけますか。

［他履歴等、略］

カールスホーベン証人：私の研究分野は人道法です。一九七七年の第一・第二追加議定書の起草過程や一九八〇年の兵器会議の過程について研究しています。ハーグ国際法アカデミーでは兵器に関する講座を担当し、こうしたテーマで幅広く執筆しています。

ドルゴポル検事：カールスホーベン教授、この分野で本や論文をどれくらい書かれたか、簡潔に話していただけますか。

カールスホーベン証人：はい、私がこのテーマで最初に書いた本は、交戦国の補償に関する学位論文で、一九七一年に出版されました。ですが、私が思うに最も重要な著書は、赤十字国際委員会で採用されている『戦争遂行上の制約』（Constraints on the Waging of War）でしょう。第三版が来年出ます。著書のほかに論文を一〇〇本くらい書いています。［他著作数等について、略］

ドルゴポル検事：首席検事、カールスホーベン教授が国際法の専門家として適格であることを承認していただきたいと思います。

マクドナルド判事：わかりました、承認します。

ドルゴポル検事：ありがとうございます。カールスホーベン教授、国際法における国家責任の概念について簡潔に話していただけますか。

カールスホーベン証人：はい、ごく簡潔に言いますと、国家は国際的不法行為に責任を負います。国家に帰せられる行為に対して。

ドルゴポル検事：「不法」という言葉を使われましたが、どういう意味ですか。

カールスホーベン証人：「国際的に不法」とは、国際法の適用可能な規則に違反しているということです。

ドルゴポル検事：それは、条約の規定や国際法の慣習的規則といってよいでしょうか。

カールスホーベン証人：ええ、そうです。

ドルゴポル検事：「国家に帰せられる」とは、簡単に言うとどういうことでしょうか。

カールスホーベン証人：簡単に言いますと、その行為が国家機関の責任のもとで行なわれたので、国家に責任があるということです。その行為が最上層部、政府、首相、国王、皇帝、軍全体、地方自治体、憲兵、警察などによる場合です。

ドルゴポル検事：では、軍服を着た兵士個人が兵士として行動した場合、その行為は国家に帰せられるのでしょうか。

カールスホーベン証人：そうです。

ドルゴポル検事：植民地の総督の行為も国家に帰せられるのでしょうか。

カールスホーベン証人：はい。

ドルゴポル検事：では、個人の行為が国家に要請されたり、承認されたり、黙認されたりした場合、あなたは専門家として、国家はそうした個人の行為に責任を負うと思いますか。

カールスホーベン証人：はい、そう思います。その行為のためにある手段を行使するのは、やはり総督府か他の国家機関でしょうが、手段は関係ありません。

ドルゴポル検事：ありがとうございました。カールスホーベン教授、次に一九〇七年のハーグ陸戦条約に話を進めたいのですが、この条約の目的を簡潔に説明していただけますか。

カールスホーベン証人：一九〇七年の「陸戦ノ法規慣例ニ関スル条約・規則」は、一八九九年の同名の条約・規則を再確認し、改訂したもので、この規則、それに条約の目的は、締約国の間で、軍隊に適用する規則について共通の基準を定め、軍隊に共通の行動規範を設けることにありました。

ドルゴポル検事：その規則の一部は、占領軍の行動に関係しますか。

カールスホーベン証人：ハーグ陸戦規則はさまざまな問題に関係します。交戦者の資格、捕虜の待遇、占領地域住民の扱い、占領軍の権限、それらを主に取りあげています。この規則で扱われなかった問題として、負傷者と病者の扱いがありますが、これはすでにジュネーブ条約で［……］規定されていたからです。

ドルゴポル検事：ハーグ陸戦条約・規則に基づき、国家には規則の条項を自国の軍隊に教える義務があるのでしょうか。

カールスホーベン証人：ハーグ陸戦条約・規則における義務として、規則を教え、訓令として発布し、軍隊に教えなければなりません。

ドルゴポル検事：それでは条約は、軍幹部が自分たちがかかわる行動について訓令を出すことを前提としているのでしょうか。

カールスホーベン証人：そのために制定されたのです。

ドルゴポル検事：ではカールスホーベン教授、ハーグ陸戦条約が採択された当時、条約と規則の条項は遵守されると一般に考えられていたのでしょうか。

カールスホーベン証人：国際法では一般に、条約、あるいは条約の内容は締約国によって尊重されるという誠実な想定に立っています。ですから、遵守されなかった場合のために、第三条が条約に盛り込まれました。

ドルゴポル検事：カールスホーベン教授、いま、条約の第三条に言及されましたが、第三条の内容を簡潔に説明していただけますか。条文を全部読みあげる必要はありませんが、手短に説明してください。

カールスホーベン証人：はい、第三条はとても短いのですが、二つの内容が盛り込まれています。国家は規則違反に対し賠償する責務があること、そして、国家は自国の軍隊のすべての行為に責任を負うことです。

ドルゴポル検事：カールスホーベン教授、あなたはハーグ陸戦条約・規則に関する準備作業、あるいは交渉の経緯について資料を読まれてきましたが、その交渉で第三条の文言を定める際、参加国は、国際法に基づいて一般に考えられる国家責任とは違ったものを規定しようとしていたのでしょうか。

カールスホーベン証人：はい、当時、ハーグ会議では、国家責任については論議されませんでした。各国の関心は占領地域の状況にあり、それを出発点にしました。その分野ではすでに一八九九年の規則に、徴発に対する支払いの規定がありましたが、同じく迅速かつ十分な賠償を必要とする規則違反がほかにもありうると認識されていました。もちろん、規則違反により損害を被った人々、個々人に対する賠償です。当時話し合われたのは、まさに個人の賠償請求についてでした。

ドルゴポル検事：この交渉が行なわれた当時、国家が他の国家に対して責任を負うことは、国際法の受け入れられた原則だったのでしょうか。

カールスホーベン証人：もちろんです。一般的な国際法の原則になっていました。それは確かです。

ドルゴポル検事：それでは、それについて協議し、この条約の条項に盛り込む必要はなかったので、締約国の関心は、国際法に基づく個人の権利にあったのでしょうか。

カールスホーベン証人：そのとおりです。

ドルゴポル検事：カールスホーベン教授、ハーグ陸戦規則ではなく条約に第三条を盛り込んだことの重要性を説明していただけますか。

カールスホーベン証人：第三条が規則の方にあれば、特に占領地域を扱う規則に盛り込まれていたら、適用範囲はその部分に限定されたでしょうが、起草者は故意に規則と切り離し、当時存在した戦争法規の違反行為すべてに適用できる一般条項として、条約の方に盛り込んだのです。それ以来、適用範囲は拡大してきましたが、それはもちろん、戦争法規が大きく発展したからです。

ドルゴポル検事：それでは、草案は、第三条に特別な意義を与えることを意図していたのでしょうか。

カールスホーベン証人：起草者は、潜在的な違反をすべてカバーできるよう適用範囲を広くしたいと考えていました。起草者が実際にめざしていたのは、規則を遵守させる特別な手段を提供することでした。一八九九年の規則は、どのような事例でもそれで十分であるとの前提で、これを軍隊に教えなければならないと規定するにとどまっていたからです。当時、どのような状況であれ、軍隊に訓令を与えれば間違いなく遵守されるという想定は、ちょっと単純すぎるという認識がすでに生まれていました。そこで、遵守しない場合には賠償しなければならないと規定した第三条が追加されました。

ドルゴポル検事：ありがとうございました。さてカールスホーベン教授、ご承知のとおり、すべての紛争当事国が条約の締約国であれば、ハーグ陸戦条約は条約法として効力をもつ可能性がありました。ニュルンベルク裁判や東京裁判は国際人道法の原則を考慮するようになりましたが、これらの裁判はハーグ陸戦条約・規則の内容に関して、何を裁いたのか簡単に説明していただけますか。

カールスホーベン証人：それらの裁判は、ハーグ陸戦条約・規則はその当時までに慣習法の一部になっており、それに第三条も含まれると述べたにすぎません。

ドルゴポル検事：それでは、紛争にかかわっているすべての国が条約の締約国でなくても、国際慣習法の原則はハーグ陸戦条約・規則の条項と同義であり、国家は、ハーグ陸戦条約・規則で禁止された行為と類似あるいは同一の違反に責任を有するということでしょうか。

カールスホーベン証人：そのとおりです。

ドルゴポル検事：カールスホーベン教授、第三条は当時、国際慣習法になっていたというのが、専門家としてのあなたの意見ですか。

カールスホーベン証人：第三条は、陸戦条約全体と一体で慣習法の一部になっていました。第三条の適用例がいくつもあったとは言えませんが、ニュルンベルク裁判と東京裁判で、陸戦条約は国際慣習法の一部になっていたと裁定されており、いずれかの条文を除外する意向であったと想定する理由はありません。

ドルゴポル検事：カールスホーベン教授、ご承知のとおり、日本は第二次世界大戦終結時にさまざまな平和条約に調印しました。そうした平和条約のなかには、賠償の概念を取り上げたものもあります。賠償問題をめぐる条約の交渉に当たった人々は、「慰安婦」問題を念頭においていたと思いますか。

カールスホーベン証人：彼らがどのようなことを念頭においていたかを述べるのは難しいです。私に言えるとすれば、「慰安婦」問題は、独立した議題として交渉になんの役割も果たさなかったのは確かでしょう。私の知る限り、そうした平和条約に基づいて交渉されたのは、日本の将来の経済復興を完全につぶさず、日本にどれだけ賠償請求できるかということだけです。一括金の問題、我々は日本からいくら取れるかという問題だけでした。

ドルゴポル検事：特定の違反行為に焦点を当てるとか、この被害の性質を明らかにするといったことはなかったのですか。

カールスホーベン証人：被害国自身が交渉に当たった場合もあるかもしれませんが、被害国であってもこの犯罪を積極的に取り上げようとしませんでした。

ドルゴポル検事：なぜ、この犯罪を積極的に取り上げようとしなかったのか、専門家として意見がありますか。

カールスホーベン証人：その段階では、自分たちが心配すべき問題だと感じていなかったからでしょう。日本政府もそうでした。

ドルゴポル検事：カールスホーベン教授、次に時効の問題に移りたいと思います。国際法のもとで、賠償請求に一定の期限があるのでしょうか。

カールスホーベン証人：ありません。適用される唯一の規則は「合理性の規則」です。つまり、一〇〇〇年もたてば賠償請求を受けることはないでしょうが、それ以外は賠償請求に期限はありません。期限を定めようとする試みはこれまでありませんでした。それは、具体的な状況における評価の問題です。

ドルゴポル検事：カールスホーベン教授、国内の時効は、不法行為や民事上の権利侵害と言われる分野をカバーすることを意図したものですが、あなたは専門家として、これを適用することが妥当と思われますか。

カールスホーベン証人：そうは思いません。特に、ここで審理されている犯罪のタイプを考えれば、時効を考えるとしても、犯罪がいつ知られるようになったかを考慮することから始めなければならないでしょう。この「法廷」で聞かせてもらった話がいくつもあります。三年前、フィリピンを訪れ、そこで「慰安婦」に会って知りましたが、彼女たちは名乗り出て、自分の身に起きたことを告白しました。つまり、五〇年後に初めて請求したのです。ですから、その時点から計算することになるでしょう。

ドルゴポル検事：ほとんどの国は請求期限を定めていますが、軍性奴隷制下に置かれた女性たちが申し立てている損害賠償の性質を考慮するなら、専門家として、それは妥当と思われますか。

カールスホーベン証人：いいえ、そんなことはありません。戦争犯罪を引き合いに出すなら、時効は国際的に廃止されています。とはいえ、ほとんどすべての刑事法制度には時効があります。最も残虐な殺人、人道に対する罪にも時効がありますが、国際的には廃止されています。ですから、損害賠償についても同じ考え方が適用されなければならないと思います。繰り返しますと、国際法には時効がありませんので、こうした特別な状況で時効を導入しようとすべきでないのは明らかです。

ドルゴポル検事：カールスホーベン教授、専門家としての意見をうかがいたいのですが、国際法に違反した国には国内法を適用すべきでしょうか、それとも国際法を適用すべきでしょうか。

カールスホーベン証人：私が国家責任について語る場合、国際的な基準に照らした不法な行為について言っています。日本の状況で起きたことを考えると、「慰安所」は言わば一種の衛生措置として、当時理解されていたとおり、軍の規律上の要件に完全に合わせて設置されました。国内ではそれでいいでしょうが、国際的には不法行為であったし、今もそうです。

ドルゴポル検事：それでは、そうした状況に適用されるのは国際法でしょうか。

カールスホーベン証人：はい。

ドルゴポル検事：カールスホーベン教授、ここで一冊の本と専門意見書をお見せしたいのですが、これはあなたが書かれた意見書ですか。

カールスホーベン証人：これは、フィリピン「慰安婦」訴訟や他の訴訟の控訴手続きのために、東京高裁に対して書いた追加専門意見書です。

ドルゴポル検事：カールスホーベン教授、この本の内容を説明していただけますか。

カールスホーベン証人：この本は論文集で、日本の法律家である藤田久一教授、鈴木五十三氏、永野貫太郎氏によって編集されました。東京地裁での訴訟に関係して書いた意見書などが収録されています。

ドルゴポル検事：ありがとうございました。首席判事、この本と追加専門意見書を証拠に加えていただきたいと思います。

マクドナルド判事：証拠として認めます。

ドルゴポル検事：ありがとうございます。これで私の質問は終わります。判事から証人に質問はありますか。

ムトゥンガ判事：カールスホーベン教授、一つだけ質問があります。この「法廷」はグローバルな市民社会の声によって設置されました。そうした声に、世界の市民を公平に扱う民衆本位の法律をいくつか生み出す力があるのかどうか、知りたいのですが。

カールスホーベン証人：簡潔に答えますと、もちろん、国際司法裁判所と同等の価値や権限をもつような司法機関を生み出す力はありません。しかし、世界の民衆の声として、市民社会の声として、そうした声が、いま聞こえる声が最も重要だと思います。そして私が思うには、国連を通してその声が大きく、はっきりしたものになっていくべきだと思います。[拍手]

チンキン判事：かなり厳密なことですが、用語に関して質問があります。あなたは第三条について論じられた際、同条は特に、生じた違反行為に対する「迅速な賠償」を規定していると述べられました。一九〇七年の条約は、何年も経過してからの賠償を排除しているのでしょうか。また、「迅速」というのは限定する言葉ですか。

カールスホーベン証人：限定するために「迅速」という言葉を使ったのではありません。「迅速」な賠償が望まれても、必ずしも実行できるわけではないでしょう。戦闘状況にあれば間違いなくそうですし、おそらく占領地域でも無理でしょう。捕虜収容所の状況を考えても間違いなく無理です。捕虜は権利が侵害されるでしょうから。最初は「迅速」な賠償が考えられていましたが、「迅速」な賠償が実現できなければ、その後を私たちが引き継いでいかなければならないでしょう。

ドルゴポル検事：先に言われたとおり、何年後までという期限はないのですね。

カールスホーベン証人：期限を決めることはできません。

ドルゴポル検事：ありがとうございました。

マクドナルド判事：以上で質問は終わりです。カールスホーベン教授、出廷していただきありがとうございました。

[拍手]

[佐藤智子・訳]

【15：45―16：20】

東ティモール

カルメリタ・カエタノ・モニス検事

裁判官、そして傍聴者の皆さま、これより東ティモールの発表を始めます。本発表はテトゥン語で行ないます。本法廷では時間の制約がありますので、できるだけ簡潔にとり行なう努力をします。それではまず最初に、東ティモールの歴史的背景についてのビデオをご覧下さい。

［歴史的背景の説明ビデオ、略。第6巻収録、インドネシア起訴状（抄）参照］

モニス検事

ビデオからも、日本がポルトガル領ティモールに侵攻し、各地に慰安所を建てるなど人権侵害を行なったことが明らかでしょう。

東ティモールに慰安所がつくられたことを立証する証拠は存在します。そのひとつはエルメネジルド・ベロというリウライ（伝統的首長）の証言です。バウカウ県のリウライである彼の証言によると、日本軍はエルメネジルド王の家を慰安所にしたというのです。いろいろな女性がむりやりそこで「慰安婦」にされました。女性たちは東ティモールのみならず、インドネシアやその他の国々からも連れてこられました。

ビデオで示したように、慰安所はバウカウだけではなく東ティモール全土に作られました。私たちは今回東ティモールから二人の証言者に出廷してもらっています。この証言者たちは、以前のマリアナ県、現在のボボナロ県の出身です。

最初の証言者はエスメラルダ・ボエ・マリさんです。マリアナのメモ村で「慰安婦」にさせられました。二人目はマルタ・アブ・ベレさんです。ボボナロの温泉地マロボで「慰安婦」をさせられました。彼女たちによると、当時二人はまだ幼かったにもかかわらず、むりやり「慰安婦」にさせられたということです。彼女たちはその頃何歳だったかわからないのですが、まだ生理はきておらず、胸も大きくなっていなかったとのことです。

私が申しあげたことでは十分ではないと思いますので、証言者たちの供述を収録したビデオを用意しました。判事の皆さんと傍聴者の皆さんに、彼女らの経験がどのようなものであり、証言がいかなる内容のものか、ご覧いただきたいと思います。

東ティモール検事団は、法廷に提出した証拠にもとづき、日本政府に対し、(1)日本人が当時犯したすべての犯罪行為に責任を認めること、(2)東ティモール人の犠牲者に対して補償を与えること、(3)犠牲者に対して謝罪をすること、を求めます。

書記官：エスメラルダ・ボエさん、ビデオの証言が真実だと誓いますか。

エスメラルダ・ボエ証人：日本軍が来たとき私たちはまだ幼かったんです。それなのにひどいことをしました。私たちが話したことは真実です。そのためにここに来ているのです。答えはイエスです。

マルタ・アブ・ベレ証人：日本は大変遠い国です。真実を語るためにはるばるやってきたのです。

【ビデオ証言】［質問は省略］

エルメネジルド・ベロ証人：日本軍がバウカウに進攻したのは一九四四年のことです。バウカウには私の家があるのですが、私が山に逃げていた間に、日本軍は私の家を軍隊慰安所に変えてしまいました。日本軍はさまざまな地域から多くの女性を徴集し、インドネシアやその他の国から来た女性たちもいました。慰安所を管理していたのは中国人の男性で、私の家をいくつもの小部屋に仕切ってしまいました。

私の家はティロロ村のサライシという集落にありました。日本軍の司令官の名はイマグマといい、その司令官は何が起こっているか知っていました。彼は司令部にいて、女性が欲しい時には彼のもとに連れてくるように命令しました。

エスメラルダ・ボエ証人：私が家の畑にいる時、四人の日本兵がやってきました。他に東ティモール人もひとりいました。私はむりやりある男の家に連れていかれました。その男の家につくと、私は寝室に引っぱり込まれました。そこで彼は服を脱ぎ、私の服をはぎました。私はその頃幼かったので何が起こるか考えもおよびませんでした。まず彼はその部屋で私をレイプしました。まず彼はペニスにゴムのようなものをつけ、無理やり私の膣に挿入しました。これをやったのはシモムラです。

私だけでなく多くのティモール人女性が奴隷のように扱われました。そしてそうした女性の多くが死にました。ある人は森の中で七名から一〇名の兵士にレイプされて死にました。私を強かんしたのは［継続的に性的奉仕を強要したのは］最初はシモムラ、次にハルカ、そしてカワノという司令官です。

マルタ・アブ・ベレ証人：日本軍がやってきてレシベレに私をオアト村からマロボ温泉に連れていくよう命じました。そこへ到着すると私たちは部屋に入れられました。そこで彼らは服を脱ぎ、私たちの服をはぎ、ペニスに何かゴムのようなものをつけ、私たちの膣、それからアヌスにまで突っ込みました。その時私たちはまだこのくらいの背丈で、まだ初潮もむかえていませんでした。レイプされた後、そこらじゅうに血が飛び散っていました。私たちは動物のように扱われました。どうしてそんなことをする必要があったのでしょう。

私は一〇人ぐらいの男にレイプされました。私はベッドに押し倒され、次から次へとレイプされました。まるで動物のような扱いでした。しかし私にはなす術もありませんでした。少しでもあらがうようなそぶりを見せると、こんなふうに首を絞められることもありました。レイプされた後は何もすることができませんでした。動くことや歩くことすらできませんでした。一〇人もの男性にレイプされたあと、どうやって歩くことができるでしょう。私たちは昼間は重労働を強いられました。木を伐ったり、畑仕事をしたり、ボボナロで家をたてるために木材運びもさせられました。慰安所にはひと部屋に一〇人ぐらいの女性がいました。

マリア・ナテルシア検事：では、二人の証言者に質問をしてよろしいでしょうか。

マクドナルド判事：どうぞ。

ナテルシア検事：エスメラルダさん、日本人がどのような扱いをしたか、皆さんの前で話してください。

エスメラルダ証人：日本は東ティモールに侵攻し、そしてすべてを奪いました。私たちの処女も奪われました。私は幼くて何が起こっていたか分らなかったのです。私は正義のために東ティモールから日本に来ました。私はどんな報酬ももらっていません。あんな小さいときにレイプされたんです。性交させられたんです。

ナテルシア検事：エスメラルダさん、もし覚えていれば誰がやったか名前を言ってくれますか。

シモムラ、カワムラ、ハルカ、カワノ、シミです。私たちはまだ無垢だったのです。それなのに服を脱がされベッドに連れて行かれたのです。私の両親は止めようとしましたが、兵士を止めようとしたら、殺すと脅されたのです。それで両親は私を引き渡すしかなかったのです。

ナテルシア検事：農作業などもさせられたわけですね、強制的に。あなただけですか。

エスメラルダ証人：すべての人たちです。男女とも日中は田畑で大変な重労働をしなければいけませんでした。家畜の世話もしました。種まきもしました。日中は男も女もいっしょくたに働かされ、夜になると点呼があり、呼ばれていかないと処罰されました。森の中に隠れていたら捕まりそうになりました。点呼の時見つかり罰を受けました。木に吊されたり、川に落とされたり、焼かれたりした人もいます。

ナテルシア検事：エスメラルダさん、夜に何が起きましたか。

エスメラルダ証人：男性は家に帰し、女性はそのまま残しました。四つの家があって女性で一杯でした。女性の中には森の中に連れ込まれレイプされた人もいます。中には死んでしまった女性もいます。日本軍によって東ティモールはすべてを破壊され女性はレイプされました。

証言をするエスメラルダ・ボエさんとマルタ・アブ・ベレさん

ナテルシア検事：マルタさん、マロボで何があったかもう一度教えてください。

マルタ証人：まずマロボでは重労働させられました。木を切ったり、木材を運んだり、そして家を作ることもありました。それから女性は家の中に連れて行かれました。「慰安婦」の女性は東ティモールではノナ・マニス〔インドネシア語でかわいい女の子の意味〕と呼ばれていました。日本兵が私たちを次々とレイプしました。動物のように扱いました。そこに行かなければ両親が殺されるかもしれなかったので、行かざるをえなかったのです。

ナテルシア検事：マルタさん、どこへ行ったのですか。何人の兵がいたのですか。

マルタ証人：一〇人もの兵士がレイプしました。そのあと、歩けなかったのです。どうしたら歩けるんですか。一〇人もの人にレイプされたらどうやって歩けるんですか。ただ横たわっているだけでした。歩けなかった。

ナテルシア検事：日本にはるばるやって来たあなた方は、この法廷に何を求めますか。日本政府に何を求めますか。

マルタ証人：彼らがやったことに対して責任をとって欲しい。そして私から奪ったものを返して欲しい。あのように扱ったのですからその責任、そして補償をして欲しい。両親に大事に育ててもらったのに、日本兵にあんな風に扱われてしまった。

日本を見物しに来たのではありません。〔拍手〕私は正義のために来ました。私は真実を言っています。何も嘘は言っていません。

ナテルシア検事：判事の皆さん、東ティモールからはるばる二人の証人をお連れしました。他にもたくさんの被害者がいます。しかし、東ティモールは、長年インドネシアによる軍事占領下で抑圧された状況にあり、調査には限界がありました。東ティモールは、はじめにポルトガルの植民地にされ、それから日本、ポルトガル、インドネシアの支配が続きました。彼女たちは多くの被害者のほんの一部に過ぎないのです。今日は、東ティモールの女性はやろうとすれば何でもできるのだ、ということを証明するために出廷してもらいました。［拍手］

たくさんの証言もあります。証人もたくさんいます。一九九九年の住民投票後に反独立派の民兵とインドネシア軍がたくさんのものを破壊してしまったので、今回は証拠を少ししかお見せできないのですが、実際にはたくさんの証拠があります。

判事の皆さま、これらの証拠や証言を見ていただき、判決をお願いします。

マクドナルド判事：質問をしてよろしいですか。

わかっている範囲内で、どれくらいの「慰安婦」がいたのですか。

検事：今回は調査の時間が限られていて、一五人ぐらいしか発見できませんでしたが、もっと時間があれば、証拠や被害者を見つけられると思います。

マクドナルド判事：供述書、証言、証拠を受理します。

［古沢希代子・訳］

【16：25—16：55】

日本

川口和子検事

［沖縄・辻遊郭のケースについて、パワーポイントによる証拠提示、説明。第6巻収録、日本起訴状参照］

チンキン判事：日本の他の地域には慰安所はありましたか。

川口検事：ありました。具体的な証拠があるのが沖縄なので、沖縄について証拠を出しました。

専門家証言「日本人『慰安婦』の徴集の実態と出身階層等について」（藤目ゆき）

川口検事：何を専門に研究をなさっていますか。

藤目ゆき証人：専攻は日本近現代史、女性史が専門です。性と生殖に関する国家統制、特に「慰安婦」制度と公娼制度について研究してきました。

川口検事：日本人「慰安婦」は海南島以外、いなかったのですか。

藤目証人：いました。「内地」、植民地、占領地の各地に存在していました。特に沖縄では延べ一三〇カ所以上、那覇市だけでも一五カ所の慰安所が確認されています。そこには多数の日本人「慰安婦」がいました。確認される資料には、『群星』に収録された「従軍慰安婦狩り出しの裏話」などがあります。

川口検事：山川泰邦・元那覇警察署署員のエッセイにはどんなことが書かれているのですか。

藤目証人：辻遊廓を我が物顔で使っているようすや「慰安婦」を駆り出していくようすが書かれています。また、警察と軍隊の関係についても書かれています。三点目として、辻遊廓の女性たちが「慰安婦」に駆り出されることを知って廃業届けを出したが圧力をかけられたことも書かれています。

川口検事：特定されている部隊は。

藤目証人：上原栄子らは、第三二軍司令部の下、給水部隊に配備されました。

川口検事：上原栄子ではなく上田庸子という仮名で書かれている女性は上原栄子と同一人物ですか。

藤目証人：はい。

川口検事：日本人「慰安婦」はどのような女性たちだったのですか。

藤目証人：日本人女性で「慰安婦」にさせられた女性たちは、基本的に出身家庭の窮乏を背負う貧困層の女性たちでした。日本軍・日本政府の指導者層は、軍隊「慰安婦」制度が必要であると考えていました。その目的は、強かんの多発により抗日感情が激化することの防止であったり、性病の蔓延による戦闘力の低下を防止することであったり、兵士のストレスを解消して士気を高めるということであったり、あるいは戦地の地元女性との交流で情報が漏れるのを防ぐ、こういうようなことでした。

しかし、日本軍・日本政府の指導者層は、日本人の女性を誰でも「慰安婦」にしたというわけではありません。

［中略］

「慰安婦」として軍隊に奉仕するよう求められたのは日本人女性の中でも良家の子女とはみなされない、貧困層・低階層に属する女性たちでした。

川口検事：どのようなプロセスを経て「慰安婦」にさせられたのですか。

藤目証人：三つの代表的なケースを紹介することができます。第一は、公娼制度下に国家管理されていた女性たちが軍隊慰安所に送られていったケース、第二は、従来の公娼制度を媒介することなく直接に貧しい農山村の女性たちが口べらしのために女衒《ぜげん》といった業者に身売りされたケース。第三は、同じく貧困層の女性たちが、日本軍の身の回りの世話をするとかタイピストの仕事をするとかだまされて「慰安婦」にさせられたケースです。

川口検事：第一のケースは「慰安婦」になる前にすでに「売春婦」、すなわち公娼となっていた女性たちということですが、そのような女性たちは軍による性暴力の被害者ではなかったということになるのですか。

藤目証人：いいえ。彼女たちも軍隊性暴力の被害者です。

川口検事：証人が、慰安所に行く前にすでに「売春」をしていた女性たちも軍による性暴力の被害者だと考える理由は何ですか。

藤目証人：第一に、軍隊「慰安婦」として受ける暴力と支配は、被害者の前歴によって左右されるものではないからです。軍隊の性奴隷にされた事実をもって軍隊性奴隷制度の被害者であるといえます。公娼であったか良家の子女であったかということは本質的な問題ではないと考えます。

沖縄の例でいうと、遊廓の女性が「慰安婦」になることを拒否しましたが、ここにもそのことの一端が示されています。公娼にとっても、軍隊「慰安婦」になるということ、つまり戦場に引き出され、軍隊に身柄を管理され、兵隊の相手をさせられるということは格別な虐待、重大な苦痛を受けることを意味していたと思います。公娼だった女性なら「慰安婦」にされても平気だったのではないか、そのような見方をするとすれば、それは公娼が人間であるということを忘れた見方ではないかと思います。

第二に、そもそも日本の公娼制度それ自体がすぐれて暴力的で、しかも軍国主義的な制度でありました。その意味においては、日本の公娼にされていたということ自体が、すでに日本軍国主義によって女性が長期にわたる反復的な性暴力被害を受けていたと認めてもいいと考えます。

川口検事：当時あった公娼制度それ自体が暴力的できわめて軍国主義的な制度であったということを、もう少し説明してほしいのですが。

藤目証人：日本の公娼制度は、娘を身売りさせなければ食べていけないような貧困層を供給源としており、公娼の多くは借金に縛られた債務奴隷でありました。日常生活においても抱え主〔業者、経営者〕や警察の厳格な管理下におかれており、人身の自由を剝奪されていた存在です。名目的には廃業することは自由でありましたが、〔実際には〕債務のために廃業できない者が多かったのです。鞍替えといい、ある抱え主から別の抱え主に転売されるということもありました。軍隊慰安所への鞍替えの場合、辻遊廓の例のように法律では廃業が自由なのに軍の命令には逆らうことが許されないという状況もありました。

そもそも日本政府の指導者層は、軍隊「慰安婦」制度を組織するはるか以前から、良家の子女の防波堤論を唱え、公娼制度を合法化しました。つまり良家の子女の純潔、貞操を守るためには男性の性欲を満たす特殊な女性たちが必要だという考え方です。そのような貞操防波堤論で公娼制度を合法化し、貧困層の子女を良家の子女の犠牲として彼女たちに「売春」を強制することを正当化してきました。このような傾向は日清戦争、日露戦争、一九世紀から二〇世紀初めにかけて日本軍国主義の高まりとともに強められていき、公娼制度は著しく拡充されていきました。新しい師団や連隊、軍事施設が日本の各地に作られていきますが、そのように新たに設けられた軍事施設の周辺には次々に軍隊相手の遊廓が作られていきました。また、量的に公娼が増えていくだけでなく、芸妓とか酌婦とか、公娼ではないが身売りをして体を売らざるを得ない生活をしている女性はたくさんいましたが、そういう女性たちに対しても国家管理が強められていき、事実上の公娼化が進められていきました。

日本政府の指導者層から見れば、貧困層の女性が公娼になるということはもとより、戦争で軍隊「慰安婦」が必要ということになれば、彼女たちが「慰安婦」になり「奉仕」するということは当然であるとされていました。

川口検事：当時日本にあった公娼制度それ自体が、ある種軍国主義的な性暴力の制度であったということに加えて、戦時下の軍慰安所、軍「慰安婦」制度というのは、もともとあった公娼制度をさらに徹底した戦時性暴力制度であったということですか。

藤目証人：その通りです。

川口検事：その意味で、交戦国・占領区・植民地の女性であれば誰でも日本軍の戦時性暴力の被害者になる可能性があったのと同じように、日本人の女性でも貧困層の女性であればやはり誰でも日本軍による戦時性暴力の被害者になる可能性があった、そういうことですか。

藤目証人：全くその通りです。

マクドナルド判事：何人の女性が日本人「慰安婦」になったのですか。

藤目証人：「内地」における軍隊「慰安婦」の人数、外地における軍隊「慰安婦」の人数は特定しにくいのです。公娼ということを取りあげても、狭く限定して娼妓としてようやくある程度の数が出せます。それが外地となると、全体数はつかみにくくなります。しかしながら、いくつかの資料で、相当に多数の女性が「慰安婦」として「従軍」していたということが指摘されてきました。数値として言うとしたら、例えば、南支那派遣軍が「慰安婦」を募集しようと西日本の女性を集めましたが、その資料には目標数がでています。これらから考えても、数万といえるのではないかと思います。

マクドナルド判事：私が知りたかったのは、日本人女性が何人「慰安婦」として募集され、「慰安婦」として機能を果したかということです。現在、「慰安婦」であったと名乗り出ている女性は何人いて、生存者は何人ぐらいいるのですか。

藤目証人：私が数万と言ったのは、日本人「慰安婦」についてです。国内はもちろん、海外で「身を売る」仕事についていた女性たちは一九世紀末から二〇世紀にかけて膨大な数がいます。日本人「慰安婦」の生存者は答えにくいのです。なぜ、答えにくいのかというと、日本人「慰安婦」の存在は無視された闇の中の存在だったからです。日常的にどこにでもいる存在として日本人「慰安婦」はいたが、その人々が何人で、実生活はどういうものので、抱えている悲しみや怒りがどういうものであったか、彼女たちの立場に立って顧みられることはありませんでした。「慰安婦」問題が注目を浴びるようになっても、日本人「慰安婦」に関してはアジア太平洋地域の女性たちの存在とは違う存在であり、あれは「売春婦」でありビジネスのためと……。

マクドナルド判事：そこまででけっこうです、何人か分からなければ。理由についてはここで介入したくありません。

藤目証人：自分の体験を公表し、よく知られているのは今現在では二人。それだけです。

［西野瑠美子・書き起こし］

【17：00―17：30】元日本軍兵士の証言

東澤靖検事：金子さんは一九二〇年一月二八日生れ、八〇歳ですね。

金子安次証人：はい。

東澤検事：一九四〇年一一月に北支那方面軍所属下の部隊に入隊されたということですね。

金子証人：はい。

東澤検事：それ以後、中国山東省の各地を転々とされて終戦を迎えたということですか。

金子証人：はい。

東澤検事：あなたの、部隊における最終の地位は何ですか。

金子証人：伍長です。

東澤検事：これからあなたが中国大陸で体験されたことについてお聞きします。あなたが軍隊に所属しておられた間に自分で見、そして体験された慰安所とはどういうものだったでしょうか。

金子証人：私は昭和一七年に山東省の東昌という所に駐屯しておりました。その時に中隊から巡回「慰安婦」の警備をしろという命令を受けました。そして機関銃中隊から少尉以下九名が機関銃を持って大隊本部に参りました。その時すでに小銃隊が一五名ほどおりまして、二台のトラックに乗りました。私たちが二番目のトラックに乗った時にかすりの着物を着た「慰安婦」の方が三人おりました。しかしながら敵地区を回るのでどうもかすりの着物では派手でまずい、八路軍に襲撃される恐れがあるのでまずいというわけで、兵隊用の外套を着せました。そして軍帽をかぶせました。そして私たちは二台のトラックで山東省の陽穀《ヤンオク》県という所に向けて出発をいたしました。その車中で古参兵がこう言ったんです。「俺はお前たちのために警備をして送るが、もしも途中で八路軍の敵襲を受けて戦死したならば、こんな恥ずかしい話はない」と。そうしますと「慰安婦」の一人が「だったら止めたらいいでしょ」と言ったのです。「ばかやろう。俺は勝手に来ているんじゃない。命令で来ているんだ。そんな勝手なことはできるか」と言いました。するとその「慰安婦」は「私だって好き好んでこんな危ないところに来ているのではない。軍隊の偉い人のおかげで来ているんだ」と言いました。

東澤検事：今の話は、あなたが軍隊の命令で「慰安婦」の移送に関わった時のことに関しての証言ですね。

金子証人：はい、そうです。

東澤検事：それでは次に、聞きにくいのですが、あなた自身が慰安所に行くようになった時の体験について話してください。

金子証人：私が初めて慰安所に入ったのは昭和一八年です。臨清県という所におった時のことです。当時、私たちは慰安所とは申しませんでした。「ピー屋」と言うとったんです。そこに参りました。女の方が四人おりましたが、全部、朝鮮人だということでした。たまたま私は時間を待って呼ばれてある部屋に入りました。そうすると女の方が「いらっしゃい」と言ったんです。大変日本語がうまいんです。「お前、朝鮮人か」と聞くと、「私は日本人よ」と言いました。「なに、日本人？ 大和撫子がこんなところに来てこんな商売をしておるなんて、お前は日本人の恥さらしだ」と私は言って、そこで口論になりました。その時に彼女はこう言いました。「兵隊さん、私は好き好んでこんなところに来たのではありません。私の旦那は上海事変で戦死しました。二人の子どもと母親を抱えてどうやって生きていくんですか」と。私は二の句も継げずに出ていきました。

東澤検事：あなたがそこで見た慰安所の女性たちは、自分の意思で来ていた人たちですか。

金子証人：いいえ、違います。確かに公娼制度は日本にありました。玉の井にもありました。しかしながら営業主は確かに金儲けです。そこに働いている人はみんな苦しい中で働いていたんです。そして金で縛られているから自由に行動できない。そこに慰安所の「慰安婦」の哀しいところがあるんです。

東澤検事：自由に行動できない、逃げ出すこともできない。そういうことですね。

金子証人：できません。

東澤検事：慰安所は、強かん防止に役立っていたと思いますか。

金子証人：役立っていたと思いません。

東澤検事：それはなぜですか。

金子証人：私たちは〔慰安所で〕一円五〇銭払うんだったならば、強かんはただです。我々の月給というのは一等兵で八円八〇銭、上等兵なら大体一一円ぐらい。その中から五円ないし三円の天引き貯金をさせられるわけです。金がありませんから一円五〇銭払うんだったら作戦に行って強かんすればただでできるんだからと、そういうような考えを持っておりました。

東澤検事：あなた自身もそのような考えで、作戦の中で強かんに関わったことがありますか。

金子証人：あります。昭和一八年に作戦に参りました。その時にある部落に出兵しました。その時に私の同年兵が一人の若い女性を連れてきました。二一、二二歳だったと思います。それを六人の兵隊でくじ引きで順番を決めて、その女を輪かんしました。

東澤検事：そういう強かんについて、あなたが所属していた軍からはどのような指示が出ていたのでしょうか。

金子証人：昭和一四年か一五年の時に、当時日本では生めよ増やせよというスローガンがありました。そして男の子が生まれたならば労働力になる、戦力になる。女の子であったならば将来の再生産ができる。だからどんどん子供を産みなさい。そうすれば日本はどんどん栄えていくというような指導があったので、私はそのつもりで戦地に参りました。そうしますと戦地ではぐいと変わって、女は殺せ、子供を産むから殺せ、子供が大きくなったならば我々に反抗する。だから殺せと。そういうように上司の命令はコロッと変わってしまうのです。それで私たちはどうせ殺すのだったら、どんどん強かんした方がいいというつもりで、私たちは強かんしました。

東澤検事：繰り返しますが、上官からは女を見たら殺せというような指示が出ていて、どうせ殺すんであれば強かんした方がいいと、そういったことであったということですね。

金子証人：そうです。

東澤検事：こういった証言をするのは楽なことではないはずですが、あなたはなぜ、こういった場に出てきて先程のような証言をする気になったのでしょうか。

金子証人：正直なことを申しますと、自分の妻や娘には話しておりません。実際はできないんです。しかしながら私たちがやったことに対してどれだけの中国人民が泣いているのかということを、私たちは撫順の戦犯管理所でしみじみと分かったんです。二度とこういうことを起こしてはならない、これを止めるのは現在残された我々しかいないんだということから、私はこの問題を皆さんに聞いてもらいたいというような気持ちでございます。

東澤検事：ありがとうございました。

東澤検事：鈴木さんは一九二〇年七月一一日生れ、八〇歳ですね。

鈴木良雄証人：はい。そうです。

東澤検事：あなたは一九四〇年に北支那方面軍下の軍隊に入り、終戦まで中国山東省を中心とした地域で転戦されたわけですね。

鈴木証人：そうです。

東澤検事：あなたが除隊した時の階級は何でしたか。

鈴木証人：曹長です。

東澤検事：それではこれから、あなたが戦地で体験された慰安所についてお聞きします。あなたは慰安所についてどのような体験、あるいは目撃をされたのでしょうか。

鈴木証人：私が一九四〇年に入隊した時には、すでに慰安所は各地に設置されておりました。莱蕪《らいぶ》県の吐絲口鎮《としこうちん》や禹城《うじょう》など四カ所、五カ所を回りましたけれども、一個大隊が駐屯するところには必ず二軒以上の慰安所があり、「慰安婦」は朝鮮の人たちでした。たいてい一軒には四人から六人ぐらいの「慰安婦」がいました。

東澤検事：各地に二軒以上の慰安所があったということですが、そうした慰安所は誰によって管理されていたのでしょうか。軍隊との関わりはどういったものだったのでしょうか。

鈴木証人：はっきりしたことは分かりませんが、日本軍の軍医が週に一回必ず性病の検査をしていました。検査の結果を会報で兵隊に知らせておりましたから、管理は日本軍がやっておったと思っております。

東澤検事：あなたは慰安所に行ったことがありますか。

鈴木証人：あります。

東澤検事：そういった中で、そこに連れてこられた女性はどういう経過で慰安所に連れてこられたか聞いたことはありますか。

鈴木証人：あります。私は最初のうちは彼女たちは金儲けのために自分の意志で好きで商売のためにやっておると考えておりました。私が慰安所に通うようになったのは一九四四年頃からです。戦況が悪くなり、どうせ生きて帰れないだろうという考えから、それだったならば男として生まれた以上、一通り女遊びもやっておこうという考えにかわりまして、慰安所に行くようになりました。そこは禹城でした。二軒の慰安所がありました。私はその時、下士官になっておりました。補充兵教育の助教という立場でした。彼らは妻帯しているか性経験を持った人たちばかりでした。彼らは三〇歳以上でした。ですから私は日曜日には教育期間であっても慰安所に行くことを奨励しておりました。

東澤検事：あなたは今、証言の中で生きて帰れるかわからないという絶望的な状況の中で女を知っておきたいという思いだったと証言なさいました。で、あなたが慰安所で会った女性たちから、自分で好んで来たのか、あるいは無理やり連れてこられたのか、そういった話を聞いたことはありましたか。

鈴木証人：はい。ありました。禹城では、下士官連中は兵営の土塀に穴を開けて、昼間はそこを隠しておいて、夜になるとそこから脱柵して毎晩のように慰安所に通うようになったのです。私もその一人でした。そして毎晩、一人の女性のところに通いました。それは朝鮮の方で、日本名を「ミサオ」といっておりました。私は彼女から身の上話を聞きました。彼女は従軍看護婦になれるからということで応募したところが、慰安所に押し込められてしまった。悲しくて悔しくて泣いた。どんなことをしても逃げて帰れるものなら帰りたいと、泣きながら話しました。その時私ははじめて、好きでやっているのではない、強制的にこういうところに連れてこられた人だということを認識しました。

東澤検事：あなたが戦闘や作戦の時に、強かんなどを身近に体験したことはありますか。

鈴木証人：はい。あります。

東澤検事：それについてあなたの体験を話せるようでしたらおっしゃってください。

鈴木証人：軍隊では、戦場では強かんはつきものでした。日常茶飯事というくらいやられていました。日本軍は中国の地域を治安地区、準治安地区、敵性地区と三つに分けておりました。治安地区ではなかなかうるさいので強かんをすることはできなかったし、すれば処罰されますから、治安地区ではできませんでした。しかし一方、八路軍のいる敵性地区に入りますと、これはもうやりたい放題のことをやりました。というのは敵性地区に入った時、指揮官は「ここは敵性地区であるから何をやってもよろしい」という指示を出したのであります。何をやってもいいということは強かんをやってもいいという意味なんです。従って兵隊たちはもう誰もかれもが女を見つければ強かんを繰り返したということでございます。

東澤検事：あなた自身が強かんをしているシーンを見たことがありますか。

鈴木証人：はい。私自身も一九四四年に、部落の名前は忘れましたけれども、作戦中にその部落で大休止をやって一日近く滞在したことがあります。その時私は分隊長をやっておりましたけれども、二名だけ残して後は好きなことをやってこいと解放してやりました。部下たちは喜んで部落に入り、それぞれの家に侵入して強かんをしてきております。私も単独で女を探し回って三〇歳ぐらいの女性を見つけ、七、八人の老婆が取り囲んでおったので老婆を追い出してその女性を強かんしようと思いましたら、その女性は隠れてしまって見つからなかった。一生懸命に探しましたところ、中国には豚小屋がございまして、豚小屋は便所を兼ねておりました。彼女はそこに隠れて、衣服にすごい汚物をなすりつけてそばにも寄れない格好をしておりました。私はその姿を見た時に逆にムラムラと情欲がそそられまして、その衣服を全部脱がせまして全裸にして納屋に押し込めて強かんしました。その時の状況から言えば、私は拳銃で脅迫していたので彼女は逃げることもできず、抵抗することもできない。そしてわなわなわなと震えておるんです。その気は一切ございません。口をきくこともできない。ただ、私の言うがままに体を任せるような状態でした。ですから戦場における強かんは絶対に抵抗できない。勝手にむやみに強かんして、しかも逆らえば殺した。これは日常であったと思います。

東澤検事：あなたは当時のことを今、どう考えていますか。そしてなぜ、ここで証言する気持ちになったのですか。

鈴木証人：性暴力の問題についてはなかなか話しづらいことで言えないことでした。従って証言する人も非常に少ない。しかしこの問題を抜きにしたならば戦争の実態は出てこない。本当の戦争はこうなんだということがはっきりしないという気持ちがあるので、私は恥をしのんで証言をしております。［拍手］

東澤検事：証言者がもう少し追加して話したいことがあるのですが、よろしいでしょうか。

マクドナルド判事：どうぞ。

金子証人：陸軍刑法では、やって七年以上、見ただけでも四年以上という刑罰がありました。しかしながら、なぜ私たちが強かんをやったかといいますと、金の問題もありますけれども、当時、私たちは中国人を支那人、あるいはもっと劣等視してチャンコロと言っていたわけです。チャンコロの女をやって何が悪いのだと。どっちみち殺すんじゃないかと。こういうような気持ちを持って私たちは強かんをやったのであります。中隊長においても大隊長においても自分の部下からたとえ強かん者を出したとしても決して報告しない。なぜなら自分の功績に関係するからです。だから全部隠してしまう。それで我々兵隊はやりたい放題強かんをやったわけでありま

す。

東澤検事：私の質問は終わります。

マクドナルド判事：質問はこちらからはありません。本当に来てくださってありがとうございました。証言をありがとうございました。真実を語ってくれて、本当にありがとうございました。これが真実、戦争の実態が知れることでしょう。本当にありがとうございました。［拍手］

［西野瑠美子・書き起こし］

【17：42―18：00】

アミカス・キュリー「個人請求権と戦争賠償請求訴訟について」（鈴木五十三、藍谷邦雄）

「個人請求権に関する国家責任についての被告の立場」

鈴木五十三アミカス・キュリー

一、私は、国家責任に関する被告の立場のうち、特に、元「慰安婦」の被害者は、国際人道法の侵害行為の犠牲者であっても、日本政府に対して賠償金を始めとする救済措置を直接に請求する権利はないとする被告の立場について説明します。この立場は、日本政府・裁判所による国際法の解釈として主張されているものであり、元「慰安婦」被害者に対して救済を講じないことを正当化する理由とされています。そして、これは、日本政府及び日本の裁判所の一貫した立場であることについて以下に説明したいと思います。また、この問題点について、貴法廷が明確な判断を示されることがいかに重要であるかを強調させていただきたいと思います。

二、日本における人道法違反の裁判は、一九八〇年代後半から元「慰安婦」の被害者を中心として提起され、その数は漸増しました。そこで問われることとなった問題は、元「慰安婦」に対する加害行為にとどまらず、強制徴用・強制労働の被害者、捕虜民間抑留者など戦時中に収容され武力紛争に関連して非人道的取り扱いを受けた被害者、細菌戦あるいは人体実験行為などの被害者などの多様かつ広汎な類型におよびます。これら被害者が提起した裁判については、添付宣誓供述書において、そのリストを掲げました。そこには、三八件の裁判が挙げられていますが、現在日本全国に継続中の戦後補償裁判といわれる裁判は六〇におよぶともいわれ、正確な把握さえ難しいほどになりました。

三、国際人道法の犠牲者である元「慰安婦」個人が救済請求権を有するかという問題は、より一般的には、国際法あるいは国際人道法違反の加害行為の被害者個人が個人請求権を有するかという問題です。この問題について、いわゆる下関判決を除くすべての戦後補償裁判は、いずれも否定的に判断を下してきました。個人に対する救済措置の提供は国際法上の直接の義務ではないとしたのです。日本政府の立場もこれと同様です。

四、そもそも、これまで、判決された戦後補償裁判のうち、国際法、国際人道法違反を明確に認定したものとしては、さる一一月三〇日に判決された在日韓国人の戦時性暴力被害者に対する東京高等裁判所判決の他には、わずか二件が報告されているにとどまります。一件は、原爆の犠牲者となった日本人原告に関する判決であり、もう一件は、オランダ人元「慰安婦」に関する判決です。

五、いわゆる下田原爆訴訟判決は、（東京地方裁判所一九六三年一二月七日判決）（判例時報三五五号一七頁）、国際法の世界では著名な事件です。同判決は、広島・長崎での原爆被害者が国を相手に、これによって蒙った損害の賠償を求めた事件です。判決は、国際法上の慣習法によれば、無防備都市・無防守地域では非戦闘員及び非軍事施設に対する攻撃が許されていない。毒・毒ガス、細菌戦争に使用することも陸戦規則などで禁じられている。原爆投下については特別の条約はないが、原爆の持つ破壊力を考えるとき、これと同様に解すべきであって広島・長崎における原爆の無差別投下は国際法に違反するとしたのです。

六、また、オランダ人元「慰安婦」に関する判決は、第二次世界大戦中日本軍によりジャワ、スマトラなどの地域で抑留されたオランダ人抑留者が抑留中に受けた虐待・非人道的取扱いが国際人道法に違反するとして国を被告として損害賠償を求めた事件に関します。判決は、元「慰安婦」をはじめとして、同様の境遇で抑留されたオランダ人原告全員について、これら原告が受けた取扱いは、虐待・非人道的取扱いであることを認定し、そのような取扱いは、陸戦の法規慣例に関するハーグ条約及び付属規則に反すると判示しました。

七、しかし、国際人道法違反を認定したこれらの判決も、違法行為の被害者個人に対して損害賠償など救済措置を講じる義務は国にないとしたのです。下田原爆訴訟判決は次のように述べて個人請求権の存在を否定しました。

「個人は、……具体的に条約によって承認された場合に限り、はじめて国際法上の権利主体となる……」「国際法上違法な戦闘行為によって被害を受けた個人は、……一般に国際法上その損害賠償を請求する途はない。」

オランダ人元「慰安婦」に関する判決は、次のようにのべて個人請求権の存在を否定しました。

「ハーグ陸戦条約三条は、個人の賠償請求権を規定したものではない」

八、権利の侵害はあっても、個人の救済はないのが国際法の法理であるというのがこれら判決の要点です。そして国際人道法違反に関するその他の判決はすべて、違反事実を認定することなく、この二つの判決と同じ法理により個人請求権の存在を否定しています。

九、しかし、「そこに権利の侵害があるときは、これを救済するための手続きがなければならない」という原理こそ正義の実現を希求する者の第一の原則です。日本裁判所の法理は、この権利救済の原則に照らして、退けられなければならないと考えます。

一〇、判事におかれまして、被告日本政府の立場が、このように個人請求権を否定する立場でありそれは国際法に根拠を有するのであると主張していることを充分にご理解いただき、この立場に対する明快な判断を示していただくことが、元「慰安婦」被害者の救済の第一歩になると信じます。

一一、最後に、ここに集まられ、この法廷を支えられている方々のご努力に心からの敬意と感謝の気持ちを表明させていただきたいと思います。ありがとうございます。

「日本における戦争賠償請求訴訟の現状と今後の解決の方法としての立法化の方向性について」

藍谷邦雄アミカス・キュリー

一、今回の女性国際戦犯法廷が、第二次世界大戦とそれに近接する時季における戦時性暴力の被害を、戦争犯罪として裁くことは極めて意義のあることであり、本法廷の意義を高く評価いたします。［中略］

私は、被害回復の措置として、日本政府が新たな法律を制定することにより、戦時性暴力の被害者に対して、象徴的金銭賠償をなすべきことを提言します。このことが、本法廷においても勧告されることを要望するものです。

二、法律の制定に関する問題を述べる前に、若干最近の日本における戦時性暴力に関する裁判の動向を報告させていただきます。

私も代理人を務める、在日韓国人の戦時性暴力被害者である宋神道氏に対する東京高等裁判所の二〇〇〇年一一月三〇日の判決は、宋神道氏に対する戦時の性的強制は、強制労働禁止条約（ＩＬＯ二九号条約）および子供と女性の人身売買の禁止に関する条約（いわゆる醜業条約）で禁じられた行為に該当すると認定しました。同時に上記二条約に対する違反は、国家責任を生じさせ、その解除義務として、被害の救済並びに責任者の処罰等をなすことが必要と判じました。これは、本法廷における戦時性暴力の責任者に対する処罰を国際法廷で行なうことと考えは同一にしつつも、日本国家自体がかかる処罰をすべき国家責任を負っていることを認めるものであると言えます。

残念ながら、上の判決では、被害者の実体的損害賠償請求権があったことは認めながら、除斥期間［権利の行使を一定期間内に制限する制度）の途過により請求権が消滅したとして、原告の請求を退けました。現在、戦時性暴力被害者の損害賠償の訴えは全部で八件ありますが、この判決は控訴審における最初のものです。時効や除斥期間の途過の考えにより、今後続く判決も請求を退けられることが予想されます。

三、被害回復のための法律の制定を——日本での戦時性暴力被害者の損害賠償の訴えは、当時の法律で根拠づけることは非常に難しい状態であり、裁判での判決も勝訴を予想することは困難です。そこで、前記八件の訴訟のうち、七件の訴訟の弁護団が集まって、「元『慰安婦』の補償立法を求める弁護団協議会」を結成し、被害者救済のための新しい法律を制定する場合の枠組みを検討し、本年〔二〇〇〇年〕四月にそのための法案要綱を発表した。これが、「戦時性的強制被害者賠償要綱案」です。私はこの会の座長を努めています。法案要綱発表までには、韓国・中国・台湾・フィリピンの被害者の方々、被害者を支援する方々及びその団体の意見を充分に聴取し、その上で最終案をまとめたものです。その意味では、法案要綱は、被害者の声をできうる限り汲んだものであると確信しています。

この要綱案は、戦時性暴力被害者（要綱案では、戦時性的強制被害者）の名誉を回復することを目的としている。性的行為を強制したことが、当時の世界文明水準に照らしても反人道的行為であったこと、及び、この被害を放置したことが、戦後の日本国憲法の根幹的価値に反すること、この行為に対して謝罪し、賠償することを目的として、一律金による金銭賠償をなすこと、を提言するものです。本要項案は、一律金による賠償であり、その為に被害者の真の損害を金銭評価したものではない。また被害回復の方法として金銭賠償をするという、一つの方法について提言するのみです。

それゆえ、本要綱案も、全的損害の回復ではなく、被害の一部を一律金の支払いにより象徴的に賠償するものにすぎないともいえるのです。その意味では、象徴的賠償も、被害者の名誉を回復するという側面での被害回復の一つにすぎないかもしれません。かつ、これは、本法廷が戦時性暴力を犯した者の処罰義務を確認することにより被害者の名誉を回復することと、効果において同一かもしれません。しかし、被害者の名誉回復も、処罰と賠償の両者によって初めてその効果を十分に発揮するものと言えます。

ところで、先にも述べたように、訴訟のみで被害者の被害が回復されることは、可能性として難しいと言わざるを得ません。被害回復の方法はいくつもの方法がありますが、損害賠償としては、現在では、新しい法律を作ることが最も可能性が高く、現実的でもあります。国際法への違反が損害賠償に結びつくことは、個人が国際法の法主体となれないという旧来の意見を打破すること、国内法との関係並びに平和条約による請求権の放棄条項等との関係で、困難であるといえます。同時に国内法的にも、時効や除斥期間による請求権の消滅、国家の不法行為を否定する国家無答責の考えが日本政府の主張としてだされ、裁判所がこれに同調的であるのが現状です。これに比べ、日本国内での新しい立法は、被害者に被害回復の請求権を付与するという、新たな権利の創設であり、以上の問題点をクリアーできる法的にも現実的な考え方といえます。

他方、現実的立法の動きについて述べさせていただきます。

この〔二〇〇〇年〕秋、日本の議会には、民主党、社民党、共産党から、それぞれ戦時性的強制被害者の被害回復を図るための法律案が提案されました。残念ながら、今年の議会では、成立することなく廃案になりましたが、今後再提案されることになると思われます。そこで、先の弁護団協議会は、各政党が具体的被害救済の方法を考えるときには、「戦時性的強制被害者賠償要綱案」の考え方にそって、その内容を検討されるよう要望しています。

日本の議会が、新しい法律をつくることにより、戦時性暴力被害者の救済が図られることになれば、それは日本国にとっても名誉を回復しうる行為となると同時に、本法廷によって処罰されるべき者にとっても、被害の救済が図られれば、自らの責任の軽減ともなりうるものであると言えるのです。

四、最後に本法廷に望む――本法廷は、処罰を課すべきことを認定するためのものですが、被害救済としては、刑事的判断と同時に、民事的救済を命じることも決して矛盾するものではありません。そればかりか、付帯判決として制度的にも容認できるものなのです。よって、私としては、本法廷が、刑事処罰の有無を判断すると同時に、被害者への賠償をなす方法について、日本政府に勧告することを是非とも要望するものであります。

以上、本法廷への意見を述べさせていただきました。

マクドナルド判事：アミカスとして出廷してくださったことを感謝します。

【18：05—18：55】

首席検事最終論告

マクドナルド判事：共同首席検事の論告を聞きましょう。どちらが先にしますか。ドルゴポルさん、どうぞお願いします。

ウスティニア・ドルゴポル首席検事最終論告

判事の皆さん、この数日間をこのホールで過ごした私たちは、軍性奴隷制のサバイバーの方たちがここで見せてくれた勇気と熱意に敬意を払わずにはいられません。この法廷に立ち、判事や地球社会に自分の経験を話すことは、どれだけの勇気を必要としたことでしょう。彼女たちは自ら進んで、この場に立ち、人生の中で最も辛いできごとを追体験してくれたのです。

日本政府の卑怯な態度は女性たちの勇気と比べると対照的です。日本政府は、戦前政府が犯した残虐行為がいかなる規模のものであったか誠実・率直に認める意志の強さを、未だかつて見せていません。

判事の皆さん、ここで日本政府による一九九三年の文書に言及したいと思います。日本の同僚がすでに言及したもので、首席検事提出の証拠リストにも加えられています。軍性奴隷制に関する日本政府の調査結果の報告からの抜粋です。この報告の二ページで、日本政府はこのように述べています。「我々は以上の記述にあるような歴史の事実に背を向けずに、正面から向き合い、歴史の教訓として心に刻まなければならない」〔Statement by the Chief Cabinet Secretary Yohei Kono on the result of the study on the issue of "comfort women", para.6.〕。

判事の皆さん、日本政府はこの約束を守ってはおりません。一九九三年以来というもの、その責任から逃れようとしつづけ、軍性奴隷制システムに関わる事実に誠実かつ徹底的に向き合うことを拒んでいます。このような日本政府の卑怯な態度がこの法廷によって見逃されることはあってはなりません。日本国家が国際法に基づいてその責任を果たすべき時はすでに来ているのです。

判事の皆さんはさまざまな国のサバイバーの証言をお聞きになりました。これらの証言には多くの共通点があります。一人一人の証言の中核にあるのは、青春と無邪気さの喪失です。夢は奪われ、絶えることのない悲惨さと恐怖に取って変わりました。この女性たちが生き抜いたことこそ、彼女たちの精神の強さの証なのです。この女性たちが法廷で示した事実をいま一度思い起こしてください。

何人もの女性たちが家から連れ去られました。多くの者が、自分を守ろうとした家族が殺されるのを目の当たりにしなくてはなりませんでした。騙されて、家族を養えるような仕事がもらえると信じ込まされた女性たちもいました。そして判事の皆さん、私たち全員が忘れてはならないのは、こうしたいわゆる女性たちのうちの大多数が、実際にはまだ子供であったことです。日本政府が奴隷にし、自宅の前から連れ去り、軍人や役人への受け渡しを強要したのは子供たちだった、という事実はこの法廷によって特筆されなければなりません。おとなの女性ではなく、子供だったのです。

いったん所有されると、ここで私はあえてこの言葉を使いますが、ひとたび日本軍に所有されると、この女性たちは、組織的に強かんされ、性奴隷施設へと入れられたのです。判事の皆さん、この法廷がこのシステムの本質に焦点を当てることは極めて重要です。軍性奴隷制に組み込まれた女性たちは日本軍による徹底した支配と管理の下におかれたのです。

私たちは二人の元兵士が法廷に立ち、彼ら自身が犯した強かんや目撃した強かんの規模について証言するのを聞きました。彼らの証言からわかるのは、日本軍内部では強かんは罰を受けなかったことです。それ以上に、強かんや残虐行為は実際に日本軍によって奨励されていたことが彼らの証言で明らかにされました。

判事の皆さん。ここで今日のカールスホーベン教授による証言を思い起こしたいと思います。日本も加盟していたハーグ陸戦条約の下で、日本には、自国の軍隊に対し、この条約の規則について教育する積極的義務があり、このハーグ陸戦規則には、すべての文民の生命と家族の名誉を尊重する責務が含まれていたという指摘です。この責務は、いかなる戦闘行為が開始される前から存在していました。山田教授による証言及び、日本の同僚から提出された文書証拠、特に笠原教授の宣誓供述書が示すように、日本軍が自己の部隊に対しハーグ規則の内容について教育する努力は一切なされていませんでした。

判事の皆さん、なぜ奴隷制がこれほどおそるべき犯罪とされているかという理由を、ここで私たち自身が思い起こすことが重要です。奴隷制とは個人の人間性の究極的否定です。奴隷制はあまりにも下劣であるため、最も強く否定されなくてはならないのです。日本軍は、女性を奴隷化すると、同等のおそるべき行為を犯しました。強かんです。強かんは残虐行為です。なぜなら、強かんの根幹にあるのは、人間を従属させること、人間性を否定することだからです。強かんは、その女性の、自らの身体を自分自身がコントロールしているという感覚を破壊するようにできています。私たちは何人もの証人が言うのを聞きました、軍性奴隷制に送り込まれた結果、まるで持ち物か何かにされたように感じられた、と。自分をまるでモノのようだと感じさせられたのです。けもののように感じさせられたと涙ながらに証言した人も何人かいました。これをこの法廷は見過ごすことはできません。いかなる人間も、決して自分自身についてこのように感じさせられてはなりません。この法廷はこの点についてとりあげ、人間にこのように感じさせたことについて、日本国家に責任があると認めなければなりません。

判事の皆さん、私たちはまた、女性たちが軍性奴隷制に従属させられた場所で行なわれた、人間の肉体の破壊についての生々しい証言を聞きました。くり返される強かんに耐えるという毎日の拷問は、決して癒えることのない、肉体的・精神的な傷を残しました。専門家証人や元兵士の証言、また文書証拠が示すのは、軍性奴隷制のシステムが日本軍の高官たちによって、戦争遂行の努力をさらに進めるために導入されたことです。従って、これは政府の故意による政策であり、よって、それに伴うすべての行為は日本政府の責に帰すものです。

判事の皆さん、私たちはまた、これらの恐ろしい行為の組織的本質を考慮にいれてくださるよう求めます。これらの行為は、計画を立て、方針を決め、実行計画を綿密に練って行なわれたものです。判事の皆さんはこの点をとりあげ、これらの行為を、組織的なものであったという本質に基づいて、いっそう強く非難しなくてはなりません。

本件は、人道に対する罪と適切に評することができる諸行為についてのものであり、補償請求の根拠となるものでもあります。ここで私たちにとって有用なのは、人道に対する罪の概念の根底に、それが残虐極まりない凄まじい犯罪であり、人類の良心に対する侮辱そのものだという認識があるのを思い起こすことでありましょう。

第二次世界大戦終結にともなう戦犯裁判の可能性を検討する際に、人道に対する罪のリスト作成を課された人々は、どの犯罪をリストに含むべきかを真剣に考えました。世界中で重大な犯罪として認識されるようになるものでなくてはならないという基準を満たそうとしました。これらが犯罪であるということについて、誰も疑いをさしはさめない、争いの余地のまったくないものにしたかったのです。

最終的にニュルンベルク裁判条例と東京裁判条例に組み入れられた犯罪のリストは、世界中のあらゆる地域のあらゆる人が犯罪と認めるものであると理解されました。奴隷化と強かんは、人道に対する罪として記載されました。従って、奴隷制と強かんの禁止は国際法の優先的規範になっている、と論じることができるのです。

判事の皆さん、ここで講和条約の問題に移り、この法廷がジェンダーに配慮した形で開かれていることを想起していただきたいと思います。ジェンダー分析を事実と法の両方に適用することが重要です。専門家証人カールスホーベン教授から私たちは、こうした条約が軍性奴隷制のシステムや女性個人による請求を包含していたことはあり得ず、よってこうした請求権を取り上げたものとみなされるべきではない、という率直な法的証拠の提出を受けました。

しかしそれに加えて、判事の皆さん、これらすべての条約の根底にはジェンダー差別があったのです。私たち皆が知るとおり、当時は私たちのどの国でも、女性が男性と事実上平等な地位を保有しているところはありませんでした。女性の声に耳を貸す社会は世界のどこにもありませんでした。世界中どの国でも、女性が公的分野で十分に参画しているところはありませんでした。女性は、補償に何を含むべきか否かを論じ、話し合うことはできませんでした。女性は交渉の場についていなかったのです。判事の皆さんはこの点を考慮し、ジェンダー分析をいかなる形で本件の事実に適切に適用できるかを考えなくてはなりません。

さらに、判事の皆さん、私たちは、重要なレイシズム理論も同様に本件の事実に適用するよう主張します。証拠が示すように、日本兵が自分たちはアジア太平洋地域のどの集団よりも優れていると信じてよいとされていたことに疑いの余地はありません。元兵士たちの証言では、彼らは中国人を劣る存在として扱っても良いとされ、また奨励されていたのです。証拠が示すとおり、アジア太平洋地域全域にわたって、日本兵があらゆる集団を、あたかも日本人ほど人間ではない存在であるかのように扱ったことに疑いの余地はありません。これは人種差別の確固たる顕示であり、判事の皆さんはこの点について考えなくてはなりません。

そして日本は、他の国々との平和条約交渉にあたっていたとき、他の国々に味わわせた数々の恐怖を認めようとはしませんでした。日本の地位とアメリカ合衆国の権力を後ろ楯に、他の国々に対し、適切な補償を受けないよう屈服することを強いたのです。判決を下すにあたって、判事の皆さんはこの点も考慮しなくてはなりません。

判事の皆さん、今日私たちはトラウマに関する専門家証言も聞きました。この証人は、「恥」が女性にどのような影響を与えるかについて証言しました。恥は女性を沈黙させるという事実についてです。判事の皆さん、私は主張します、日本政府はこのことを利用し続けています。このように軍性奴隷制に組み込まれた女性たちの権利をいまも侵害し続けているのです。なぜならば、日本政府は、彼女たちが名乗り出るのを「恥」が妨げるという事実をあてにしているからです。

判事の皆さんは各国に、合計何名の女性が軍性奴隷制に取り込まれたか、実際に名乗り出る気になった女性は何名か、繰り返し尋ねました。判事の皆さん、起きたことを恥じる気持ちが女性たちに沈黙を強いているという事実を、この法廷は注目し、検討すべきです。日本政府は女性たちの恥の感覚を頼りにしています。アジアの女性たちができるだけ名乗り出ないよう、自分の身に何が起きたかを話さないように、日本政府は、彼女たちの「恥」の感覚を利用しているのです。この点を考慮に入れて、継続的侵害行為の本質、新たな侵害行為が恒常的に続けられていくパターンであるという本質を検討すべきなのです。

判事の皆さんは証言の声に耳を傾け、彼女たちの態度を目の当たりにしました。彼女たちがどれほどの誠実さをもって証言したかをごらんになりました。

しかし、証言台に立った大多数の証人について私たちにもわかったのは、彼女たちにとって、これまで癒しなどまったくなかったということです。彼女たちはここに来て、繰り返し述べました。「私たちには謝罪が必要です。私たちは癒やされることが必要です。私たちは日本人から、私たちにしたことについて心から悪かったと言うのを聞かなくてはなりません」。

判事の皆さん、謝罪として何が行なわれるべきか、皆さんが具体的に示すことが重要です。これらの女性たちは平安を取り戻さなければなりません。残された日々の中で癒やされなくてはなりません。内面の、心の平和を必要としているのです。その意味で、特に内面の平和に触れたものではありませんが、国連事務総長のあのことばは、この文脈でも胸にとどめるべき重要なものです。「正義なくして平和はありえない」と。判事の皆さん、軍性奴隷制に送り込まれた女性たちに癒しと平和をもたらすために、本件で正義を行なうのは皆さんの責務です。

判事の皆さんは、軍性奴隷制に関わるあらゆる行為について、日本国家に責任があると認定し、また日本に対し、完全な補償を行ない、損害賠償を支払うなど被害者の心にかなう形での賠償を行なう責任を認定しなくてはなりません。

ありがとうございました。［拍手］

パトリシア・ビサー・セラーズ首席検事最終論告

判事の皆さん、さぞ圧倒されておられると思います。〔提出された〕証拠に。〔証人たちの〕声に。私の心臓もいま激しく打っています。というのはいくつもの証言を思い返しているからです。例えば、

「みんなひどいと思った。彼らは私の両親を殺した。それから、私を『慰安所』に連れていった」。

『『慰安所』から出てきたときの願いはできるだけ早く帰って両親に会うことだった。でも姉妹たちはみんな死んだ。父は私を連れていかれまいとして殺された。母も死んだ」。

いま冷たく見える法的な問題を論じるのは、たぶん私の自衛メカニズムでもありましょう。しかし私たちは証拠を調べなくてはならず、証拠を適切な文脈のなかに位置づけるために法を再検討しなくてはなりません。そうすれば確信をもてるからです。これを有罪と認定するのは、当然であるばかりでなく、必要なことだ、と。

私たちはサバイバーの証言を聞きました。そして私たちはこの三日間に、たぶん亡くなったたくさんの被害者のささやき声も耳にしてきました。彼女たちは多くのことを私たちに教えてくれました。どのように徴集されたか——「ウェイトレスとして働くんだよ」「エンターテイナーになるんだよ」。何も告げられず、たださらわれ、つかまった人もいました。その他の人たちもさまざまな形のごまかしを受けました。例えば政府のために働いている——これは政府のためにしなくてはならないことなんだ、と。あるいは民間業者が親の家にやってきて、つまるところその人を買った、借りた、あるいは当時ならあたりまえと言えたかもしれないことをした。しかしあたりまえではすまされないことに、それは特定の道をたどった。奴隷売買の道だったのです。

さて多くの人がこの道を歩きました。例えば若い女性たち、高校を出るか出ないかの年齢でそれまで教育を受ける機会がまともに得られなかったような娘たちについての証拠がありました。少女たち、女の子たち、の話もありました。一一歳。まだ初潮もない。それよりは年齢が上の女性の話もありました。「慰安所」で、自らの身体を強かん用に、自分より若い女性たちを守るために提供した女性たち。自分が何歳だったか思い出すことすらできない女性たちの話もありました。彼女たちは皆、この奴隷売買の道をたどったのです。

ここに、法的に少々問題となり得る点があります。それは、女性たちが奴隷となること、強かんされることに同意していたらどうなるのか、という点です。例えば「どうぞ私をお連れください、この年若い少女たちは助

けて、今夜強かんするのは私にしてください」と言っていたら。あるいは「私は行く、そしたらきっと仕事が見つかって、両親にもう少しお金が入るから」と。

ここで私が皆さんに警告したいのは、法的に、奴隷化への道において同意には正当な根拠が全くない、という点です。自分の奴隷化に同意を与えることはできません。この意味で私たちは保護的（maternalistic）です。私たちは人を、その人自身から守るのです。同意は許されていません。一九二六年の奴隷条約を見てください。例外も抗弁も一つもなく、同意は全く予定されていません。人身売買に関する諸条約を見てください。人身売買は奴隷化の一形態ですが、これらの条約は実際に明言しています、「被害者の同意があっても、人身売買者は訴追されるべきだ」と。被害者の同意があったとしても、斡旋する者、最終的な奴隷所有者ではなくとも奴隷売買の仲介にかかわる者も、被害者の同意があった場合でも訴追されて有罪と認められなくてはならない。なぜなら同意は不可能だからです。奴隷とされること、奴隷売買の潜在的被害者となることには、同意を与えることはできない。私たちはそれを許さないのです。

ですからこの問題にはここで決着をつけましょう。同意は、人間を奴隷にすることはできない。同意は当然ながら、奴隷化した人間の罪を軽くすることもない。これが肝腎な点なのです。もちろん。

というわけであなたは奴隷売買の道をたどり、「慰安所」に行き着く。いまやあなたの地位が奴隷であることを具体化している場所です。審理で出たどの証拠が、あなたの地位が奴隷であることを証明しているか。審理で出てきた証拠はまさに、奴隷制の定義そのものでした。「人間に対して、所有者としての権力を行使すること」。冒頭陳述でも述べたとおりです。

所有者としての権力はどのように行使されるか。

まず、あなたはもう性的に自分自身のものではありません。証人の中にはただの一人も、性的体験について一回でも、他に選択肢のあった人はいません。あなたの性はもうあなた自身のものではない。取り去られる。あなたの性は今やちっぽけな券に切り分けられ、男たちがやってくるたびに彼らに与えられる。運がよければ、あなたの券は少し大きくて、それはあなたが司令官か将校一人だけと一緒にいられる、たぶん一晩中、ということを意味する。でもそれはもうあなたのものではない。あなた自体、もはやあなたのものではない。あなたのことは殴ってもかまわない。殺すと脅かそうが、孤立させようが——例えば、今日の証言の女性たちはどうでしょう。隣り合わせの部屋にいたのにおたがいに話すことさえできなかった彼女たち。一つの壁の両側で苦しんでいても、所有されていたから ささやき声さえ出すことができなかった。あるいは、殺すとの脅し、死も——そして、殺すと脅していたのは実際に殺している者たちです。言葉だけの脅しではない、その日殺してきた男たち、あるいは来週殺そうという男たちです。事実、彼らが殺人者であったこと自体が、「慰安所」を提供しなくてはならない理由の一つだったのです。ですから、この女性たちは所有され使用されていた。殺人者によって。この点を間違えないでください。

しかもこの女性たちは、自分の生活のいかなる点についても、自分で決めるということが何一つ許されなかった。赤ん坊が病気で帰宅しなくてはならなかった女性は、亡くなった赤ん坊を埋葬するために留まることができなかった。戻らなくてはならなかった。そして親の葬式に出席することのできなかった女性たち。なぜなら彼女たちは所有されていたからです。

しかしここで言えるのは——ここにもう一つの論点と言えなくもない点があり、私はここでそれを片づけたいのです。私たちは建物を目にしました。植民地様式のインドネシアの建物、植民地様式のフィリピンの建物。窓には鉄格子などはまっていませんでした。もちろん写真が取られたときにはドアを兵士が見張っているということもない。しかも集団写真さえ何枚かありました。女性たちが、まるで高校の卒業式の一クラスか何かのような。だから、それなら彼女たちはなぜ逃げなかったのか。つまり、彼女たちがほんとうに奴隷だったのなら、窓に鉄格子があったはずではないか。

奴隷ではなかったのではないか、逃げようと思えば逃げられたのだから。ドアの向こうにいくらでも道があるように見受けられる「慰安所」が、何軒もあるではないか。しかし、彼女たちがどこに行けたというのでしょう。それが、こうした問いに対するただ一つの答えです。私が、いったいどこへ行けたというのか。占領された土地にいるというのに。

これは鉄格子が窓やドアについているかどうかの問題ではない。鉄格子は今や、文字どおり内面化されているのです。鉄格子は今や、あなたの心、あなたの魂にはめられている。そして、彼女たちが実際に逃げた場合には、非常に高い確率で、死が待っていたのです。あたりにいた男たちの手による死が。なぜなら彼らは殺人者だったのです。

自分たちの身体を、自殺によって取り戻そうとした女性たちもいました。それは究極の所有権の行使でしょうか。そして、これは決して珍しい話ではありません。奴隷制の歴史を通じて、奴隷にされるくらいなら死を選んだ人たちは見られます。ブラジルの歴史では、ある解放奴隷の地域では多くの人が崖から身を投げて、奴隷にされたのは死ぬのを恐れた人たちだけだった、という話があります。米国南部では、奴隷にされるよりはとまず我が子を手にかけ、それから自殺した母親の話がいくつもあります。「法廷」でも、自殺を考えたという証言がいくつもありましたし、自殺に成功した女性たちの証言はもちろん今回は聞いていないでしょう。しかし同時に私は言いたいのです、こうした女性たちの多くは、自分の身体の少なくとも一部を、生きることによって所有しようとしたのだということを。生存の行為。「私は生き抜く。私のこの部分だけはお前たちには決して所有させない。私はあえて決意して、この奴隷化を生き抜くのだ」と。私にとってはこれは非常に崇高なものに思えます。生き延びた後の生活がいかなるものになったかを聞いた今も。

ですから私は奴隷制の問題をこれ以上追求することはしません。検事はまちがいなく、合理的疑いの余地が生じ得ないほど、奴隷制の罪が行なわれたことを立証したのです。

ここで簡単に強かんについて述べます。女性たちが奴隷化されたのは強かんのためです。それが理由でした。奴隷制が違法か合法にかかわらず、強かんは違法です。奴隷制の状況下にあったこと自体が、その中で強かんされた者ならば誰であっても、その行為を強かんと呼ぶことを正当化するのです。検事が合理的疑いの余地のないほど立証したのは、「慰安所」内で行なわれた行為が人道に対する罪としての強かんの事例だということです。そして強かんが奴隷制の一部であったこの事実が、証拠として、奴隷制の構成要件を強めるということです。強かんが、〔女性たちを〕所有物と扱っていたことも示しています。

では検事が立証しなくてはならないもう一つの問題に移りましょう。行為者、被告人の問題です。私の信ずるところでは、検事団の提示した証拠は明白に、政府の関与について十分以上の事実を提供しています。審理で出てきたのは陸軍省についてのもの、内務省についてのもの、上海軍、関東軍、中国中部の部隊、北支那方面軍、第二一軍、第二五軍、第七方面軍、第三八師団、……。私の信ずるところでは、公的な関与はありました。政府や軍の関与が。

しかしいかなる関与であったのか。関与のしかたは——そして私はむしろ、この事実とあの事実を足して考えるとこうなる、大半の被告人について、AとBの間には教唆や扇動があった云々と微妙な点を論ずべき事例だったらよかったのにと思うくらいです。しかしそれはできません。なぜならば証拠自体が明白だからです。実行犯はいました。実行犯がおり、制度化した者たちがいました。方針をつくることを実行した者たちがいたのです。例えは松井将軍を見てください。上海から南京へと進軍する途上で、「慰安所」外での強かんが多発します。「だから行動に出て、『慰安所』を設置しよう」。畑将軍は、松井の後をついでこの地域を担当しますが、「『慰安所』を閉鎖する理由などない。だから『慰安所』を維持する行動を取ろう」。陸軍省の話もできます。ある時期に、被告人梅津は自分自身の印鑑をある文書に押し、これが実戦部隊の人々のもとへ送られました。参謀将校たちです。「参謀長」あてとされています。曰く「やあやあ、『慰安所』の設置をもうちょっと効率的にできないかね？ おっと、私の顔を見てもしょうがないよ、陸軍大臣がやれと言ってるんだからね」――私はこういう者を「制度の実行者」と呼びます。畑がここで手がけたのは「慰安所」という形で奴隷制システムを制度化することなのです。

次に目を向けていただきたいのは、これの協力者たちです。当然、総督たちがいます。台湾総督小林は、「慰安所」に到着するよう人を送り出します。つまり奴隷貿易に乗り出したのです。それが彼の行為の本質です。奴隷制に入るよう人間を移送しているからです。これは作為です。だから彼は実行犯です。そしてこうした実行犯は彼だけではありません。朝鮮、台湾の複数の総督も同じです。そして、安藤利吉は複数の事例に登場していますが、彼も実行行為をしています。奴隷貿易という、奴隷制への道における積極的な行為参加者です。その後の陸軍大臣たち、板垣や東条も、システムの継続的な制度化を作為によって行ないます。彼らは北支那方面軍が寺内将軍の下で「慰安所」を設置するのを認めます。寺内将軍は北支那方面軍の後、功績を認められ、彼らは寺内を南方軍の司令官とするのです。「君は戦いで非常によくやったし、たぶん『慰安所』政策でもよくやっているだろう。我々は君にその件で連絡をとったのだから。（そしてそうした文書のいくつかを私たちは証拠として提出しています。）だから君を南方軍の司令官にしてあげよう」。というわけで、今や寺内将軍傘下の南方軍司令部が、「慰安所」設置を始めます。ビルマに、朝鮮半島の女性たちが来るよう求めます。というより命令します。「求める」などというていねいさは不要だからです。「慰安所」は東ティモールに、フィリピンに作られます。新しく占領された地域です。私たちが今論じているのは実行犯のことです。小林、〔安藤〕利吉、梅津、板垣、東条、……。畑は、おそらく最も長期にわたる実行犯の一人でしょう。このやりかたをまず南京の直後に学び、一九四一～四四年の期間に中国東部で強化し、拡張したのです。最初の東京裁判の判決で皆さんは、畑が女性たちを強制的に徴集し「売春宿」にいれたことを取りあげました。いまご覧になっているのは、それ以外にもいくつもの「慰安所」が、その同じ時期、その近隣の地域にあったという証拠です。そして今日の証言では女性たちと男性たちの両方が、自分は中国に配属されていた、一九四二年より後だった、と述べています。それは畑が司令官であった時期です。そしてどのように「慰安所」へ行ったかを証言しています。事実、審理において地図に示された「慰安所」の数があまりに多いため、私は、征服された都市には当然ながらあれ以上にたくさんの「慰安所」があったと主張します。その方が話が通じます。一地域に最低二、三軒は必要とされていたという証言もありました。

そしてその他、第二一軍が安藤利吉のもと中国南部に侵攻してから設置された「慰安所」制度があります。この第二一軍という派遣軍はあまりにも特別な存在だったため、それに対する上官は一人しかいませんでした。この司令官とは天皇裕仁です。天皇裕仁が、第二一軍にとっては司令官、〔安藤〕利吉司令官のすぐ上の存在、だったのです。それと同時に天皇は、実にあらゆる軍の司令官でした。全軍の最高司令官だったのです。しかしその〔……〕の間に、安藤のもと第二一軍はちょうど中国南部を手中に収めたところで、その報奨として——というよりそれはすでに通常の方針になっていたのです、征服したのだから「慰安所」をつくろう。皆さんも私と同じ感覚をお持ちだと思います。たくさんの、たくさんの「慰安所」があったのです。わざわざ数えなくても確信が持てるほどたくさんあったのです。そして地理的に「慰安所」は、証拠で提示したとおり、日本軍が侵入したあらゆる地域にありました。

そしてそれには理由があったのです。証言でお聞きになったとおりです。「慰安所」は、強かんを止めるために、というより大量強かんと言うべきでしょう、大量強かんを止めるためにあったのです。事実これが、上海派遣軍が南京陥落直後に「慰安所」を設置した理由でした。

しかし「慰安所」は強かんをなくしませんでした。寺内将軍は充分な数の「慰安所」を南方全域に設置しましたが、ルソン島、つまりフィリピン北部の地域を見てください。「慰安所」が設置されてから何年も後なのに、それでもマパニケの大量強かんは起きたのです。マパニケ全域で殺人があったことには疑いの余地がありません。「女性の殺害には気をつけよ」という命令はあった。しかし彼らは「どうか女性を強かんしないでください」と言ったでしょうか。法が強かんを禁じていることをあらためて示したでしょうか。「従え。決して女性を強かんするな」と言う機会ではなかったのか。しかし、私たちが聞いた証言では、上官たちは強かんが行なわれているとき見て見ぬふりをしたのです。マパニケの事件は、

「討伐」軍の本部〔鹵獲品集積場所〕で行なわれた大量強かんでした。司令官たちがまったく見ないで済んだはずはない。彼らは下の階で仕事をしていた。そして彼らも待ち、二階に上がってきたのだと、女性たちは言う。彼女たちは長靴の足音を聞いたと言っています。

「慰安所」は大量強かんをなくさなかった。「慰安所」は、「慰安所」外での強かんをなくさなかった。しかし奴隷制の罪で有罪を認めない、あるいは自分たちが正しいことをやっていたと考えたいときには、このように自分に言い聞かせていたかもしれません。

ここでいくつか、抗弁として出され得る点をとりあげたいと思います。というのは、私自身は心から、「慰安所」は方針（policy）であったと信ずるものであり、方針がある場合にはその理由づけもあるものだからです。これまでに出てきたのは――強かんを減らすため。そしてもう一つ非常に大事な理由は、性病を予防するため。女性たちのことではない。女性たちの性病防止や健康のためではなく、部隊の戦力のため。医療担当者をすべての「慰安所」に配置してあるから。このために必要な努力を考えてみてください。あなたは「慰安所」に必ず医者を配置する。なぜならば兵士のことが心配だから。――これは方針としか言いようがありません。陸軍にフリーランスの衛生兵がいて、ただぶらぶらと「慰安所」に近づく、などということはありません。もちろん「慰安所」に強かんするために出かけることもあったでしょうが、しかし彼らは、理由に基づいて派遣されていたのです。

方針はより大きい方針の中にあり、さらに大きな方針がある。陸軍省から陸軍へと続く道がある。最高レベルへと続く道です。ここでちょっと仮定したいことがあります。あまりにもたくさんの証拠、膨大な証拠があるのは変ではないか、こうした建物が日本軍が退却するときに燃やされなかったなんて。書類は破棄された。建物が破壊されなかったのはこう考えたからかもしれません、「別に特に違法なことは何もないんだから、建物まで破壊する必要はないよ」と。思うに、破棄された書類の量は膨大なものです。しかし興味深いのは、書類の破棄が罪を隠すために行なわれたにもかかわらず、つまり明らかに、一冊の秘密ファイルに全ての「慰安」情報がまとまっていたのではないわけで、これだけ大規模に書類の破棄が行なわれたにも関わらず、関連の文書が、ここからも出てくる、あそこからも出てくる。日記に書いている者がいる、三〇年後に回想録に書く人たちがいる。とにかくあまりにも多くの証拠が、文書の形でこうした「慰安所」について存在していたために、すべての証拠を湮滅するなどいずれにせよ不可能だったでしょう。システムのありとあらゆるところに、全体的に根を下ろしていたからです。ですから、証拠がこれほどばらばらに存在していること自体が、方針の所在を示す証拠です。

そこからほんの少しだけ歩を進めてみましょう。方針があったとして、私たちがいま言おうとしているのは、日本全体でたった一人だけこのことを知らなかった人間こそは、最高司令官である、ということなのか？　なぜ彼に隠すのですか。彼は軍紀を心配していた。それは示されました。国際メディアについても心配していた、国際メディアが南京での出来事を伝えていたときに。そして南京での出来事について国際メディアが報道した大きな出来事の一つはもちろん女性への強かんだった。私は、「慰安所」の方針は彼に対して秘密とされてはいなかった、と主張します。方針の遂行に参加していなかった場合でも、配下の大臣たちがやるべきことをちゃんとやるよう確認したでしょう。国際メディアが静まるように。またより大事なことですが、自分の軍が厳しく規律を守り、戦争遂行の機械として自在に動かせるようにと。多くの犠牲者を出すことになる。私には規律正しい部隊が必要だ。「慰安所」はきっと我が助けになるであろう、と。

ここで方針の灰色のゾーンにさらに踏み込むこともできます。もしその方針が、大臣たちがこんなふうに言っていたものだとしたら。「『慰安所』はつくるのですが、おわかりのように、いやだという人は決して連れて行きませんん。同意した人だけです。皆陛下にとても忠実だからです。朝鮮・台湾でも臣民は皆陛下にとても忠実で、戦争に協力したがっています。占領地ではたくさんの人が、日本が何をしているか理解しています。ですから賛成する人だけを連れてきます。許可を受けた売春婦や、家に戻るときにお金を持って帰れると理解した人たちです」。いったいどのような言い方で彼に知らせたか私にはわかりません。しかし彼は知っていた。あまりにも普及していたからです。そして、あまりにもリスクが大きかったからです、予算の面から。人々を移送するにも、どこまで医者を派遣しなくてはならないかでも、わずかな食糧の配給についても。そして、支払いのためのシステムについても。

というのは、これは男たちに支払う一つの方法だったからです。「あいつらには給料はたくさんやれないが、少なくとも『慰安所』はあてがってやれる」。ですから彼が知り得る理由はたくさんあった。しかも解決策の一つとして非常に関心を持てる理由が。「皆がその職務に精励することを希望する。事態は改善しているようである」と。

そこでこれをもう少し進めるとさらに「同意した人だけを入れよ。というのはそういうことなんだろう、それなら我が公娼制にちょっと似ているからね」と言ったはずだとさえ言えます。それを確認する証拠を指差すこともできます。というのは、梅津は陸軍次官だったとき文書を北部の軍と関東軍〔正しくは北支那方面軍と中支那派遣軍〕に送って言うには「目にあまる、貴様らの徴集のやりかたは気に入らん。どうか参謀将校、参謀長の皆さん、もうちょっといつものやりかたで徴集してもらえないか」。そしてバタビア裁判の例ではこうです。誰かが東京からやってくる、そして「売春宿」を閉鎖する。というのはその前に議論があったからです、そこの女性たちは自分がいたくているのではないのではないか、という。

私はこれを二とおりに解釈します。まず、何かを閉鎖しにやってくるというのは、そこにそれがあると知っていなければできません。そしてその男がその一軒の「慰安所」のことしか知らないということはほとんどあり得ません。しかし私はここで、先ほどの「道」の比喩に立ちかえりたい。先に申し上げたように、奴隷制への道においては、女性は同意を与えることはできません。政策立案者は、「同意」を盾に奴隷制への道を何の問題もないものにすることはできません。私の信ずるところでは、彼は知っていた、あるいはもちろん知るべきであった。それぞれの「慰安所」が閉鎖されなかった事実が、彼が憲法上の義務を怠ったことの証拠です。配下の大臣たちを通じて情報を得ることを怠っただけでなく。私の信ずるところでは、当時、天皇裕仁も国際法の規範のもとにあり、その法では、仮に被害者やサバイバーが同意を与えていたとしても、私たちは斡旋者をも奴隷化した者をも訴追し有罪と認めなくてはなりません。そして一九三五年に天皇裕仁が権力を固めて以降、彼が知らなかったことなどほとんどなかったはずです。

あなたがたは私におっしゃるのでしょうか、一九三五年から一九四五年の間、彼の軍が侵攻したあらゆる国において自己強化をつづけたシステムを、彼が知らなかった、あるいは知るべきであったとはされない、適切な理由がある、と。

判事の皆さん、私は主張します、天皇裕仁は「慰安所」への道についてさまざまな自己弁護を行なうかもしれません。しかしそれらはすべて、奴隷制へ、強かんへといたります。そして彼自身をあなたがたの司法上の智恵へと導くでしょう、すなわち有罪の宣告へと。

ありがとうございました。〔拍手〕

マクドナルド判事：ありがとうございました。最終論告に対しお礼を申します。判事からの質問の時間ですね。

首席検事に対し私から二つ質問があります。二つだけです。極東国際軍事裁判、つまり東京裁判の判決では、「慰安婦」に関して何らかの検討はされていましたか。「慰安婦」または「慰安所」について強制労働の例として言及された部分があったのではありませんか。そうですね。であるならば、当法廷はどうすべきであるとお考えですか。

セラーズ首席検事：首席判事、私の信ずるところでは、畑将軍に関して言及があります。一九四四年に、桂林への攻撃と陥落の後に、彼が女性たちを強制的に徴集して「売春宿」に入れたとされています。思うにこれは日本人以外の人間が「慰安所」という用語を使用し始める以前のことですので、「慰安所」という表現は判決では出てきません。しかし彼はそれで有罪判決を受けたと言えましょう。私たちはこの件について彼の有罪判決を求めているのではありません。この件での彼の有罪判決は、戦争犯罪か、といっても国際慣習法の罪で、罪名が明示されていたわけではないので、奴隷制、強制売春、強かん、女性や子供の売春のための誘拐、などでのものと言えましょう。強制労働の罪の可能性もあります。

マクドナルド判事：私には少なくとも奴隷制に近いように聞こえますが、さらに検討が必要ですね。しかしこれは日本政府の、「慰安所」内での行為は、当時は法で禁じられていなかったとする立場と関係はありませんか。

セラーズ首席検事：先ほども申しましたように、仮に国内法では禁じられていなかったとしても、国際法の下では当時の如何なる国家も、また事実、いかなる個人も、そのことで自己の責任を減ずることはできません。

マクドナルド判事：そしてあなたの主張では、当時強かんはすでに国際慣習法の地位を得ており、また奴隷制についても国際慣習法の地位を得ていたということですか。

セラーズ首席検事：はい、そうです。

ドルゴポル首席検事：首席判事、少し付け加えさせていただいてもよろしいでしょうか。私たちが注意すべき点がありますす。これは私が最終論告で述べたジェンダー分析に関する点と関連するのですが。「強制労働」は「慰安所」との関連で使うには非常に不適切な用語です。なぜなら「強制労働」の概念の底には、対価が支払われていればよいとする考え方があるからです。「慰安所」については、いかなる支払いがあったとしても、だからこれでいいのだとすることはできません。ですから概念としては非常に不適切なものです。これは奴隷制だったのであり、人道に対する罪の定義には奴隷制が含まれています。連合国が作成し、捜査した犯罪のリストにはまた、当時は強制売春と呼ばれ、いま私たちが軍事性奴隷制と呼ぶものも含まれています。当時犯罪として認識されていたことについては疑いを入れません。

マクドナルド判事：そして強制売春という用語ですが、強制売春の現在の定義として「性奴隷制」を使うことができますか。

ドルゴポル首席検事：現在の用語としては「軍事性奴隷制」でしょう。または「性奴隷制」と。そしてここで申しあげたいのは、当法廷に提出するには膨大すぎるほどの量の証拠があるということです。というのは、何千頁もになってしまうからですが。しかし一九四一～四三年の間、連合国軍兵士全員、また日本軍の戦争捕虜全員は、一人ひとり、日本軍が占領していた地域または自分が抑留されていた収容所に、あるいは日本軍捕虜の場合はその兵士がいた基地に、強制売春をさせられている女性がいたかどうかを訊ねられています。連合国はこれを犯罪としてリストに載せていたのです。訴追する意図を完全に持っていたのです。結果的になぜそれが行なわれなかったのかはわかっていませんが、しかし彼ら自身は完全にそのつもりだったのです。そして連合国側が捜査していた犯罪のリストには、強制売春とともに強かんも入っていたのです。このことを当法廷は念頭に置くべきであり、日本政府が虚偽の主張で逃げることを許すべきではありません。

マクドナルド判事：つまりあなたのおっしゃるのは、この法廷が、開始にあたって示したとおり、東京裁判が為し得たにもかかわらずしなかったことを為すべきであるということですね。

ドルゴポル首席検事：まさにおっしゃるとおりです。

マクドナルド判事：ありがとうございました。［拍手］

ではもう一度ここで、――まず首席検事のお二人に対し判事を代表して、この三日間の非常に傑出したプレゼンテーションにお礼を申します。［拍手］

私が開廷宣言の際に述べたとおり、明日判事は審議を行ないます。この審理期間中ずっと、私たち判事は提出された資料を深く理解することに力を注いできました。一二日に私たちは、審理について概要を発表します。この概要で私たちは何を認定したか述べます。ですから、これは認定の概要と呼ぶべきですね。実際の判決についてはもっと後になります。その日取りですが、今のところ私たちとしては三月八日に判決を発表したいと思っています〔二〇〇一年一二月四日、オランダ・ハーグで発表〕。

各国検事の皆さんに対しては、それぞれのプレゼンテーションの際にお礼を申しましたので、また個別にお礼を述べることはしませんが、たいへんすばらしいものでした。ほんとうにありがとうございました。［拍手］

そしてもちろん、最も感謝すべきは、勇気をもって証言し判事と法廷とを助けてくださった女性の皆さんです。ほんとうにどうもありがとうございました。［拍手］

【18：55　三日目閉廷】

［関典子・訳］

Column 8

国際公聴会でのヒトコマ

公聴会ゲストアテンド／竹下美穂

深夜0時を過ぎても、ホテルの部屋では証言のリハーサル、書き直し、事務局の最後の打合せが続けられていた。私はフロントで、行き交う人を横目で見ながら、シエラレオネからの証言者を待っていた。結局彼らは公聴会当日の午後到着した。コートジボアールの首都アビジャンで発生した暴動で飛行機が遅れ、何とか乗り継いで到着したのだ。

国際女性戦犯法廷の第三日目、判決の前日に設定され開催されたこの国際公聴会は、国際刑事裁判所（ICC）設立を目指し、その裁判所規程に「ジェンダーの視点」を盛り込む運動をしていた女性コーカス（ICC Womens Caucus for Gender Justice）*が主催した。法廷と公聴会は、「ジェンダーの正義」と「不処罰と残虐行為の循環を断ち切る」という大きな目標に対して同じ方向を向いて取り組んでいる。いずれも被害者、サバイバーの声に耳を傾けるということに大きな意味があった。

グアテマラからのビデオ証言では、避難国アメリカでセカンドレイプともいえる中傷や悪口、蔑みがサバイバーに対して向けられたことが語られ、会場全体が息をのんだ。その他、沖縄、チアパス、東ティモール、ソマリア、コソボ、バングラデシュ、ベトナム、アルジェリア、パレスチナなど一六人の女性が証言した。

公聴会では関わった人すべてが主役となる。代理証言を行なった二〇歳代のビルマの女性は、軍事政権に反対して学生運動に関わりその後タイへ亡命していた。長年の活動家は、亡命生活で体調を悪くし、家族も散り散りになった（日本にいる兄と帰国前に一二年ぶりの感動の再会を果たした）。看護婦、同行のサポーター女性や通訳の働きに加え、旧ユーゴでサバイバー女性たちを支える活動をしているレパ・ムラジェノヴィッチさんのきめ細かだがお節介でない気遣いは心強かった。ブルンジの女性は、日増しに不安がエスカレートし、眠れなくなる。当日、レパさんは彼女を誘って散歩に出かけ、本番の三分前、二人でふらっとステージ袖に戻ってきた。落ち着きを取り戻した彼女は堂々と証言した。自らの民族を守る戦いが、その民族の最も大事な「人間」をモノ扱いし傷つけている。誰にとっての何のための紛争か。そう彼女は訴えた。

　紛争下の暴力の加害者はさまざまで、国家権力、国家以外の政治権力、警察、そして国連軍の場合もある。そして被害者のほとんどは女性だ。女性の被害は大きく分けて四つある。⑴身体的、性的、精神的暴力、⑵難民、⑶戦争未亡人、そして⑷誘拐や洗脳で強制された女性兵士。この構造は過去も現在も変わっていない。軍隊と暴力の組織、制度、システムが、緻密な戦略と論理性を備えて計画され、脈々と続いている。それが「女性の性奴隷制」の成立・維持されてゆく道でもあり、またその「道」は現代の「ＤＶ（ドメスティック・バイオレンス）」「レイプ」「紛争下での虐殺、レイプ」「強制売春」へと繋がっている。

　歴史的な証言者である元「慰安婦」の女性たちと現代の暴力と闘うサバイバーたちとが肩を組んで手を取り合って公聴会は終了した。これらの貴重な証言を私たちは受けとめてゆかなければならない。そして女性たちが沈黙を破れるような環境、社会を作り、また守っていくことが私たちの課題だろう。まずは日本が早急にＩＣＣの署名、批准を行なうように運動を続けてゆかなくてはならない。

［注］＊女性コーカスは、現在約一〇〇〇人、一〇〇以上のＮＧＯの関わる国際連帯。ＩＣＣ設立後も、ホームページや電子メールのニュースなどで情報を発信し続けている。ＩＣＣ規程にジェンダーを組み入れる運動からより広くジェンダー正義の枠を拡げ、女子差別撤廃条約（ＣＥＤＡＷ）の選択議定書批准を進めるキャンペーンも担っている。ＩＣＣは、あと四カ国の批准で発効する（二〇〇二年三月二八日現在）。

［参考資料］

・『現代の紛争下の女性に対する犯罪国際公聴会　証言集』ジェンダー正義を求める女性コーカス刊行、二〇〇〇年
・『週刊金曜日』二〇〇一年一月一九日号（三四七号）
・『ＶＡＷＷ－ＮＥＴ　Ｊａｐａｎニューズレター』「女性国際戦犯法廷」報告特集号（二〇〇一年一月発行）
・HP URL：http://www.iccwomen.org
・HP URL：http://www.amnesty.org/web/webnsf/pages/ICChome

法廷四日目（二〇〇〇年一二月一二日）於・東京都渋谷区日本青年館

「認定の概要」を読みあげる４人の判事たち

壇上で加害責任が認定されたよろこびを表わしている証言者（サバイバー）たち

判事団は二時間をかけて交代で認定の概要を読み上げた。会場を埋めつくしていた人々は固唾を飲んで判決の「その瞬間」を待った。昭和天皇裕仁に「有罪」が言い渡された瞬間、傍聴席からは歓声が上がり、人々は総立ちになって熱い拍手を送り続けた。

「正義」を求めて「法廷」に参加したサバイバーたちの思いが報われた瞬間であった。この日、日本政府に対しても国家責任が認定されたが、天皇以外の被告については改めて判決が言い渡されることになった。

閉廷後、六四名のサバイバー全員が白い平和のハンカチを手に舞台に上がった。輝くような笑顔でハンカチを振るサバイバーたち。とめどもなく流れる涙で目を赤くしながら満面の笑みで手を振るサバイバー。「正義」は沈黙を破った被害者の頭上に輝いた。

判決日（二〇〇一年一二月四日）於・ハーグ Lucent Dans Theater（オランダ）

判決を読みあげる判事たち

判決に聞き入る両首席検事

「この判決は、証言台で自らの体験を語り、それによって少なくとも四日間、不法を断頭台に送り、真実を玉座に据えたサバイバーたちの名前を記すものである」と結ばれた判決文が、サバイバー一人ひとりに手渡された瞬間

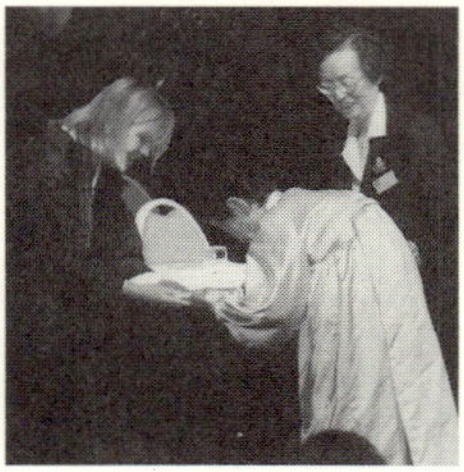

ハーグ最終判決法廷には10名の「慰安婦」被害者をはじめタイやパプア・ニューギニアの女性を含む被害国11カ国と日本から、合計約70名が参加。前日に行なわれた各国検事団による発表を合わせた参加者はのべ400名に上った。

判事団は2時間半をかけて交代で判決概要を朗読。被告らに「有罪」が言い渡されると、会場は熱い拍手に包まれた。最後に判事団から判決文を手渡されたサバイバーたちは顔を輝かせて判決文を高らかに掲げた。1年にわたる女性国際戦犯法廷は、人々の胸に熱い感動を刻み、その幕をおろした。

Column 9

間に合った「天皇裕仁、有罪」の決定的瞬間

池田恵理子

私たちビデオ塾を中心としたビデオチームは、インターネット中継のために傍聴席最前列の左右に二台のカメラを固定して、法定期間中間断なく撮影を続けた。一一人の女性たちがローテーションを組んだ。皆カメラ歴は数年しかないが、集会や会議の撮影は手慣れていた。しかしこの法廷は、今までのどの現場とも違っていた。規模の大きさや時間の長さだけではない。法廷という場の放つエネルギーがあまりにも強烈だったのだ。それは「事件」に近かった。誰も全体を把握したり事態を予測することができず、息つく暇なく目の前に展開する審理をただ追いかけるしかなかった。次々と証言台に立つ被害女性の圧倒的な悲しみと怒りが、会場全体を包んでいた。傍聴人が発する憤怒や嘆息、感動の空気をカメラマンは背中に背負い、息苦しいほどだった。緊張は四日間続いた。

初日はカメラの動きや画面のサイズもぎこちない。必死で被害状況を語る南北コリア、証言の途中で昏倒したり、泣き出して言葉にならなくなった中国の女性たちのなかには、これまでの聞き取り調査や裁判支援運動で親しく出会っている人もいる。すると彼女たちをしっかり撮ろうと思うあまりに、カメラは一層不安定に迷走した。一日が終わると被害女性を合宿に訪ね、出会いやくつろぎを撮影した。画面が落ち着いてきたのは二日目の後半頃から。カメラは傍聴人の気持に一体化して息づき始めた。オランダの証言で再現される慰安所のようすに、恐怖と憤りで爆発しそうになった。初めて公に証言をした東ティモールの女性たちの気迫と訴えには心から拍手喝采した。元日本兵の加害証言の勇気に打たれた。

緊張が最高潮に達したのは判決発表の日だった。判決概要は被害証言の抜粋から始まった。判事たちが代わる代わる朗読した言葉は、まるで詩のように悲痛で激しく、美しかった。私たちは判決文の中で天皇が有罪か無罪かを言い渡す瞬間を、何としても逃したくなかった。これは法廷に関わった全ての人に共通した思いだったろう。前日、セラーズ首席検事にインタビューをすると、「精

一杯やったが、天皇に有罪判決がでるかどうか、私にもわからない」と緊張した面もちで答えた。当日はこの瞬間を撮るために、頃合いを見計らって早め早めにカメラのテープ交換をし、耳を澄まし、今か今かとその時を待った。ところがそれは唐突に発せられた。

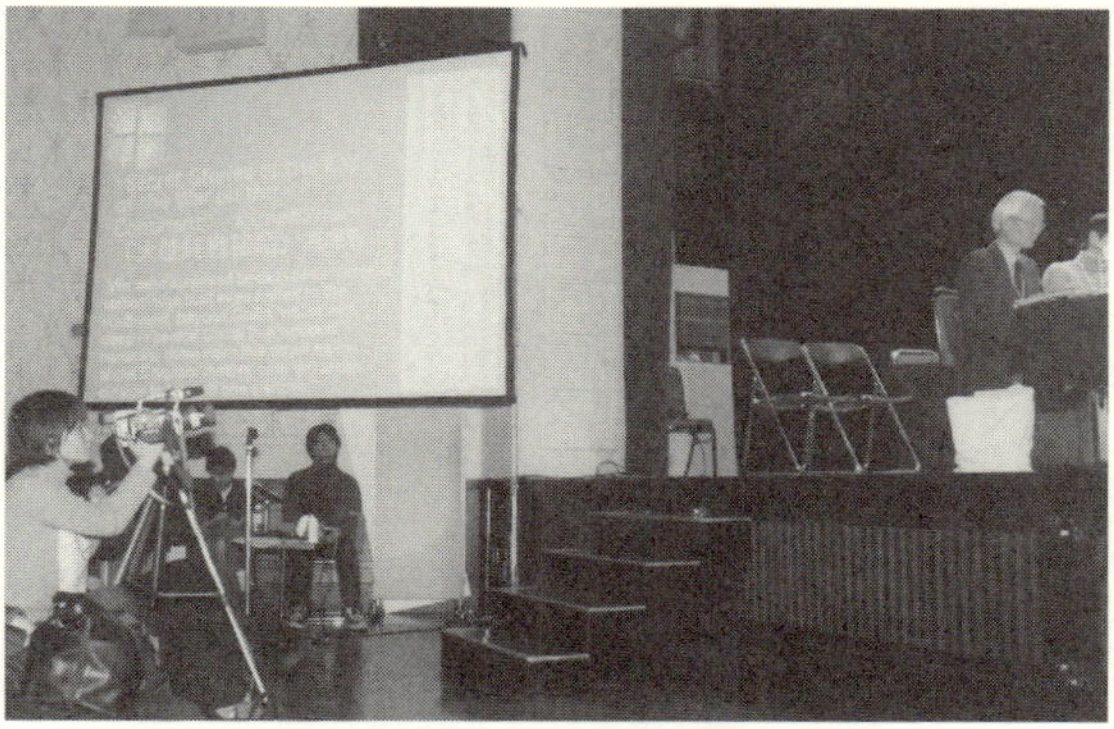
ステージ下からのインターネット中継（提供＝筆者）

'Today the judges have found Emperor Hirohito guilty of Crimes Against Humanity.'（「今日、判事団は天皇裕仁を人道に対する罪について有罪と認定する」）

その時カメラマンは、レシーバーで中継カメラの切り替えをするディレクターの指示を受けて、たまたま首席検事たちのリアクションを撮っているところだった。大慌てでマクドナルド首席判事にカメラを戻し、その言葉の後半にやっと間に合った。会場には拍手と歓声が海鳴りのように響き渡り、止むことがなかった。あまりに嬉しく、安堵して涙が出てきた。戦後一度も問われたことのない天皇の戦争責任が裁かれたのである。歴史的な瞬間だった。この日のこの瞬間を生涯忘れないだろう。

この場面にさしかかると、あの時の空気がよみがえる。判決の続きを何度も読み続けようとしたが、読めないほどの大きなどよめきに諦め気味にほほえんだ首席判事、泣きそうになりながら手を叩いて立ち上がった尹貞玉さん。東ティモールの女性たちはテトゥン語で雄叫びをあげた。これらの表情が実によく撮れている。緊迫した「事件」の、素晴らしい幕切れだった。

Column 10

「防衛」は泣けた、だが力も手にした

警備担当（反天皇制運動連絡会）／桜井大子

国を超え長きにわたって、数しれない多くの人々に取り返しのつかない死と、癒えることのない傷と、恐怖と、屈辱と、ありとあらゆる悲しみを押しつけてきた天皇（制）は、裁かれるどころか今なお特権的な地位にあり続ける。昭和天皇を含めて戦争犯罪者に処罰をというこの法廷に、「防衛」役として、私は幸運にも連日かかわる機会を得た。

初日の私の担当は「法廷」会場内。その時、「防衛」するのは「法廷」というより、証言のためにはるばるやってきたおばあさんたちなんだ、とあらためて認識しなおした。

翌日一緒に入る予定だった友人が、その日の午後、突然現れた。「ハラに週刊誌を巻いてくる必要があるかどうか確認したくて」と言って私を驚かせた。だが、そのとき遅ればせながら私も少しだけハラを括り直した。

彼女も私も思いは同じで、おばあさんたちに対しては暴言の一つだって許さない、という気持ちだけだったのだ。そして、それをやり抜くつもりだった。だが、現実はとてもいやらしく、手に負えないものであった。

最終日、会場出入口の階段下に、連日会場の内外で妨害を試みていた右翼（主に「自由主義史観」派）が張りついた。そして、画期的な判決に喜び、興奮気味で会場から出てくる参加者、そして証言者たちに対して、一メートルと離れていないところから数限りない暴力的な言葉を吐き続けた。とても文字になどできない下劣で最低最悪の暴言を、大声でわめき散らす。私たちといえば、奴らにピッタリくっつき、それ以上近寄らせないということで手一杯。奴らの口を塞ぐことはできなかった。彼女たちは奴らの薄汚い日本語を理解したにちがいない。それらは卑劣極まりない、あまりにも、かつてよく知られた日本語であった。「防衛」のさなか、涙が流れた。

しかし、このような最低最悪のシチュエーションで、証言者・参加者たちの、右翼など意に介さない風の印象に、私は軽い戸惑いすら感じた。彼女・彼らは、その場の「負」を打ちまかすだけの力を法廷で得てきたばかりだったのだ。

日本の現実は「法廷」前と大きく変わったわけではないことくらいわかっている。いま、少しでも変わったとすれば、私たちの方なのだ。そのことを私たちの力につなげていかねばもったいない！　本当に思った。私たちはすでに数歩まえに踏み出しているのだ。

[報告]「法廷」とVAWW-NETジャパン調査チーム・ビデオ塾の役割

調査チーム担当／西野瑠美子・金富子《キム・プジャ》

「法廷」がこれまで「慰安婦」問題に関して行なわれた公聴会や集会等と決定的に異なるのは、加害責任者の刑事責任を証拠に基づき裁く場であったことである。そのため、「法廷」当日に証言が可能な被害生存者（サバイバー）の被害証言に即して、加害証拠が確実にある中将以上の責任者を特定して裁くことになった。

「法廷」での時間的制約のため、各国検事団が扱う被害証言は原則二ケースとなった。これに基づき、「法廷」までのほぼ一年間、各国調査チームとVAWW‐NETジャパン調査チーム各国担当、ビデオ塾が協力して調査および起訴状作成、「法廷」準備を行なったのである。

まず、VAWW‐NETジャパン調査チーム各国担当の基本的な役割と作業は、被害国検事団および調査グループから被害ケースが提出されると、それぞれ関連文書資料、加害証言、関連論文などを収集し、日本検事団の指示をうけながら証拠の選定と整理をしたうえで、起訴状原案となる調査報告や証拠資料を被害国検事団に送ることだった。これらの諸作業には、個別ケースの証拠選定などに指示をだしつつ起訴状を作成した日本検事団（川口・東澤・横田弁護士ほか）、歴史的事実や英訳のチェックを日夜厭わなかった林博史教授、膨大な量の英訳を献身的にこなした翻訳チームの方々が一貫して関わった。以上が実質的な「起訴状作業グループ」といえよう。

また、吉見義明、山田朗、笠原十九司、吉田裕、内海愛子、大越愛子、鈴木裕子、源淳子、戸塚悦朗、荒井信一、田中伸尚（敬称略）の研究者に依頼して執筆していただいた「法廷意見書」[1]は、日本の起訴状に反映され、また翻訳チームによる英訳を経て「法廷」に生かされた。さらに言えば、本シリーズ第1〜4巻までが起訴状づくりの基礎作業だったといえる。この場を借りて、困難な作業を担った以上の方々すべてに感謝の意を捧げたい。

各国の起訴状案の検討を行なったマニラ（二〇〇〇年七月末）、台北（同年九月中旬）の国際検事団会議や、最終起訴状案および「宣誓供述書」（証拠文書、口述書とその英訳）を検討したハーグ判事会議（同年一〇月）の直前は、その準備のためいつもパニックとなった。とくに「法廷」

前三カ月間は、証拠として提出される「宣誓供述書」づくり（英訳も）、被害各国とのやりとり・調整、調査編（「法廷」の記録シリーズ第三巻・第四巻）[2]や『世界』執筆[3]などが重なったので、作業グループは多忙をきわめた。調査チーム全体の責任者は、西野瑠美子、池田恵理子、金富子だったが、池田の急病以降は西野・金の二人で担うことになった。

次に、特筆すべきは、サバイバーのビデオ証言を撮影・編集したビデオ塾の活躍と貢献である。調査チームとビデオ塾を兼任した池田恵理子が、「法廷」直前の一〇月上旬入院・手術という緊急事態があったにもかかわらず、残ったメンバーがフォローしあい「法廷」に不可欠な記録映像づくりに尽力し、その映像が「法廷」で上映・活用された。

また、慰安所マップ「法廷」最新バージョンを作成した松本真紀子・池田恵理子、「法廷」での証拠展示づくりを担った松本真紀子、金栄、本山央子の名前も忘れるわけにいかない。

これらの、困難だが、けっして表にでることのない諸作業を最後まで担うことができたのは、一九九〇年代に日本や各国ですすんだ資料発掘、証言収集、実証研究、ネットワークなどの蓄積があったこと、加害国の責任を果たし「法廷」を成功させたいという一念からだったと私たちは推察している。

各国の調査担当者やビデオ塾の具体的な活動や各国との関わり、「法廷」でのようすについては、次頁以降の報告を読んでいただきたい。「法廷」でのプレゼンテーションや証拠展示が、被害国と加害国それぞれの検事団、二人の首席検事、各国の調査・起訴状チームや映像記録グループ、研究者等の共同作業の結実であったことをご理解いただけると思う。

最後に、事務局スタッフ、ボランティアを担った方々の献身なくしては、「法廷」成功という奇跡を達成できなかったことを感謝の意をこめて記しておきたい。

［注］

（1）意見書は、VAWW-NETジャパン調査・起訴状作成チーム編『日本軍性奴隷制を裁く「女性国際戦犯法廷」意見書・資料集』（二〇〇一年三月刊行、VAWW-NETジャパン発行パンフレット）に所収。

（2）金富子・宋連玉責任編集『「慰安婦」戦時性暴力の実態Ⅰ　日本・台湾・朝鮮編』（シリーズ第3巻）、西野瑠美子・林博史責任編集『同Ⅱ　中国・東南アジア・太平洋編』（第4巻）参照。本シリーズ第1巻から第4巻自体が、「法廷」の起訴状づくりの意見書、調査報告書というべきものである。

（3）『世界』特集「戦時性暴力――市民による審判へ」二〇〇〇年一二月号参照。

［報告］ **韓国**

――南北分断克服への闘い

コリア担当（韓国）／金 富子

南北分断――コリア担当調査が困難だった理由はここに集約される。それは、朝鮮半島にとどまらず、在外同胞との間にもあった。図らずも「法廷」は、分断克服の困難性と可能性の両方を体験する場になった。

調査が本格的にはじまったのは、一九九九年一一月に韓国挺対協代表から河床淑《ハ・サンスク》さん（中国・武漢在住）、金允心《キム・ユンシム》さん（韓国在住）の調査を正式に依頼されてからである。すぐに河さんの調査（筆者担当）を開始したが、年末になって、韓国にたくさんの被害者がいるのに「朝鮮籍」である河さんでなくてもよい、という返事が唐突にかえってきた。また、金さんのケース（山口明子氏担当）も証言からだけでは部隊名の特定が難しいことも判明し、調査は振り出しに戻った。二〇〇〇年一月、姜貞淑《カン・ジョンスク》さん（韓国・真相究明委員会委員長）から再び依頼がきた金福童《キム・ボットン》さんと金君子《キム・クンジャ》さんの両ケースを、気をとりなおして調査した。

金福童さんは、一九四一年に広東の慰安所に入れられたあとアジア太平洋戦争勃発による日本軍の侵略の拡大とともにシンガポール、マレー半島、インドネシア等の慰安所を転々としたケース、金君子さんは、「満州」という加害・被害証言は多いが日本軍関係の資料がほとんどない（敗戦後の証拠湮滅・焼却のためだが）「グレー・ゾーン」のケースであった。幸いだったのは、金さんが行かされた「満州」の琿春には、西野瑠美子・尹貞玉氏らの一九九二年の現地調査により慰安所に関する証言や資料・地図が入手できたこと、また琿春の次に行かされた「コカシ」という地名が戦史叢書『関東軍』の記載・地図などから「五家子」だと判明したため部隊名の特定ができたことである。

また、金福童さんのケースも、第二一軍が広東に慰安所を開設したことを明確に示す公文書資料や加害者証言資料があったため、比較的立証しやすかった（両被害者は病気等の理由で「法廷」へは不参加であったが、ビデオで証言した）。故千田夏光氏から、関東軍元兵士の貴重な手紙史料や写真類の提供を受けたのも忘れられない。

しかし、気にかかったのは調査が中止になった河さんのケースであった。結局、日本検事団の起訴状に入れることになり、三月末上海で開かれた「慰安婦」問題国際シンポジウムに参加した際、武漢へ現地調査に行き、河さん本人と慰安所跡を訪ねることができた（シリーズ第3巻拙稿参照）。日本起訴状では、武昌の慰安所等に行かされた在日韓国人元「慰安婦」宋神道さんのケースとともに、第一軍の責任者を被告人に特定することになった。しかし、これらの調査成果が南北コリア起訴状に反映されるまで、さらに二転三転することになる。

二〇〇〇年六月の歴史的な南北首脳会談をきっかけに、各国検事団のマニラ会議で南から北に南北統一起訴状作成が提起され、台北会議で正式に南北コリア検事団結成と南北統一起訴状作成が正式に発表された。奇跡の実現に胸がおどった。南側が刑事責任（個別ケース）の、北側が国家責任の担当になった。また、「植民地支配」ではなく、「軍事的独占（占領）」という用語の使用も決まった。日本側が台北会議で、日本起訴状に入れた河床淑・宋神道さんケースを南北コリア起訴状に入れるよう提起すると、南北コリア検事団からあっさり承認された。また、VAWW-NETジャパンが南北統一起訴状交換の仲介役となることも決まった。一方、日本検事団起訴状に記載された、「慰安婦」制度の歴史的背景としての公娼制度に関して、マニラ会議・台北会議と続けて韓国側から異議が出された。第3巻の宋連玉氏の論考はマニラ会議での論争をふまえて書かれたものである。

ところが、その後ハーグ検事団・判事会議に提出された南北コリア統一起訴状には、河床淑・宋神道さんのケースだけでなく、すでに調査結果を送ったはずの金福童・金君子さんのケース、そして金栄氏が調べた北朝鮮の朴永心さんなどの個別ケースが記載されていなかったのである。以上のような齟齬が生じた背景には、韓国側と日本側での「法廷」や起訴状に対する考え方の違いがあったからだと思う。これに関して、「法廷」後に姜貞淑氏は自己反省的に以下のように記している。

「……私たち［＝韓国］は弁護士が関与したとしても部分的だった。法廷に対する理解や構想もハルモニ［＝元「慰安婦」被害者］の問題を世界的に広げて正確に知らせるといった式で、簡単に考えていた。起訴状を書いたこともない者たちが、韓国側の国際法廷イメージで進行させて、国際的要求に対してほとんど土壇場まで自己方式で理解していた。法廷論告に対しても研究発表のような考えだった。そのため法廷シナリオでも、主題別に連行、慰安所生活、敗戦前後の状況、帰国後の後遺症、法適用（個人刑事責任、国家賠償責任）方式に分けたが、法廷論告をするのに適切な方式ではなかった」（「南北起訴状と論考」『挺身隊研究所消息』第二九号、二〇〇〇年一二月、［ ］内は引用者注）。

つまり、韓国側は「法廷」を、朝鮮人「慰安婦」犯罪の被害と加害の全体像をアピールする場にしようとしていたわけである。

日本側は、コリア担当はもちろん、松井代表、検事団

(川口・東澤両弁護士)も含めて、総力をあげて韓国側を説得した。それが実り、共同起訴状に個別ケースが入るとともに、「法廷」の場でも個別ケースが証拠展示とともに扱われることが決まったのは、一一月中旬になってからであった。そして、中国在住で「朝鮮籍」であるために手続きが難しく、来日が流動的であった河さんの「法廷」参加も、関係者の奮闘により土壇場で実現した。

起訴状・法廷をめぐり直前まで南・北・在日の間でさまざまな葛藤と妥協を経つつも――それ自身が分断克服のプロセスなのだが――、一二月八日(第一日目)に各国検事団の先頭をきって行なわれた南北コリア検事団のプレゼンテーションは、南北の持ち味がうまく融合され大成功だったと思う。「法廷」後、南北コリア検事団・運動側メンバーから、私たちへの慰労と感謝があった。姜貞淑氏も、「難しい点はあったが、今回の行事の最も大きな収穫は南北、在日同胞がともに交流しながら法廷を行なった点」と記している(前掲文)。

「日本に来たくて来たわけではない。待っている人がいたから来た」と語った河さんは、「法廷」の証言台で慰安所での生活や望郷の思いを涙ながらに語った。「法廷」期間中、韓国挺対協が中心となり河さんの帰郷(韓国・忠清南道)への道を模索したが、かなわないまま中国に帰ったのが唯一心残りなことであった。

［報告］朝鮮民主主義人民共和国

――朴ハルモニは「若春」だった

コリア担当(北朝鮮)／金《キム》栄《ヨン》

「法廷」前日のレセプションが終わるころである。自室に戻ろうとして立ち上がった朴永心《パクヨンシム》ハルモニの前に進み出て、私は自分が今回調査を担当した者であると自己紹介をした。すると朴ハルモニは立ち止まってにっこり笑い、ゆっくりと両手を広げて私を抱擁した。私は腰をかがめて、一三〇センチくらいしかない小さなハルモニのきゃしゃな肩に頬を載せた。ハルモニの頬が私の頬に触れたとき、私は胸が一杯になり、一つのわだかまりが氷解していくのを感じていた。

昨年(二〇〇〇年)五月の初め、VAWW‐NETジャパン調査チームが朝鮮民主主義人民共和国へ飛んだ。松井やより代表と西野瑠美子副代表ら五名の調査チームである。だが、南北コリア調査チームとして朝鮮のケースを担当した私はそこに含まれなかった。韓国籍の者の入国は難しい場合が多いが、朝鮮籍の私も、何かの行き違いで入国許可が下りなかった。いずれにせよ担当者でありながら調査に加われなかったことが残念で、それが小さなわだかまりとして残っていたのだった。

　朝鮮から帰った西野氏の報告を受け、私は朝鮮側の原告として名乗り出た二人のうちの一人である朴ハルモニの調査を担当することになった。

　朴ハルモニは南京とビルマの最前線に連行されたことがすでにわかっていたが、ビルマ方面については西野瑠美子氏が以前に調査しているので、資料を提供できるという。三カ月で調査、取材、資料収集を行ない原稿を書き上げなければならないことを思うと、西野氏の協力を得なければならないのは明らかだった。

　ビルマ戦といえば「インパール作戦」があったことぐらいしか知らなかった私は、とにかく西野氏から送られた二個のダンボールの中の資料を読み進むしかなかった。まずは朴ハルモニの証言を読んで簡単な年表を作成し、そこに地名や要点を書き込んだ。次にビルマを占領した日本軍のビルマ方面軍の動きを頭に叩き込むための資料を開いた。そこには良く知られているミイトキーナと拉孟《らもう》の「慰安婦」の写真があった。さらに西野氏の『従軍慰安婦と十五年戦争』を読んだ。やはりミイトキーナと拉孟の「慰安婦」の写真が紹介されており、先の資料にはない解説とともに「双葉」「まこと」「ひろ子」などの具体的な慰安婦名があった。さらに拉孟の写真に写っている四人のうち右端の妊婦の名前が「若春」であると書かれていた。

　私は「若春」という名前にハッとした。たしか朴ハルモニのビルマでの慰安婦名も「若春」ではなかったか。胸が小さく鼓動するのを感じつつ、朴ハルモニの証言を読み返した。間違いなかった。しかも朴ハルモニが捕虜になったのは松山、すなわち拉孟であると書かれていた。

　それからは写真の「若春」に関連する資料と朴ハルモニの証言を重点的に比較検証していったのだが、調べれば調べるほど共通点が多いことに気づいた。私はすぐに西野氏と南北コリアチーム担当の金富子氏に電話した。二人とも上ずった声で確証が得られるまで引き続き慎重に調査する必要があると述べ、あとは本人確認をしなければならないと話し合った。こうして八月末に西野氏が朝鮮を再訪し、本人によって写真の右端の女性が朴ハルモニであることが確認されたのである。

　さて、「法廷」前夜に話をもどそう。朴ハルモニの抱擁を受けすっかり気分をよくしていた私だったが、その後は金富子氏とともに、ノートパソコンを脇に抱えて朝まで走り回ることになった。南北統一起訴状も作成され、「法廷」二日前に深夜までの話し合いによって南北の意見統一も図られ、あとは具体的な内容の最終確認だけであった。しかし、この大詰めの作業が思いのほか手間取ったのである。ここへ来てさらに証拠資料の確認やビジュアル化の必要が出てきたためであった。

私はプレゼンテーションのためのパワーポイント作成にも携わっていたので、ノートパソコンを抱えて九段会館の一階にある北側検事団の部屋と二階奥の南側検事団の部屋を往復することになった。何度目かに南側の部屋に入ったとき「これで何回三八度線を越えたのか」と一人の検事が冗談を言った。「一〇回以上にはなるでしょうね」と返すと、「歴史的人物だね」と誰かが言って皆が笑った。昨日の南北の意見調整のときは緊張した空気が漂っていただけに、検事たちの笑顔がうれしかった。北側の部屋の雰囲気も同じで、すっかり打ち解けていた。

当日、南北コリアチームのプレゼンテーションは無事終わった。だが、私にはどうしても朴ハルモニに直接確認しなければならないことが残っていた。

朴ハルモニは数年前に脳溢血で倒れ、回復したものの急速に心身の老化が進んでいっているという。そのため千人以上の聴衆の前に立つことは難しく、「法廷」ではビデオ証言になったのであり、取材を受けても短時間に簡潔に質問に答えることはできないだろうと言われていた。現に各メディアの取材には簡単に頷いて、ひと言二言しか言葉が出なかった。

それでも四日目の判決が出たあとで、ビデオ制作担当の青野恵美子氏とともに朴ハルモニともう一人の原告である金英淑ハルモニはちょうどお昼寝中であったが、北側検事団のK氏は私たちを快く部屋に通してくれた。しばらくしてハルモニたちは目を覚ました。私たちの顔を見てきょとんとした表情だったが、K氏の説明を受けて頷くと、朴ハルモニはいきなり「今日の判決聞いて、胸がスーッとした」と感想を述べた。これには北側検事団の面々もびっくりしていた。

確認したかったこととは、例の写真の女性は妊娠しているが、朴ハルモニは証言の中で一度も子供を産んでいないと言っていることだった。私たちはあらためて自己紹介をしてから、この質問をしてみた。すると朴ハルモニは吐き捨てるように言った。

「日本の奴の子供なのに、そんなことはずかしくて言えるかい！」

朴ハルモニが顔を歪めたのはこのときだけだった。あとは質問に答えるだけでなく、冗談を交えながら私たちに話しかけてくれたのだった。あたたかい午後のひと時だった。

この時にかわしたひと言ひと言が、朴ハルモニの抱擁のぬくもりとともに、私にとって貴重な「法廷」の記録となった。

〔報告〕中華人民共和国
——証言すること／してもらうことの困難

中国担当／西野瑠美子

中国の起訴状を作成するにあたって頭を悩ませたのは、中国検事団のメンバーが一堂に会して話し合いを重ねることの難しさだった。起訴状を作成するためには、中国における被害実態の把握や個別ケースの部隊特定をしなければならず、日本の調査チームとの連携・意思疎通は不可欠であった。しかし、広い中国各地に散在している検事団が何度も集まり、日本と連絡を取り合いながら議論を重ねることは簡単なことではなかった。

また、「法廷」の準備を進めるにあたって突きあたったのは、被害者として「法廷」で証言することのできるサバイバーを決めることだった。原告としては山西省の被害者、慰安所に入れられた被害者、そして南京事件下の強かん被害者という三つのケースを考えた。山西省については裁判支援を続けている石田米子さんや川口和子弁護士、大森典子弁護士らの地道な調査成果と被害女性との信頼関係により見通しは明るかったが、後者の二つの事例について原告を探すことは雲をつかむような話だった。

頭を抱えていた頃、大阪で南京虐殺に関わった元兵士の加害証言を丹念に掘り起こし、南京事件の調査に長年取り組んでいた松岡環さん（南京大虐殺六〇カ年全国連絡会）の協力、助言が得られることになり、南京事件の時に強かんされた当時七歳だった楊明貞《ヤン・ミンチエン》さんの「法廷」証言が実現するに至ったのである。この間の松岡さんの尽力には頭が下がるばかりだった。

一九九三年に上海師範大学に「慰安婦研究中心《センター》」が設立されて以来、精力的に聞き取り調査を進めてきた蘇智良《スー・チユリヤン》氏により、慰安所に入れられ苛酷な体験をされた袁竹林《ユアン・チユウリン》さん、山西省の万愛花《ワン・アイホワ》さん、楊明貞さん、海南島のサバイバーの四人を原告に決定するまでに漕ぎ着けた。しかし、残念ながら、直前まで予定されていた海南島の被害女性の来日は体調のこともあって実現できなかった。

二〇〇〇年二月、私は蘇智良氏と陳麗菲《チャン・リーフエイ》さん（中国検事団の一人）と共に海南島に調査に出かけ、「慰安婦」被害女性や現地の人々の証言の聞き取りを行なった。慰安所に出入りしていた中国人のある老人は、私が日本人だと知るや顔を引きつらせて「リーベンクイズ（日本鬼子）！」と声を荒げ、「日本人には話したくない！」と怒りをぶつけられた。半世紀を経ていてもなお、日本軍の犯した数々の蛮行が中国の人々の脳裏に癒しがたい記憶として刻まれ、その感情が消えてはいないことを目の当たりにした体験だった。その頃、石原東京都知事の「三国人」発言が問題になっていた最中であり、それは日本人の歴史認識の歪みに対する怒りでもあったと思う。

　その海南島調査で印象的だったのは、ある「慰安婦」被害女性に会い、彼女が入れられた慰安所の建物に案内してもらった時のことだった。その建物は火事になって焼きただれていたものの、取り壊されることなく現存していた。焼き焦げた建物の中で、「ここにあった部屋に入れられたのです」と語りながら、彼女はカメラに収まることを気にしていた。

「夫は、私が昔の話をすることを嫌がるのです。もし公に話したことがバレてしまったら、夫は私に暴力を振るうでしょう」

　彼女は、「慰安婦」の過去が原因のＤＶ（ドメスティック・バイオレンス）の被害者だった。「慰安婦」被害が戦後に及ぼした影響が根深いものであることを実感せざるをえなかった。

「法廷」では三人のサバイバーが証言したが、とくに会場を震撼させたのは万愛花さんが証言の途中で倒れたことだった。万さんは証言のはじめに「私は話したいことがたくさんあるのに、どれをどう話したらいいのか分からない」と胸に抱える記憶と苦しみを短い時間の中でどれだけ伝えることができるのかという不安を口にされた。証言の最後に、彼女は突然、証言台を離れ、判事と傍聴席の人々に訴えるかのように歩み出て体に残る傷を見せようとした（私には、そう見えた）その時、グラッと倒れたのだ。「法廷」は騒然とし、一時休廷になった。傍聴席の人々が見守るなか、万さんは担架で運び出され救急車で病院に運ばれた。

　中国をめぐっては、いくつか「困ったこと」が発生していた。一部のマスコミがサバイバーの部屋にまでカメラを持って押しかけ、断りもなく撮影するということがあった。主催側やアテンド担当者からマスコミに対して抗議が行なわれたが、そうした出来事が万さんに精神的苦痛と極度の緊張感をもたらした一因ではなかったかと思う。万さんは証言中に倒れることはこれまでにもあった。当時を話すたび、蘇る過去の恐怖が万さんに襲いかかる。ＰＴＳＤの深刻さを思い知らされる出来事だった。

「法廷」に参加された女性たちに付き添っていた安達洋子さんは、「李秀梅《リー・シユウメイ》さんや郭喜翠《クオ・シーツイ》さんは証言はしなかったが、法廷に参加できたことをとても喜んでいた。特に同じ性暴力被害者である各国の女性たちの証言は彼女たちにとって驚きであり、他国の女性たちが証言する姿は大きな励みになったのではないかと思う。被害者交流会の時に自分たちから歌の輪に入っていったことは、彼女たちが心を開いたことをうかがわせる出来事だった」と語る。

また、連日、泊り込んで女性たちのケアに当たった信川美津子さんは、「李秀梅さんは韓国のサバイバーの李容洙《リー・ヨンス》さんの積極的で行動的な姿を見て、羨ましがっていた。自分で何でもやろうとするその姿がとても力強く映ったのだ。法廷を通して他の国の被害女性に出会い、苦しんできたのは自分たちだけではないことを知ったことは、女性たちにとって大きな励みと勇気になったと思う」と回想する。

「法廷」が、女性たちにとって生きる力と自信を生み出す出会いを得た場であったことは嬉しい限りであるが、「法廷」の成功は陰でサバイバーを支えていた人々の尽力あってのことであり、この場を借りて心から感謝したい。

[報告] フィリピン

——加害調査の難しさを痛感

フィリピン担当／岡野文彦

「フィリピンチーム」は女性国際戦犯法廷で「慰安婦」にされたトマサ・サリノグさんの被害と、マパニケ村の「集団強かん」事件を取り上げることになり、日本でも調査が始まった。トマサ・サリノグさんについては、一九九三年に東京地裁で起こした補償請求裁判の代理人である横田雄一弁護士が担当し、マパニケ村「集団強かん」事件は私を含む数人のメンバーで調査を始めた。

私たちの調査の成果として第一に挙げられるのは、石田甚太郎氏の多大なご協力により、戦車第二師団が発令したマパニケ村ゲリラ討伐命令書を発見できたことである。これはマパニケ村のおばあさんたちの証言を裏付ける非常に貴重なものであった。

しかし一方で私たちの力量不足を痛感したのは、この集団強かん事件に関与したはずの元日本軍人への聞き取り調査だった。

私たちは命令書をもとに、戦車第二師団の河合重雄元中佐にインタビューした。彼は初対面のときから、このマパニケ村ゲリラ討伐は作戦主任参謀であった自分が起案したものであること誇らしげに語り、インタビューの録音やビデオ撮影も快諾した。そのような彼に対して、私たちはゆっくりと時間をかけて真相に迫ろうとしたが、このやり方は失敗だった。こちらの意図が明らかになるにつれて、彼はあいまいな表現を多用するようになっていった。私たちは一回目のインタビューでもっと聞き出しておくべきだった。資料も突き付けながら迫ったが、半年以上に渡るやり取りの後、彼が強調した結論は、「否定はしないが肯定もしない」ということだった。「あなたたちが言っている強かん事件はあったのかもしれない。しかし、無かったのかもしれない。私は知らないのだから、それが『あった』とも『無かった』とも言えない」というセリフを彼は繰り返し、インタビューは行き詰まってしまった。

また「戦後ずっと平和を望んでいた亡夫の意志を活かせるのなら」と資料提供を快く約束してくれたある遺族は、数日後豹変し、私たちをきっぱりと拒絶した。私たちが亡夫の所属していた師団を、強かん事件の加害者として調べているという情報が伝わったのだろうか。加害の聞き取りの難しさを思い知らされた出来事だった。

フィリピンでは強力な検事団が結成され、やがて資料がフィリピンと日本の間を行き来するようになり、私たちも再度の現地調査を行なった。しかし日本軍の用語を英語でやり取りする困難さに加えて、フィリピン検事団のメンバーの多忙さや日本とフィリピンの文化の違いは、円滑なコミュニケーションの壁になることも少なくなかった。そのような状況にも関わらず、私たちが「フィリピンチーム」として結束を保てたのは、女性の人権アジアセンター（以下、ASCENT）のスーザン・マカブアグの努力によるところが大きかった。

フィリピン検事団では来日後の「法廷」直前に、体調の悪くなった人が出たこともあり、プレゼンテーションのための準備は本番ギリギリまで続いた。また、会場や宿舎にパソコンや通信のための体制やスペースがなかったことが、作業を進める上での大きな問題となり、トラブルも相次いだ。

そして当日、もうすぐ「フィリピンチーム」の本番が始まろうかという時に、スーザンの姿が見えなくなった。彼女は部屋でひとり泣いていた。あふれる涙を止められない様子だった。ひとしきり泣いた後、涙をシャワーで洗い流した彼女がさわやかな表情で映像の操作ブースへ上がっていったのは、本番開始寸前だった。

本番が始まり、おばあさんたちも全員がステージに上がり、スーザンの操作でビデオ証言が流された。プレゼンテーションが進行するにつれて、私が秘かに抱いていた不安は晴れていった。検事団は「法廷」において、日本側とフィリピン側の調査結果を融合させ、すばらしい形で示してくれた。

「法廷」後、いくつかの知らせがフィリピンから届いた。

トマサ・サリノグさんが、「初めて正義と尊厳を実感できた」と語り、「女性のためのアジア平和国民基金」を拒否する決意を表明した。しかし、何よりもうれしかったのは、来日中は肺炎を起こして塞ぎ込みがちだった彼女が元気になったことだ。トマサ・サリノグさんは、同じような被害に遭った女性が、戦後も「日本軍の残り物」「キズモノ」などと蔑視されるような環境の中で、ひとりで暮らしてきた。今回の「法廷」のようすはフィリピンでもテレビで放映されたため、最近、地元の人たちのトマサさんを見る目が変わってきたという。私たちはトマサ・サリノグさん（＝ロラ・マシン）の闘いの象徴として、数年前から立ち退きを迫られていた彼女の家を新たに建てるため、フィリピンのASCENTと共同で「ロラ・マシンの家」建設プロジェクトに取り組んだ。日本でパラ　カイ　ロラ・マシンネットワーク（「ロラ・マシンのために」という意味）を発足し、建設のための募金活動を始めた。「ロラ・マシンの家」は二〇〇一年のクリスマスに完成し、トマサ・サリノグさんに引き渡された。

マパニケ村では女性の「集団強かん」と同時に、村にある小学校で多数の男性が拷問・虐殺された。村と学校、PTAで、被害者たちが埋められた校庭に記念碑を建てる相談が始まったという。

最後に悲しいことも心に留めておきたい。

持ち前の明るさで終始「フィリピンチーム」を引っ張ってくれたASCENTのジーナ・アルナンは、「法廷」後に病気が発覚し、現在も療養が続いている。またラケル・ティグラオが、「法廷」の準備半ばに、病気で亡くなってしまったことも、辛い出来事であった。最近、ASCENTのメンバーから「やっと日本人との付き合い方が分かってきた」という言葉を耳にした。「法廷」を開くという目的に向かって進むなかで、私たち「フィリピンチーム」は言葉や文化の違いを乗り越えて、悲しいことも、辛いことも、そして成功も分かち合うことができた。日本の私たちとフィリピンの人々との間に固い友情が培われたことが、この「法廷」のもう一つの大きな成果となった。

［報告］台湾

——台湾のおばあちゃんたちと過ごした四日間

台湾担当／柴 洋子

女性に対する性暴力は犯罪であると明確に裁いた女性国際戦犯法廷が、草の根の女性たちの手で、しかも、この日本で開催されたことを私は誇りに思う。

それなりの年月をこの女性戦犯法廷を成功させるために準備してきた者の一人として、二〇〇〇年一二月を張り詰めた思いで迎えた。

女性国際戦犯法廷に対する、台湾の取り組みはさほど早くはなかった。最初、元「慰安婦」の支援団体である台北市婦女救援社会福利事業基金会（以下、婦援会）が中心になることが期待されたのだが、婦援会の諸事情からそれは難しかったようだ。国際実行委員会を韓国、上海、マニラで行ない、最後は台北で開くことになったのだが、予定されていた年に台湾大地震がおきたため延期し、二〇〇〇年一〇月、「法廷」開催寸前に最後の国際実行委員会が台北で開催された。そして、この台北会議以後、台湾は一九の民間女性団体の女性たちが中心になり、婦援会も含めた『二〇〇〇年東京大審』支援慰安婦台湾行動連名」として女性法廷に参加した。

一方、日本側では、「法廷」が近づくにつれていろいろな面で準備不足・コミュニケーション不足が表面化し、混迷した部分を内包しながら走り回ることになった。その結果は、早くも第一日目に現れた。

台湾からは、「慰安婦」にされたおばあちゃんたち一二人を含む合計六二人が二つのグループに分かれて来日した。その第一陣が到着した夜、事前にできているはずの部屋割りが何もできておらず、二時間近くロビーで待たせてしまうことになったのだ。おばあちゃんたちは当然ながら疲れているし、一緒にきた人たちも不快感を隠さない。「こんなんで大丈夫なのか。できないならできないと言ってくれ。今からでも第二陣の来日を止める」と厳しく言われ、私は、できることならそのごったがえすホテルのロビーから消え去りたい思いに耐えた。急きょ部屋割表を手にした高嶋たつ江さんは、冷静に台湾をはじめ各国の部屋割りに対処し、幸い事なきを得た。そのまま、高嶋さんは「法廷」の期間中、各国各人各様の要望に応えるべく努力を続けていた。

部屋の次に気をつかったのは食事だ。台湾は「食の国」というだけではなく、冷えた食事をしない。それだけにできるだけあたたかい食事をしてもらいたいという思いから知恵をしぼった。なぜなら、女性法廷開催中、昼食は弁当だったので、知人に料理をつくって差し入れをしてもらったり、九段会館の食堂に時間を計算してあたたかいうちに食べられるように料理を注文しては部屋に運び込んだ。夜も食事には気をつかった。これは台湾だけではなく、中国にしろ、フィリピンにしろ「慰安婦」裁判など原告と向きあっている支援団体の人は皆同じ思いで走り回っていた。

台湾「慰安婦」裁判の支援団体である私たちは、残念ながら「法廷」そのものを傍聴することができなかった。裏方として時が流れたため、あとから新聞記事をみたり、ビデオをみたりして当日の様子を把握することにしたが、あちこちで「法廷」に対する感動の声をきくと、一抹のさみしさを感じないわけにはいかなかった。

しかし一方で、別の側面を堪能していたことも事実だ。おばあちゃんたちは、会えば、にこにこしながら声をかけてくる。そして「すまないね。苦労かけるね」という。パタパタ忙しげに部屋に走っていく私に、「いつくる?」と部屋へのご招待だ。人なつっこい笑顔に、靴をぬいでお茶を飲ませてもらったりした。時間と闘いながらおばあちゃんたちが欲しいと言う薬や、たくわん・奈良漬けをタクシーでデパートまで買いに行ったりしたこともなかなかスリルがあったし、また、文化交流会で演じる原住民族の踊りをにぎやかに練習しているイワル・タナハさんやイアン・アパイさんの迫力ある掛け声と動きを目の当たりにして感動もしていた。

そして最後の判決の日、参加者全員が舞台にあがって女性国際戦犯法廷のマークが入った白いハンカチをふっている場面をみた。小柄な高寶珠さんが杖にすがりながら白いハンカチをふっていた。劉黄阿桃さんがプラカードをもって凜と立っていた。他のおばあちゃんたちも白いハンカチをふっていて、フイリピンやインドネシアや中国、韓国・朝鮮の人たちとひとつになって立っていた。舞台いっぱいに花が咲いていた。この場面をみただけで私は「法廷」のすべてに参加していたと感じた。盧満妹さんが、あとで「ル・マンメイって私の名前を呼んだよ」と満足そうに言った。自分の語ったことが判事たちに受け止められたことを実感したのだ。

判決の後、Exchange & Farewell Partyと名づけられたお別れ交流会がカトリックの関口ケルンホールで開かれた。これは、VAWW-NETジャパン主催ではないが、カトリックの人たちの好意で一二日に残った参加者のために計画したものだ。中国風、フイリピン風、韓国風などの盛りだくさんの手作り料理を満喫しながら、各国の参加者たちはゆったりとくつろぎ、台湾のおばあちゃんたちも積極的に歌ったり踊ったりした。そこにマクドナルドさんら判事たちがあらわれたとき、みんな感謝の心をもって歓迎した。

台湾は、今回草の根の女性団体がひとつになって参加した。これが今後の台湾で「慰安婦」問題に対する関心が深まるきっかけになり、発展的な動きにつながるのではと期待していたが、帰国後、この団体は解散したという。そして、新たな問題がその後もちあがった。「国民基金」を受け取るよう働きかけがあるというのだ。「法廷」後のこれもまた現実だ。「法廷」は終わったが、おばあちゃんたちにとって具体的な問題、つまり日本の国による公式謝罪と賠償はまだまだ遠い。裁判の原告であるおばあちゃんたちも、日本の国へ何も期待もしていないかのように淡々と毎日の暮らしを営んでいる。

「法廷」を開いた以上、私たちの果たすべき責任は一段と重くなったように思う。せめて誠実に、真摯に、裁判の支援活動をしていかなければと決意を新たにしている。

［報告］マレーシア
――「法廷」までの道のり

マレーシア担当／徳永理彩

三年八カ月の日本軍政下で三〇都市以上に慰安所が設置されていたマレーシアからは、慰安所での被害を証言しているロザリンさんとXさんの二人のケースが「女性国際戦犯法廷」で取り上げられた。ロザリンさんは参加がかなわず、すでに故人となったXさんは匿名のままでの審理となったが、他の参加国・地域の被害女性たちと共に日本軍性奴隷制は人道に対する罪であるとの判決を得ることができた。マレーシアのケースを「法廷」で取り上げるために尽力してくださった多くの方に代わり、「法廷」に至る経過を筆者の把握している範囲で記録しておきたい。

ロザリンさんは九四年に東京で開催された「女性の人権アジア民衆法廷」で、元「慰安婦」たちが証言を行なったという新聞記事をきっかけに、自らも名乗り出た。ロザリンさんの地元の新聞記者ゲリー・タン氏が仲介者となり、彼女が名乗り出るきっかけとなった民衆法廷にも関わっていたマレーシア史研究者の中原道子教授がロザリンさんの話を聞きに何度も足を運び信頼関係を築いていった。

VAWW-NETジャパンの調査チームとしては、ロザリンさんの証言ビデオ収録に力を入れてきた。九八年と九九年の二回にわたり、調査映像チームがロザリンさんのもとを訪れた。初めの年は調査チームの中原道子さんと映像チームの吉田裕子さんが記録にあたった。この年はロザリンさんが自分のアパートに招いてくれたため、彼女が大事に保存してきた両親や自分の結婚式や子どもとの写真など、彼女の生い立ちを伝えるものから、慰安所前でのスナップや慰安所で身ごもった子どもの出生証明書などを映像に残すことができた。慰安所前で撮影された写真には、門柱に掛けられた看板に「軍専用」という文字が写し出されており、これは軍政監部の規定集「慰安施設及旅館営業遵守規則」に定められた標識と一致することから、ロザリンさんが拘束されていた慰安所が日本軍の管理・統制下におかれていたことを示す証拠として「法廷」で用いることになる。翌年は前年のメンバーに筆者も加わり、ホテルでのインタビューとペナン市街地に現存する元慰安所の建物の撮影を中心に行なった。当時の慰安所付近のようすを知る人を探したが、こちらは不首尾に終わった。

被害証言があるにもかかわらず、今回の「法廷」の起訴要件である個別の被害に対応する加害部隊を特定する日本軍関係の史料が見つからず、マレーシアのケースは「法廷」では取り上げられないものと手詰まりの状態が続いていた。しかし、二〇〇〇年七月末のマニラでの検事団会議・国際実行委会議にて、代表が参加できないマレーシアなどの被害地域も無視された形にならないように、という検事団の見解が示され、何らかの形でマレーシアのケースを「法廷」で取りあげることが課題となった。続く九月の台北での検事団会議や国際実行委員のやりとりを経て、「法廷」全体の形式が具体化されるなかで、マレーシアのケースについては起訴状には含まないがロザリンさんのビデオ証言を参考証拠として提出することが決まり、ビデオ編集を急ぐことになった。さらに急展開があり、フィリピンの国際実行委であるインダイ・サホールさんの紹介で、マレーシア出身の法律家で現在は東ティモールの暫定行政機構で活躍されているジュリエット・シノさんがマレーシアの検事として起訴状を作成することになった。ロザリンさん、Xさんの被害も含め、「法廷」憲章に沿ってマレーシアの起訴状が作成されることになったのである。

難航していた被害を立証する加害側の証拠集めだが、「法廷」の形式や必要証拠の水準が決まり、日本側検事団とも相談してロザリンさんの証言から彼女の被害が日本軍と日本軍政による性奴隷制の組織的な計画・実行によることを示す方向で進めることが決まった。先に述べた慰安所前で撮影した写真に写る「軍専用」の標識は、軍政監部の規定に従ったものであると公的文書資料から説明し、ロザリンさんが監禁されていた慰安所については、マレー半島の日本軍慰安所をあつかった九三年の林博史教授の論文中にある、元日本軍兵士がその開設を認めた証言を引用することにした。ロザリンさんの被害に迫りうる元兵士の証言の発見に期待が高まったが、連絡を取ったところ残念なことに、二〇〇〇年春に亡くなられていた。

「法廷」三日目に行なわれた審理では、マレーシア検事のジュリエットさんによって訴因朗読とXさんの被害報告があり、検事補助役として筆者がロザリンさんのケースを報告し、憲章の訴因に即して徴集（強制移送）・監禁（奴隷化）・性暴力の被害を浮き彫りにする構成をとったロザリンさんの証言ビデオと、それを裏付ける日本軍・軍政の文書を説明して、彼女たちの被害が日本軍の組織的関与のもとで引き起こされたことの立証に努めた。

ロザリンさん本人が「法廷」に参加することはできなかったが、「法廷」をレポートする雑誌などに、「法廷」でのビデオ証言でのことばが活字となり、証言ビデオの上映も行なわれるなど、「沈黙の歴史」が破られ共感を持って受け止められた意義は大きいと思う。そしてロザリンさんをはじめとする被害女性たちへの十全な正義の回復のためには、日本政府を動かし、日本やマレーシア社会の認識をも変えていく息の長い取り組みが必要なのだろう。

［報告］オランダ
——苦難を通して連帯へ

アテンド／山口明子

今回の「法廷」にはインドネシアで日本軍の性奴隷にされた女性たちが五つの国から集まった。自分の国で被害にあったインドネシアの女性、朝鮮、台湾から連行された女性たち、そして植民者としてインドネシアで育ち、そこで生活していたオランダ女性である。五カ国というのは今回オランダ人被害者として証言されたヤン・ラフ＝オハーンさんが、戦後オーストラリアに移住し、現在同国の国籍だからである。もちろん「法廷」の外には当時多くの日本人「慰安婦」もいたし、その他の国にも被害者は存在するであろう。

オランダについては現在、被害者団体である対日道義賠償請求財団によって「慰安婦」を含む抑留者の賠償請求訴訟が最高裁に上告中である。今回来日した被害者の一人エリー・ヴァン・デル・プローグさんはこの訴訟の原告でもある。

たまたま私はプローグさんが一九九六年に来日された折

に案内をしたり、インタビューに同席したことがあったので、「法廷」での再会を楽しみにしていた。プローグさんは戦後オランダに引き揚げてから夜学に学び、中堅どころの出版社で長い間働いてきた。日本でもよく知られたブルーナーの絵本の著作権をとり扱っていたことなどもその折に聞いた。九二年にオハーンさんが来日されたときの公聴会は満員の盛況で私は会場に入れなかったので、彼女については公聴会の記録とその後に出版された彼女の著書(『オランダ人「慰安婦」ジャンの物語』渡辺洋美訳、木犀社、一九九九)を通して知っていたにすぎないが、プローグさんと旧知の仲だったことから、ことの成り行きで、「法廷」の期間中彼女たちの連絡係りをつとめることになった。

プローグさんとオハーンさんは高校の同窓であり、同じ収容所に入れられたが、今回は五十数年ぶりの再会であった。

そのようないきさつで、短い出会いではあったが、「法廷」が終わった今、改めて考えてみると、いちばん遠くから参加した被害者、彼女たちの存在の意味は大きかったと思う。

オランダは戦後の裁判に戦勝国として関わったので、戦後のオランダ裁判では彼女たちの収容所での被害がとりあげられ、戦争犯罪として裁かれたということである。これは、フィリピンや中国についても同様であるが、この裁判については、被害の当事者たちには長年その事実すら知らされていなかったという。裁判は国と国のものであり、被害者とは関係なかったのだろうか。戦後、新生国家としての国づくりの過程にあった中国やフィリピンと違って、ヨーロッパの先進国であり、国際法の本家のようなオランダでもそのようなことがあったとすれば、それは国家による裁きの実態を示すものであろう。

でも今回はちがった。二人の被害者はここでアジアの女たちとともに、初めて自分たちの個人としての被害を明らかにすることができたのだから。

もうひとつは、ヨーロッパ人である彼女たちとアジア人女性との関係である。

オハーンさんの著書にはインドネシアでの少女時代の豊かな暮らしが美しい筆致で記されている。日本軍の侵攻によって、彼女たちはその豊かな暮らしから、一転して地獄のような収容所生活に投げ込まれる。そして、収容所から解放されてまもなく、インドネシアのオランダからの独立によって、彼女たちは財産のすべてを失って祖国へ引き揚げ、戦後の出発をしなければならなかった。

今回来日した韓国・朝鮮、台湾の被害者たちは、日本による植民地下にあったため苦難にあった方々であった。フィリピン、インドネシアの場合は西欧の植民地であったために戦争に巻き込まれた。オランダの彼女たちの場合は逆である。オハーンさんたちは、今、そのことをどう考えているのだろうか、これは同じ加害国の立場である日本人としてオハーンさんの著書を読んで以来、私にとっての問いであった。

彼女は植民者の一員として、インドネシアの民衆に対しては加害者の立場にある。けれども、国としては加害国の民であった彼女たちは、インドネシアに住んでいたからこそ、苛酷な経験をした。戦後、旧「満州」で苦難を味わった日本人と同様、国が植民地をもったつけを支払ったのは、いわば個人的には弱い立場におかれた女、こどもだった。でも、日本でも、多くの人々が自分たちの苦難を自分の国の行為ゆえだと思わず、かえって被害者であったアジア人に責任転嫁して被害者意識をもっている例は多い。そう考えると、これはそう簡単に口にできない問いであった。

しかし、「法廷」ではっきりとオハーンさんが「わたしたちアジアの女」と述べるのを聞いた瞬間、この疑問が解けたと思った。近年、オーストラリア人の中には自らをアジア人として位置づける人たちが増えつつあることを知ってはいたが、確信にみちた彼女の言葉はそれだけを意味したのではなかったと思う。女として苦難を共有したものとして、アジアの女としてともに闘う意志を彼女は明確にした、それによって彼女は植民者と被植民者の間のへだての壁を乗り越えたのではないだろうか。プローグさんが国際法廷への長い旅を決意したのも同じ思いであろう。

オハーンさんは被害を受けたとき、修道女として教育に携わることを夢見て、師範学校に在学中であった。すさまじい被害の後もなお収容所の中でこどもたちを集めて勉強を教えてきた彼女であるが、釈放後はその夢を断念しなければならなかった。もし、夢がかなえられていたら、彼女はアジアのどこかで宣教師として教育に携わっていたかもしれない。しかし、彼女は、人生の終わり近く、別の形で大きな使命を果たした。欧米人としてアジア人を教えるのではなくて、アジア人としてともに闘うことによって。

日本では、オランダといえば『アンネの日記』のアンネ・フランクが余りにも有名である。しかし、そのかげで、戦争下に日本がやったことはほとんど知られていない。苛酷な経験を経てもなお毅然と生き抜いてきた二人のオランダの女性のことを、私たちの歴史に時遅くではあるが、きちんと刻みたいと願う。

［報告］インドネシア
——イブたちの記憶をたどって

インドネシア担当／渡辺美奈

インドネシアではジョグジャカルタのＬＢＨ（法律扶助協会）と兵補協会が「慰安婦」問題にいち早く取り組み、今も継続して活動している。しかしインドネシアの女性運動は一九六五年、スハルト大統領によって徹底的に弾圧され、政府主導の女性団体が「慰安婦」問題に関わることはほとんどなかった。近年ではジャカルタ暴動や東ティモール占領下で女性に対する性暴力が頻発している。こうした暴力に対する不処罰の歴史を断ち切るためにも、女性たちこそが「慰安婦」問題に取り組んでほしい、というのがＩＯＣ（国際実行委員会）をはじめとする「法廷」関係者の願いだった。その粘り強い働きかけによって、ヌルシャバニ・インドネシア女性連合会長を中心に検事団がたちあがったのが、二〇〇〇年五月。開廷の七カ月前、まさに駆け込み参加だった。

私は二〇〇〇年八月にインドネシア調査チームに加わり、インドネシア検事団に協力することになった。日本の調査チームは、「法廷」で証言をする二人のイブ（インドネシア語で女性につける尊称）の被害に対して、責任がある日本軍の部隊を特定しなければならない。ジョグジャカルタのマルディエムさんは、インドネシアで「慰安婦」として名乗り出た女性たちの代表的な存在で、運動の中心人物である。記憶が正確で、連行の経路、慰安所での生活や兵隊の名前まで覚えている。マルディエムさんの入れられていた慰安所の部隊については、インドネシアの「慰安婦」問題をフォローしてきた池田恵理子氏がすでに特定していた。しかし、新たに証言をすることになったバンドンのスハナさんに関する情報は少なく、部隊特定は今後の調査にかかっていた。

私は日本軍の指揮命令系統も、軍の呼び方や略称も全くわからないまま、まず戦史叢書の『南西方面陸軍作戦』を通読することから始めた。バンドンという地名が出てきたら、その部隊名、駐屯時期、部隊長をメモしていった。叢書では間に合わず、防衛研究所資料閲覧室で「爪哇（ジャワ）」「第二師団」といったキーワードで探したが、小さな部隊の動きや部隊長を特定するのは困難を極めた。しかしこの作業は、思いのほか楽しかった。被害証言を聞く機会は多かったが、その加害の責任者の「顔」が見えてきたのは、初めての経験だったからだ。

日本の調査結果と集めた文書資料は、インドネシアで長年「慰安婦」問題に取り組んできた木村公一牧師に送り、急ぐものは彼が翻訳をした。[1] インドネシア検事団はそれをもとに起訴状作成に入った。資料の中には中曽根康弘元首相が主計将校として、ボルネオのバリクパパンに慰安所を作った、と記述している回想録も入れた。[2] 検事団と日本の調査チームは、重い戦後責任も負っている元首相の戦争責任を問いたい、という思いで一致していたが、「被告は中将以上」という「法廷」の約束事の中で、今回被告とすることは断念しなければならなかった。

法廷に提出する証言ビデオの作成も、日本の調査チームが担当した。「マルディエムさんと一緒に連行された軌跡をたどりながら、慰安所跡を記録に残す」という調査旅行は、木村牧師と池田氏が温めていた計画だった。実際には木村牧師、アシスタントのフィディ、フリーのテレビディレクターの海南友子氏と私がチームを組んだ。[3]

初めて国際的な場で証言をするスハナさんには、詳細な聞き取りを行なった。バンドンに住むスハナさんは、日本軍に自宅から車で五分ほどのオランダの洋館に拉致・監禁され、「慰安婦」生活を強いられた人である。当時の面影がそのまま残る慰安所跡に近づくと、今でも涙が止まらない。スハナさんは近所にある同じ内装の家屋に初めて足を踏み入れ、おそるおそる玄関から中をのぞいた。「ここに受付があって、あっちで私たちは待たされて……、裏の部屋に連れていかれた……」。レイプに使われた裏手の小部屋は窓一つなく、物置として自転車が置かれていた。スハナさんは部屋に入り、ベッドの位置や兵士の行動をジェスチャーをまじえて証言した。そして深呼吸して呼吸を整え、「もういい？　もういいよね」と、足早に部屋を出て行った。その心中を思うと胸が詰まった。スハナさんの両親の店は八百屋でなく服屋であったこと、慰安所に入れられていた期間は三年間で日本の敗戦まで続いたことなど、新たな事実もわかった。これは被害事実や被告の認定に大いに役立った。

一方マルディエムさんはボルネオのバンジャルマシンを四八年ぶりに再訪し、慰安所跡を確認した。そこは野菜や雑貨の市場になっていた。当時は柵で囲まれた慰安所で、地元住民から「憲兵隊がパトロールしていた」「女性の泣き声を聞いた」などの証言を聞くことができた。このテラワン地区の人々がマルディエムさんを「大変だったね」と暖かく迎えてくれたことが、彼女には実に嬉しいことだったらしい。彼女はバンジャルマシンに足を踏み入れることに不安を抱いていて、行きの飛行機の中でも手を合わせて祈り、終始落ち着かなかった。そのマルディエムさんが帰りの便を待つ空港で、晴れ晴れと「来て良かった。また来てもいい」と言ってくれたのだ。この旅が彼女を再び傷つけはしまいか、と心配していた私たちは心からほっとした。

法廷当日、検事団は次々と被告人の罪状をあげていった。イブたちはビデオ証言を補足する形で落ち着いて質問に答えた。マルディエムさんは、日本政府の謝罪を求め、若い人たちに事実を伝えていくことの重要性を訴えた。いつもは控えめなスハナさんが、「日本政府を裁判にかけることを望みます」と毅然とした態度で証言したのも印象的だった。

調査活動や法廷証拠をまとめる作業は非常に手間のかかるものだった。しかしこの作業をしたからこそ現場やイブたちの証言、公文書のひとつひとつを、自分が「見たもの、聞いたこと」として記録し、記憶することができた。そしてこの事実を伝えていくことは、戦争を体験していない私たちが果たすべき戦後責任のひとつなのである。

［注］

（1）木村公一「インドネシア『慰安婦』問題」西野瑠美子・林博史責任編集、当シリーズ第4巻『「慰安婦」・戦時性暴力の実態Ⅱ』緑風出版、二〇〇〇年。

（2）中曽根康弘「二十三歳で三千人の総指揮官」松浦敬紀編『終りなき海軍』文化センター、一九七八年。

（3）この調査旅行と「法廷」でのインドネシアのイブたちの体験は、海南友子氏がビデオ作品「Mardiyem 彼女の人生に起きたこと」（二〇〇一年）にまとめている。

［報告］東ティモール（ポルトガル領ティモール）

——はじめて被害を公けに

東ティモール担当／古沢希代子

東ティモール人の被害証言者は「法廷」と「国際公聴会」の両方に参加した。彼女たちはそれぞれ、五〇年前の日本軍による性暴力と、この二五年間のインドネシア占領下での暴力、とくに一九九九年の住民投票前後に起こったインドネシア国軍と反独立派民兵による性暴力の体験を語るために日本にやってきた。

「法廷」への参加は、二〇〇〇年九月になって突然決定した。台北の検事団会議に参加した東ティモール人たちが「法廷」への参加を希望したからだ。彼女たちは、マリア・ナテルシア、カルメリタ・モニス、ルシア・ロバトの三人で、誕生したばかりの東ティモール法律家協会の会員だった。後に「法廷」で検事役をつとめることになるマリアとカルメリタはＵＮＴＡＥＴ（国連東ティモール暫定行政機構）裁判所の判事、ルシアは弁護士である。東ティモール人で女性で法曹関係者の登場はうれしい驚きだった。

すでに準備期間は二カ月余りしかなく、無謀な試みであることは百も承知の上で、私たちは彼女たちと連絡を取り始めた。[1]

台北から帰国したマリアたちは精力的に東ティモールの人権団体や女性団体に協力要請を行なった。しかし反応はにぶかった。どこの団体も住民投票の年に起きた事件の調査や被害者のケアなどで手いっぱいだった。結局、マリアの熱意に「負けて」、「法廷」への協力を決定したのは、私たちが当初「公聴会」の現地コンタクトとして連絡を取ってきたFOKUPERS（東ティモール女性連絡協議会）だ。FOKUPERSはインドネシア国軍と反独立派民兵による性暴力の実態調査と被害者のつきそいを行なっていた。その後は日本も現地も目がまわるような忙しさだった。

現地調査はマリアたちとFOKUPERSが担当したが、実際に障害は大きかった。[2] 住民投票後の焦土作戦で首都ディリと他地域との電話線は寸断されたままだし、携帯電話はディリ圏内しか通じない。直接訪問する以外に被害者と話せる手だてはない。しかし、被害者にたどりついても面会を拒否されることもあった。やっと話ができても被害者の記憶が確かでなかったり、耳がとおい、歯が抜けていて話しづらいといった困難もあった。

現地調査チームは被害者や目撃者を求めて聞き込みを行なった。その中で、FOKUPERSは調査の対象を自らの活動地域にしぼりこんだ。そもそも同団体の活動地域は言語の問題に配慮してスタッフの出身地を中心に構成されていた。よって調査にはスタッフの地縁・血縁もフルに利用されることになった。

その結果「法廷」証言の候補として浮かび上がってきたのがふたりのアボ（現地語であばあさん・おじいさんの意味）である。アボたちへのアプローチはシンプルだ。マリアたちは「法廷」の意義を説明し、自分たちは「法廷」のために真実を追究していること、しかし若い自分たちに日本軍占領時代の経験はなくアボたちの助けがいると地方語で語りかけた。例えばアボ・マルタ[3]はこの時まで「慰安婦」にされた経験を誰にも語ったことはなかったが、この「娘たち」の真剣な問いかけに、自らすすんで、それも詳細に自らの経験を語ってくれた。「この歳になって恥ずかしいことはないよ」と言いながら。

現地調査では被害者と当時を知る「第三者」が対象になった。例えば、被害者の家族や日本軍占領に協力させられた（とくに慰安所設置にかかわった）東ティモール人などである。「法廷」でビデオ証言したバウカウのリウライ（伝統的首長）などがその一例だ。彼は自宅を日本軍に奪われ慰安所に改造されたばかりでなく、女性の供出も命じられ、女性が逃亡した際には捜索を命じられた。

一方、日本側は現地調査のための資金を援助し、日本軍関係資料の調査と起訴状[4]の一部、日本軍側の文書証拠に関する宣誓供述書、「法廷」上映用のＶＴＲの作成およびそれらすべての英訳を担当した。資料調査の目的は、ポルトガル領ティモールにおける日本軍の展開状況及び占領政策を押さえ、被害証言に対応する情報（部隊名、部隊構成、士官リスト）の所在を確認し、慰安所設置および運営管理に関する証拠を探すことなどであった。当然、最も難しいのは慰安所設置に関する証拠を軍の一次資料から発見することである。結局、一次資料は一件しか発見できず（そこには撤退時に大量の文書の処分したという記述がある）、現地に駐留した各部隊の部隊史から関連する記述を拾いあげるしかなかった。ただし、日本の東ティモール連帯運動には大戦中東ティモールに駐留した元軍人が数人参加しており、貴島正道氏は首都ディリの慰安所について、故岩村正八氏[5]は東部のバギアにおける慰安所設置に自ら関与したこと、同慰安所ではキサル島（オランダ領）から連行された女性たちもいたとの証言を行なっている。キサル島からの女性の「供給」については別の元軍人から朝日新聞への投書があった。これらは貴重な加害者側証言となった。残念だったのは、現地側証言と資料で慰安所設置責任者がほぼ特定できたあるケースでその将校の写真照合（多くの軍人の写真を証言者に示しその人物を特定できるか確認すること）が間にあわなかったことである（二〇〇一年一月の調査で確認）。

そして、ほとんどの調整は現地チームの来日後に行なわれた。被害証言者、アボ・エスメラルダとアボ・マルタのふたりは思いきり駄々をこね、つきそいの娘たち（「検事」たち、地方語を解するＦＯＫＵＰＥＲＳのスタッフ、英語通訳）を困らせ、娘たちの膝の上であやされ、時には嫁の悪口をいい、私の夫に按摩させながら、延々と続くインタビューをこなした。

今回初めて国の外へ出たアボたちが「法廷」でどれだけ勇敢だったか、宣誓の際に「わざわざ嘘を言いにはるばる日本まで来ないよ」「日本を見物しに来たのではない」とすごんで満場の拍手を受けたことを覚えておられる方も多いと思う。このふたりをはじめ多くの被害者や関係者が、「法廷」のため私たちに語ってくれた長い長い話をお伝えする紙幅はない。ただ、私たちは日本軍が展開したほぼ全域に慰安所が設置されたこと、村長やリウライを脅迫したり「協力者」を使ってだましたりといった手口で女性をかりあつめ、女性たちは報酬を受けていないばかりか、地方では衣服や食糧さえ事欠く有り様だったことを確信しつつある。私たちの合同調査は「法廷」が終わってからも継続している。これまでに得た知見は「季刊東ティモール」（大阪東ティモール協会発行、http://www.asahi-net.or.jp/~ak4a-mtn/）での連載でぜひ読んでいただきたい。アボたちに対する正義と、独立後の対日戦後請求を日本からの「復興開発援助」と引きかえにしそうな勢いの東ティモールの男性政治指導者と日本政府を相手に私たちの闘いは続いている。

［注］

（1）東ティモールに自由を！全国協議会は、八〇年代から東ティモール問題の正義ある解決を求めて国内外で活動を展開してきたが、一貫してジェンダー問題を重視し、日本国内での講演や国際会議において東ティモール人女性による発話をプロモートしてきた。協議会の「法廷」チームは当初「国際公聴会」の方に証言者を送る準備をしていた。しかし、ニューヨーク事務局による現地コンタクトパーソンの一方的変更、事務局と現地との連絡の途絶などにより、一時は証言者の参加が絶望的になった。協議会のチームはその回路をつなぎなおし、証言が文字化される過程をフォローし、事務局と渡航費用の交渉を行なった。

（2）さらに「兵補協会」問題もあった。インドネシア兵補協会東ティモール支部は九六年から日本政府に補償を求めるために東ティモールで元兵補と元「慰安婦」の「登録」を有料で行なった。しかし、その後何のフォローもなく、現地では同協会に対する不信感が高まっている。「法廷」の調査チームは、まず自分たちが「兵補協会」とは別組織」であること、次に「目的は〈「法廷」で〉真実を明らかにすることで、補償を約束にきたのではない」ことを被害者に理解してもらう必要があった。

（3）アボ・マルタは九九年の住民投票後の騒乱の時、家族と山へ逃げた。足手まといになるので途中木のほこらに置いておかれたこともある。家族は「おばあちゃんが大蛇に食べられていたらどうしよう」と心配した。日本軍が来たときも同じように山へ逃げたという。アボ・エスメラルダも元気だ。村人の前で帰国報告をしたそうだ。

（4）起訴状の法的な部分に関しては、UNTAETの国際スタッフも個人的にマリアたちを補助した。台北ではインドネシア検事団の起訴状に東ティモールのケースをジョイントさせるという方針が合意されたが、その後のインドネシア側との連絡の悪さもあり、結局は独自の起訴状を出すことになった。理由としては、戦後補償のケースとして別個のもの（東ティモールは元ポルトガル領で七五年まで同国の統治下。戦後賠償は執行されてない）であり、自国の検事が自国語で公判にのぞみたいということだった。

（5）故岩村正八氏の活動は拙稿「岩村さんを国連へ」『小さな島の大きな戦争』（第三書館）、「日本と東ティモール」『ナクロマー東ティモール民族独立小史』（日本評論社）、「日豪軍人五〇年ぶりの再会」『世界』（九三年一二月号、岩波書店）に紹介されている。

［報告］ビデオチーム
——映像記録が果たした役割

ビデオ塾／池田恵理子

「女性国際戦犯法廷」（以下、「法廷」）では、どの国のメンバーも準備段階から映像記録の重要性を認識していた。一九九八・九九年一二月の国際調査会議（東京）では、台湾と韓国は被害女性たちの証言をまとめた映画やビデオを上映し、日本のビデオ塾は、制作したビデオ『映像記録入門』を使って撮影マニュアルのレクチャーをした。二〇〇〇年九月の検事団会議（台湾）では、インドネシアが証言ビデオを上映。首席検事からは「被害証言のビデオには力があるが、証拠として示したい点のみ、ポイントを絞って短く上映する」という方針が出た。実際の「法廷」では、被害現場や目撃証言のビデオが証拠として提出された。証言者全員が「法廷」に参加できない可能性があること、参加しても本人の体調や大勢の傍聴人の前で緊張して冷静な証言ができない場合を想定して準備したのである。

〈南コリア〉

韓国で被害女性の映像記録は、たびたびテレビ番組やドキュメンタリー映画にまとめられてきたが、挺身隊研究会による聞き取り調査の大半は録音テープとメモが中心だった。今回は二〇〇〇年下半期、韓国委員会の証言チームが聞き取りをする際に、一〇余名のハルモニたちのビデオ撮影を行ない、「法廷」用に編集した。ＰＴＳＤの症例を示す証言など、起訴状に即した証言を撮っている。調査チームでは今後、ハルモニたちの映像記録も残していきたいと考えている。

〈北コリア〉

検事団を組織した「従軍慰安婦」・太平洋戦争被害者補償対策委員会が証言ビデオを制作した。北コリアの証人に対しては、日本の入国ビザがおりるかどうか不確定だったこともあり、ＶＡＷＷ‐ＮＥＴジャパンが現地での聞き取り調査をするときに、ビデオ塾の須田馨、青野恵美子が同行し、河床淑さん（中国・武漢に残留）と朴永心さんの証言記録を撮った。一〇分の英語版も日本で作成した。幸い二人とも入国できたが、河さんのビデオは証拠採用され、本人の法廷証言とあわせて上映された。朴さんの場合は、北コリアが独自に制作したビデオが提出された。

〈台湾〉

一九九八年に台北市婦女救援基金会が制作したドキュメンタリー映画『阿媽～おばあさんの秘密』の中の被害証言と慰安所跡を抜き出して、証拠提出した。この映画は台湾のサバイバーを支援するために集められた寄付金で作られたものである。監督は楊家雲《ヤン・ヂアユン》さん。

〈中国〉

このところ、中国のマスコミでは被害女性に関する報道が過熱しているが、これまで被害者の映像記録は、日本での民事訴訟のために蓄積されてきた。第一次・第二次の中国人「慰安婦」裁判では六人の原告や証人の証言を、北京の康健《カン・チエン》弁護士や日本の支援団体がビデオで記録している。中国・山西省性暴力被害者の裁判では、日本の支援団体のメンバーが聞き取り調査をする際に、映像記録にも取り組んできた。ここには、ビデオ塾の符祝慧《フー・チューウエイ》・池田恵理子が加わっている。

「法廷」に提出した証拠は、記録フィルムと、康健弁護士や北京中央電視台が撮った映像などを、武漢にある湖北電視台の職員がボランティアで制作した。

「法廷」では南京の楊明貞さんの証言が涙と興奮で途絶えがちになり、山西省の万愛花さんは証言途中で昏倒してしまった。当時を記録した資料フィルムや被害現場の映像とコメントが、証言を補う役割を果たした。

〈フィリピン〉

日本のフィリピン裁判支援グループは、かなりの量の映像記録を撮っているが、ASCENTが持っている被害者のビデオ記録は、二年前に女子大生グループが卒論の一部として撮った、二人の元「慰安婦」と一〇人のマス・レイプの被害証言だけだった。ビデオ記録には費用がかかるため、全ての被害証言は録音で記録されてきた。

そこで二〇〇〇年八月から一一月の間に、トマサ・サリノグさんの証言をフリーのドキュメンタリストがVHSカメラで撮り、マパニケの女性たちはアルマ・S・デラロサがデジタルで撮影。アルマは一九九九年に『女性のビデオ有効活動――ビデオ制作のための女性マニュアル』を書いたフェミニストである。インタビュー・構成・ナレーションはいずれもASCENTのスーザン・マカブアンが行ない、検事団のエレノア・コンダ弁護士がサポートした。

「法廷」にはトマサさんと一四人のマパニケ村の被害女性が参加したが、証言はすべてビデオで行なわれた。ベレン・アロンゾ・サグムさんは「法廷」後、「私は怒りと痛みを噴出させたかったが、判事たちの前では品位を保たねばならなかった」と語ったという。

〈インドネシア〉

日本のマスメディアやジャーナリストがいく度か取材に入っているが、継続的に映像記録を撮ってきたのは現地に住む木村公一牧師。Hi8カメラで十数人の被害証言を記録している。「法廷」に提出した証拠には、二〇〇〇年九月、木村牧師のコーディネイトで、日本からフリー・ディレクターの海南友子、ビデオ塾の渡辺美奈が、マルディエムさん・スハナさんに同行して撮影した、被害証言と慰安所跡の映像が使われた。編集と英語版作成も日本で行なった。

〈マレーシア〉

マレーシア政府が「慰安婦」問題に極めて消極的なため、映像記録は撮られていない。一九九八年八月にビデオ塾の吉田裕子が、以前からマレーシアの被害女性の支援を続けているVAWW‐NETジャパンの中原道子に同行して、ロザリン・ソウさんの証言を撮りに行った。一九九九年八月にはこのクルーにVAWW‐NETジャパンの徳永理彩が加わって追加撮影を行ない、これらを徳永、海南とビデオ塾が編集・英語版作成を行なった。ロザリンさんが来日できなかったため、証言はビデオでのみ行なわれた。

〈東ティモール〉

開廷間際に参加が決まった東ティモールの検事団は、被害女性を探すことに追われた。証拠集めやビデオ証拠の作成には日本のNGOが全面協力をした。「東ティモールに自由を！」全国協議会の松野明久は、これまで何度も自分で撮影した現地の映像をまとめてビデオ化し、東ティモール報告を行なってきた人である。今回、松野は手持ちのビデオと市販されている資料映像から、戦時中の歴史をたどる証拠ビデオを作った。現地での証言は東ティモール関係者が撮影し、来日した被害女性は松野が撮影して編集した。いずれもテトゥン語の証言なので、東ティモール人の協力が不可欠だった。

証言をした二人はこれまで自分の被害体験を語れずにきたが、エスメラルダさんは帰国後、近所の人が大勢集まったところで「法廷」での体験を語り、地元の人々も戦争被害を積極的に話すようになった。マルタさんも家族に自分の体験をよく話すようになったという。

松野は「法廷」後も、同じグループの古沢希代子たちと共に資料発掘と証言記録を続けている。

〈日本〉

「慰安婦」問題の映像記録は、一九九〇年代の前半まではテレビ局や映画制作者が中心に取り組んでいたが、安価で性能がいいビデオカメラの普及に伴って、支援団体や弁護士なども撮影を始めるようになった。「法廷」ではこれらがフルに活用された。ビデオカメラがあまり普及していない国には日本のNGOがサポートにまわり、国際的なネットワークの力が発揮された。

急速な進歩を遂げているインターネットは、「法廷」の重要な情報伝達手段だった。「法廷」の審理はVAWW‐NETジャパンのインターネット中継班によって連日、世界中に発信された。この撮影はビデオ塾を中心とした一一人の女性たちが担当。収録映像は『沈黙の歴史をやぶって女性国際戦犯法廷の記録』として、ビデオ塾が日本語版・英語版のビデオにまとめている。

民衆の力で日本軍性奴隷制を裁く「法廷」は、「抹殺されてきた記憶を再生し、歴史的な記録として残そう」という、草の根の映像記録運動を促進することになったと言えよう。VAWW‐NETジャパンのビデオチームを担ったビデオ塾は、各国の被害証言や日本軍元兵士の証言の記録を撮ると同時に、ビデオを使いこなせる市民を増やすために講習会や出前講座を開いてきた。

草の根の映像記録運動を、民衆の戦争資料館へ

戦争体験者の証言を映像や音声で記録し保存する動きは、各国に広がっている。アメリカやイギリス、オランダ、オーストラリアなどの公文書館や戦争資料館の充実ぶりは知られているが、近年はアジアの戦争被害国も熱心に取り組み始めた。インドネシア国立公文書館では戦争体験者の声の記録を集めており、来館者が試聴できる。日本では広島市(在韓被爆者対象)や沖縄県でもビデオ記録に着手している。

しかし日本政府は戦争責任に対する曖昧な立場を変えていない。公的な戦争資料館や博物館では、日本軍の加害行為やアジアの民衆の被害に関する記録の保存と公開に、極めて消極的である。戦争の記憶を抹殺するとも言えるこうした現状に対して、戦争被害調査会法などの立法化運動が進められているが、戦争体験者の年齢を考えるとオーラルヒストリーの収集には、わずかな時間しか残されていない。

「法廷」判決では勧告の一項目に「記念館、図書館、博物館の建設」を明記している。「法廷」を実現して思うのは、市民の手による証言の記録と保存を進め、各国との協力関係を活かして、「女性戦争資料館」を建設できないか、ということである。

沖縄の一フィート運動、「戦争体験を掘り起こす会」が始めた声の記録運動、市民が作る小さな平和博物館などの市民運動は日本にもあった。韓国にはナヌムの家に併設して日本軍「慰安婦」歴史館が建てられた。韓国挺身隊対策問題協議会には、以前から資料館建設の構想がある。

フィリピンのASCENTも「ジェンダー正義の分野での調査・研究のためのライブラリーを含む、女性被害者の施設の建設を夢見ている。サバイバーの記録と映像証言もここに収蔵したい」と語る。中国では、上海市内に残された元慰安所の建物を「慰安婦」資料館にしたい、と言う声があがっていた。

「女性戦争資料館」も夢ではない。このような取り組みに支援と協力ができるネットワークができたことも、「法廷」がもたらした成果の一つである。

Column 11

ひとりひとりの力が結集し離れた。そして……

パワーポイント担当／本山央子

私が担当したのは、各国検事らが行なったプレゼンテーションの資料をスクリーン上でビジュアルに見せるためのコンピューター作業である。会場全体のビジュアル効果はとてもよく考えられていて強いインパクトがあったが、その一部に携わらせていただいた。

プレゼン用ファイルを作成し進行にあわせてコンピューター操作するという仕事は、実際は他の方々の膨大な作業結果の加工なので、私としてはここで披露できるほどの苦労話もない。「ちょっと手伝うつもりでいたら膨大な仕事にびっくり」とか「コーディネート不足で混乱して大変だった」というようなことも、多くの人が書くだろうから繰り返すのはよそう。

一〇年ほど前から女性運動に加わり、大きなイベントにも何度か参加する機会があったが、「法廷」はその中でも間違いなく最大の到達点だった。とうとうここまで、と思う一方、ほとんど何も変わってはいないとも感じる。個人の手が回る範囲以上の活動には、やはり日常生活とは異なる種類の仕事や責任を要求されるが、明らかにその点では私たちはいまだにうまくやれていない。無用な衝突や混乱のために人に迷惑をかけたり傷つけることがあったのも事実だった。

でも、だから何もしない方がいいとも思わないのだ。人が社会的存在である限り、私たちはともに活動して世界に影響を及ぼしていくのだから。日本社会の責任を問う「法廷」を創った私たちもまた、自分たちの力と責任の重さにおののき、それを背負うことを学ぶしかない。「法廷」に参加することを選んだ私も「戦犯」であり、誰かに責任を押しつけることはできない。

仲間たちもまた、自分の力を超えたイベントに飛び込み・巻き込まれた過程でさまざまにショックを受けたようだ。愚痴もたくさん言い合った。それを今、自分自身の経験として背負いなおそうとしている彼女たちをいとしく思う。あの大きなイベントをさまざまな位置から繰り返し語る私たちのおしゃべりは、「法廷」の書かれたイメージに対する小さな反乱であり、ひとりひとりがそうして自分の位置と力を確かめている。私たちはあの場に集まって、離れた。また集まるとき、今度はもっとうまくやれるかもしれない。

第Ⅱ部

女性国際戦犯法廷の意義と展開

第1章　女性たちが歴史を創った、歴史を変えた
――ジェンダー視点に立つ民衆法廷としての女性国際戦犯法廷

松井やより

一、二つの世紀にまたがる歴史的な「法廷」

二〇世紀最大規模の戦時性暴力といわれる日本軍性奴隷制（「慰安婦」制度）を裁く女性国際戦犯法廷が、その二〇世紀最後の年に東京で開かれ、二一世紀最初の年にハーグで最終判決が下された。「戦争と女性への暴力」日本ネットワーク（VAWW‐NETジャパン）が一九九八年春ソウルで提案して以来、二つの世紀にまたがる四年近い歳月をかけたこの「法廷」は日本軍「慰安婦」制度の犯罪性と責任を明らかにしただけでなく、あらゆる戦時性暴力不処罰の循環を絶つという世界の女性の人権運動に貢献する歴史的な民衆法廷であった。

この「法廷」を開くことになった原点は、正義と人権と名誉の回復を求める被害女性たちの声に応えることであった。東京での「法廷」最終日に、何万というアジアの女性を犠牲にした日本軍「慰安婦」制度という性奴隷制が国家の不法行為であり、昭和天皇が有罪であるという判決を聞いたときの被害女性たちの感動ぶり、そして、ハーグで、昭和天皇のほかに九人の軍部や政府指導者（東条英機、安藤利吉、畑俊六、

板垣征四郎、小林躋造、松井石根、寺内寿一、梅津美治郎、山下奉文）を有罪とした分厚い最終判決文を判事たちからひとりひとりに手渡されたときの喜びの表情に、この「法廷」の何よりの成果を確信した。日本軍性奴隷制が戦後五五年を経て初めて、国際市民社会によって断罪されたことは、勇気をもって沈黙を破った被害女性たちの勝利であった。

「一〇年間苦闘して求め続けた正義を、この女性国際戦犯法廷がやっと私に与えてくれました。真実を求めた私たちに耳を傾け、尊厳を返してくれた裁判はこれが初めてでした」と、日本の裁判所で、無情な敗訴判決を受けたフィリピンの「慰安婦」トマサ・サリノグさんが感想を述べている。

二、被害女性が主役だった

そもそも、韓国人「慰安婦」姜徳景さんが死の直前に描き遺した「責任者を処罰せよ」という絵に、加害国の女性として応えるために開いた「法廷」だけに、被害女性たちが終始主役であった。東京での「法廷」に八カ国から六四人もの被害女性たちが高齢の身で勢ぞろいし、連日会場を埋めた内外千人を超える傍聴者たちの前で、今も続く苦痛の体験を涙ながらに証言した。

朝鮮半島から中国の武漢に連行されてそのまま故国へ帰ることもなかった河床淑さん。ビルマ戦線で妊娠した少女が米軍に保護された有名な写真の主で北朝鮮に生きていた朴永心さん。抗日ゲリラ少女として強かんや拷問で傷ついた体を見せようとして失神した中国山西省の万愛花さん。日本の警官に部隊に連行されて洞窟で毎夜強かんされ、妊娠させられた台湾原住民族のイアン・アパイさん。慰安所に連行され、性病に感染して子宮を摘出され、父親は殺されたインドネシアのスハナさん……。

「法廷」一カ月前に被害女性がいることが初めてわかった東ティモールから急きょ参加したエスメラルダ・ボエさんとマルタ・アブ・ベレさんは「私たちは日本を見物に来たのではありません。真実を語るために来ました」と述べた。そして、インドネシアを植民地支配していたオランダ人として抑留された収容所から「慰安婦」にさせられたヤン・ラフ＝オハーンさん。また、ペナンの慰安所に連行されて日本兵の子どもを生まされたマレーシアのロザリン・ソウさんのビデオ証言。性奴隷制だけでなく、集団強かんについて証言したフィリピン・マパニケ村の十余人の被害女性たち……。

こうした被害者たちの声は判決の中に記録されて読むものの胸をえぐる。彼女たちの勇気に心を動かされ、「法廷」で感謝とねぎらいの言葉を何度もかけた判事たちは、その思いを、判決を締めくくる最後のパラグラフ（一〇九四項）に書き留めている。「歴史のページに名を刻まれるのは苦しめられた女性たちではなく、彼女たちに犯罪を犯した男性たちである。この判決には証言した女性たちの名を記すものである」と。

三、国家主権でなく民衆主権による民衆法廷

この「法廷」は「国家主権でなく民衆主権による裁判」と、東京での「法廷」の直前にハーグで開かれた判事団会議で性格づけされた。戦後の東京裁判で、旧連合国は「慰安所」制度について知っていたにも関わらず訴追せず、その後、日本政府は戦犯をひとりも裁かず、むしろ英霊として靖国神社に祀り、遺族に巨額の軍人恩給を払ってきた。ただ、戦争犯罪の中でも女性への犯罪は、日本だけでなく旧連合国も含めて、どの国家も不問に付してきた。だから、国家が処罰しないなら、市民がそれを裁く権利と責任があ

ると「法廷」を開いたのだ。

「法廷」は、「国家が正義を遂行する責任を果たさなかった結果として」「法は市民社会の道具である」という理解の上にグローバル市民社会によって設立されたと判決に明記されている。そして、「法廷」の力は、証拠を検証し、正確な歴史的記録を作り、国際法の原則を適用する能力にあるとしている。また、「法廷」の法的、道義的根拠を明らかにし、民衆法廷の歴史を辿って、これまでの民衆法廷と違ってこの「法廷」は、加害国で開かれたこと、性暴力を裁くための女性による法廷であること、外部の著名人ではなく被害国の草の根の組織によること、の三点を特色だと指摘している。

「この民衆法廷の権威は民衆に依拠し、その信用性は、被害者の証言と民衆の力で集めた膨大な証拠と、それに基づいて当時の国際法を厳密に適用して出された判決、つまり、過程と結果の質の高さに基づいている」と、マクドナルド首席判事は国連記者会で述べた。

四、国際法を国家から市民の手に

「判決に法的拘束力も執行力もない単なる模擬裁判」、「被害者の怨念からの復讐裁判」、「被告の弁護権などの法の適正手続もとれない暗黒裁判」、「そんな民衆法廷の裁判官を引き受けるまともな法律専門家はいないだろう」などと、日本の法律家の多くは、この「女性法廷」を無視、軽視した。しかし、民衆法廷だからこそ、東京裁判などが国家の政治的利益から免責にした天皇の刑事責任について有罪と判断することができたといえる。判決は、「これは模擬裁判ではなく、法的拘束力を持たない真の裁判である」と断言している。

「法廷」はまた、日本の裁判所が、「慰安婦」訴訟で、被告である日本政府の言い分をそのまま受け入れて、被害事実の認定さえせず、国に責任はないという判決を出しているのと対照的である。この「法廷」の判決は、日本は、戦争中の国家としての国際法違反行為に対する賠償義務だけでなく、戦後その違法行為に対してとるべき責任を果たさなかった戦後責任についても賠償義務があるとしている。日本の裁判所は今でも、国際法は国家間の取り決めだから個人に賠償請求権はないなどと時代錯誤の考え方に固執しているのだ。最近の対人地雷禁止条約のように国際条約も市民社会の力で作らせ、その履行を監視するのも市民による時代になってきた。このように、国際法を国家から市民の手にという国際的潮流から取り残されて、相変わらず国家中心の日本の司法に、この「法廷」は挑戦したのである。

五、戦時性暴力不処罰の循環を断つ女性法廷

民衆法廷といっても、女性のイニシアチブによる法廷である。民衆法廷の先駆であるラッセル法廷は、英国の哲学者バートランド・ラッセルやフランスの哲学者・作家ジャン゠ポール・サルトルら著名な知識人によってベトナム戦争での米軍の戦争犯罪を裁くために一九六〇年代に開かれた。しかし、裁判官の中に、シモーヌ・ド・ボーヴォワールもいたのに、ベトナム女性に対する戦争犯罪、性暴力は裁かれなかった。ジェンダー視点が欠落していたのだ。

それに対して、この「法廷」は性暴力を焦点にし、戦時性暴力不処罰の循環を断つことを、日本の戦争責任追及と並んで、もう一つの目的にした。だからこそ、この「法廷」は戦時性暴力を裁く潮流の中で「旧ユーゴとルワンダ国際刑事法廷からさらに一歩を踏み出したもの」と判決でも位置づけられている。

戦時性暴力がこれまで裁かれなかったのは、家父長制文化の中で性暴力の被害女性は沈黙を強いられたうえ、国際法も戦場での強かんを、被害女性の人権侵害とは見なさず、その女性が属する集団、つまり家族や部族や民族の名誉を損なう行為と見ていたからだ。そして、戦争に強かんはつきものといった社会通念がどこの国でもまかり通っていた。

しかし、九〇年代に、アジアで「慰安婦」被害者たちが声をあげ、同じ時期にヨーロッパでは旧ユーゴ内戦で民族浄化に伴う集団強かんが世界に衝撃を与えた。この両方の被害女性たちが九三年ウィーン世界人権会議で出会って、戦時性暴力の悲惨な実態を世界に訴えたことで、国際女性運動の主要な課題となった。その結果、旧ユーゴとルワンダ国際刑事法廷で、初めて戦時性暴力が訴追され、さらに、九八年にローマ会議で採択された国際刑事裁判所規程に、女性への戦争犯罪と人道に対する罪が明記され、その中に性奴隷制も含まれた。それは「ジェンダー正義を求める女性コーカス」という世界の女性たちのネットワークのキャンペーンの成果でもあった。まさに、国際法をジェンダー正義の視点で全面的に洗い直す国際的なうねりの中で「法廷」は開かれたのだ。

現在、グローバリゼーションの下で世界各地に頻発する武力紛争で女性たちが性暴力の犠牲になり、戦場での強かんや性奴隷制の処罰を求める国際世論はますます高まっている。「女性コーカス」が東京での「法廷」の一環として、四日目に「現代の紛争下の女性に対する犯罪」国際公聴会を開いたのもそのためで、世界各地の紛争地域から十数人の被害女性が証言した。「法廷」と「公聴会」で、半世紀以上前の「慰安婦」制度と現在の武力紛争下の女性への暴力をつなげて、戦時性暴力不処罰の文化を変えようという決意を女性たちが世界に示す場となったのである。

六、検事、判事、法律顧問の努力の結晶

この「法廷」を主催したのは、加害国、被害国の民間団体だけでなく、現代の武力紛争下の女性に対する暴力の問題に関わっている世界の人権活動家や国際法専門家による国際諮問委員会も加わって、三者で構成した「法廷」国際実行委員会である。まず、「法廷」のルールである「法廷」憲章を、東京裁判条例や旧ユーゴ国際刑事法廷規程や国際刑事裁判所規程を参考にして作成した。そのポイントは、性奴隷制を人道に対する罪として、個人の刑事責任と国家の責任の両方を問うことだった。それに従って起訴状を作成するために、各国で検事団を結成して、証言や証拠集めに大変な努力を重ねた。

そうして作られた九つの国別起訴状をもとに、共通起訴状を作成したのは二人の首席検事だった。一人は、旧ユーゴ、ルワンダ両国際刑事法廷のジェンダー犯罪法律顧問のパトリシア・ビサー・セラーズさんで、アフリカ系米国女性として「祖先が奴隷だったので、性奴隷制は私自身の問題」と、担当した個人の刑事責任について熱心に取り組んだ。もう一人は、オーストラリア・フリンダース大学の国際法学者ウスティナ・ドルゴポルさんで、かつて国際法律家委員会（ＩＣＪ）が九四年に出した「慰安婦」問題の勧告の起草に関わった経験をもとに国家責任を担当した。セラーズさんはこのＩＣＪ勧告を旧ユーゴ法廷に赴任したときまず参考にしたという。その二人が偶然この「法廷」で、強力なコンビを組んだのだ。

判事も国際的に著名な法律の専門家たちで構成された。ガブリエル・カーク・マクドナルド首席判事は、アフリカ系米国女性で、旧ユーゴ国際刑事法廷の前所長。初めて旧ユーゴ内戦中の集団強かんや性奴隷制など戦時性暴力の責任者を有罪にした旧ユーゴ法廷での経験を、今も同法廷の法律顧問であるセラーズ首席検事とともに、この「法廷」で生かすことになった。

もう一人の判事、カルメン・マリア・アルヒバイさんはアルゼンチンの判事で、国際女性法律家連盟会長だったが、二〇〇一年旧ユーゴ法廷裁判官に任命された。さらに、クリスチーヌ・チンキンさんはロンドン大学の国際法教授で、国際法をジェンダーの視点で全面的に見直す世界的な動きの中心人物である。

これら三人のジェンダー視点に立つ女性法律家を判事に迎えることができたのは、法律顧問のロンダ・カプロン・ニューヨーク市立大学大学院教授（国際法）の尽力によった。「ジェンダー正義を求める女性コーカス」を結成して国際刑事裁判所キャンペーンを推進する中で、この「法廷」の意義を深く受け止めて、全面的な協力を申し出たのだ。彼女を補佐したケリー・ドーン・アスキンさんは米国の若手国際法研究者で東京裁判についての詳細な研究を盛り込んだ『女性に対する戦争犯罪』という労作の著者。また、バーバラ・ベドントさんは国際刑事裁判所にくわしい専門家だ。この三人の法律顧問が判事らを全面的に支えて判決を書くのにも協力した。

判事の構成はジェンダー・バランスと地域バランスということで、これら三人の女性（北米、南米、ヨーロッパ）のほかに、二人の男性も任命された。一人は、アフリカのケニア人権委員会委員長をつとめるケニア大学教授のウィリー・ムトゥンガさん。もう一人はアジアから、インドの元最高裁判事バグワティさんだったが、東京での開廷寸前急病で参加できなくなった。しかし、四人の判事団で歴史的な判決を出すにいたった。

七、ジェンダーの視点に貫かれた判決

女性による民衆法廷が下した判断はジェンダーの視点が際立っている。「慰安婦」制度について、判決は、

被害女性たちの証言を尊重し、日本軍資料などの証拠に基づいて、恐らくこれまでで最も包括的で深い歴史的法的分析を行なっているからだ。それは、国家が認めた強かんの制度化、奴隷化であり、日本の侵略戦争の不可欠の要素で、人道に対する罪と断じている。被害者は社会の中で最も弱い立場の女性たちで、拉致や欺瞞その他の強制的な手段で連行され、残酷極まりない暴力や人権侵害を受けた実態を詳細に述べている。被害はアジア太平洋全域に及び、戦後、現在まで続いていると、地域的にも時間的にも全体像に迫っている。

「慰安婦」制度を「強制売春」ではなく「性奴隷制」と呼ぶべきだとしているのも注目される。強制売春という言葉は男性の見方であり、慰安所のあまりにもひどい実態を表すには不適当であり、売春という言葉が「自発的」「不道徳」を連想させて被害女性を一層苦しめているからだという。また、日本政府や右翼の公娼制度であるかのような宣伝を批判している。「法廷」で、日本人「慰安婦」は名乗り出ていなくてもその存在が認定され、前歴が売春婦であっても性奴隷制被害者に変わりないことを明確にした意義は大きい。

これほど悲惨な被害を受けた女性たちへの賠償を拒否する理由として、日本政府はサンフランシスコ平和条約や二国間賠償協定で賠償問題は解決ずみと主張している。判決はそれに対する反論の一つとして、平和条約交渉に女性の声は反映されず、強かんや性奴隷制の問題は取りあげられなかったことを指摘し、そのような平和交渉でのジェンダー視点の欠如が戦時性暴力不処罰の文化を継続させてきたという。

また、「慰安婦」制度のような未曾有の性暴力がなぜ行なわれたか、その背景について、判決は「国家、軍国主義、ジェンダー」の項目を設けて、女性を天皇の戦争の手段とした、日本の軍国主義の女性差別、女性蔑視をえぐり出し、軍国主義と女性の虐待の関係の研究が今後の武力紛争下の女性への暴力の予防に必要だとしている。いまだに男性中心で性暴力の問題に対応できない日本の裁判所が、こうしたジェンダー視点に立つ判決を参考にしてほしいものである。

八、昭和天皇有罪判決の意味と波紋

民衆の視点、植民地の視点、ジェンダー視点に欠けていた東京裁判は、天皇を免責にし、植民地や占領地のアジアの被害を軽視し、性暴力を裁かなかった。この「法廷」が下した判断は、それらの欠落を補うもので、何よりも昭和天皇が最高司令官としての上官責任を問われ、人道に対する罪としての性奴隷制について有罪判決が下された。このように、日本の女性たちが提案した「法廷」で、グローバル市民社会との連帯によって、昭和天皇を戦後初めて断罪したことは、戦争責任の追及を避けてきた日本の女性運動の歴史的な一歩であった。

しかし、それは日本社会のタブーにふれることであった。そのために、日本のメディアの報道ぶりは異常なほど控え目で、「法廷」について一行も報道しない大新聞もあった。海外のメディアが「天皇有罪」判決を見出しに大々的に報道したのとはあまりにも対照的で、かつて南京大虐殺は世界中に報じられたのに国内では全く伏せられた内外格差を思わせた。

「法廷」を記録する番組を制作したNHKは、右翼の圧力のもとで、内容を全面的に改ざんし、二〇〇一年一月三〇日、ETV2001シリーズとして放映された番組は、「法廷」のフルネームも、主催者も、だれが起訴されたかも、加害兵士の証言も、肝心の天皇有罪判決も、「法廷」に不可欠の要素すべてをカットし、解説者のコメントも「法廷」を評価する部分は削っていた。代わりに「慰安婦は売春行為」を持論とする学者に延々と「法廷」批判発言をさせた。このように、「法廷」の歪曲報道は「被害女性と法廷を開いたすべての人々への侮辱だ」とNHKに抗議したVAWW‐NETジャパンは、二〇〇一年七月東京地裁に提訴した。

「法廷」を「たかが女たちの裁判ごっこ」と見くびっていた右翼団体は天皇の戦争責任が裁かれることに反発して、開廷中から妨害行為を始め、その後は、「法廷」関連の集会のたびに、「反日政治集会だ」「慰安婦は売春婦だ」などと叫んだり、脅迫したり、暴力的行為を繰り返している。

自由主義史観派など右翼国家主義勢力の「慰安婦」問題を歴史から抹殺しようという動きに対して、「法廷」の膨大な証拠文書、証言、意見書、起訴状、判決、ビデオ記録などは有効な反撃材料になるだろう。たとえ、被害者全員がこの世を去っても、この「法廷」は未来の世代が歴史の真実を知る手がかりになる。

九、判決にある勧告の実現のために

判決は、とくに、国家責任についても明快に結論づけているが、それを実行させるために、日本政府、旧連合国、国連と加盟国に対して一七項目の勧告が含まれている。日本政府が被害者に対して取るべき一二項目の救済措置は、まず、被害女性たちが名乗り出て以来要求し続けてきた「慰安婦」制度の法的責任を認めて、謝罪し、賠償することである。日本政府は九三年に道義的責任だけは認め、「女性のためのアジア平和国民基金」(国民基金)を設置して民間からの募金を「償い金」として被害者に払うことにした。しかし、これは、国家賠償をしないための措置だと被害者たちは反発、判決でも、日本政府の賠償責任を果たすものでないと認定している。被害者たちが日本の裁判所に提訴した一〇件の「慰安婦」訴訟でも、ほとんどが、国家の責任を認めず被害者の訴えを斥ける判決が出ている。補償立法運動も現在の政治状況では見通しは暗いが、謝罪と賠償を高齢の被害女性が生きている間に実現するようにさらなる努力が求められる。

勧告はさらに、性奴隷制についての調査、資料の保存と公開、性犯罪の記録保存のための真実和解委員会設置、記念館や博物館の設立など調査や資料の関連、教育面では「慰安婦」問題の教科書への記述や、性奴隷制と性の不平等の関係や性の平等についての教育、このほか、故国への帰国希望者の送還や遺骨返還、さらに、「慰安所」設置と徴集に関わった者をつきとめて処罰せよなどと、きめ細かくあげている。

旧連合国に対する三項目は、「慰安所」と天皇免責に関連するすべての資料の公開と、なぜその二つが東京裁判で訴追されなかったかの理由を明らかにすること、そして、戦後まもなくから現在まで五六年間、「慰安婦」に対する犯罪を捜査し、訴追しなかったことを認め、生存する加害者を捜査し、訴追すること、を勧告している。

国連とすべての加盟国に対しては、日本政府が賠償するように必要な措置をとり、日本政府の継続する賠償責任について国際司法裁判所に意見を求めることを勧告している。

これらの勧告の実行を日本政府に迫るために、国連などを通しての国際キャンペーンやアジアの被害国との共同行動が必要である。しかし、国家主義的勢力が強まり、軍事化が進む日本の政治状況では、日本政府に期待することは非現実的に思える。戦後責任を果たす政府を実現するために、粘り強い民主化の闘いを続けるほかない。女性たちが「法廷」を開いたという、まさに歴史を創り、歴史を変える行動はそのような民主化の一つのプロセスではないだろうか。それはジェンダー正義を求め、戦争や暴力のない二一世紀を創るグローバルな闘いにつながることでもある。

第2章　女性国際戦犯法廷が映し／創り出したもの
――国際法学の地平

阿部浩己

国家が法の定立と適用を行なう唯一の正統な淵源である、という主張には様々な異論が唱えられている。国家主義のイデオロギーは国際的にも国内的にも実に強力で、私たちは、国家こそが国際的な規範秩序を構築する正統な権限をもった唯一の行為体であると思ってしまっている。だが現実をみやれば、各地の市民・民衆にとって不可欠な規範的責務の遂行を国家＝政府が怠る事態は、ますますふえている。[1]

一、民衆法廷、強制力

「私たちが欲しているのは正義です。日本政府に責任をとってもらいたいのです……」[2]。戦争と暴力が支配した二〇世紀最後の年に東京で開催された「日本軍性奴隷制を裁く女性国際戦犯法廷」（以下、「法廷」と略す）は、半世紀におよぶ沈黙を破って公的アリーナに登場したサバイバー（被害者）たちと連帯する「地球市民社会」が生み出した歴史的な民衆法廷であった。ガブリエル・カーク・マクドナルド率いる四人の判事が適切に説示したように、「この法廷の権威は、国家あるいは政府間機構ではなく、アジア太平洋地域の民衆、そして、日本が国際法上の責任を解除する義務を負っている世界の民衆に由来する」[3]。

民衆法廷の先例として最も広く知られているのはラッセル法廷だと思うが、同法廷のように、国家間力学の狭間に放置された重大な法的問題を市民社会が拾い上げる試みはこれまでにも少なからずみられた。たとえば、アドホックなものとしては、湾岸戦争における米軍の行為に焦点をあてた一九九二年の国際戦争犯罪法廷がそうであり、常設のものとしては、人民の権利に関するアルジェ宣言（一九七六年）のもとに設置された常設民衆法廷がそうである。[4]「法廷」がこうした民衆法廷の系譜に位置づけられることは疑いなく、それだけに、「完全に無力で普遍的であるというところに、正当性の根拠をもつ」というサルトルの有名な一節[5]が「法廷」の意義を論ずる際にも頻繁に引用されていることは別段不思議ではない。周知のようにそれは「判決に法的実効性・強制力がない」ということをいわば逆手にとって展開された論理なのだが、ただ、国際法の実現という観点からすれば、強制力ある判決を得られるかどうかは本来さほど重要な問題ではないということは知っておくべきである。

そもそも国際法実務において紛争が裁判に付されることは稀であり、また、国際法が「強制力があるから」という理由で実現されることはほとんどない。強制力が背後に控えていないということは、国際法実現過程においてなんら欠陥視すべきことでなく、むしろ、民衆法廷であっても、国際社会の構成員が遵守すべき拘束的規範の内容を、相応の権威と説得力をもって示し得るなら、それで十分に意味のある国際法上の営みというべきなのである。[6]

もとより裁判過程にとっても、「強制」は必ずしも本質的な要素ではない。たとえばアメリカでは、外国で重大な人権侵害を受けた外国人が外国人不法行為請求権法にもとづき、侵害行為の実行者たる別の外国人を相手どって損害賠償を請求し、勝訴をおさめることも少なくないが、現実問題として、侵害行為の実行者の資産がアメリカになければ、判決の執行は困難である。にもかかわらず、司法にもとづく訴えは提起され続けている。それは、この種の訴訟の意義が、判決の強制そのものにではなく、被害者の「記憶」の公的（司法的）承認にあると考えられているからでもある。(7) 裁判の意義は、何も判決の執行とともにあるとはかぎらない。

サルトルもそうだったのかもしれないが、民衆法廷について論ずる者の中には、程度の差こそあれ、定型化された欧米の裁判モデル（紛争に白黒をはっきりつけ、判決を法的に強制することで完結する裁判モデル）を想定し、それとの整合性を必要以上に意識するものが少なくないように見受けられる。だからこそ「判決には強制力があるのか」といった問いも発せられるのであろうが、右でみたように、伝統的な裁判モデルから遠ざかる現今の裁判実務（「司法の脱司法化」現象）や国際法実現過程の実態に照らしてみれば、そうした問いをたてることにどれほどの意味があるのか、疑問を禁じ得ない。

ちなみに、別の論考において私は、旧ユーゴスラビア・ルワンダ国際刑事法廷、さらに常設の国際刑事裁判所といった国際刑事法廷の本質的意義が次の四点に集約されると書いた。

第一、国際社会の最も重要な価値を宣言し、逸脱行為によって動揺した規範の妥当性を回復すること

第二、被害者の尊厳の回復に資すること

第三、「記憶の暗殺」あるいは「歴史の修正」を阻止すること

第四、個人の責任を明確にすることによって復讐の連鎖を絶つこと(8)

今回、そのいずれもが、国際刑事法廷としての性格を併せもった「法廷」の営みのなかで見事に実現され得たことを見落としてならない。(9) そしてその際、「法廷」の判決に強制力があるかどうかということが特に問題になったわけではないのである。

「司法の脱司法化」志向もあいまって、国家権力に支えられた裁判と民衆法廷との機能的境界は流動化しつつある。加えて、国際法の立法・実施過程への直接参画を求める国際市民社会の台頭は、民衆法廷の営みにこれまでにない規範的位相を付加している。講学上の議論をすれば、民衆法廷は、いまや、仲介・周旋・調停・仲裁・司法的解決などとならび、紛争の平和的解決に向けた国際法上の一手段として認知されるべきものになりつつあるようにみえる。国際市民社会はかつてのように「無力」ではなく、それだけに、ラッセル法廷が開廷された時点と二つの世紀を架橋する今とでは、国際法過程における民衆法廷の位置付けにも少なからず変化があるのは当然である。

「法廷」は、ラッセル法廷のエトスを継承しながら、同時にラッセル法廷を乗り越える新たな可能性を映し出すものでもあった。国際法の「脱構築」という視点にたって、以下でそのことを考察してみる。

二、国際法の脱構築

「私たちはなぜ核兵器を破壊するのか」と題する論考のなかで、核軍縮をめざすイギリス市民運動「トライデント・プラウシェア二〇〇〇」のアンジー・ゼンターは次のようにいう。

人々は、その社会が破壊されたり、国民の名において、非常な悪業が行われたりするのを見たとき、直接行動を起こし、必要な変化を創り出します。非暴力直接行動は、変化のための触媒であり、今や世界的な規模で起きています。……重要なことは、ある地域における闘いは、国際協調の精神において、また、私たちは地球全体のために行動しなくてはならないという認識において、地球上の他地域のそれとつながっているということです。……このようにして、私たちのように自らを「地球市民」

と呼ぶ人々がどんどん増えているのです。[10]

金づちを手に核施設の破壊を行なう彼女たちを支えているのは、「平和を守るため、法を権力者から取り戻さなくてはならない」という思想だが、それは実は、「法廷」を貫く思想そのものでもある。法はなにより市民社会のものであり、国家＝政府によって独占されるべきものではない。だから、国家が正義を実現する法的義務を怠るとき、市民は直接に事態に介入できるしまた介入しなくてはならない、という考えが「法廷」の営みを通貫していた。「法廷」はその意味で、人権分野における非暴力直接行動を体現するものであったといってよい。

他方で「法廷」は、ラッセル法廷に代表されるこれまでの民衆法廷とはいくつかの点で異なる特徴も有していた。第一に、「法廷」は男性ではなく女性によって主導された。第二に、「法廷」は一握りの知識人ではなく広範な草の根の人々によって主導された。第三に、「法廷」は欧米ではなくアジアの人々によって主導された。「法廷」は、こういった特徴を備えたことにより、欧米の男性エリートによって主導されたラッセル法廷などとはかなり趣を異にするものとなった。[11]

「法廷」を突き動かしたのは、なによりも現状変革にかける市民の願いと責任感であった。そもそも東京でこうした法廷を開廷せねばならなかったのは、およそ正義の実現とはかけはなれた事態が日本の法的風景を覆ってきたからである。一九九一年八月に金学順《キムハクスン》が韓国で初めて日本軍性奴隷制被害者として名乗り出て以来、日本の戦争責任問題がまったく新たな次元に突入したことはここに改めて確認するまでもない。沈黙を破った被害者の声を通じアジア各地での戦争被害とりわけ戦時下における性暴力の実態が一気に可視化され、司法の場を起点に、戦争責任を問い、真相究明と個人賠償（補償）を求める機運が高まっていった。だが、この国の政策決定エリートたちに、そうした声はまったくといっていいほど届かなかった。少なくとも、被害者の声を封殺する従来の政策に有意な変更が加えられることはなかった。

戦争責任にかかる日本の法状況において看過できないのは、行政府の無謬神話を支え、被害者の声を無化する論拠として、ひんぱんに国際法が援用されてきたことである。曰く、日本はなんら国際法違反を犯していない。曰く、個人は国際法に直接に依拠して国家責任を追及することはできない。曰く、日韓請求権協定やサンフランシスコ平和条約などにより戦争中の行為にかかる日本の責任問題はすべて解決済みである……。時に「二重基準」の芳香を漂わせながら繰り返し生産されるこうした言説により、公的アリーナに登場した被害者の声は「再びの沈黙」を強要されていった。

国際法を支える支配的理論は自由主義思想に立脚するが、この思想において、法規範は、普遍的で中立的で客観的なものとして提示される。そこには特定の政治的価値が入る余地はないものとされ、法の解釈も抽象的な論理の操作によって完結しうると説かれてきた。自由主義思想はまた、国際社会における国家を国内社会における個人になぞらえたうえで、国際法は自由で平等な国家間の合意によって作り出されるものであるという認識を生み出してきた。こうして国際法は、対等な国家間の関係を規律する価値中立的な体系として広く理解されるようになり、なかでも日本の国際法学は、今日にいたるまで、そうした認識の伝播と強化にことのほか忠実であったように思う。

だが批判法学派からの指摘をまつまでもなく、抽象的合理性によって装飾された法の内側には、例外なくむき出しの政治的価値が伏在している。法は、特定の政治的・経済的価値から切り離されて存在し得るものでなく、むしろ、現存する社会的・政治的・経済的不平等を「自然」にみせる信念の体系として機能しているといっても過言でない。法は、現実には、けっして価値中立的に存在してきたわけではない。「平和を守るため法律を権力者から取り戻さなくてはならない」といって金づちを握ったゼンターは、「法律は権力者のためだけのものだと思っていました。彼らは法律を不公平に使いますから[12]」というが、それは彼女の個人的実感にとどまるものでなく、現存する不均衡な政治経済関係の「自然化」に向けて動員される法の暴力性を図らずも言い得たものであった。

一般に、政府の見解にしても裁判判決にしても、その判断がどのような政治的価値にもとづいているのかまでを吐露することはない。そうした価値は、いかにも無機質にみえる法解釈のなかに息を殺して潜んでいるのが通例である。そのなかにあって、一九九九年に下された七三一南京虐殺事件東京地裁判決は、おどろくほど直截的に司法エリートの国際法観を表明するものであった。この判決は、平和条約などにより戦争状態が解消され国家間で賠償問題について合意があったのであれば、それを一つの区切りとして諸民族間・諸国家間の平和・友好関係を構築するのが当面は最良の方策であるという。そして「その際、個人が国家間の外交交渉によることなく、外国に対して過去の戦争被害につき損害賠償を求めることができるという権利を是認することは、……国家間、民族間、各地域における平和と安全を図るというより大きな枠組みで見れば、全体としては紛争の火種を残すに等しく、将来にわたる戦争を防止するという観点からして有害無益と考えざるを得ない」と論断している[13]。ここには、国家間関係の安定を重視し、市民の存在を国家の中に埋没させることを躊躇しない典型的な（古典的）自由主義的国際法観が現われ出ている。

この判決は、そのあまりにも粗野な論理のゆえにかえって、これまでの国際法が誰の利益を守るためのものであったのかを知らしめる効果をもった。国際法は、あきらかに、国家という名の支配エリートの利益・判断を優先的に投射するものであった。市民は、国際法過程を独占する支配エリートにより、国際法の定立過程からも実施過程からも排除され、法の紛うことなき「他者」としてその利益の実現を阻止されてきたといってよい。戦後処理の場面にそれが典型的に現われ出ている。むろん国際法の「他者」として沈黙を強いられてきたのは、「市民」だけではない。性奴隷制問題に関する蓄積された日本の行政・司法判断が指し示すように、国際法はアジアにおける性暴力の被害者、つまり「非欧米」、「女性」を法の射程外に放擲し、さらに、批判的眼差しが「過去」に向けられるのを徹底的に拒むものともされてきた。

これまでの歴史が照らし出すように、国際法の「中立性」のヴェールの陰に控えていたのは、端的にいって、国家＝支配エリート中心主義・欧米中心主義・男性中心主義・現在中心主義という四つの政治的価値であった。国際法は、そうした価値に奉仕するための社会装置として機能してきたといってよく、市民・非欧米・女性・過去（未来）を法の「他者」として周縁に排除し、その存在を暴力的なまでに不可視化するものにほかならなかった。日本軍性奴隷制の被害者は、ここでいう国際法の周縁的要素をすべて備えた者であり、それだけに最も鮮烈な形で、国際法の政治性・暴力性を浮き立たせることになった。「法廷」はその究極の「他者」に法の光を当てることにより、閉鎖的な国際法の在り方を批判的に問い直し、その脱構築と再構築に向けた道標を示すものとなったのである。[14]

「法廷」の営みは、一九九〇年代に入って顕在化した地球大の潮流と密接に連動している。冷戦の終結とグローバリゼーションの進行は国家の後退を促し、それにともなって国家の内に隠されていたさまざまな価値・行為体が国際法の世界に直接に参入する状況が訪れている。それは一方で、原理主義運動や多国籍企業の活動などを媒介とした危機を胚胎させながら、他方では、それに対抗するかのように、国際法の「他者」として長く沈黙を強いられていた者を法の前に召喚する事態をもたらしている。学問的にも自由主義を乗り越えようとする試みが本格化し、なかでもジェンダー概念によって国際法の男性中心性を激しく告発するフェミニズムからのはたらきかけは、支配的な国際法学のありかたに根本から変革を迫る力強い営みとなっている。

広範なフェミニズム運動を結びつける戦略的きっかけを提供したのは「女性に対する暴力」への取組みである。一九九三年のウィーン宣言・行動計画、女性に対する暴力撤廃宣言、九五年の北京宣言・行動綱領の採択は、「暴力」概念を基軸に国際法が女性の経験によって書き替えられはじめたことを示すに十分なものであった。また、旧ユーゴスラビア・ルワンダ国際刑事法廷の設置は、国際人道法の再ジェンダー化を推し進める起動力となり、人道に対する罪・ジェノサイド罪と性暴力との関係性も判例を通じてしだいに明確化されつつある。(15)

こうした世界的に展開されるフェミニズム運動のうねりの中で、日本軍性奴隷制問題も一九九〇年代前半から国際的機関で取り上げられるようになり、ほどなく国際法律家委員会、国連人権委員会（女性に対する暴力に関する特別報告者）、国連人権小委員会（武力紛争時組織的強かん・性奴隷制特別報告者）、そして国際労働機関条約勧告適用専門家委員会が、断続的に日本の国家責任を問い、その解除を求める判断を公にするようになった（そのなかから、真相の究明、個人への賠償、そして加害者の処罰が、責任の解除に不可欠な要素として特定されるようになっている）。「法廷」がジェンダーの視点を明確に打ち出しているのは、こうした地球大のフェミニズム運動によってその根幹を支えられているからにほかならない。

三、「法廷」をみつめる

「法廷」は、日本国に代わって国際法上の責任を果たすために設置されたわけではない。「……本法廷は、諸国家が空白にしたままの部分に踏み込むものであって、法過程における国家の役割にとって代わろうとするものではない」とされ、また、「本法廷は、日本政府に対し、もっとも恥ずべきことは、こうした犯罪

について の真実を記録することではなく、犯罪に対する完全な法的・道義的責任を認めないことにあると認めるよう求める」[16]旨も表明されている。「主権者は自分が属している国民国家をどのように変えていくかという責任を負っている。権利もまず第一に有しているという意味で、国民国家を他者に開いていく責任も負っている。日本国家の責任を問う『国民』の力が弱いことによって、どれだけ戦前と戦後が温存されていることか。その意味で、今回の法廷の主体となった人たちは、ピープルとして他国の人々とつながりながら、同時に日本国民としての責任をとろうとしている人たちだと思うんです」と高橋哲哉は述懐しているが[17]、「法廷」はまさしく、日本国の法行動は変え得るし、変えなくてはならない、という成員の期待と責任意識を体現するものでもあった。国際法的にみても、成員が国家に代わって責任をとるということはあり得ないのであり、人道的な見地から成員が自発的に行動を起こすことがあるにしても、それは国家責任を解除する措置にはなりえない。国際法上、国家の責任は国家のみが負い得る。成員としてなすべきはそのためのはたらきかけを行なうことであり、責任をいかに肩代わりするかについて考えることではあるまい。

「法廷」が国際法の脱構築を目指す潮流の直中にあることは、随所にみてとれる。まず第一に、「法廷」は、極東国際軍事法廷が性奴隷制の証拠を有していたのに日本の責任者を訴追しなかったことについて元連合国の不作為を断罪するとともに、性暴力の被害者が非白人であるということによって周縁化をいっそう強いられてきたことを認めることで[18]、欧米を安全地帯におき、非欧米的なものを劣位に扱う欧米中心思考への批判を自覚的に展開している。第二に、本稿の冒頭でも述べたように、「法廷」は、地球市民社会の力によって生み出されたことを宣言することで、国際法実現過程が国家＝政府によって独占されるものでないことをはっきりと認めている[19]。

第三に、「法廷」は、「この法廷は、女性に対する犯罪、とくに性犯罪を矮小化し、免責し、無視し、不明瞭なものとするこれまでの歴史的傾向を矯正するために設置された[20]」と述べることで、国際法におけるジェンダー・バイアスからの脱却を明言している。この点は、「法廷」の営みが「不処罰を終結させ、女性の身体の一体性と個人の尊厳、つまり女性の人間性そのものをはなはだしく無視する事態を反転させるためのさらなる一歩」であり、また、「法廷」の認定が「現代社会の女性たちを従属させ続けている性的類型化の世界的なパターンを変える一助となることを意図している」と述べているところからもはっきりとうかがえる。[21]第四に、「法廷」は、「サバイバーだけでなく、亡くなった人々のため、そして次世代のために」正義を実現しようとする主催者への共感を告白することで[22]、法の射程を現在から過去・未来に拡張する志向性をみせている。

「法廷」による国際法の脱構築作業は実際には法の解釈を通じて行なわれる。「法廷」は、極東国際軍事法廷が積み残した不正義の清算のため、国際法にもとづいて天皇裕仁ら一〇名の被告人を裁くものとされ、また、同じく国際法に照らし、日本国の不法行為責任を認定する任務も与えられた。つまり、「法廷」は個人の刑事責任と国家の不法行為責任とを同時に追及するというきわめてユニークな法廷として設置されたのである。[23]適用される法規はいずれも「当時」のものであり、事後法を遡及して適用することや新たな立法を行なうことが「法廷」に求められていたわけではない。ただ、この「法廷」は、国際法の「他者」として半世紀にわたり沈黙を強要されていた日本軍性奴隷制被害者（サバイバー）の経験に寄り添い、非欧米（アジア）・市民・女性・過去（未来）という「対抗的価値」、とりわけジェンダーの視点を前面に押し出して法の解釈を展開した点に、際立った特徴があった。それは、具体的には次のような法解釈となって現われた。[24]

まず、人道に対する罪について。「法廷」は、性奴隷制が、新たな犯罪類型にあたるのではなく、人を性的にコントロールすることとそれじたいが伝統的な奴隷概念の中心的要素たる「所有権に付着する権限の行使」にあたると述べ、そうした性奴隷制や強かんが広範囲、組織的または大規模に行なわれた場合に人道に対する罪を構成するとの解釈を示している。そして、「慰安」制度が広範囲にわたって組織的に展開されていたことを認めたうえで、「法廷」は、提出された証拠にもとづき、天皇裕仁らが、性奴隷制について実質的な責任を有し、その存在を知っていたのに必要な防止措置をとらなかったなどとして、人道に対する罪につき刑事責任を負うと認定している。[25]

つぎに国家責任について。「法廷」は、一般国際法にもとづく国家責任の成立要件である国際義務の違反と帰属の問題について論じたあと、日本国が、一九〇七年の陸戦の法規慣例に関するハーグ条約、一九二一年の婦人及び児童の売買禁止に関する国際条約、一九三〇年のILO強制労働条約、さらに、右ハーグ条約および一九二六年の奴隷条約に具現化された慣習国際法規に違反し、国家責任を発生させたと認定した。第二次大戦後に事態を放置したことに伴う継続的侵害についての責任も認めている。[26]また、戦後処理をはかるために日本が締結したサンフランシスコ平和条約や二国間協定などは本事案について適用がないと断じ、平和条約締結過程で軍性奴隷制と強かんの問題が封印されたところに本質的なジェンダー・バイアスがあったという首席検事の主張にも全面的に同意している。[27]

さらに違法行為にともなう国家責任の解除について「法廷」は、国際法の一般原則に立ち戻り、損害賠償、原状回復、再発防止、社会復帰などの諸措置を講ずるよう求めている。謝罪は違法行為を認めたうえでのものでなくてはならず、政府は経済的に算定可能なあらゆる損害を賠償すべきこと、そしてアジア女性基金の事業は国家責任を解除する適切な措置にはあたらないことも明言されている。[28]

「法廷」は最後に、日本政府に対して一二項目の勧告を行なって、二六五頁に及ぶ長大な判決文を閉じた。

勧告のなかには、完全で誠実な謝罪、賠償、情報開示、調査、真実・和解委員会の設置、記憶の「社会化」、教育（教科書への記述など）、責任者の処罰などが含まれている。いずれも、被害者側や国際機関から何度となく求められてきたものである。このほか、元連合国にも文書の開示などが求められ、国連および国連加盟国にも日本政府へのはたらきかけが勧告された。

四、国際法学への問いかけ

「法廷」の判断は、日本の行政府・司法府の判断がけっして唯一の国際法解釈ではないことを再確認するとともに、国際法の脱構築に向けた世界的潮流の高まりにより、被害者側の主張に合法性と正統性の色彩がますます強く備わってきたことを印象づけるものとなった。この法的成果をいかに日本の政策決定過程に浸透させていくかが次なる課題となっていくのであるが、その点について考えるにあたり、日本の国際法学の担い手たちが性奴隷制の問題について一貫して沈黙を保ち続けてきたことの意味を考えないわけにはいかない。最も不可思議なのは、この国の国際法学のなかに、刺激的な分析手法を用いて既存の国際法制度のありかたを激しく揺さぶるフェミニズムの思潮が驚くほど欠落していることである。そのことと、日本の国際法行動に変化がみられないこととはけっして無縁ではあるまい。

労働法学者の浅倉むつ子は、「アメリカでは、『フェミニズムの関心事や革新的な考えを少しも加味していないような法理論は、貢献するような興味深いところなどはほとんどないと言いきってもよい』といわれているにもかかわらず、なぜ日本ではフェミニズム法律学が発展しにくいのだろうか」と問い、その解を、知の生産領域における「アカデミック・セクシズムの存在」に見出している。(29) 浅倉の分析は国際法学の世界にもそのままあてはまるのではないかと考えられるが、それとともに私は、研究者のテクノクラート化の弊害も強く感じている。フェミニズムなど国際法学の脱構築を求める潮流は、既成概念や既成の秩序を乱す、いってみれば攪乱的な要素を多分にもっている。それが、既存の制度の安定を前提に議論を展開するテクノクラート的思考にはなじまないのかもしれない。テクノクラートの営為は社会を「改良」することにはつながるのだろうが、それをいくら積み重ねたところで、法制度の脱構築につながるわけではない。

むろん、フェミニズム国際法学が国際的に確たる地歩を築きつつある以上、日本のなかにもこの学派にかかわる研究者はいずれはふえていくかもしれない。だがそれが、「現実」についてではなく「学」についての研究に終始してしまうなら——そして多分にそのおそれがあると思うのだが——、それは結局は既存のシステムに回収されて終わるだけになってしまうのではないか。日本軍性奴隷制問題については、国の責任が真っ先に問われてしかるべきことに異論はないが、日本の法行動を「沈黙」という形で支え続けたこの国の国際法学の社会的責任もけっして小さくはないということも指摘しておかなくてはならない。

「先住民族の問題に関わり始めて以来、つねに研究者や学問の限界や矛盾にぶつかってきた。……政治学、法学……などのカテゴリーにかかわらず、こうした学問がいかに『権利』あるいは広く『人権』というものに無頓着で、研究者という類の人々が『客観性』と称して、自らが『市民』として担うべき社会的責任を棚上げにしてきたか、という事例に数多く接してきたからである」。日本の「境界」からこの国のありかたをみつめつづけてきた上村英明は、自らの偽らざる実感を、そう表現している[30]。「法廷」の営みは、支配エリートの価値に寄り添い、市民としての社会的責任をまさしく「棚上げ」にしてきたこの国の国際法学のありかたを厳しく問うものでもあった。

*本稿は、『季刊 戦争責任研究』第三二号（二〇〇一年夏季号）に掲載された論文に、若干の加筆・修正を加えたものである。

註

（1）Richard Falk, "The Rights of Peoples (In Particular Indigenous Peoples)", in *THE RIGHTS OF PEOPLES* 27 (James Crawford ed., 1988)

（2）The Women's International War Crimes Tribunal 2000 For the Trial of Japanese Military Sexual Slavery, Summary of Findings, 12 December 2000, para.1.

（3）The Women's International War Crimes Tribunal 2000 For the Trial of Japanese Military Sexual Slavery, *Judgment* (hereinafter cited as *Judgment*), para.8.

（4）Yves Beigbeder, *JUDGING WAR CRIMINALS : THE POLITICS OF INTERNATIONAL JUSTICE* 137-145 (1999) ; Hilary Charlesworth & Christine Chinkin, *THE BOUNDARIES OF INTERNATIONAL LAW : A FEMINIST ANALYSIS* 92 n.193 (2000).

（5）ベトナムにおける戦争犯罪調査日本委員会編『ラッセル法廷』（人文書院、一九六七年）三四頁。

（6）ちなみに国際司法裁判所に求められる役割も、「紛争の最終的決着」ではなく、特定の紛争の解決に資する「適用法規の確定」に重点が移行しつつある。この点につき、古川照美「国際司法の新展開—紛争処理と新しい国際法規の生成」『現代の法2 国際社会と法』（岩波書店、一九九七年）所収、一一六頁。

（7）Charlesworth & Chinkin, *supra.* n.4, at 145.

（8）阿部浩己「人権の国際的保護と国際刑事裁判所」国際人権一二号（二〇〇一年）四七～四九頁。

（9）たとえば、「法廷」はつぎのようにいう。「この民衆法廷は、国際および国内における法の支配の要諦が法的責任—確立した国際法規範を甚だしく侵害する政策および行為について個人および国家の責任を問うこと—にあるという信念にもとづいている。そのような行為を見過ごすのでは、その再発を招き、不処罰の文化を維持することになってしまう。」（*Judgment*, para.9）、「この法廷は、勇敢だが苦しみを嘗めてきたサバイバーたちが人生の晩年に何度も繰り返し表明しているように、彼女たちに対して行われた犯罪についての責任を認め、責任の所在を明確にすることが、残された年月を彼女たちが安らかに過ごすことに貢献するのだという信念から設置された」（*Id.*,para.6）、「この法廷の力は、証拠を調べ、正確な歴史的記録を作り出す能力にある。」（*Id.*,para.8）、「当法廷は日本人民を裁く場ではないということを強調する。国際人道法違反について個人に責任を課すことで、団体に責任が課せられるのが回避される。当法廷は、この重要な原則から逸脱するつもりはない」（*Id.*,para.7）。

（10）『世界』二〇〇〇年九月号、四八頁。
（11）クリスチーヌ・チンキン著、ＶＡＷＷ‐ＮＥＴジャパン訳「女性国際戦犯法廷と国際法およびジェンダー正義」ＶＡＷＷ‐ＮＥＴジャパン編『裁かれた戦時性暴力』（白澤社、二〇〇一年）六四〜六五頁。
（12）中川正美「『核の傘』と法　１　希望の種」『朝日新聞』二〇〇一年二月七日付朝刊三三面。
（13）東京地判一九九九・九・二二判タ一〇二八号一一〇頁。
（14）高橋哲哉『歴史／修正主義』（岩波書店、二〇〇一年）一〇二〜一〇四頁。
（15）この点につき、前田朗『戦争犯罪論』（青木書店、二〇〇〇年）が詳しい。See also U.N.Doc.E/CN.4/2001/73.
（16）*Judgment*, para.8.
（17）「『女性国際戦犯法廷』が裁いたもの」『世界』二〇〇一年三月号、二一六頁。
（18）*Judgment*, para.6.
（19）この点につき、さらに*Judgment*, paras.63-71を参照せよ。
（20）*Id.*,para.6.
（21）*Id.*,paras.10,11.
（22）*Id.*,para.13.
（23）*Id.*,para.17.

(24) ここでは、ほんの一部について論及するにとどめる。判決では、適用法規のみならず、デュー・プロセスなど手続的問題についても詳細な議論が展開されている。また「法廷」は、「慰安所」被害に加えて、一九四四年にフィリピンのマパニケ村で起きた大量強かんについても事実認定と法的評価を加えている。
(25) *Id.*,paras.816-832.
(26) *Id.*,paras.940-1019.
(27) *Id.*,paras.1051.
(28) *Id.*,paras.1077.
(29) 浅倉むつ子『労働とジェンダーの法律学』（有斐閣、二〇〇〇年）三七頁。
(30) 上村英明『先住民族の「近代史」』（平凡社、二〇〇一年）二七四頁。

第3章　民衆法廷としての女性国際戦犯法廷
――「適正手続《デュー・プロセス》」の保障の有無という観点から

川口和子

一、はじめに

二〇〇〇年一二月一二日女性国際戦犯法廷（以下、本法廷と略す）は、「……裁判官は、天皇裕仁を人道に対する罪について刑事責任があると認定する。そもそも天皇裕仁は陸海軍の大元帥であり、自身の配下にある者が国際法に従って性暴力を働くことをやめさせる責任と権力を持っていた。天皇裕仁は単なる傀儡ではなく、むしろ戦争の拡大に伴い、最終的に意思決定する権限を行使した。さらに裁判官の認定では、天皇裕仁は自分の軍隊が南京大虐殺〔The Rape of Nanking〕中に強かんなどの性暴力を含む残虐行為を犯していることを認識していた。この行為が、国際的悪評を招き、また征服された人々を鎮圧するという彼の目的を妨げるものとなっていたからである。強かんを防ぐため必要な、実質的な制裁、捜査や処罰などあらゆる手段をとるのではなく、むしろ『慰安所』制度の継続的拡大を通じて強かんと性奴隷制を永続させ隠匿する膨大な努力を、故意に承認し、または少なくとも不注意に許可したのである。さらに我々の認定するところでは、天皇は、これほどの規模の制度は自然に生じるものではないと知っていたか、または知るべきであった（認定の概要・パラグラフ24）」との認定を行なった上で、共通起訴状中の訴因1と2（すなわち、強かんと性奴隷制）について被告人天皇裕仁を有罪とし、かつ、日本政府が慰安所制度の設置と運営について国家責任を有するとの認定の概要を出した。

そして、その後の、海外のマスメディアによる大々的な報道と、それとは際だった対照を見せて本法廷について意図的に頑ななまでの沈黙を続けた日本のマスメディア、なかんずく、二〇〇一年一月三〇日にその二日前まで予定されていた番組を原形をとどめないほどにまで改ざんして放映したＮＨＫと、ＮＨＫにあえてそこまでさせた「勢力」のえげつない動きのそれぞれが、民衆法廷としての本法廷の持つ、「勢力」がどんなに否定しようとしても黙殺しようとしてもしきれぬ、本法廷の輝かしい意義を物語っている。

本法廷は、国家が主催するものでも国家の連合体たる国際組織が主催するものでもなく、したがって、被告人らに有罪の判決を下してもその被告人らを実際に懲役刑に処することができるわけではない。また、自主的に歴史的事実を認め、謝罪と損害賠償を含む原状回復の措置をとろうとしない日本政府に対して、それらを強制的に実行させたり、あくまで実行しない場合のペナルティーを科したりすることができるわけでもない。このことを捉えて、歴史に残る本法廷の意義を否定し、単なるお祭り騒ぎであるとか、「人民裁判である」とか、揶揄して貶める向きもある。これに対し、そもそも「裁き」というものは国家主権やその連合体だけに独占されるべきものではないのではないか、という問題意識から、〈国家主権、国家権力を背景とする強制力を持たないことが、すなわち、実効性を持たないことを意味する〉わけではないと考え、国家主権やその連合体による強制力を背景に持たないことを「人民裁判」と呼ぶのであればまさに、本法廷は「人民裁判」として輝かしい歴史的意義を有するのだ、と胸を張ることも可能である。

しかし、従来「人民裁判」という言葉には、ときの多数派による、デュー・プロセス（適正手続[1]）無視の、

「有罪」の結論先にありきの暗黒裁判、というニュアンスがついて回っていた。本法廷が「ときの多数派による」ものであるとは誰も思わないであろうし、「『有罪』の結論先にありき」とはおよそほど遠い実態であったことは、筆者自身も別の機会に述べたとおりである（「起訴状に込めた思い」『週刊金曜日』第三四七号〔二〇〇一年一月一九日刊〕所収）。ただ、本法廷がデュー・プロセス無視ではないとの一点は、誰の目にも明らかというわけではないし、少なくとも筆者は活字を含めて公の場では論じたことがない。そこで今回は、本稿という場を借りて、本法廷がデュー・プロセス保障の要請を満たしていることを論じてみたい。

二、本法廷の構造

(1) 本法廷の性質と検事団の位置づけ

本法廷は、国家主権を背景とする裁判所における訴訟が民事裁判と刑事裁判に截然と区別されているのとは対照的に、①民事裁判的な国家責任の追及と、②刑事裁判的な個人の刑事責任追及（起訴）とを併せ行なうものであった。そしてそのような本法廷において、筆者を含む検事団は、上記①の側面に関しては原告たる「アジア太平洋の人民」の代理人として、また、上記②の側面に関してはまさに「検事」として、行動した。

(2)「被告」あるいは「被告人」のための攻撃・防禦の機会付与の状況

本法廷がデュー・プロセス保障の要請を満たしているというためには、民事裁判的な側面において「被告」とされた、あるいは、刑事裁判的な側面において「被告人」とされた当事者に、十分な攻撃・防禦の機会が付与されなければならないことは当然である（もっとも、そのような機会を付与された当事者がその機会を利用するか否か、どのように利用するかは、当事者の自由であるが）。

本法廷の民事裁判的な側面に関して言えば、「被告」たる日本政府に対しては事前に、法廷当日の出廷と反論の書面の提出を促す召喚状が送られたが、法廷当日、日本政府の使者も代理人も出廷しなかったばかりでなく、日本政府の主張を記載した書面の提出も一切行なわれなかった。但し、日本国の司法権を背景とする裁判所（例えば東京地方裁判所）における、いわゆる戦後補償裁判の席上、被告・日本政府がかねてから主張し続けてきた事項（すなわち、本法廷の（起）訴状に対して予想される反論）は、アミカス・キュリー（法廷助言者）が行なった。

また、本法廷の刑事裁判的な側面に関して言えば、「被告人」たる各個人（全員死者）は、本人が出廷しなかったのはもとより、弁護人も付されなかった。但し、アミカス・キュリーは「被告人」たる各個人のためにも行動し、起訴状記載の実体的事実関係の有無については言及しなかったものの、まさに本法廷がデュー・プロセス保障の要請を満たしているか否かという手続的問題については、「被告人」のために疑義を呈して弁論（意見陳述）を行なった。

三、本法廷がデュー・プロセス保障の要請を満たしているか否かの論点

(1)日本政府の使者も代理人も出廷せず、書面の提出もなされなかったこと

民事裁判的側面のデュー・プロセス保障に対して投げかけられるであろう最大の疑義は、この点であろうと思われる。しかし筆者は、「被告」日本政府に対しては事前に召喚状が送付され、書面による反論や当

日の出廷を促したうえで、「被告」日本政府の判断によって召喚状が黙殺されたものであるから、「被告」日本政府による攻撃・防御権の放棄があったとみなしてよいと考える。

「被告」日本政府による攻撃・防御権の放棄があったとみなしてよいか否かに関し、若干問題になりそうなのは、①「被告」日本政府の反論を準備するのに十分な期間を置いて召喚状が送付されたといえるか、②事前に（起）訴状の送付がなされなかったことが適正であったか否か、であろう。

しかし、第一に、上記①及び②は右翼や「自由主義史観」勢力の妨害を防止し本法廷の審理を無事やりおおせるためにやむを得ずとられた措置であること、第二に、上記①及び②のいずれについても、「被告」日本政府が本法廷において自らのために攻撃・防御を行なう意思を有していたならば、時間的な猶予を要請するなど然るべき対応をなすことが可能であったにもかかわらず、何の応答もなされなかったということから、やはり「被告」日本政府による攻撃・防御権の放棄があったものとみなすことが可能である。さらに、「被告」日本政府が仮に使者または代理人を出廷させた場合に行なったであろう反論は、アミカス・キュリーの今村嗣夫氏が本法廷に対して網羅的に提出済みである。したがって、上記の三点を併せ考慮すれば、「被告」日本政府の使者も代理人も出廷せず書面の提出をなされなかったことを以て、本法廷がデュー・プロセスの要請を満たしていないと断じ去ることはできない。

(2) 死者を被告人としたこと

刑事裁判的側面のデュー・プロセス保障に対して投げかけられるであろう疑義の一点目は、「被告人」とされた個人全員が故人であり、そもそも本法廷に「被告人」本人の出廷が予定されていないことであろう。もっとも、実際にこの点に対して弁護士仲間から多数回にわたって疑義を呈された筆者が、今なお「……

であろう」という煮え切らない言い方をするのは、筆者自身は、なぜ死者を被告人とすることがデュー・プロセス保障に対する疑義となるのか、未だにさっぱり理解できないでいるからである。

① 例えば、日本国の刑事訴訟法は、以下のように規定している。

第三三九条一項　左の場合には、決定で控訴を棄却しなければならない。……

四号　被告人が死亡し、または被告人たる法人が存続しなくなったとき。

第四三九条一項　再審の請求は、左の者がこれをすることができる。……

四号　有罪の言渡を受けた者が死亡し、または心神喪失の状態に在る場合には、その配偶者、直系の親族及び兄弟姉妹

なお、「死者を起訴してはいけない」とか「起訴していいのは生きている人間に限られる」というような明文の規定はない。

日本の刑事訴訟法第三三九条一項四号で被告人死亡の場合の公訴棄却を定めているのは、被告人死亡のまま有罪判決を出しても、判決を執行する（例えば、被告人を刑務所に入れて労働＝懲役に服させる）ことが不可能なので、裁判を続行することが無意味だと考えられているからである。これに対し、第四三九条一項四号が被告人の死後もその遺族による再審請求を認めているのは、死者にも、死後であっても回復されるべき名誉があるとともに、死者の名誉が回復されることによって再審請求権者である遺族の名誉回復にも資するからである。

② ところで、本法廷の判決は、guilty（有罪）またはnon-guilty（有罪ではない）を宣告することが予定されているのみで、guiltyの判決が宣告されても、「被告人」を懲役に服させるなどの執行は予定されていない。逆に、「guiltyまたはnon-guiltyを宣告すること」つまり「裁くこと」それ自体に、当時無惨なまで

の非人道的行為の被害者とされながら、長い沈黙を強いられ肉体的な健康をひどく損ない精神的な健康を踏みにじられた被害者たちにとって癒しとなるという、極めて積極的な意義がある。

本法廷で目指されているのは、何よりも、被害女性のための正義の回復と実際的な癒しである。そのような目的を有する本法廷においては、「被告人」が死亡している場合であってもこれを起訴すること、言い換えるならば、死者であっても裁くことが、むしろ積極的に求められているというべきである。

③ 通常の刑事裁判が死亡した被告人に対する有罪判決を言い渡さないもう一つの理由としては、「被告人自身こそが、もっともよく自己のための弁護をなし得る」と考えられているということがある。

しかし、この点については、後述の「『被告人』に弁護人を付さなかったこと」についての考察と同様の理由で、やはり、本法廷のデュー・プロセスを損なうものではないと考える。

ただし、日本国の刑事訴訟法が有罪判決を受けて死亡した元被告人の遺族に再審請求を認めているのと同様、仮に本法廷の「被告人」らの遺族が、今後、然るべき証拠に基づき再審を請求してきた場合には、当然のことながら本法廷を再開してこの再審を実施すべきであろう。

(3)「被告人」に弁護人を付さなかったこと

刑事裁判的側面のデュー・プロセス保障に対して投げかけられるであろう疑義の二点目は、「被告人」に弁護人を付さなかったことであろう。「被告人自身こそが、もっともよく自己のための弁護をなし得る」にもかかわらず、すでに死亡しておりおよそ自己のための弁護をなし得ない「被告人」を裁いたことに対する疑義もまた、これと同根である。しかし、このような疑義については、筆者は以下のように考える。

被告人が公訴事実を否認していても、有罪判決を言い渡すことが可能なのはもちろんである。他方、被告人が公訴事実を認めている（自白している）場合でも、国家司法権による刑事裁判においては弁護人を付している。これは、国家司法権による刑事裁判の判決には、①公訴事実の有無についての認定（guilty か non-guilty か）だけでなく②量刑（死刑か、無期懲役か、有期懲役だとして懲役何年か、罰金いくらか）の二つの部分が含まれているところ、被告人が公訴事実を認めていても量刑については軽ければ軽いほどいいと考えるのが人情であり、したがって、自白事件や、自白はなくとも他の証拠から有罪であることが明々白々である事件であっても、弁護人が被告人のためにいわゆる情状を主張・立証することが、量刑を左右し意味を持つからである。

ところが、本法廷では、有罪判決が宣告されても刑の執行は予定されておらず、したがって、guilty または non-guilty のいずれであるかを判断すれば足り、量刑をする必要はない。したがって、上記①の点に関して、法廷に提出された証拠によって合理的な疑いを容れない程度に有罪を認定し得るならば、量刑を左右するだけのために弁護人を付さなくとも、有罪判決を宣告して差し支えないと考えられるのである。

しかも、本法廷においては、弁護人に代わってアミカス・キュリーが、仮に「被告人」らの弁護人が出廷したならば問題提起したであろう、本法廷のデュー・プロセスの保障され具合についての疑義を十二分に提起している。したがって、繰り返しになるが、法廷に提出された証拠（被告人が死亡しているためもあり、被告人の自白は含まれない）によって合理的な疑いを容れない程度に有罪を認定し得るならば、弁護人を付さなくてもデュー・プロセスの保障にもとるところはないのではないか。

四、民衆法廷の真価

以上は、あくまで筆者の私見であり、日本検事団のメンバーの共通見解ではない。現に、二〇〇一年に入ってから二回にわたって行なわれた女性国際戦犯法廷の評価会の席上、筆者が上記同旨の私見を発表したのに対しては、「本法廷を『大がかりな予審』と捉えれば、国家司法権の設置する裁判所で実施されているようなデュー・プロセスの要請に欠ける点について、そんなに一点一点反論していく必要はないのではないか」とか、「本法廷を『大がかりな予審』と捉えるか否かに関わりなく、『本法廷は民衆法廷である』という点を全面的に打ち出して、国家司法権の設置する裁判所の公判における手続と対比するという手法はとらずに、独自に民衆法廷の備えるべき要件を論じるべきではないか」とかいった有力な意見が呈された。

しかし、本法廷を「大がかりな予審」と捉えるならば、その後に引き続く正式な審理を想定することになるが、そもそも本法廷の後に別途審理を実施するということは現実的か。また、引き続く正式な審理とは、おそらくは国家権力ないし主権国家の連合体の権力を背景にした裁判所で行なわれるものを想定するのであろうが、それでは、加害国日本の司法権による裁判所が先の戦争における性暴力被害者の尊厳の回復と被害救済におよそ役立とうとしなかったことに対する失望と反省から始まった、民衆法廷たる本法廷の真価を損なうものではないか。さらに、「本法廷は民衆法廷である」という命題から直ちに、民衆法廷の備えるべき要件を帰結することなど可能であるのか。下手をすれば、国家司法権による裁判所の公判が備えている要件を満たさない法廷のことを「民衆法廷」という言葉で呼ぶ、という単なる言い換えに過ぎなくなってしまうのではないか。

民衆法廷たる本法廷の真価、真の意義は、本法廷の判決内容が国家権力ないし主権国家の連合体の権力を背景にした強制力によって実現されるのではなく、本法廷の判決内容を熱烈にかつ幅広く支持する民衆(people)が、あるいは国家ないし主権国家の連合体を突き動かし、あるいはあてにならないそれらを頼ることなく自ら個人としてあるいはNGOを組織して、いずれにせよ自らの手で本法廷の勧告を実行し実効あらしめようと突き進みそれを実現することによって、初めて判決内容の正当性および正統性が確保されるという点にある。その意味で、民衆法廷たる本法廷の判決は、判決内容が民衆の熱烈にして幅広い支持を得られなくとも国家権力等を背景にした強制力によって有無をいわさず執行(実現)されてしまう、国家司法権の裁判所による判決よりも、よほど文明的なのである。

繰り返しになるが、本法廷の最終判決は、今後、その内容を我々一人一人を含む民衆(people)が実行し実効あらしめようと努力しこれを実現することによって、初めて正当性および正統性が確保される、すなわち、執行される。言い換えれば、判事たちによって出された最終判決をただ受動的に受け取り、文書としておし戴くだけでは、「民衆法廷」の最終判決など、ただの紙切れも同然である。

五、結び

二〇〇二年一二月四日オランダ・ハーグで言い渡された最終判決においては、前述の適正手続の保障の有無という論点につき、今村嗣夫アミカス・キュリーの問題提起に正面から答え、第四八四〜四八六項において、

「法の適正手続の諸権利の範囲は、権利に影響を受ける個人が如何なる不利益を被り得るかによって決まる。この『法廷』は民衆法廷であり、民衆法廷は被告人に対し刑事処分や民事的不利益を科す権力を何ら持たない。また意に反する証言や証拠提出を強制する権力も持たない。『法廷』には、全員が死者であるところの被告人を処罰することはできないし、被告人やその継承者、あるいは日本国に対

し、被害者や、被害者に代わって請求する資格を持つ者に賠償を行なうよう強制する権力もない。この『法廷』は、ただ事実と法について認定を行ない、宣言の形で裁定を下し、適切な補償救済を行なうよう日本政府に促しあるいは影響を及ぼすため勧告することができるのみである。『法廷』は、この『判決』で下された如何なる決定についても、それを執行する法的な、あるいは拘束力を伴う権力を有しない。」

「『法廷』の『判決』は、しかし意義深い道義的な力を備えている。判決は、世論の裁きの庭の前に被告人らの作為または不作為を明らかにすることができ、それによって少なくとも、被告人に恥を与えることができる。……公式の司法的、あるいは法的な手続が不在である中で、歴史的事実を公に広めるのである。市民社会のこの試みから生じるかもしれない、被告人の世評に対するこのような間接的不利益は、公式な刑事手続や、世評にのみ影響を及ぼす非公式の刑事手続にさえ求められるのと同等のデュー・プロセス権を認める充分な根拠とはならない。……」

「つまり、判事団の認定では、被告人の適正手続に対する権利は、被告人が、あるいは被告人がすべて死者であることからその代理人が、審理に不在であることによって、全く侵害されていない。……」

(仮訳)

と、きわめて明快かつ妥当な判断を下した。

このことは、天皇裕仁に対するマパニケ・マスレイプに関する起訴につき、実行責任の訴因で有罪を認定しなかった上で、命令責任(上官責任)の訴因で有罪としたことと並んで、[2]法的な観点から(法律家の視点から)見ての、最終判決の輝かしい意義の一つである。と同時に、日本検事団検事として本法廷の最後まで残った者たちは、これでようやく、弁護士仲間からずっと漏れ聞こえ続けてきた「死者を裁くなんてナンセンス」「弁護人を付さない刑事裁判なんて暗黒裁判」等の批判の呪縛から、解放されたのである。

註

（1）デュー・プロセス（適正手続）保障の要請とは、刑事裁判における被疑者・被告人が、法定の手続によらずには権利を侵害・制限されることがないこと、言い換えれば、適式な起訴と法定の手続に則った審理を経ずには、有罪判決を受けたり刑罰を課されたりしない原則をいう。そして、ここにいう「法定の手続」には、弁護人依頼権を保障されることを含め、被疑者・被告人が自己のために十分な攻撃・防禦の機会を与えられることが含まれると解されている。

（2）最終判決第八六二・八六三項は、天皇裕仁に対するマパニケ・マスレイプに関する起訴（刑事責任追及）につき、本法廷憲章第三条一項（憲章第二条に定める犯罪を計画し、扇動し、命令したか、または犯罪の計画・準備や実行を幇助・扇動した者の個人責任＝実行責任を負うこと）の訴因では有罪認定をせず、その上で、憲章第三条二項（部下が憲章第二条に定める犯罪を犯した場合に、部下がそのような行為を行なおうとしていることを知っていたか、知るべき事情があったのに、その防止や抑止のために必要で適切な手段を講じなかったことによる責任＝命令責任・上官責任）の訴因で有罪とした。

その直前の第八五八〜八六一項で、一九四四年当時の南方戦線の戦略的重要性と抗日勢力の活動が活発であったことを事実認定し、裕仁天皇に、日本軍がマパニケ・マスレイプのような犯罪を行なうであろうことを知るべき事情があったと認定した上で、命令責任の訴因についてのみ有罪を認定したものであり、法律家の目から見て極めて妥当な判断である。

第4章　女性国際戦犯法廷は何を再審したのか
——二つの「憲章」を読む

内海愛子

一、女性国際戦犯法廷「憲章」を読む

「女性国際戦犯法廷」は、極東国際軍事裁判（以下、東京裁判と略）の再審である、二〇〇〇年一二月八日、法廷の冒頭でパトリシア・ビサー・セラーズ検事はこう述べた。また、最終日の一二日、判事団は「認定の概要」の中で、天皇を含む日本軍上層部による性奴隷制とその罪が一度も問われたことがないことを強調していた。そして「法廷」は東京裁判が行なわなかったこの性奴隷制を裁くために開かれていること、さらに、東京裁判での法律と事実の認定を、確立されたものとして採用するとも述べていた。

「法廷」は、何をどう再審したのか。「法廷」憲章と東京裁判の条例（憲章）を手がかりに、その内容を見ておきたい。

「法廷」憲章は、国際実行委員会によって二〇〇〇年七月三一日のマニラ会議で採択された。同年一〇月二六〜二七日のハーグ会議で修正され、判事四人が承認した、全文十五条からなる。憲章には全体の四分の一にもおよぶ長文の前文が付されている。東京裁判の「条例」にはないこの憲章の前文に、「法廷」の理

想と目的が書き込まれている(本書二七頁参照)。

前文には、第二次大戦前・中に行なわれた日本軍の性奴隷制の被害者たちが正義を得られていないこと、武力紛争下の女性に対する暴力がいまだに絶えないこと、国際刑事裁判所は、その設置規程が発効した後におこった戦時および武力紛争下の暴力を裁くことになっているが、発効以前の暴力は対象にならないこと、日本軍による性奴隷制や性暴力は東京裁判やBC級戦犯裁判でほとんど裁かれていないこと、被害者への個人補償がなされていないこと、過去および現在にたいするこうした認識の上に、戦時性奴隷制についての真実を明らかにし、国家責任や個人責任を明らかにすると、その目的を高らかに謳っている。

「法廷」では、女性への犯罪を「戦争犯罪、人道に対する罪、その他の国際法に基づく罪」として裁くこと、「人道に対する罪」に管轄権をもつ法廷の審理は、第二次大戦前・中の日本の植民地、占領された国と地域に及ぶこと、また、今日の時点まで及ぶと規定されている(第2条)。「時効」の不適用(第6条)も明記されている。そして、判決に拘束力はないが、国際社会に向かって「道義的権威」を持つことを、心に留めている。憲章は、主催者たちの国際社会にむけての「宣言」である。

戦後、ほとんど裁かれることなくきた戦時性暴力が、ようやく国際法に則って審理される。日本軍の「慰安所制度」の責任は誰にあるのか、個人責任とともに国家責任をも明らかにすること、占領地ばかりでなく、東京裁判など連合国の戦争裁判で排除されてきた旧植民地出身の被害者にも及ぶこと、裁かれなかった植民地支配が対象になることが「前文」で明記されたのである。

戦時性奴隷制の事実関係を明らかにするとともに、その責任者を処罰する。そのことが今日まで続く武力紛争下での女性への性暴力の不処罰の連鎖をたちきる力になる、そうした熱い想いに支えられた「法廷」の構想が、冷静な文章となって、憲章に表現されている。

なお、憲章には、日本国家の自国民に対する戦争犯罪を審理できるのか、とくに言及していないが、専門家証言では、日本人「慰安婦」の問題も扱われていた。この「法廷」は「自国民」への戦争犯罪をも裁こうとしている。後述するように、東京裁判では日本国家の「自国民」（朝鮮、台湾を含む）に対する戦争犯罪は、審理の対象からはずされている。「人道に対する罪」とは何か、これが、「法廷」の審理を理解するキーワードとなっている（最終判決「第Ⅲ部適用法」の項で、「人道に対する罪」が詳細に論じられている）。

二、東京裁判と「人道に対する罪」

東京裁判の根拠法となった「極東国際軍事裁判条例」は、連合国軍最高司令官マッカーサー元帥により、一九四六年一月一九日に公布された。前文もなく、法廷の構成や迅速な審理などが全文一七条に規定されている。

東京裁判は、「平和に対する罪」に関係した犯罪を犯した被告を審理し、処罰する権限をもっていた。「平和に対する罪」、「人道に対する罪」、「通例の戦争犯罪」のひとつあるいはいくつかを犯した、その行為の個人責任を審理したのである。中でも重視されたのが「平和に対する罪」であった。

「平和に対する罪」は、侵略戦争において宣戦を布告しているかどうかは関係ないと規定している。日本軍は宣戦を布告しないまま、中国への侵略を繰り返してきた。この侵略戦争への「共通の計画又は共同謀議への参加」の個人責任が、とくに重視されていた。

「通例の戦争犯罪」は、「戦争の法規又は慣例の違反」と定義されている。具体的な法規としては、一九〇七年一〇月一八日にオランダのハーグで調印された「陸戦の法規慣例に関する条約」など四条約がある

（日本も調印、一九一二年一月一三日公布・二月一一日効力が発生）。

この法規には、捕虜や占領地の住民を強制して、情報をえたり、忠誠を誓わせてはいけないとはある。だが、強かんや強制売春など戦時性暴力を禁止する直接の規定はない。女性への暴力をえん曲な表現で禁止した規定と読むことができるのが、条約付属書「陸戦の法規慣例に関する規則」第四六条（「家の名誉および権利、個人の生命、私有財産並びに宗教の信仰及び其の遵行は、之を尊重す」）である。女性への暴力を「家の名誉」と考え、性暴力の禁止を、独立した条文としなかったところに当時の限界がある。なお、日本は批准しなかったが「準用」を連合国に通知した「俘虜の待遇に関する条約」（一九二九年、七月二七日署名、ジュネーブ条約と略）などへの違反も「通例の戦争犯罪」の中に含まれる。

「人道に対する罪」では、「戦前又は戦時中」の非人道的な行為が対象になっており、「戦争中」に限定していない。また、その行為が犯された地の国内法に違反しているのかどうかも問題にならない。「人道に対する罪」は、極東国際軍事裁判所の管轄に属する犯罪の遂行、またはこれに関連した政治的・人種的理由に基づく迫害行為であり、時期・場所を問わずに、裁判所の管轄に属すると、とらえられていた。

規定だけを読んでいると、「通例の戦争犯罪」と「人道に対する罪」の違いはわかりにくいが、ドイツの戦争犯罪を裁く検討の過程が、二つの罪の違いを明らかにしている。

一九四五年八月八日、ドイツの主要戦争犯罪人を裁くために、アメリカ・イギリス・フランス・ソ連の四カ国は、ロンドンで会議を開き「国際軍事裁判所」の条例（憲章）をさだめた。この条例では、「戦争犯罪」とは「占領地に所属する、もしくは占領地内にいる民間人」の殺害、虐待、奴隷労働、強制連行などと規定している。「占領地」における行為が問題だったのである。これにたいして、「人道に対する罪」では、非人道的行為の実態はほとんど同じであるが、「犯行地の国内法に違反すると否とを問わず」、「戦前もしくは戦時中に行われた、すべての民間人」にたいする非人道的な行為となっている。被害を受けた「すべての民間人」の被害が対象となっている。このため、植民地や自国民への残虐行為も裁けるようになっていた。「人道に対する罪」の概念は、ドイツ国内におけるドイツ人によるドイツ人への犯罪行為を裁くことを目的としていたため、「すべての民間人」という文言が重要な意味をもっていたのである。だが、東京裁判の「人道に対する罪」の規定には、この「すべての民間人」という重要な文言が削除されていた。

なぜ、削除したのか。アメリカの原爆投下や無差別爆撃による「民間人」の深刻な被害が、審理の対象になることをさけようとしたとも考えられる。連合軍の戦争犯罪は対象とされないとの申し合わせはされてはいたが、原爆投下は「人道に対する罪」にあたる広範で深刻な被害である。その実態をアメリカはすでに調査のなかでつかんでいた。無差別爆撃による「すべての民間人」への被害も深刻であった。その削除の過程は明らかではないが、東京裁判の「人道に対する罪」の概念から「すべての民間人」の文言が消されたのである。

広田弘毅の死刑判決に反対したことで有名なオランダの判事B・V・A・レーリンクは、「人道に対する罪」をめぐる訴因は無効と考えていたという。すべて「通例の戦争犯罪」でカバーできると判断していたのである。しかし、こうした判断をしたレーリンク判事には、植民地問題、戦時性奴隷制についての認識はなかったと、粟屋憲太郎は指摘している（B・V・A・レーリンク&A・カッセーゼ著・粟屋憲太郎解説『レーリンク判事の東京裁判』新曜社。なお、「人道に対する罪」については、本シリーズ第1巻『戦犯裁判と性暴力』の清水正義論文にわかりやすく解説されている）。

東京裁判ではこの「条例」を根拠に、「平和に対する罪」「人道に対する罪」「通例の戦争犯罪」で二八人が起訴された。訴因は55、第一類「平和に対する罪」、第二類殺人、第三類「通例の戦争犯罪および人道に対する罪」に分類される。

「平和に対する罪」（訴因1―36）では、一九二八年から四五年におよぶ侵略の共同謀議と、中華民国、アメリカ、英連邦五カ国、フィリピン、オランダ、フランス、タイ、ソビエトの一一カ国への侵略戦争の「計画準備」がとりあげられており、二八人全員がこの訴因で起訴されている。

殺人（訴因37―52）では、一九四〇年六月一日からの殺人とその共同謀議が取りあげられている。「真珠湾不法攻撃」など「宣戦布告前の攻撃殺人」と、主に占領地や中国での「俘虜・一般人および軍隊の殺害」が問題となっている。連合国が日本の捕虜虐待を重視していたことは、「ポツダム宣言」の第一〇項に述べられていた。捕虜に対する虐待の責任は誰にあるのか、軍令と軍政の指揮命令系統を解明し、その責任の所在を追及している。捕虜虐待の象徴とも目されている泰緬鉄道やフィリピンでのバターン死の行軍の責任については、捕虜を捕獲した現地の作戦軍、それを統帥する軍令機関がその責任を負うのか。収容所の管理責任を負う軍政、具体的にはそれを統括する陸軍大臣にあるのか。一口に捕虜虐待といっても、その時期、場所など、捕虜のおかれた状況によって、責任を追及されるべき者がことなる。日本軍の中での被告の位置に則して、個人の責任を具体的に追及している。大量の証拠が提出され、多くの証人が出廷した。被告への厳しい責任追及が行なわれた。

第三類の「通例の戦争犯罪および人道に対する罪」（訴因53―55）では、「通例の戦争犯罪」と「人道に対する罪」が一括されている。ナチの戦争犯罪を裁いたニュルンベルク裁判とちがって、二つの「罪」は訴因では区別されていなかった。判決では訴因53は管轄外として判断をしめさず、54、55について認定したが、「人道に対する罪」については言及していない。

被告は「平和に対する罪」に関わる侵略戦争の「共同謀議」とその「遂行」に関わったことが認定されたほかは、この三類の54と55の「通例の戦争犯罪」が認定されている。判決では「人道に対する罪」は何らの言及もされていなかった。

三、東京裁判で問われなかった「自国民」への罪

「平和に対する罪」を重視した東京裁判が、「人道に対する罪」を軽視していたことはこれまでも指摘されてきた。一九八三年五月二八日と二九日、スガモプリズンの跡地に建てられたサンシャインビルで、『東京裁判』国際シンポジウム」が開かれた。研究者だけでなく、家永三郎、鶴見俊輔、木下順二など東京裁判を同時代史として見、聞きしてきた人々や、先のオランダの元判事レーリンクも出席した興味深いシンポジウムであった。そこで、奥原敏雄国士舘大学教授は、「人道に対する罪」は東京裁判が行なわれた当時の国際法では、まだ犯罪であったとはいえないと指摘していた。その奥原も、一九八三年の国際シンポジウム時には、すでに「人道に対する罪」は国際法として確立されていると述べている（細谷千博・安藤仁介・大沼保昭編『国際シンポジウム　東京裁判を問う』講談社）。

「人道に対する罪」が軽視されたこと、また、その文言から「すべての民間人」の字句が削除されたことで、何が裁かれなかったのだろうか。

侵略戦争の共同謀議と交戦国の国民や住民にたいする非人道的な行為は取りあげられた。また、フィリピン、マレーシア、インドネシアなど、連合国の植民地住民に対する非人道的な行為も裁かれている。

しかし、日本の植民地の住民にたいする日本軍の行為は審理からはずされた。「カイロ宣言」（一九四三年一一月二七日）で、アメリカ・イギリス・中華民国は、「朝鮮の人民の奴隷状態に留意し、やがて朝鮮を自由独立のものにする決意を有する」と述べていた。敗戦の二年近くも前から、その「奴隷状態」に留意していたにも関わらず、なぜか、朝鮮、台湾民衆の被害、日本による犯罪行為が不問に付された。そのため、同じ非人道的な行為でも、被害者の国籍によって、加害者の責任の問われ方が異なっている。

たとえば、アジア人の「強制連行」を見てみよう。占領地である中国から連行された約四万人の「華人労務者」にたいする非人道的な取り扱いに、戦後、日本政府はいち早く対応している。「華人労務者」を使用した鹿島組、西松建設、地崎組など全国一三五カ所の事業所に対して、報告書を提出させている。その結果を、一九四六年三月一日、外務省は「華人労務者就労事情調査報告書」にまとめ提出している（一般に「外務省報告書」と呼ばれている）。

日本政府は、連行した中国人を「華人労務者」と扱い、捕虜とはみなしていない。日本は中国に宣戦を布告しておらず、「事変」にすぎないとの建前をとっているため、捕虜は存在しないことになっていた。これにたいし、戦後、「華人労務者」たちは「捕虜」の身分を認めることを強く要望した。交戦国の捕虜には国際法規が適用される。それに違反して捕虜を虐待した者を、連合国は厳しく裁いたのである。

中国人のこうした動きもあってか、日本側はさきの「外務省報告書」をまとめていた。また、「華人労務者」の虐待事件は、鹿島組花岡鉱業所での虐待と大阪築港での虐待の二件が、横浜でアメリカ第八軍によるBC級戦犯法廷で裁かれている。

一方、より規模の大きな朝鮮人の強制連行や強制労働について、戦後、外務省が報告書を提出させた形跡はない。また、政府が全国事業所に朝鮮人の「就労顛末報告」をまとめるように指示した形跡もない。

連合国も、「日本国民」である朝鮮人・台湾人「労務者」への非人道的な行為を裁こうとしていない。

民間の友好運動のなかにもこのダブル・スタンダードが、長い間残っていた。連行された中国人の犠牲者に対しては、一九六〇年二月、民間で「中国人殉難者名簿共同作成実行委員会」が結成され、先の政府報告書などをもとに膨大な名簿と強制連行と殉難状況をまとめて、中国側に引き渡している。一方、日本政府や企業が何もしないなかで、朝鮮人強制連行の研究や調査は、在日韓国・朝鮮人が中心になって行なってきた。日本人は植民地問題に戦後も長い間、無自覚できたと言ってもいいだろう。

同じように戦時性暴力への裁判もダブル・スタンダードだった。本シリーズ第1巻のなかの林博史論文にあるように、日本軍の戦争犯罪調査の過程で、イギリスは強かんや強制売春などの性暴力について、証拠を収集していた。その中には朝鮮人「慰安婦」に関連したものも含まれていた。同巻の内海論文も、戦争犯罪調査委員会が、中国における強かんや強制売春などに直接関与した者や、その上官を戦犯容疑者として、リストアップしていた事実を指摘していた。

戦争犯罪の調査の過程で明らかになった性暴力は、BC級戦犯裁判で部分的ではあるが取りあげられた。東京裁判では「通例の戦争犯罪」の証拠として提出されている。とくに、検察団に参加していた中国とフィリピンは、強かん・強制売春など性暴力に関する多くの証拠を提出している。また、証人も出廷しており、一部は判決でも認定された。

こうした戦時性奴隷制の裁判で有名なのが、インドネシアの中部ジャワ・スマランに開設された「慰安所」事件である。オランダがバタビア蘭印軍法会議で裁き、東京裁判にも証拠が提出されている事件である。敵国人として抑留されていたオランダ人女性を強制的に連行し、「慰安婦」としたのである。「スマラン慰安所事件」と称されているこの事件は、日本軍による「慰安所制度」と「慰安所」を裁いた数少ない例である。

　検察が戦争犯罪の証拠をつぎつぎと提出したのに対して、日本の弁護団も証拠や証人を出廷させている。弁護団も強かんが多発したことは認めており、これに対して被告ら軍中央がどれだけ対策に苦慮したのかという証拠である。第1巻の内海論文にもふれたように、大山文雄陸軍省法務部長が証人として出廷し「陸軍刑法」を改正した経緯を証言している。また、弁護団側が集めた未提出証拠のなかにも軍が強かん防止に努力した資料もある。不十分であり、被害者への救済に結びつくものではなかったが、占領地における強かんや強制売春が「戦争犯罪」として認定され、責任者や実行者が裁かれた場合もあった。

　しかし、朝鮮人女性を主体とした「慰安所」制度について、連合国はまったく無視してきた。台湾人についても同様であった。「日本人」であった植民地出身者への戦争犯罪をまったく取りあげなかったのである。「慰安所制度」という軍による組織的で広範な性暴力組織の存在が無視されたのである。口を拭った日本側の責任が大きいことは言うまでもないが、その犯罪を追及しなかった連合国にも責任はある。「不作為の作為」による責任である。

　日本と連合国の合作のシナリオの上に、朝鮮人「慰安婦」への事実の究明がなされず、責任者が追及されることもなく、戦後の歴史の中に封じこめられてきたのである。先のシンポジウムで、東京裁判では「人道に対する罪」の重要性を認識できなかったと指摘した韓国の白忠鉉《ベクチュンヒョン》ソウル大学教授は、連合国が「それらの植民地の国民に対してあまり注意をはらわなかったということは、東京裁判の最も深刻な欠点ではないかと思います」と述べている。

　植民地の問題を取りあげることができなかったのは、「人道に対する罪」の規定から「すべての民間人」の字句が削除されたこと、そのため「人道に対する罪」によって裁かれる戦争犯罪が「通例の戦争犯罪」

と重なり、その審理が行なわれなかったことが考えられる。植民地をもつ連合国には植民地問題を裁くことができなかったのである。ジェンダーの視点が全くといってよいほど欠如していたことは、ニュルンベルク、東京裁判の双方に共通していた。

四、女性国際戦犯法廷が裁いたもの

二〇〇〇年一二月一二日、女性国際戦犯法廷のガブリエル・カーク・マクドナルド首席判事をはじめとする四人の判事は、翌年三月（のちに一二月に延期）に出される判決に先だって、認定の概要を示した。そのなかで、この法廷は国家が正義を行なう責任を果たすことを怠ってきた結果として設置されたと述べ、その責任は、東京裁判で性奴隷制の証拠をもっていたにもかかわらず日本の責任者を訴追しなかったことに求められると指摘している。しかし、最大の責任は、五五年以上にわたって訴追も謝罪もおこなわず、補償などの有効な救済措置を講じてこなかった日本政府にあると認定した。しかし、その責任は、集団ではなく個人に帰すことを強調している。

法廷では戦後の国際法の発展の上に、ジェンダーの視点から日本軍による戦時性暴力を裁こうとした。女性とりわけ非白人の女性に対する性的犯罪を矮小化したり、免責したり、周縁化したりする歴史の傾向をただそうとの意図をもっていたのである。法廷は、国家が残した国際法違反のこうした問題に踏み込んだのである。

もともと法廷は、法的実効力をもたない民衆法廷である。だが、国際法の確立された規範を侵害する政策や行動について、個人や国家の責任を問うという、確信にもとづいていた。

判事たちは「予備的事実認定」として「慰安婦」制度は、日本政府が自国が過去に行なった「慰安婦」への犯罪を認め、損害賠償その他の方法で償うことをしないできた結果、ごく最近まで女性たちを、恥と貧困と残酷な苦痛の生活に追いやってきた、との事実を認定した。

「法的認定」としては、「人道に対する罪」は、戦後の各法廷で訴追されるべきであったものであり、また、現在、適切に訴追されるべきであった。さらに、強かんと性奴隷制は、広範囲、組織的、または大規模におこなわれた場合、「人道に対する罪」を構成するとして、一九四五年までに、強かんと奴隷化の両方が国際法のもとで、極悪な犯罪として長く認められていたと「認定」、その上で天皇裕仁を「人道に対する罪」について、刑事責任があると認定した。

大元帥であった天皇裕仁は、性暴力をやめさせる責任と権力をもっていた。天皇は、南京事件で強かんなどの性暴力が行なわれていたことを認識していた。天皇は強かんを防ぐための必要な、実質的な制裁、捜査や処罰など、あらゆる手段をとるのではなく、「慰安所」制度の継続的拡大を行ない、強かんと性奴隷制を永続させ、承認し、少なくとも不注意にも許可した。天皇は「慰安所」制度が自然に生ずるものではないことを知っていた、または知るべきであったと、天皇を有罪と認定したのである。

「法廷」は戦後の平和条約によっても、個々の国家は「人道に対する罪」について、他の国家の責任を免ずることはできないと、「条約による解決ずみ」という日本政府の対応を批判し国家責任を認めている。「法廷」はこれまでの戦争裁判だけでなく、国際条約など国家間の解決の中で、ジェンダー偏向が存在していたことを認定し、この認識を欠いたことが、武力紛争下での女性への犯罪が処罰されないという問題につながると指摘している。

「結論」は明快であった。天皇裕仁は、「人道に対する罪の訴因1、2である強かん、性奴隷制についての責任で有罪と認定する。また、人道に対する罪の訴因3の強かんについても有罪である」。日本政府は『慰安所』制度の設置と運営について、国家責任を負うと判定する」。

個人責任と国家責任が共に問われたのである。なお、「元連合国」にたいして、極東国際軍事裁判で昭和天皇が訴追されなかったことに関するすべての文章を公開することを勧告している。

この判事団のこの「勧告」に加えて、東京裁判の「人道に対する罪」の文言から、なぜ、「すべての民間人」の字句を削除したのか、植民地支配を不問に付したことと関連して、明らかにすることを私たちは元連合国側に要求すべきではないだろうか。植民地支配を不問に付し、七三一部隊などの生体実験や毒ガス兵器の問題など、かずかずの戦争犯罪を免責したことは、原爆など連合国の戦争犯罪を裁かなかったこととならんで「元連合国」の大きな「罪」と言えるのではないのか。

第二次世界大戦後に定式化された「人道に対する罪」によって審理することで、これまで不問に付されてきた日本軍の戦時性暴力・戦時性奴隷制が初めて審理されたのである。だが、強制連行や強制労働、軍人軍属などの強制徴用や関東大震災の朝鮮人虐殺など、これまで責任も問われずにきた多くの問題が残されている。今回の法廷は、改めて過去の戦争犯罪や植民地犯罪に対して、民衆法廷という形ではあれ審理できる可能性を示した。日本ではドイツと異なり、自国の手による戦争犯罪を追及する継続裁判は行なわれなかった。今回の「民間法廷」は、形を変えた民衆による継続法廷とも言えるだろう。今後、韓国・朝鮮で、民衆法廷という形で日本の行為を裁くことの可能性が見い出せた。連合軍の戦争犯罪、日本軍の日本人への戦争犯罪、朝鮮・台湾の植民地支配など、不問に付されてきた過去を問い直す可能性を、法廷は示したのである。法廷は、戦後ふたをされてきた日本軍の戦争犯罪を裁くという、パンドラの箱を開けた。

になるだろう。

「慰安婦」制度をはじめ、かずかずの戦争犯罪を俎上に載せることで、民衆法廷の意義はさらに大きいものになるだろう。

一九九八年七月一七日には、ローマで国際刑事裁判所設立のための規程が採択された。日本は署名していない。また、効力はまだ発生していないが、同規程の第七条（人道に対する犯罪）のなかに、「強姦、性的奴隷、強制売いん、強制妊娠、強制不妊、又は類似の重大性を有するその他の形態での性的暴力」があげられている。第八条（戦争犯罪）のなかにも「強姦、性的奴隷、強制売いん」などが列記されている。女性への性暴力は戦争犯罪であり、その「広範な又は組織的」な強かんなどの戦時性暴力が「人道に対する罪」に当たることが規定されたのである。だが、この「規程」は過去における戦時性暴力は対象とはなっていない。法廷はこれを補完する意味もあった。

民衆が自らの手で日本軍の戦争犯罪を裁く、戦後、戦争犯罪を不問としてきたその構造を打ち破る第一歩がようやくここに踏み出されたのである。

＊本論は二〇〇〇年一二月に「認定の概要」が出された後の二〇〇一年五月に執筆されたものであり、二〇〇一年一二月の最終判決後に一部、修正を加えた。

第5章　裁かれた戦時性暴力とフェミニズムの課題

大越愛子

一、女性国際戦犯法廷の意義

二〇〇〇年一二月に開催された日本軍性奴隷制を裁く「女性国際戦犯法廷」の最終日、首席判事によって、天皇裕仁が「人道に対する罪」について刑事責任があると認定されたとき、会場に大歓声が起こった。前側の席を占めていた日本軍性奴隷制の被害女性たちは、お互いに抱き合い、歓喜の涙を流した。戦時中のすさまじい性暴力の嵐の日々から半世紀以上経って、やっと加害責任者に対する裁きが遂行された瞬間であった。

「認定の概要」の中で、「我々の認定では、強かんと性奴隷制は、広範囲、組織的、または大規模に行われた際には、人道に対する罪を構成する」と強調された後、日本軍によるすさまじい強かんと性奴隷制の責任者について、次のように論及されている。

さらに判事の認定では、天皇裕仁は自分の軍隊が〈南京大強かん〉中に強かんなどの性暴力を含む残虐行為を犯していることを認識していた。この行為が、国際的悪評を招き、また征服された人々を鎮圧するという彼の目的を妨げるものとなっていたからである。強かんを防ぐため必要な、実質的な制裁、捜査や処罰などあらゆる手段をとるのではなく、むしろ「慰安所」制度の継続的拡大を通じて強かんと性奴隷制を永続させ隠匿する膨大な努力を、故意に承認し、または少なくとも不注意に許可したのである。さらに我々の認定するところでは、天皇は、これほどの規模の制度は自然に生じるものではないと知っていた、または知るべきであったのである。(1)

日本のアジア侵略戦争で公然の秘密であった戦時性暴力の加害責任者に対する、厳しい裁きの言葉である。このような裁きは、戦時性暴力とは戦場の大混乱の中で個々の兵士たちの性的欲望が暴発し、戦場の女性たちへの強かん事件が発生したものとする、それゆえそれは個々の兵士たちの恣意的逸脱行為にとどまるとする従来の定説を、明確に否定した意味においても画期的である。戦時性暴力は戦争遂行の戦術として使われていたのであり、そのような女性蔑視的・非人道的戦術を承認もしくは黙認したことに対して、戦争を遂行する支配権力は、その責任を問われねばならないとされたのである。

このことは、「女性に対する暴力」を容認し、不処罰にしてきた社会・文化体制に抗して実践的・理論的闘いを展開してきたフェミニズムにとって非常に大きな意味をもっている。戦時性暴力は、平和時にも頻発する「女性に対する暴力」と地続きであり、それゆえ戦時性暴力が裁かれるということは、平和時の「女性に対する暴力」もまた裁きの対象とされることを意味するからである。

この「法廷」は、直接的には一九三〇年代と四〇年代における日本軍性奴隷制度の遂行責任者を裁く法廷であるが、しかし同時にそれは、「女性に対する暴力」を容認し、それどころか、それを社会秩序の維持のために利用してきた男性中心の「歴史」に対する審判の場としての意義をもっていると言えるだろう。そのことは、「認定の概要」における次のような箇所から明確に読みとることができる。

この〈法廷〉は、女性に対する犯罪、ことに性的犯罪を矮小化し、免責し、周縁化し、不明瞭なものとする、これまでの歴史の傾向を正すために設置されたのである。この傾向は、それが非白人の女性に対して行われた犯罪である場合にはより顕著である。また、この〈法廷〉は、勇敢だが苦しみを嘗めている被害者（サバイバー）たちがその人生の終局に当たって何度も繰り返し表明してきたように、女性たちに対して犯された犯罪の責任を認め、しかるべき者に負わせることが、残された年月を彼女たちが安らかに暮らすためには必要だという強い思いから設置されたものである。(2)

法廷を提案した松井やよりは、ベトナム戦争中にアメリカの戦争犯罪を裁く目的で開かれた「ラッセル法廷」を参考にしたと述べているが、当法廷は、上記の箇所に述べられた諸論点において「ラッセル法廷」を遙かに超えたものとなっている。つまり、それが男性中心の「歴史」を裁く視点をもったこと、そして戦争犯罪の被害者であるサバイバーたちの要請に基づいて彼女たちの奪われた尊厳の回復のために開かれたものであること、そのためにも戦争犯罪の軍事責任者は処罰されるべきとする明確な意図をもっていること、性・民族・階級などの複合的差別に敏感に対応していることなどである。これら諸論点の提起を真摯に受けとめることが、二一世紀のフェミニズムの重要な課題となると思われるが、この問題をさらに踏み込んで、要約的ではあるが論じておきたい。

二、サバイバーの視点で男性中心の「歴史」を裁く

「認定の概要」において、従来の「歴史」が「女性に対する性的犯罪」を矮小化し、免責し、周縁化していたことが指摘されている。この指摘に応じて、従来の「歴史」がいかなる形で「女性に対する暴力」を

免責し、それを隠蔽し正当化するイデオロギーを捏造してきたかを明らかにする必要があるだろう。
「女性に対する暴力」は、平和時には女性を支配するための恫喝と威嚇の証として日常的に頻発していた。戦時において、それが男性たちの勝利と敗北のメタファーとして使われたことを、ラディカル・フェミニストは例えば次のように、厳しく批判してきた。

古来、侵略された側の男たちにとって、自国の女がレイプされることはこのうえない恥辱と見なされてきた。それは性を武器としたとどめの一撃にも匹敵する。強かんは自分たちを滅ぼすための敵側のもくろみの一部と見なされるのだ。そればかりか男たちは太古の昔から〝自分たちの女〟が犯されることを、負けた男の悲劇と位置づけたきた。……今も昔も、女をものにすることが男の成功のあかしであるのと同様、女を守ることは男の誇りのあかしである。その女が敵の兵士にレイプされたとあっては、敗戦国の男にわずかに残った権力や財産への幻想は木っ端みじんに砕かれてしまう。女の体は、勝利者が軍旗を掲げて行進する戦場のメタファーとなる。女の体に加えられる行為は、男と男の間に交わされるメッセージ――一方にとっては勝利を、他方にとっては敗北を色鮮やかに物語るメッセージなのである。(3)

このブラウンミラーの言葉は、戦争犯罪の中で戦時性暴力が周辺化され、隠蔽されてきた理由を明確に示唆している。勝利者側にとっては、敗北した女性をレイプし性的奴隷とすることは、当然の戦利的行為と見なされ、免責される場合がほとんどだった。敗北側にとっては、それは国家あるいは民族の男性の恥辱とされたため、犯罪として追及されることなく放置されてきた。それどころか被害女性たちの個人的な罪責とされる場合が多く、そのために彼女らは、その心身に加えられた被害を語ることなく、沈黙の中に封印させられてきたのである。

このように勝利者側と敗北者側の男性たちの暗黙の合意によって、戦時性暴力は不問に付されてきた。戦争は、武装して闘う男たちの間のパワーゲームであり、それゆえ戦争について論じることができるのは、男たちだけ、もしくは男の視点を共有しうる特別な女性だけであるという戦争観がまかり通ってきた。

男性中心、戦争遂行者中心の戦争観は、戦時性暴力の被害女性たちを封殺してきたが、二〇世紀の最後の一〇年において、被害女性たちは、「戦争と暴力の世紀」の生き証人として声をあげ始めた。その背景には、「女性に対する暴力」を不処罰にしている限り、性差別構造を揺るがすことができないと、国際的キャンペーンを開始した女性運動の盛り上がりがある。それとともに、その沈黙を利用し続けている加害者側に対する被害者たちの激しい怒りが臨界点に達し、自らの尊厳を奪還するための闘いへと噴出した点に注目せねばならない。東ティモールから初めて参加したサバイバー女性の言葉は痛烈である。

私たちがほしいのは正義です。日本の政府が責任を取るよう求めます……私たちは真実を言っているのです。嘘を言いに来たのではありません。日本を見物に来たのではありません。私たちは真実を語るためにきたのです。(4)

女性たちは四つの家に押し込められ、兵士たちに呼ばれた時に躊躇すると殴られたり焼けたものを体に押しつけられたりしたという。そのような体験をもつエスメラルダ・ボエさんたちが求める「正義」とは、一体何だろうか。それは、支配男性たち、兵士たちが、自らの歴史の中でその実現のために戦ったとうそぶくような「正義」ではありえない。むしろ逆に、被害女性たちを踏みにじり、彼女たちを生け贄にして実現されていた大文字の「正義」の欺瞞を暴き出す「正義」といえるものだろう。

だがこの「正義」を裁く「正義」という表現は、歴史修正主義者が悪用するように、様々な立場の「正義」の争い、神々の争いと言ったレトリックに回収されてはならない。むしろここで、「大文字の正義」、つまり「国家の正義」の対極に位置づけられているゆえに、「国家の正義」が内包する不正義を身体化させられた存在が、自らの身体に刻印された不正義を白日の下にさらすことで、「国家の正義」を自壊させてしまうエイジェンシーとして登場している出来事を、私たちは目撃しなければならない。

サバイバーの視点が立ち上ってきた時、加害者側の「正義」は解体する。「正義」を僭称するイデオロギーによって粉飾されていた「歴史」の実像があぶりだされていく。暴力によって女性や弱者を恫喝、威嚇、無力化することで、男性中心の「歴史」〈His-tory〉が作られたこと、そこにおいて性の不平等が自然視され、男性は能動的・攻撃的「男性」へ、女性は受動的・犠牲者的「女性」へのジェンダー化を強要されてきたこと、男性の欲望に応じて女性は「種の存続」を担うべく保護される女と性的搾取の対象とされる女に敵対的に二分化させられたこと、女性はまた、階級・民族などで分断され、最も貧しい層にあった女性たちを騙し囲いこむことによって「性奴隷制」が構成されたことなどが浮き彫りにされてくる。

「性奴隷制」のサバイバーの告発を通して、「性奴隷制」を軍隊の維持に必要不可欠なものと立案し、設置した国家と「国家の歴史」が裁かれたことの意義は大きい。国家や権力者の側にあった「法」が、サバイバーの叫びに応答するべく脱構築され、サバイバーに沿った「法」を創出し、「正義」を送り届けた瞬間が、そこに開示されたからである。

三、軍隊暴力を裁く

日本軍「性奴隷制」を裁く国際法廷は、まさに「日本軍」という軍隊暴力を裁く法廷であった。「認定の概要」において、国家防衛を僭称する軍隊が、その維持のために女性の性を暴力的に支配し、搾取していた事実が明確に認定されている。

〈慰安所〉制度の構造化は、南京における数々の虐殺、強かん、略奪など、〈南京大虐殺（The Rape of Nanking）〉として知られる残虐行為の発生に対する、日本政府の対応策として行われた。その結果、日本兵のいるあらゆる場所で日本軍に性的〈奉仕〉を提供することを女性たちに強要するために、その他の複数の性奴隷制施設、また複雑な人身売買ネットワークがつくられていった。こうした施設のため女性たちを徴集し確保することは、戦略の不可欠な一部であり、占領地域での施設外での強かんを減らし、それにより地域住民の抗日運動を抑制し、日本の国際的悪評を回避し、また日本軍兵士を性病から守るというねらいがあったことは明らかである。[5]

軍隊が、その維持のために女性の性を搾取する構造をもつことは、その最も極端な形が日本軍において現れたわけだが、ほとんど全てといえる軍隊に共通するものであることが、「法廷」の合間に開かれた「現代の紛争下の女性に対する犯罪」国際公聴会において明らかにされた。ソマリアでは国連平和維持軍も例外ではなかった。武装した兵士たちの中には、非武装の民間人を護るという名目で、非武装の民間人を襲い、女性たちを強かんする者は少なくない。これは平和時には、基地周辺の民間人への暴力として現れている。

ウェーバーがいみじくも指摘したように、近代国家は「支配手段としての正当な物理的暴力行使の独占」[6]に成功し、暴力を防ぐための武装集団として、平時の警察と非常時の軍隊を擁した。前者が武器使用や暴力の発動は最終手段に抑えられているのに対し、後者は殺戮のための武器使用が積極的に義務づけられている。軍隊は、暴力的であればあるほど高い評価を受けるという暴力創出装置なのである。

暴力が絶えず創出されるためには暴力的状況が必要であるが、軍隊において暴力的状況を常態化するために兵士たちに徹底的に教え込まれるのは、絶対的な上下関係と外部の他者に対する優越感もしくは敵意である。これらは差別感情ということもできるだろう。差別感情の極致において、他者を非人間化し、殺戮の対象となしうるからである。[7]

軍隊は、階級差別・人種差別・民族差別の温床であったが、最も剝き出しの形で現れるのは女性差別である。軍隊の女性差別を正当化する理由として使われてきたのが、集団的な男性の性欲処理である。元来は個別的なはずの性欲の処理の問題が、近代の国民軍隊の維持のために制度的な問題と見なされ、基地周辺に国家公認の買春施設が作られていったこと、それがまさに軍隊「性奴隷制」と地続きであったことを、藤目ゆきは的確に指摘している。[8]

軍隊は、その維持のために基地「性奴隷制」を必要不可欠とし、女性を性的に奴隷化する習慣が戦場での強かんを頻発させ、それを防止するために戦場においても軍隊「性奴隷制」を設置せざるをえないという、あくまで軍隊中心の循環的論理がまかり通ってきた。

このような軍隊の戦時性暴力容認論理を、いかに個々の兵士たちが内面化し、平然と女性たちを強かんしてきたかについて、二人の元兵士が国際法廷で戦慄すべき加害証言をしたことは特筆に値するだろう。やはり元兵士であった彦坂諦は、兵士たちが戦時性暴力にのめりこんでいく心的状況を次のように分析している。

たとえば、戦場における強姦とは、殺すこと・ものにすること、つまり戦争することの象徴的行為とも言うべきではないのか？　いささか逆説めくかもしれないが、兵隊はよりよく兵隊になるために、すなわち、よりよく殺し・殺されるために〈女〉を犯さなければならない――強姦としてであれ、〈慰安婦〉を〈買う〉というかたちをとってであれ――のではないのか？[9]

旧ユーゴスラビアやルワンダにおける国際刑事法廷において、すでに個々の兵士の戦時性暴力を有罪とする判決が出ている。「女性国際戦犯法廷」においては、兵士たちに内面化されていた軍隊の戦時性暴力容認論理が裁かれたと言えるだろう。戦時性暴力容認論理が軍隊維持のために必要不可欠とされるのなら、これに対する裁きがなされたということは、性暴力を構造化している軍隊そのものを維持することに対して、批判的論点が提起されたということではないか。その論点の中に、軍隊維持の放棄—軍隊解体の方向を読み込んでいくことも可能ではないだろうか。

四、戦争遂行責任者に対する処罰

戦時性暴力は、個々の兵士の具体的行為で現れるが、こうした兵士の行為に対して上官に重大な責任があることが認定された。戦時性暴力は、個々の兵士たちの突発的な行為というよりむしろ、戦争の戦術として制度化されていたことが重視されたのである。

奴隷化には、強制的または詐欺による移送、強制労働その他の人間を所有物として扱うことが含まれる。〈慰安婦〉たちを軍需〈物資〉の一部として徴発したことは、今日の世界でもあまりに広く見られる女性差別・人種差別的態度に根ざす性奴隷制が、主としてアジア太平洋地域の貧しい非・日本人の女性に向けられつつ前例のない規模で制度化されたことを示している。(10)

軍隊の性差別構造は、自国の女性をも含めた女性一般に対する蔑視意識を兵士たちに植えつけたが、彼らが自国以外の女性により一層残虐な態度をなしえたのは、上官たちが戦争遂行の戦術として民族差別意識、人種差別意識を過度に煽り立てたからと考えられる。第二次世界大戦は、数多の戦争の中でも特に人種差別意識が公然化され、戦争遂行のイデオロギーとして喧伝されたことは、ダワーの指摘の通りである。[11]日本側は白人側の非・白人に対する人種差別意識に猛然と反発しながら、他方アジア太平洋地域においては、天皇制を擁する「大和民族」を最上位におく優劣的人種位階秩序を実現しようと企てていた。このような民族差別意識を前面に出した天皇の軍隊が、いかにアジアの人々に対し残虐であったか、女性たちを性暴力の餌食としたかについて、鈴木裕子は的確に論及している。

だが、わたくしたちは、天皇の名のもとに侵略戦争と植民地支配が正当化され〈天皇教〉に呪縛された天皇の軍隊がアジアの人びとを塗炭の苦しみへと陥れ、残虐な加害の数々の行為をも加えた事実を直視しなければならないだろう。日本軍の性奴隷とされた植民地下の朝鮮女性らは、天皇の〈赤子〉たる〈皇軍将兵〉への〈贈り物〉と称され、〈衛生的な共同便所〉扱いされた。たとえ、昭和天皇その人が直接、性奴隷制に関与していなくとも、〈国体思想〉の中軸に位置し、国家そのものを一身に体現し、陸海軍の最高責任者（大元帥）でもあった彼には、十分な責任がある。[12]

「天皇」の名の下ですさまじい性暴力が女性たちに加えられたことは、被害女性たちが何よりも「天皇」の責任の追及を求めていることからも明らかである。最初にカムアウトした金学順さんは九一年の集会で、韓国を発つ前に、すべてを話した後、天皇の前で死のうと決心していたと証言された。[13]姜徳景《カン・ドツキヨン》さんは「責任者を処罰せよ」という絵に昭和天皇らしき人物を描き遺した。

煽り立てられた民族差別意識が女性への残虐な暴力の大きな要因であったことは証言からも明らかにされた。「なぜ私たちが強姦をやったのかといいますと、チャンコロの女をやるのに何が悪い、どっちみち殺すんじゃないか、という気持ちだったのです」[14]と、元兵士の一人は証言した。

民族差別意識、人種差別意識が加味されたとき、性暴力がより一層残虐になることを、「法廷」の判事たちは十分に認識しており、それは天皇有罪の判決に反映した。傍聴席にいたミリアム・シルバーバークは、判決の中に批判的人種理論（Critical Race Theory）という最新の法理論が取り入れられていることを指摘している。

戦時性暴力に対する裁きは、男性中心の「歴史」に対する裁き、軍隊暴力に対する裁き、性・民族・階級などの複合的差別を戦争遂行のイデオロギーに利用してきた支配層に対する裁きでもあった。このような裁きは、加害者のみならず、そうした加害者たちの捏造した「歴史」「軍隊を肯定する国家」「複合的差別イデオロギー」に抗する闘いを十分に行ないえなかった私たちに対する裁きをも含んでいる。まさに画期的と言える法廷判決を生かして、さまざまな形の闘いを展開していくことが、二一世紀のフェミニズムの課題であることは間違いないだろう。

＊本稿は、最終判決（二〇〇一年一二月）が下される前に執筆されたものである。最終判決をうけ、引用対応箇所を註に指摘しておく。

註

（1）「認定の概要」第二四項。最終判決第四部に相当。
（2）同前第五項。最終判決第一部Aに相当。
（3）S・ブラウンミラー、幾島幸子訳『レイプ』勁草書房、二〇〇〇年、三八頁。
（4）「認定の概要」第二項。
（5）同前第二〇項。最終判決第三部Fに相当。

(6) M・ウェーバー、脇圭平訳『職業としての政治』岩波書店、一九八〇年、一八頁。
(7) 井桁碧「戦争する国家」、井桁編『〈日本〉国家と女』所収、青弓社、二〇〇〇年参照。
(8) 藤目ゆき『性の歴史学』不二出版、一九九七年参照。
(9) 彦坂諦『男性神話』径書房、一九九一年、九八頁。
(10)「認定の概要」第二三項。最終判決第三部Gに相当。
(11) J・D・ダワー、猿谷要訳『人種偏見』TBSブリタニカ、一九八七年参照。
(12) 鈴木裕子「天皇制と戦争責任」、池田恵理子・大越愛子編『加害の精神構造と戦後責任』緑風出版、二〇〇〇年、一六九頁。
(13)『金学順さんの証言』解放出版社、一九九三年、四一頁。
(14)『世界』二〇〇一年三月号、岩波書店、二三〇頁。

科研究会／とめよう戦争への道！百万人署名運動／長崎純心聖母会／長野ピースサイクル実行委員会／名古屋教会内中部地方女性連合会／ななかまどの会／「ナヌムの家」パリ上映委員会／南京虐殺60年全国連絡会／新潟YWCA／西川病院労働組合／日韓民衆連帯全国ネットワーク／0日中友好神奈川県婦人連絡会／日本キリスト教会札幌琴似教会婦人会、同札幌豊平教会婦人会、同帯広伝導教会／日本キリスト教協議会(NCC)、同女性委員会、同国際関係委員会／日本キリスト教女子青年会(YWCA) 日本キリスト教団社会委員会、同兵庫教区社会部、同新津教会婦人会、同今治教会婦人会、同白鷺教会婦人会、同本所緑星教会、同稲城教会、同横田相愛教会有志、同新居浜教会、同長野教会婦人団、日本キリスト教婦人矯風会、同松代支部、同上田支部、同滝野川支部、同長野支部、同北海道部会、同北見支部、同京都部会、同大阪支部・」日本軍「慰安婦」問題を考える会・福山／日本国際法律家協会／日本ジャーナリスト会議／日本の戦争責任資料センター／日本の戦後責任を清算するため行動する会／日本婦人会議兵庫県本部／日本婦人団体連合会／ノートルダム教育修道女会／ノー・ニュークス・アジア・フォーラム／NO!レイプNO!ベース女たちの会／売買春問題ととりくむ会／ばってんうーまんの会／反差別国際運動 (IMADR)、同日本委員会(IMADR-JC)／Hand-in-handちば／反「入管法」運動関西交流会／東チモールに自由を！全国協議会／ビデオ塾／一橋Radical Reform／156Gぼうしの会／兵庫部落解放研究所／広島県教職員組合、同三原地区支部、同可部地区労組、同広島地区支部、同海田地区支部／広島県学校生活協同組合／広島県立原養護学校分会／広島県高等学校教職員組合同佐伯分会、同三次高校定時制分会、同沼隈養護学校分会、同性差別からの解放をめざす教育推進委員会／広島県立瀬戸田高等学校／広島平和教育研究所／フィリピン人元「慰安婦」裁判を支援する会／福音史家聖ヨハネ布教修道女会／福音の光修道会(広島)／福教組遠中支部「女性史を読む会」(北九州市)／福山・沼隈女性ネットワーク／福山ワッタカッタの会／ふくろうの会／扶助者聖母会管区本部、同大村修道院／婦人国際平和自由連盟(WILPF)日本支部／婦人民主クラブ・ふぇみん、同兵庫支部、同堺和泉支部、同淀川支部、同交野支部／婦人民主クラブ全国協議会／部落解放推進の会上田市協議会／部落解放同盟中央本部女性対策部、同浅香支部女性部、同栃木県連合会女性部、同香川県連合会、同豊明支部、同坂出市連絡協議会、同奈良県連合会、同和歌山県連合会／ベルリン女の会／北海道朝鮮初・中・高級学校／まちづくり県民会議有志(鹿児島市)／マリアの宣教者フランシスコ会　亀田修道院、同北広島修道院、同種子島修道院、同熊本第1修道院／マリアの御心会／三島カトリック教会／宮崎カリタス修道女会総本部、同管区本部／メルセス宣教修道女会東田町修道院、同日野修道院、第4修道院／みやぎ・在日の元「従軍慰安婦」裁判を支える会／もう一つの歴史館—松代／元「慰安婦」問題を考える会・福井／耶蘇会中国中心／大和東小分会／山梨平和を語る会／やめよう!日米新ガイドラインの会(長野)／横浜市教職員組合女性部／与那原第1修道院／ラブ・アンド・ピース／礼拝会喜多見第1修道院、同第2修道院／緑風出版／歴史の事実を視つめる会／歴史を拓く女の会(静岡)／レデンプトリスチン修道院／連合北海道女性委員会

海外支持団体

Amnesty International (AI), Asian and Pacific Development Center (APDC),NGO Coalition to the International Criminal Court (CICC), Center forWomen's Global Leadership, NOVIB, Shaler Adams Foundation; Akina-Mama-WaAfrica; International Women's Human Rights Law Clinic (CUNY-NY);ISIS-WICCE; ISIS-Manila; International Center for Human Rights andDemocratic Development (ICHRDD); Women Living Under Muslim Laws (WLUML);Women's International League for Peace and Freedom (WILPF); Equality Now;International Alert; Human Rights Watch; Urgent Action Fund; MADRE;Autonomous Women's Center Against Sexual Violence-Belgrade; CoalitionAgainst Trafficking in Women (CATW); Asia Pacific Forumon Women Law andDevelopment (APWLD); Global Alliance Against Trafficking in Women (GAATW);Australian National Committee of Refugee Women; INFORM, Sri Lanka; AGHSLegal Aid Cell, Pakistan; Urgent Action Fund, Revolutionary Association ofthe Women of Afghanistan; Women's Caucus for Gender Justice, InternationalHuman Rights Law Group, Cambodia Project, The Law Society, NARIPOKKHO,Women's rights International, Human Rights Internet, Komanas Perempuan,Legal Aid of Cambodia, HIVOS, Mama Cash, Cambodian Human Rights andDevelopment Organization, Associates for Change, ILANUD, Ismail Jumali,Cambodian League for the Promotion and Defense of Human Rights (LICADHO),Burmese Lawyers Council (BLC), Federation of Women's Lawyers-Kenya,Research Center for Gender, Family and Environment (CGFED)

女性国際戦犯法廷基金賛同団体

(2000年11月27日現在)

あごら／アジア女性会議ネットワーク／アジア女性資料センター／アジア女性自立プロジェクト／アジア女性センター／アジア太平洋資料センター(PARC)／アフター北京やまなし　女・心・からだトーク／アムネスティ・インターナショナル日本支部、同田辺よんろくグループ、同川崎グループ／アーユス(仏教国際協力ネットワーク)／アリラン慰霊のモニュメントをつくる会／「慰安婦」問題を考える女たちの会(岡山)／イエズス会社会司牧センター、同中国センター、同駒場共同体／イエスの小さき姉妹の友愛会／インドネシアの「慰安婦」問題を考える会／エストレージア／江戸川台聖書研究会／援助マリア会(長崎)、同(東京駒込)援助マリア修道会(福山)、同東京修道院、同(韓国)／大分カルメル会修道院／女子カルメル会修道院(大分)／大分聖ヨゼフ修道院／大阪府高等学校教職員組合女性部、同富田林分会、同羽曳野分会／大阪聖ヨゼフ宣教修道女会武庫之荘修道院／オーロラ哲学研究室／大脇雅子事務所／幼きイエス会(ニコラ・バレ)管理本部、同福岡修道院／幼きイエズス会　大分修道院、同和歌山信愛修道院、同長崎信愛修道院、大阪信愛修道院／幼きイエズス修道会神戸修道院、同泡瀬修道院、同西合志修道院、同西仲勝修道院／幼き聖マリア修道会／小樽シオン教会婦人会／オタワ愛徳修道女会(山形)、同(仙台)、同(高知)／お告げのフランシスコ姉妹会／お告げのフランシスコ修道会／女のスペース・おん(札幌)／外登法問題と取り組む全国キリスト教連絡協議会／開南カトリック教会女性の会／解放新聞社／駆け込み女性センターあいち 駆け込みシェルター運営委員会／かつしか人権ネット／カトリック女子御受難修道会／カトリック正義と平和協議会／カトリック正義と平和仙台協議会／カトリック東京教区正義と平和委員会／カトリック横浜教区滞日外国人と連帯する会／神奈川人権センター／カラバオの会／カリタス修道女会管区本部修道院／宮崎カリタス修道女会管区本部／カルメル会修道院(西宮)／河合塾「女性論・男性論研究会」／関釜裁判を支える広島連絡会、同福山連絡会／基地・軍隊を許さない行動する女たちの会／'98「ハルモニ絵画展」実行委員会／救世軍本営／教職員共済生活協同組合広島県支部／キリスト・イエズスの宣教会(八王子)／くにたち「慰安婦」問題を考える会／汚れなきマリア修道会(二宮)、同東村山修道院／汚れなきマリアのクラレチアン宣教修道女会(高槻)／憲法を生かす会・茨木／国鉄労働組合浜田支部／「心に刻む会in姫路」実行委員会／小平福祉園／子どもと教科書全国ネット／在日韓国人問題研究所(RAIK)／在日韓国民主女性会、同大阪本部／在日大韓基督教会全国教会女性連合会、同東京教会女性会、同中部地方連合会／在日大韓基督教神戸教会婦人会／在日朝鮮人・人権セミナー／在日の「慰安婦」裁判を支える会／在日本朝鮮民主女性同盟中央本部、同東京都本部、同葛飾支部／札幌北一条教会ルデヤ会／ザ・リボン浦和／滋賀県教職員組合／下井草カトリック教会青年会／社会民主党女性委員会／「従軍慰安婦」問題と取り組む九州キリスト者の会／殉教者の聖ゲオルギオのフランシスコ修道院／純心聖母会川内修道院、同八王子修道院／女子カルメル会修道院／「女性・戦争・人権」学会／女性の家HELP／女性の人権・カマラード／ショファイユの幼きイエズス修道会福岡修道院／地雷をなくす女たちの会／新社会党都女性委員会／真宗大谷派高田教区仏教青年会／新日本婦人の会／人民の力・長野／スピノラ修道女会／スペース21／聖クララ修道院(沖縄)、同(西宮)／聖心侍女会 箱清水修道院、同城廻第2修道院／聖心侍女修道会五反田第1修道院／聖心の布教姉妹会 沖永良部修道院／聖ドミニコ会中島丁修道院／西南韓国基督教会館(西南KCC)／聖パウロ女子修道会／聖母被昇天修道院(大阪)／聖母訪問会(京都)、同(神奈川)／聖マリアの汚れなき御心のフランシスコ姉妹会(沖縄)／聖ヨゼフ会本部修道院、同(篠山)、同関目修道院／聖ヨゼフ会園田修道院エマオ共同体、同聖家族共同体、同ナザレ共同体／聖ヨゼフ宣教修道女会園田修道院 カナ共同体／戦後責任を問う・関釜裁判を支援する会／「戦争と女性への暴力」を考える北海道キリスト者の会／戦争被害調査会法を実現させる市民会議／戦争への道を許さない女たちの連絡会／戦争への道を許さない女たちの仙台の会／戦争への道を許さないJR連絡会／創価学会女性平和文化会議／第5期・反天皇制連絡会／タイ女性の友／タイ国児童買春被害者の更生と買春予防を促進する会／台湾の元「慰安婦」裁判を支援する会／宝塚市退職教職員の会／立川市職員労働組合／多摩島しょ地区教職員組合女性部／男子跣足カルメル修道会／ちば女性会議／中央大学女性問題研究会／中国帰還者連絡会／中国人「慰安婦」裁判を支援する会／中国における日本軍性暴力の実態を明らかにし、賠償請求裁判を支援する会／朝鮮女性と連帯する宮崎県女性の会／朝鮮人従軍慰安婦問題を考える会／朝鮮問題を考える宝塚市民の会／都留文科大学生活協同組合労働組合／天使の聖母宣教修道会／東京都学校事務職員労働組合多摩分会大和東小分会／東京都高等学校教職員組合／東京キリスト教女子青年会(YWCA)／東京平和教会しらゆりの会／とかちエテケ　カンパの会／十勝高校家庭日本事務局。

劉 建雲（リウ ジエンユン）
岡山大学非常勤講師。近代日中文化交流史専攻。山西省性暴力現地実態調査及び法廷で通訳として協力、証言記録作成作業の重要スタッフ。

脇田由紀子（わきた ゆきこ）
出版社勤務。ビデオ塾メンバー。

〈コラム執筆〉

伊藤道子（いとう みちこ）
「戦争と女性への暴力を考える」北海道キリスト者の会事務局。VAWW-NETジャパン運営委員。

加藤喜代美（かとう きよみ）
染色家。詩人。岡山「慰安婦」問題を考える女たちの会のメンバー。

渾大防一枝（こんだいぼう かずえ）
演出家。劇団民藝所属。日本の戦争責任を問う石川逸子詩集「千鳥ケ淵へ行きましたか」を舞台化。毎年夏上演。ここから「法廷」へ繋がる。

斉藤由美子（さいとう ゆみこ）
会社員。VAWW-NETフィリピン調査チーム・マパニケ担当。アジアフォーラム東京実行委員会・事務局。

桜井大子（さくらい だいこ）
反天皇制運動連絡会。共著ブックレット『「女帝」で天皇制はどうなる!?』（社会評論社）

東海林路得子（しょうじ るつこ）
「矯風会ステップハウス」施設長。女性国際戦犯法廷開催年である2000年4月から02年1月までVAWW-NET Japan事務局長。

高橋茅香子（たかはし ちかこ）
エッセイスト、翻訳家。「法廷」ではメディアの、シリーズ第6巻では判決文翻訳のコーディネーター。翻訳書にC・リー『最後の場所で』。

竹下美穂（たけした みほ）
東京女子大学助手。沖縄女性NGOの反基地闘争と安全保障が研究テーマ。現在国際刑事裁判所批准キャンペーンを計画中。

三井秀子（みつい ひでこ）
Doctoral candidate in cultural and social anthropology, Stanford University（アメリカ、カリフォルニア州）

本山央子（もとやま ひさこ）
アジア女性資料センター運営委員。立教大学法学部政治学科所属。共著に『市民による生涯学習白書』（未来のための教育推進協議会）、『市民からの政策改革（仮）』（近刊、緑風出版）他。

渡辺美奈（わたなべ みな）＊
ビデオ塾メンバー。VAWW-NETジャパン運営委員。女性国際戦犯法廷インドネシア調査チーム担当。

〈ドキュメント監訳・訳・書き起こし〉

青野恵美子（あおの えみこ）
ビデオ制作者。映像制作集団ビデオ塾メンバー。

石田米子（いしだ よねこ）
岡山大学名誉教授。中国近代史専攻。中国山西省で現地調査を行ないつつ日中戦争期の戦場性暴力の実態解明と被害女性の裁判支援に取り組む。

石塚直子（いしづか なおこ）
国際基督教大学卒。民間会社勤務。VAWW-NETジャパン翻訳チーム。アジア女性資料センター会員。

岩崎久美子（いわさき くみこ）
フリー翻訳者。VAWW-NETジャパン翻訳チーム。元技術研究所機械翻訳辞書チーム。インタースクール東京校講師。

小川玲子（おがわ れいこ）
トヨタ財団プログラム・オフィサー、短大講師。アジア諸国との文化協力に関わる。

呉 文淑（オ ムンスク）
朝鮮大学校文学部非常勤講師、朝鮮語教育アドバイザー。東京外国語大学大学院在学。『朝鮮学校ってどんなとこ？』（共著、社会評論社）

柏崎知子（かしわざき ともこ）
University of Sussex, MA in Human Rights 専攻。特にEuropean Convention on Human Rightsを研究。

加藤和恵（かとう かずえ）
翻訳家。VAWW-NETジャパン翻訳チーム、グローバルネットワークねりま所属。

佐藤智子（さとう ともこ）
フリー翻訳者。地球宇宙平和研究所副理事長。VAWW-NETジャパン翻訳チーム。

関 典子（せき のりこ）
人権・教育・女性・環境・平和の分野で通訳翻訳、調査取材。『戦時・性暴力をどう裁くか—国連マクドゥーガル報告全訳』（共訳、凱風社）

瀬山紀子（せやま のりこ）
ビデオ塾メンバー、大学院生。ビデオ作品「中国・武漢に生きる元朝鮮人『慰安婦』河床淑さんの証言」（共同制作、ビデオ塾）。

友野佳世（ともの かよ）
岡山大学非常勤講師。中国語学専攻。中国の性暴力被害女性と被害にあった村の人々の証言を記録に残し、日本語に翻訳する作業の重要スタッフ。

符 祝慧（フー チューウェイ）
シンガポール聯合早報／Uチャンネル日本特派員。ビデオ塾メンバー。ビデオ作品に「一つの証言—海南島“従軍慰安婦”の証言」「大娘たちの記憶—山西省聞き取り調査」（共同制作，ビデオ塾）など。

本橋哲也（もとはし てつや）
東京都立大学人文学部教員。イギリス文学・文化専攻。国際シンポジウム「東アジアの冷戦と国家テロリズム」

〈第Ⅱ部執筆〉

阿部浩己（あべ こうき）

1958年生まれ。神奈川大学法学部教員。国際法・国際人権法専攻。著書に『人権の国際化』（現代人文社）、『テキストブック国際人権法』（共著、日本評論社）、『日本と国際法の100年 第4巻 人権』（共著、三省堂）など。

内海愛子（うつみ あいこ）＊

1941年生まれ。恵泉女学園大学教員。日本・アジア関係専攻。著書に『朝鮮人BC級戦犯の記録』勁草書房、「加害と被害」歴史学研究会編『世界史講座8 戦争と民衆』所収、東京大学出版会、『戦後補償から考える日本とアジア』山川出版社など。

大越愛子（おおごし あいこ）

1946年生まれ、近畿大学文芸学部教授。女性学・哲学・宗教学専攻。主な著書に『フェミニズム入門』（筑摩書房）、『ジェンダー化する哲学』（共編著、昭和堂）、『加害の精神構造と戦後責任』（責任編集/著、緑風出版）『フェミニズム的転回』（共著、白澤社）など。

〈調査チーム・ビデオ塾報告執筆〉

池田恵理子（いけだ えりこ）＊

テレビプロデューサー。VAWW-NETジャパン運営委員、ビデオ塾。『加害の精神構造と戦後責任』（共編著、緑風出版）。

岡野文彦（おかの ふみひこ）＊

フリーカメラマン。ピースボート「ハルモニ・ロラ」チーム所属。

金 栄（キム ヨン）＊

ルポライター。『海を渡った朝鮮人海女』（共著、新宿書房）、『朝鮮学校ってどんなとこ？』（責任編集・著、社会評論社）。

柴 洋子（しば ようこ）

民間会社勤務。台湾の元「慰安婦」裁判を支援する会事務局担当。

徳永理彩（とくなが りさ）＊

大学院生。共著書に『ここまでひどい！「つくる会」歴史・公民教科書』（明石書店）、ビデオ作品「マレーシアの元『慰安婦』ロザリンの証言」（共同制作、ビデオ塾）。

古沢希代子（ふるさわ きよこ）＊

恵泉女学園大学・大学院教員。専門はジェンダーと開発。80年代に日本で東ティモール連帯運動を立ち上げる。現在「東ティモール民族解放運動と女性」を研究中。

山口明子（やまぐち あきこ）＊

VAWW-NETジャパン会員。元団体職員。訳書に『中国に連行された朝鮮人慰安婦』（明石書店）ほか。

〈責任編集・執筆〉

松井やより（まつい やより）

フリー・ジャーナリスト。元朝日新聞編集委員。VAWW-NETジャパン、アジア女性資料センター代表。主な著書に『女たちのアジア』『女たちがつくるアジア』（以上、岩波新書)、『グローバル化と女性への暴力—市場から戦場まで』（インパクト出版会）など。

西野瑠美子（にしの るみこ）＊

ルポライター。VAWW-NETジャパン副代表。「法廷」調査チーム。著書に『従軍慰安婦のはなし—十代のあなたへのメッセージ』(明石書店)、『日本軍慰安婦を追って』（マスコミ情報センター）、『従軍慰安婦と十五年戦争』(明石書店)、『従軍慰安婦と歴史認識』(新興出版)、『裁かれた戦時性暴力』(共編・著、白澤社)、他多数。

金 富子（キム プジャ）

1958年生まれ。青山学院大学・フェリス女学院大学非常勤講師。ジェンダー史・近代朝鮮教育史。VAWW-NETジャパン運営委員及び調査チーム。共著に『共同研究 日本軍慰安婦』（大月書店)、シリーズ第3巻『「慰安婦」・戦時性暴力の実態Ⅱ』（緑風出版)、『裁かれた戦時性暴力』（白澤社）など。

林 博史（はやし ひろふみ）

1955年生まれ。関東学院大学経済学部教授。現代史専攻。著書に『華僑虐殺』（すずさわ書店)、『共同研究 日本軍慰安婦』（共編著、大月書店)、『裁かれた戦争犯罪—イギリスの対日戦犯裁判』（岩波書店)、『沖縄戦と民衆』（大月書店）など。

川口和子（かわぐち かずこ）

1964年生まれ。弁護士。中国山西省性暴力被害者損害賠償等請求訴訟弁護団、フィリピン「従軍慰安婦」謝罪損害賠償請求訴訟弁護団、鹿島花岡中国人強制連行損害賠償請求訴訟弁護団。

東澤 靖（ひがしざわ やすし）

1959年生まれ。弁護士。日弁連国際人権問題委員会事務局長。「従軍慰安婦」問題や国際刑事裁判所の設立に取り組む。国際人権に関する著作多数。近刊に「入門国際刑事裁判所　紛争下の暴力をどう裁くか」（現代人文社）など。

〈編集協力〉（以下、五十音順）

駒込 武、藤目ゆき、山田朗、横田雄一、吉見義明

（ドキュメントの訳、書き起こし、編集協力等を兼ねている場合は、名前の後に＊をつけた）

［編　者］
VAWW-NET Japan（バウネット・ジャパン）
（バウネット・ジャパン、正式名称「戦争と女性への暴力」日本ネットワーク、Violence Against Women In War-Network Japan）
［代表：松井やより、副代表：中原道子、西野瑠美子］
1997年秋「戦時・武力紛争下の女性への暴力をなくすために『女性の人権』の視点に立って、平和を創る役割を担い、世界の非軍事化をめざす」（「東京宣言」）ことを目的に、「戦争と女性への暴力」ネットワーク（VAWW-NET）誕生。98年6月に同日本ネットワーク（VAWW-NET Japan）が結成された。「慰安婦」問題では2000年12月「日本軍性奴隷制を裁く女性国際戦犯法廷」を提案、開廷した。
連絡先：〒135-8585　東京都江東区潮見2-10-10
TEL/FAX：03-5337-4088
E-mail：vaww-net-japan@jca.apc.org
URL：http://www.jca.apc.org/vaww-net-japan/

日本軍性奴隷制を裁く──2000年女性国際戦犯法廷の記録　第5巻
女性国際戦犯法廷《じょせいこくさいせんぱんほうてい》の全《ぜん》記《き》録《ろく》 I

2002年5月25日　初版第1刷発行　　定価3400円＋税

編　者　VAWW-NET Japan（バウネット・ジャパン）
発行者　高須次郎
発行所　緑風出版
〒113-0033　東京都文京区本郷2-17-5　ツイン壱岐坂
［電話］03-3812-9420　［FAX］03-3812-7262
［E-mail］info@ryokufu.com
［郵便振替］00100-9-30776
［URL］http://www.ryokufu.com/

装　幀　高橋優子
組　版　字 打 屋
印　刷　モリモト印刷　巣鴨美術印刷
製　本　トキワ製本所
用　紙　山市紙商事
制作協力　吉田朋子
E2000

ISBN4-8461-0206-8　C0030